BAEDEKER

S

SACHSEN

»

Preise dein Glück, gesegnetes Sachsen!

«

Johann Sebastian Bach

baedeker.com

DAS IST SACHSEN

TOUREN

LEGENDE

Baedeker Wissen
- Textspecial, Infografik & 3D

Baedeker-Sterneziele
★★ Top-Reiseziele
★ Herausragende Reiseziele

ZIELE VON A BIS Z

HINTERGRUND

ERLEBEN & GENIESSEN

PRAKTISCHE INFOS

ANHANG

PREISKATEGORIEN

Restaurants
Preiskategorien
für ein Hauptgericht

€€€€	über 25 €
€€€	15 – 25 €
€€	10 – 15 €
€	bis 10 €

Hotels
Preiskategorien
für ein Doppelzimmer

€€€€	über 180 €
€€€	120 – 180 €
€€	80 – 120 €
€	bis 80 €

MAGISCHE MOMENTE

Barocke Lust und Leidenschaft lebt im Großsedlitzer Garten auf.

ÜBERRASCHENDES

D
DAS IST …

Sachsen

Die großen Themen
rund um den Freistaat.
Lassen Sie sich inspirieren!

Dass auch das nicht ganz so bekannte Sachsen seine Reize hat, beweist die Wehrkirche von Beucha. ►

WENN DIE LICHTER FUNKELN

Dampfender Glühwein, herrlich puderbestäubter Stollen und würzige Pfefferkuchen! Alle Jahre wieder werfen sich die Stadtzentren Sachsens im Advent in ein funkelndes Weihnachtsgewand: Auf gigantischer Länge von drei Kilometern in Dresden, kaufmännisch zentral vor dem Alten Rathaus in Leipzig oder possierlich überschaubar in Bautzen.

Herrnhuter Weihnachtssterne tauchen Dresdens Weihnachtsmärkte in sanftes Licht. ▶

ZWAR sind nur etwa 22 Prozent der Einwohner Sachsens Mitglied der protestantischen oder katholischen Kirche – trotzdem steht jedes Jahr in der Adventszeit der Stall von Bethlehem auf den Märkten. Sternsinger ziehen durch die Gassen, Chöre besingen das Christkind und intonieren »Leise rieselt der Schnee«. In der Dezemberluft duftet es landauf und landab nach gerösteten Maronen, Bratäpfeln und orientalischem Mokka. Die Herrnhuter Sterne an den Marktbuden und großen Weihnachtstannen tauchen die kalten Abende in zauberhaftes Licht, und die kleinen Weihnachtsfans jauchzen auf den Karussells. Überall auf den Märkten bieten Bürsten- und Besenbinder, Hutmacher, Holzschnitzer und Buchdrucker wie schon vor 100 Jahren ihre von Hand gefertigten Waren an.

Ein Weihnachtsmarkt der Superlative

Nicht nur für die Dresdner gehört ein Besuch des **Striezelmarkts** einfach zur Weihnachtszeit dazu. Mit rund 2,5 Mio. Besuchern jährlich zählt er zu den größten Weihnachtsmärkten Deutschlands. Seine Anfänge gehen auf ein kurfürstliches Privileg aus dem Jahr 1434 zurück, das es den Dresdnern gestattete, am Montag vor Weihnachten auf einem freien Markt Fleisch für die Festtage zu kaufen. Schon bald kamen andere Waren hinzu. Spätestens ab 1548 wurden auf dem damaligen Montagsmarkt die berühmten Striezel oder Stollen verkauft. Im Laufe der Jahrhunderte erweiterte sich das Angebot, und auch die Anzahl der Markttage erhöhte sich. Heute gibt es die ganze Adventszeit über an rund 200 Ständen viel zu sehen und zu staunen. Vorweihnachtliche Schnitzkunst aus dem nahen Erzgebirge steht dabei hoch im Kurs. Ein begehbarer Schwibbogen und die weltgrößte erzgebirgische Stufenpyramide gehören zu den Wahrzeichen, Schwibbogen- und Pyramidenfest zu den Höhepunkten des Striezelmarkts. Glücksbringer ist der **»Pflaumentoffel«**, ein Backpflaumen-Männchen mit Zylinder, Umhang, Leiter und einem Schornsteinfegerhut.

Budenzauber und Lichterglanz

Aber Weihnachten gibt es nicht nur in Dresden. **Fast jede Stadt Sachsens** lockt mit einem eigenen Weihnachtsmarkt, auch wenn er manchmal nur an einem Wochenende stattfindet. Während des ganzen Advents zeigt sich **Grimma** am und um den Marktplatz besonders herausgeputzt. Wenn dann der Weihnachtsmann mit der Kutsche vorfährt, bekommen die Kinder ganz große Augen. Dass in **Seiffen** als dem Zentrum des Holzschnitzhandwerks im Erzgebirge die Buden von Spielsachen und Christbaumschmuck, von Räuchermännchen und Engeln geradezu überquellen, ist selbstverständlich. In **Leipzig** lockt der Markt mit Wichtelwerkstatt, der Sprechstunde mit dem Weihnachtsmann und einem Märchenwald. Auf dem Naschmarkt hinter dem Alten Rathaus führen überdies Handwerker in traditioneller Kluft ihre Kunst vor. In **Altkötzschenbroda** geht es an den Adventswochenenden, wenn die Lichterketten den Dorfanger in warmes Weihnachtsgelb tauchen, besonders besinnlich zu.

Was nehmen wir denn jetzt mit als Weihnachtssouvenir?

WEIHNACHT IN DEN OHREN

Alljährlich gibt die Sächische Staatskapelle am Vorabend des 1. Advent in der Dresdener Frauenkirche ein festliches Konzert mit internationaler Beteiligung. Die beiden Adventskonzerte des Denkmalchors in der Krypta des Leipziger Völkerschlachtdenkmals sind ebenso gefragt.
(www.staatskapelle-dresden.de, www.denkmalchor.de)

WEISSERITZTALBAHN
SDG

SACHSEN UNTER DAMPF

Fauchend und zischend, ratternd und knatternd zuckelt das Dampfross gemächlich durchs Gebirge und zieht Personenwaggons der Deutschen Reichsbahn hinter sich her, in denen die Passagiere die Vorteile der Langsamkeit entdecken und beeindruckende Landschaftsbilder in sich aufnehmen. Die Fichtelbergbahn ist nur eine von acht noch betriebenen Schmalspurbahnstrecken Sachsens.

◄ Auch die Weißeritztalbahn gehört zu den Oldtimern. Sie schnauft seit 1883.

DAS Netz Königlich Sächsischer Schmalspurbahnen war einst das größte Deutschlands. In seiner Blütezeit vor dem Ersten Weltkrieg hatte es einen Umfang von mehr als 500 km und half dabei, ländliche und schwer zugängliche Regionen wie das Erzgebirge zu erschließen. Die Sächsische Eisenbahngesellschaft hatte sich 1875 für die **750-mm-Schmalspur** entschieden, weil sie einen engeren Bogenradius als die Normalspur hat und damit einfacher und kostgünstiger zu verlegen ist. Nach der Eröffnung der Bahnlinie zwischen Wilkau und Kirchberg im Westerzgebirge entstanden in rascher Folge viele neue Strecken. Als der zunehmende Busverkehr in den 1920er-Jahren der Eisenbahn Konkurrenz zu machen begann, kam der Streckenneubau zwar zum Erliegen, doch wurde der Fuhrpark noch einmal modernisiert. Nach dem Zweiten Weltkrieg führte die DDR den Betrieb der Schmalspurbahnen fort. Ein Stilllegungsbeschluss des Ministerrats vom Mai 1964 konnte dank des Widerstands in der Bevölkerung und später aufgrund ökonomischer Zwänge nur teilweise umgesetzt werden. Auch nach der Wende entstanden auf lokaler Ebene Initiativen, die sich für den Erhalt und die Instandsetzung der Schmalspurbahnen stark machten. Heute kommt das Netz der Schmalspurbahnen auf eine Länge von immerhin noch **knapp 100 km**. Drei Eisenbahngesellschaften bedienen fünf Strecken im täglichen Regelbetrieb. Außerdem gibt es drei Museumsbahnen.

Mit Volldampf in Deutschlands höchstgelegene Stadt

Mehrmals täglich schnaufen die Züge der **Fichtelbergbahn** auf aussichtsreichen 17,4 km von Cranzahl in den 914 m hoch gelegenen Kurort **Oberwiesenthal**. Die idyllische Erzgebirgslandschaft mit ihren Wäldern und Wiesen gleiten im Zeitlupentempo an Reisenden vorbei. Ab Hammerunterwiesenthal schlängelt sich die Trasse die deutsch- tschechische Grenze entlang. Jetzt eröffnen sich großartige Ausblicke auf die beiden höchsten Erhebungen des Erzgebirges, den 1214 m hohen Fichtelberg und den 1244 m hohen Keilberg. Kurz vor Oberwiesenthal geht es über eine 110 m hohe und 23 m breite

SÄCHSISCHE-DAMPFBAHN-ROUTE

Für eingefleischte Eisenbahn-Fans hat die Sächsisch-Oberlausitzer-Eisenbahngesellschaft eine als Themen- bzw. Ferienstraße ausgewiesene Route zusammengestellt, die zu allen wichtigen Schauplätzen der sächsischen Eisenbahngeschichte führt, zu Haltepunkten der Schmalspurbahnen, zu Eisenbahnmuseen und Museumsbahnen. Die Route ist 750 km lang und bezieht auch andere Highlights der sächsischen Kultur mit ein. (www.dampfbahn-route.de)

Eisengitterbrücke, die das Hüttenbachtal überspannt. Dann ist nach rund einstündiger Fahrt von Cranzahl aus die Endstation erreicht.

www.fichtelbergbahn.de

Unterwegs mit dem Lößnitzdackel

Eine Bummelfahrt mit dem »Lößnitzdackel«, der seit 1884 tagtäglich die 17 km lange Strecke **von Radebeul-Ost über Moritzburg nach Radeburg** bedient, führt durch eine abwechslungsreiche Wald- und Teichlandschaft. Hinter Radebeul dampft das Bähnchen zunächst die Weinberge von Hoflößnitz entlang und zuckelt dann durch den engen, dicht bewaldeten Lößnitzgrund. Bald kommt auch schon der große Dippelsdorfer Teich, den der »Lößnitzdackel« auf einem Damm überquert und der bereits zur der Moritzburger Teichlandschaft gehört. Der Haltepunkt Moritzburg legt natürlich eine Unterbrechung nahe: Schloss Moritzburg liegt nur wenige Gehminuten vom Bahnhof entfernt. Nach Moritzburg dampft der Zug zunächst durch lichte Wälder sowie an Teichen vorbei und dann durch ein von Landwirtschaft geprägtes Gebiet bis nach Radeburg, der Endstation. Der Zug bewältigt die Gesamtstrecke in 45 Minuten und fährt unterwegs neun Haltepunkte an. Das Jahr über bietet die Betreiberin neben dem regulären Bahnbetrieb Genussfahrten an.

www.loessnitzgrundbahn.de

Zug ohne Eile ...

.... wird die Bimmelbahn der **Zittauer Eisenbahngesellschaft** genannt. Seit 1890 dampft sie durch das landschaftlich reizvolle, als Naturpark ausgewiesene Zittauer Gebirge im Dreiländereck Deutschland – Polen – Tschechien. Vom Startpunkt nahe des Zittauer Hauptbahnhofs geht es knapp 9 km Richtung Süden bis nach Bertsdorf, wo sich die Strecke teilt. Der eine Ast führt durch dichten Wald in den **Kurort Jonsdorf** mit seinen für die Landschaft so typischen Umgebindehäusern, der andere **nach Oybin**. Dort hält der Zug unter dem Felsmassiv Oybin, auf dem malerisch eine Klosterruine thront, die schon die Romantiker inspirierte. Eine Fahrt von Zittau nach Oybin dauert rund 45 Minuten. Für eine Fahrt nach Jonsdorf mit Umstieg in Bertsdorf müssen sie rund 1 Std. und 45 Min. einkalkulieren.

www.zittauer-schmalspurbahn.de

Großer Andrang beim Lößnitzdackel

»OPTIMAL WEISS UND DURCH-SCHEI-NEND«

Meissener Porzellan! Das klingt nach Luxus, nach der »maladie de porcelaine«, der Porzellansucht von August dem Starken – und nach dem Sonntagskaffee bei der Erbtante, die das gute Service aus dem Vertiko holt. Seit mehr als 300 Jahren begeistert das weiße Gold aus Meißen schon: als exquisites Geschirr für den nicht ganz alltäglichen Gebrauch, als Statussymbol und als Sehnsuchtsobjekt von Sammlern in der ganzen Welt.

Dazu braucht es eine ruhige Hand … ►

ZUTATEN braucht es für die Porzellanherstellung nicht viele, im Wesentlichen nur Kaolin, Feldspat und Quarz – und das heute wie vor 300 Jahren. Doch es bedurfte genialer Wissenschaftler und Tüftler, gerade diese Stoffe in einem ganz bestimmten Verhältnis zu mischen und eines der großen Rätsel ihrer Zeit zu lösen. Denn im 17. Jh. ist feines Porzellan aus China und Japan bei Königen, dem Adel und wohlhabenden Bürgern in Europa zwar heiß begehrt, aber der lange und gefahrenreiche Transportweg macht es teuer. Also versucht man, selbst hinter sein Geheimnis zu kommen. Der Naturwissenschaftler **Ehrenfried Walther von Tschirnhaus** experimentiert schon in den 1690er-Jahren mit der Herstellung von Porzellan und schlägt August dem Starken 1696 sogar die Gründung einer Porzellanmanufaktur vor.

Auch das Glasieren ist Handarbeit.

Auf der Suche nach dem weißen Gold

Zu dieser Zeit beginnt **Friedrich Böttger** gerade 14-jährig in Berlin eine Apothekerausbildung, wendet sich jedoch bald der Alchimie zu. Als er behauptet, Gold herstellen zu können, wird er 1701 vom sächsischen Kurfürsten in ein Dresdner Laboratorium gebracht. Hier trifft er mit Tschirnhaus und dem Freiberger Bergrat und Hüttenfachmann **Pabst von Ohain** zusammen. Schon bald stehen nicht mehr Experimente zur Herstellung von Gold im Mittelpunkt; das Ziel ist nun das weiße Gold, das August der Starke fordert. Dann der Durchbruch: 1707 gelingt die Herstellung des roten Jaspisporzellans, heute Böttgersteinzeug genannt. Am 15. Januar 1708 notiert Doktor Johann Jacob Bartholomaei, Böttger als Leibarzt und Helfer zugeteilt, die Rezeptur für das »optimal weiß und durchscheinende« Porzellan. Das Datum gilt als **Geburtsstunde des weißen europäischen Hartporzellans**. Es vergeht ein weiteres Jahr, bis Böttger am 28. März 1709 August dem Starken offiziell die Erfindung des Porzellans verkündet. Tschirnhaus ist im Oktober zuvor an der roten Ruhr gestorben, und so erntet Böttger den Ruhm allein. Erst 300 Jahre später soll Tschirnhaus den ihm gebührenden Platz in der Porzellangeschichte erhalten.

Zwiebelmuster ohne Zwiebeln

Am 23. Januar 1710 verkündet August der Starke per Dekret die Gründung der ersten europäischen Porzellanmanufaktur, die kurz darauf und für 153 Jahre auf der Albrechtsburg Meißen eingerichtet wird. Die ab 1722 eingesetzten **»Gekreuzten blauen Schwerter«** werden zu einem der bekanntesten Markenzeichen der Welt. Schon in den ersten Jahrzehnten der Manufaktur schaffen Porzellanmaler wie **Johann Gregorius Höroldt** und Modelleure wie **Johann Joachim Kaendler** – er vor allem mit seinen Tierfiguren und höfischen Szenen – unvergleichliche Kunstwerke, die den Ruf des Meissener Porzellans begründen. Dazu gehört auch das aus 2000 Teilen bestehende »Schwanenservice« für den Grafen Brühl. Auch die berühmtesten Dekore stammen aus jener Zeit, etwa der Rote Ming-Drache; am bekanntesten ist wohl das nach fernöstlichen Vorbildern entwickelte kobaltblaue Zwiebelmuster, das allerdings nicht aus Zwiebeln, sondern Granatäpfeln, Pfirsichen, Bambusstock sowie Lotos- und Chrysanthemenblüten besteht. Die schönsten Highlights aus 300 Jahren Porzellangeschichte sehen Sie im Porzellanmuseum in Meißen.

SCHULTERBLICK

In den Schauwerkstätten der »Erlebniswelt Haus Meissen« kann man an mehreren Arbeitsplätzen miterleben, wie Meissener Porzellan in Handarbeit entsteht. Tassen werden gedreht und Figurenteile geformt, anschließend von einem Bossierer anhand eines Modells zusammengesetzt. Unter- und Aufglasurmalerei mit verschiedenen bekannten Motiven schließt den Herstellungsprozess ab. Der Rundgang kann durch Raumton oder mit persönlicher Führung begleitet werden. (▶ S. 220)

VOM TAGE-BAU ZUR SEEN-PLATTE

Pflanzenlose Riesenlöcher mit graubraunen Pfützen, in denen gigantische Bagger schrill quietschend die Ränder immer weiter zernagen – diese Zeiten sind vorbei! Die Tagebaulandschaften haben sich in idyllische Seenplatten verwandelt, in deren klarem Wasser sich das Blau des Himmels spiegelt und auf denen sich weiße Segel im Wind blähen.

Wo heute der Hainer See bei Leipzig zum Bade lädt, gruben sich einst Riesenbagger durch den Braunkohle-Tagebau »Witznitz II«. ▶

DIE heute so umstrittene Braunkohle war in der DDR fast der einzige Energieträger. Ihr Ruß hat über Jahrzehnte die Luft geschwängert und sich auf Fassaden wie Lungen gelegt. Das Abräumen der Deckschichten und der Abbau der Kohle im Tagebau hat nicht nur ganze Dörfer zum Verschwinden gebracht, die Bagger haben **tiefe Wunden in die Landschaft** gerissen und Kraterlandschaften geschaffen, die, wenn die Lagerstätte erschöpft war, meist sich selbst überlassen blieben.

Masterplan

Das Bundesberggesetz stellt u. a. Regeln für Schließungen im Bergbau auf. Dort heißt es, dass nach der Stilllegung eines Tagebaus die geschädigten Flächen renaturiert und rekultiviert werden müssen, und zwar so, dass sie wie vor Beginn der Baggerei genutzt werden können. Als der Braunkohleabbau in der Region um Leipzig und auch in der Lausitz nach der Wende zum Erliegen kam, gab es dort einiges zu tun: Es galt eine Bestandsaufnahme zu machen, Kostenträger zu bestimmen und ein Nachnutzungskonzept zu entwickeln. Da sich in den brachliegenden Tagebauten gefährdete Tier- und Pflanzenarten angesiedelt hatten, mussten die Planer überdies Erfordernisse des Umweltschutzes berücksichtigen. Doch die Mühe hat sich gelohnt. Die hässlichen Halden und Löcher sind verschwunden, an ihr Stelle traten **naturnahe Erholungsräume**.

Generationenaufgaben

In 30 Jahren ist im Großtagebaugebiet rund um Böhlen/Zwenkau das **Naherholungsgebiet Leipzig Neuseenland** entstanden. 15 der riesigen Krater sind inzwischen geflutet, vier weitere sollen folgen. Etwa 1 Milliarde Kubikmeter Wasser mussten durch ein 60 km langes Leitungssystem gepumpt werden. Entstanden ist eine Seenfläche von insgesamt etwa 45 km², die durch Wasserstraßen mit Pleiße und Weißer Elster verbunden ist – ein Verkehrsnetz mit ca. 220 km Länge und Anschluss am zentrumsnahen Leipziger Stadthafen. Noch gigantischer ist der Seenverbund rund um Hoyerswerda, das zum sächsisch-brandenburgischen **Lausitzer Seen-**

AUSFLUG PER BOOT INS NEUSEENLAND

Viele Wege führen ins Leipziger Neuseenland! Erfahrene Kanuten nutzen die Wasserwege und paddeln von der Innenstadt aus zu den Gewässern vor den Toren der Stadt. In Leipzig können Sie Ruderboote oder ein Kanu mieten. Doch Vorsicht! Die Tour erfordert Übung und auch Kondition. Tourenvorschläge und auch Bootsverleihe finden sich auf der Website der Leipziger Touristeninformation. (www.leipzig.travel, www.leipziger-neuseenland.org)

land gehört. Bis 2026 soll es sich zu Europas größter künstlicher Seenlandschaft auswachsen. Die Fläche der bedeutendsten Seen beträgt dann etwa 80 km^2, die zehn größten von ihnen sind über mehrere schiffbare Kanäle untereinander verbunden – ideal für Freizeitkapitäne.

OBEN: Schwimmende Ferienhäuser auf dem Geierswalder See im Lausitzer Seenland
UNTEN: Dieses Ungetüm hat ausgedient.

Für jede(n) etwas

Heute ist das Neuseenland ein **Tummelplatz für Wassersportler**. Segler, Windsurfer und Stand-Up-Paddler finden hier ideale Bedingungen vor. Vielerorts an den Ufern haben Bootsverleihe und Strandbäder aufgemacht. Es gibt Restaurants und Unterkünfte.

Das Lausitzer Seenland steht dem in nichts nach. Auch hier ist Angebot an Freizeitvergnügen auf dem Wasser fast unbegrenzt. Den Sommer über sieht man Kitesurfer ihre Runden drehen und Wakeboarder, die sich übers Wasser ziehen lassen.

SACHSEN-KEULE UND SCHIELER

Goldener Wagen, Rosengründchen, Katzensprung – die Weinlagen tragen nicht nur klangvolle Namen, sie produzieren auch gute Tropfen voller Charakter. Da schuldet man es schon fast der Gegend, die Sächsische Weinstraße zu erkunden, gemütlich in Strauß- und Besenwirtschaften einzukehren, eine Führung beim Winzer mitzumachen oder zur Weinwanderung aufzubrechen.

◄ Was in Radebeuls Weinbergen unten wächst, kann oben im Spitzhaus probiert werden.

SACHSEN ist das nordöstlichste der 13 offiziellen deutschen Weinanbaugebiete und eines der kleinsten noch dazu. Seit 1992 führt die **Sächsische Weinstraße** über eine einzigartige Kulturlandschaft elbabwärts von Pirna über Dresden, Radebeul und Meißen bis nach Seußlitz: Auf diesen 55 km wird Genuss großgeschrieben. Bei den herbstlichen Weinfesten in Radebeul und Meißen können Sie nicht nur den spritzigen Federweißer testen, sondern auch die ganze Vielfalt der sächsischen Weine kennenlernen.

Der Sekt im Staatsgut Schloss Wackerbarth wird nach Champagnermethode »gerüttelt«.

Es begann mit dem Bischof

Das milde Klima im weiten Talkessel der Elbe, viel Sonne und abwechslungsreiche Böden sorgen dafür, dass hier seit Jahrhunderten aromenreiche Weine gemacht werden können. Der Legende nach soll Bischof Benno schon zu Beginn des 12. Jh.s die ersten Reben nahe des Meißner Burgbergs gepflanzt haben. Nachdem im 19. Jh. die Reblaus dem hiesigen Weinanbau beinahe den Garaus gemacht hätte, hielten über Jahrzehnte vor allem **Kleinwinzer** die Weinbautradition im Elbtal am Leben.

Sächsische Eigenheiten

Heute werden in Sachsen primär **trockene Weißweinsorten** kultiviert wie Müller-Thurgau, Riesling sowie Weiß- und Grauburgunder. Nur noch im Elbtal findet man den Goldriesling, der als junger Wein ein leichter Sommergenuss ist. Mit Spätburgunder oder Dornfelder sind aber auch rote Weine im Angebot. Viele der fast 40 Weingüter und ein Dutzend Weinbaugemeinschaften wurden erst nach der Wende gegründet, schon zu DDR-Zeiten berühmt war jedoch das heutige Sächsische Staatsweingut Schloss Wackerbarth (► S. 140), zugleich Sachsens älteste Sektkellerei. In der 1938 gegründeten Sächsischen Winzergenossenschaft Meißen sind 1500 Kleinwinzer vereint, die rund ein Drittel der sächsischen Anbaufläche bearbeiten. Ihr Markenzeichen ist die **»Sachsenkeule«**, eine nur hier verwendete bauchige Weinflasche. Nicht mit einem Rosé verwechseln sollte man den aus roten und weißen Trauben gekelterten Wein, der in Sachsen – und nur hier – »Schieler« heißt.

Auf die guten Seiten des Lebens!

Zwei Weingüter liegen mitten in den Dresdner Elbhängen. Unweit des Dresdner Stadtzentrums offeriert **Lutz Müller** »Weine mit Weitblick«, und das ist durchaus wörtlich zu nehmen: Von der Strausswirtschaft in seinem Weinberg neben dem Schloss Albrechtsberg schauen Sie auf die Elbe, die Stadt und weit hinaus ins Umland. Zum Wein gibt es Flammkuchen aus dem Holzofen.

Bautzner Str. 130 | Strausswirtschaft April bis Okt. Sa., So. und feiertags 11 – 19; März, Nov. bei gutem Wetter So., feiertags 11 Uhr bis zur Dämmerung | www.winzer-lutz-mueller.de

Auf dem **Weingut Klaus Zimmerling** am Stadtrand von Pillnitz gehen Wein und Kunst eine Symbiose ein. Ganz ohne Herbizide und synthetische Pestizide gedeihen hier auf verwittertem Granit u.a. Riesling, Grauburgunder, Kerner und Gewürztraminer. Klaus Zimmerlings Frau, die Bildhauerin Małgorzata Chodakowska, verwandelt Holzstämme in anmutige Skulpturen, zumeist grazile Frauenfiguren, deren Abbilder sich als wechselnde Etiketten auf den schlanken Flaschen wiederfinden. Von Ostern bis Ende Oktober sind ein Ausschank und eine Galerie im Weinkeller geöffnet.

Bergweg 27 | Mi. – So./feiertags 11 – 18 Uhr | www.weingut-zimmerling.de

WEINGESCHICHTEN

Mit einem Glas Wein in der Hand spazieren Sie Dr. Christian Müller hinterher. Der Vater des Winzers Lutz Müller ist nicht nur Weinkenner, sondern auch versierter Geschichtenerzähler – und so schlendern Sie mit ihm durch die Weinberge am Loschwitzer Elbhang. (www.winzer-lutz-mueller.de)

T
TOUREN

Durchdacht, inspirierend, entspannt

Mit unseren Tourenvorschlägen
lernen Sie Sachsens beste Seiten kennen.

Zu Ostern reiten die Sorben auf
einer Prozession durch die Oberlausitz ►

UNTERWEGS IN SACHSEN

Ob mit dem Auto, der Bahn, mit dem Fahrrad oder auf Schusters Rappen – eine Tour durch Sachsens Landschaften ist immer ein Genuss. Die geschichtsträchtigen Städte warten mit sorgfältig sanierten Zentren auf, und auf den Marktplätzen geht es dank der wachsenden Zahl von Straßencafés meist locker und lässig zu.

Wegenetz

Da in Sachsen viel Geld in den Ausbau des Straßen- und Autobahnnetzes investiert wurde, lassen sich die größeren Städte und touristisch interessanten Regionen mit dem Auto schnell und bequem erreichen. Auch der Bahnverkehr lässt kaum Wünsche offen. Eine Fahrt mit einer der von Dampfloks gezogenen **Schmalspurbahnen** ist ein besonderes Erlebnis. Dank eines ständig erweiterten **Radwegenetzes** kommen auch Radler auf ihre Kosten.

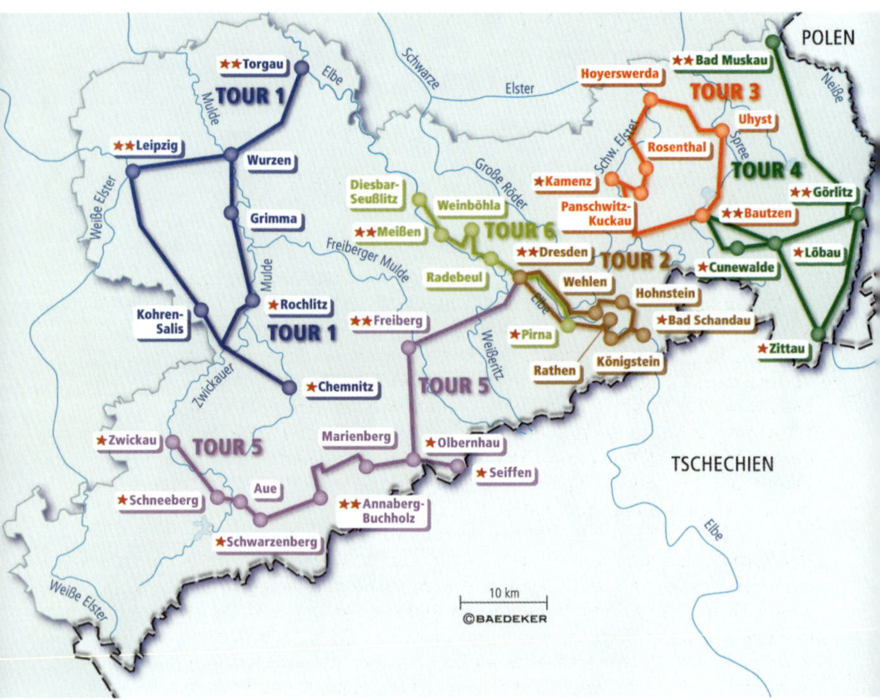

Es muss nicht immer die sächsische Landeshauptstadt sein, auch die nahe gelegenen Städte der Oberlausitz haben einiges zu bieten. Über die A 4 gelangen Sie von Dresden in rund 50 Min. nach Bautzen, und Görlitz ist in eineinhalb Stunden erreicht. Nach Pirna und in die Sächsische Schweiz geht es über die viel befahrene B 172. Schöner, aber auch wesentlich zeitaufwendiger, ist die Anreise mit einem alten Raddampfer der **»Weißen Flotte«**, bei der sich die Elbhänge und das Elbsandsteingebirge von ihrer schönsten Seite präsentieren.

Nicht nur Dresden

Von Leipzig aus bieten sich Abstecher ins östlich gelegene »Sächsische Burgenland« zwischen Wurzen, Colditz und Rochlitz sowie in die Dübener und Dahlener Heide Richtung Torgau an, die allesamt gut über Bundesstraßen zu erreichen und ebenso wie das Erzgebirge und das Vogtland wahre Wander- wie Radlerparadiese sind. Ihr Gepäck können Sie vielerorts bei der Touristeninformation deponieren.

Besonders schön mit dem Rad oder zu Fuß

ERZGEBIRGSVORLAND UND LEIPZIGER BUCHT

Länge der Tour: 201 km (ohne Abstecher) | **Start:** Chemnitz

Die abwechslungsreiche Rundfahrt von Chemnitz nach Leipzig und zurück durch das Rochlitzer Muldental führt durch eine historisch gewachsene Kulturlandschaft.

Tour 1

Der Ausgangspunkt der Tour, 1 ★ **Chemnitz**, das zu DDR-Zeiten Karl-Marx-Stadt hieß, war einst eines der bedeutendsten industriellen Zentren Deutschlands und wurde als »sächsisches Manchester« benannt. Das Industriemuseum Chemnitz erinnert an diese Ära. Sie verlassen die Stadt auf der B 95 in Richtung Nordwesten, überqueren die Zwickauer Mulde – kurz zuvor bietet sich ein Abstecher zur Rochsburg an – und durchqueren das liebliche **Kohrener Land** mit der Töpferstadt 2 **Kohren-Sahlis** und der ★ **Burg Gnandstein**. Die Städter aus dem nahen Leipzig wussten bereits zu Beginn des 20. Jh.s die ländliche Ruhe dort zu schätzen.

Industriezentrum in ländlicher Idylle

Bei Borna erreichen Sie die durch den jahrzehntelangen Braunkohlenabbau geprägte Leipziger Tieflandsbucht und kommen bald in die altehrwürdige Messe- und Handelsstadt 3 ★★ **Leipzig**. Die attraktive Innenstadt, die Museen, eine traditionsreiche Gastronomie, darunter eines der ältesten Kaffeehäuser Europas, und das wahrlich monumentale Völkerschlachtdenkmal sind einen längeren Aufenthalt

Von Leipzig nach Wurzen

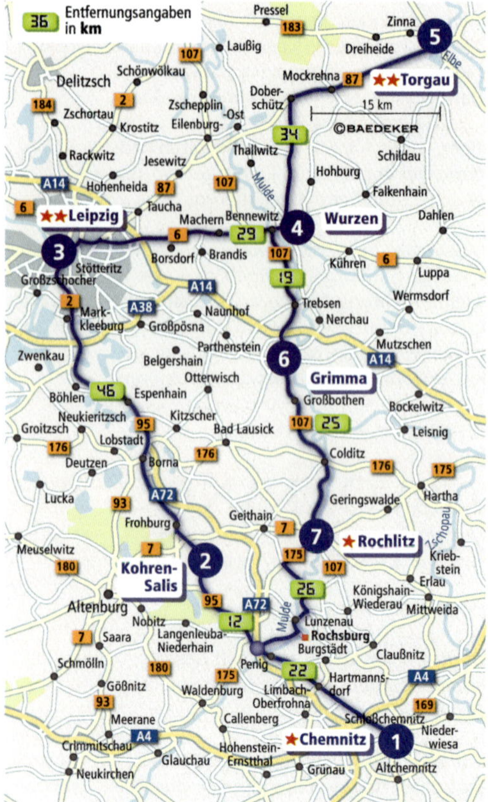

wert. Anschließend geht auf der B 6 nach ❹ **Wurzen**, der Geburtsstadt von Joachim Ringelnatz.

In Wurzen können Sie noch einen Abstecher nach ❺★★ **Torgau** an der Elbe, einer Hochburg der Reformation unternehmen (einfache Strecke 34 km) oder gleich nach Süden über ❻ **Grimma** und Colditz ins **Rochlitzer Muldental** fahren, wo mit Schloss Rochlitz, der ★★ **Wechselburger Stiftskirche** und der Rochsburg drei kulturgeschichtlich sehr bedeutsame Bauwerke aufeinanderfolgen. Von ❼★ **Rochlitz** aus wäre im Übrigen ein Ausflug über Land zur ★★ **Burg Kriebstein** zu überlegen. Die Rückfahrt vom Muldental nach Chemnitz erfolgt ab der Rochsburg auf der B 95.

VON DRESDEN DURCH DIE SÄCHSISCHE SCHWEIZ

Länge der Tour: 106 km | **Start:** Dresden

Tour 2 *Ob mit dem Auto, dem Elbdampfer, zu Fuß oder per Fahrrad – die Tour von Dresden ins Elbsandsteingebirge führt in eine Landschaft aus bizarren Felsformationen, tiefen Schluchten und lichten Wäldern.*

Für die Fahrt in die **Sächsische Schweiz** verlassen Sie 1 ★★ **Dresden** auf der B 172 und fahren zunächst bis Heidenau. Dort lohnt ein Ausflug ins romantische Müglitztal zum Schloss Weesenstein, zur Burg Kuckuckstein und in die Uhrenstadt Glashütte oder weiter bis Altenberg im Osterzgebirge (einfache Strecke 37 km).

Abstecher ins Müglitztal?

Wer direkt in die Sächsische Schweiz fahren möchte, legt am besten einen ersten Halt in 2 ★ **Pirna** ein, dem »Tor zur Sächsischen Schweiz«. Hier können Sie über den Marktplatz bummeln und zur Burg Sonnenstein hinaufklettern. Dann geht es ins Elbsandsteingebirge, entweder durch das Elbtal auf der Struppener Straße oder auf der Höhe via Bundesstraße. Wer über Struppen fährt, dem sei ein Stopp in Oberrathen, dem linkselbischen Teil des Kurorts 3 **Rathen**, an der großen Elbschleife empfohlen. Von dort kann man mit der Gierseilfähre – allerdings ohne Auto! – nach Niederrathen unterhalb der **Bastei** übersetzen. Der Aufstieg auf die berühmten Felsen wird mit einer wunderbaren Aussicht über die Sächsische Schweiz belohnt.

Über Pirna und Rathen zur Bastei

Danach geht es dieselbe Strecke zurück, über die Hohe Straße zur Bundesstraße und weiter Richtung 4 **Königstein**. Bald zweigt rechts die Auffahrt zur mächtigen ★★ **Festung Königstein** ab, auch sie eigentlich ein Muss. Wer sie zuerst sehen möchte, sollte in Pirna direkt auf die Bundesstraße fahren, danach aber den Kurort Rathen nicht auslassen.
Weiter geht es auf der B 172 über die Stadt Königstein nach 5 ★ **Bad Schandau**, dem touristischen Herz der Sächsischen Schweiz. Hier bleibt einem dann fast nichts anderes übrig, als die Wanderstiefel zu schnüren und sich auf den Weg zu machen: etwa zu den Zschirnsteinen, den Schrammsteinen und durch das Kirnitzschtal. Letzteres können Sie zwar auch mit der Straßenbahn oder dem Auto durchfahren, doch dafür ist es eigentlich viel zu schön.

Im Herzen der Sächsischen Schweiz

Wer einen Abstecher über die Grenze in die Böhmische Schweiz machen möchte, fährt weiter nach Schmilka und wandert zum Prebischtor. Andernfalls biegen Sie am westlichen Ortsausgang von Bad Schandau vor der Elbbrücke Richtung 6 **Hohnstein** ab, wo eine hoch über dem Tal »klebende« Burg wartet. Von Hohnstein geht es über die Stadt 7 **Wehlen** zurück nach Pirna in dessen rechtselbischen Stadtteil Copitz und von dort, an der Elbe entlang, über Pillnitz, Loschwitz und das Blaue Wunder zurück nach Dresden.

Rechtselbisch zurück nach Dresden

Für eine Tour in die Sächsische Schweiz ist nicht unbedingt ein Auto vonnöten. Wer genügend Zeit und vor allem gutes Schuhwerk mitbringt, kann von Dresden oder Pirna aus bequem mit der **S-Bahnlinie S 1** durchs Elbtal bis zur tschechischen Grenze fahren. An den Bahnhöfen entlang der Strecke starten ausgedehnte Wanderwege.

Mit Bahn oder Elbdampfer

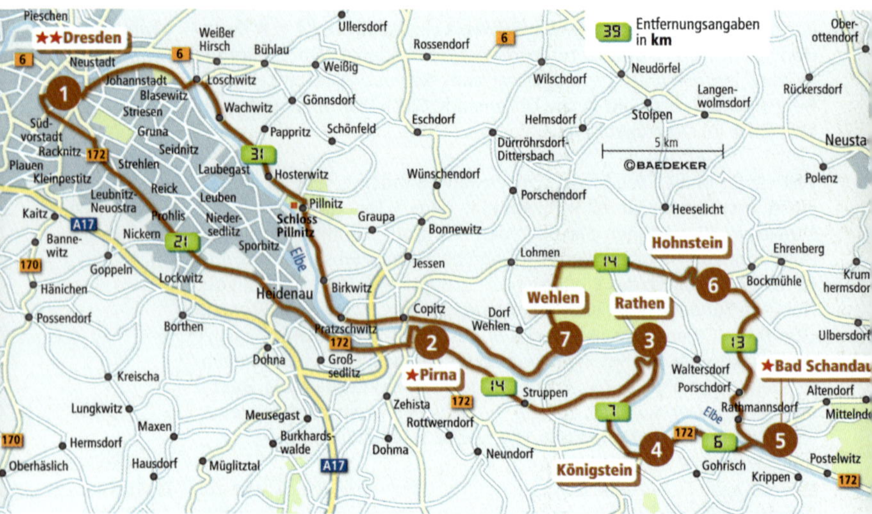

Oder mit dem Dampfer?

Noch gemächlicher ist eine Fahrt mit den in Dresden ablegenden **Schaufelraddampfern** der Weißen Flotte vorbei an Loschwitz und Pillnitz nach Pirna, zum Kurort Rathen, nach Königstein und Bad Schandau. Jenseits der Grenze liegt an der Elbe der Ort Děčin (Tetschen), in dem ebenfalls lohnenswerte Wanderwege ins Elbsandsteingebirge beginnen, die z. B. zu Europas größtem Felsentor bei Hřensko (Herrnskretschen) oder zu den Felsenstädten von Tisá (Tyssa) führen.

NORDWESTLICHE OBERLAUSITZ

Länge der Tour: 138 km | **Start:** Bautzen

Tour 3

Die Spreestadt Bautzen, das kulturelle Zentrum der Oberlausitz, bietet sich als Ausgangspunkt für Fahrten durch das Land der Sorben an. Die Rundstrecke ist an einem Tag zu bewältigen.

Für Literaturfreunde

Die Tour führt von ❶ ★★ **Bautzen** auf der B 6 Richtung Bischofswerda und wendet sich dort nach Norden zum Barockschloss Rammenau, einem hübschen Landschloss mit angenehmem Terrassen-

Café. Danach unterquert die Straße die Autobahn, und es folgt die Lessingstadt ❷ ★ **Kamenz**. Literaturfreunde besuchen hier das dem großen Dichter der Aufklärung von seiner Geburtsstadt errichtete Museum. Ein Spaziergang über den Marktplatz und durch die umliegenden Gassen runden den Besuch ab.

Von Kamenz aus fahren Sie zunächst wieder Richtung Osten nach ❸ **Panschwitz-Kuckau**, wo sorbisches Brauchtum, vor allem das Osterreiten, bis heute gepflegt wird. Doch lohnt sich der Besuch eigentlich an jedem Tag im Jahr: Mit der Klosteranlage von **St. Marienstern**, Ziel vieler Wallfahrer, steht im Ort eines der beiden einzigen Zisterzienserinnenklöster Sachsens – das zweite, Marienthal bei Zittau, wird in der folgenden Tour angesteuert. In St. Marienstern wird übrigens auch ein süffiges Bier gebraut, das Sie in der Klosterschänke probieren können. Nördlich von Panschwitz-Kuckau lohnt die Wallfahrtskirche von ❹ **Rosenthal** eine Besichtigung.

1000 Teiche

Danach wird es etwas kompliziert: Über kleine, kurvige Landsträßchen geht es nach ❺ **Hoyerswerda**, das sich als Ausgangspunkt für Ausflüge in das nahegelegene **Biosphärenreservat Oberlausitzer Heide- und Teichlandschaft** anbietet. Mit seinen über 1000 Teichen unterschiedlichster Größe ist das Gebiet ein Dorado für Naturliebhaber und Wassersportler.
Von Hoyerswerda aus können Sie nun entweder über die B 96 zurück nach Bautzen fahren oder sich zunächst Richtung Weißwasser/Niesky wenden. Diese Strecke begleitet rechts der Straße die Heide- und Teichlandschaft, links das Braunkohlenabbaugebiet. Kurz vor ❻ **Uhyst** trifft man auf die B 156, darauf geht es zurück nach Bautzen.

SÜDLICHE OBERLAUSITZ UND ZITTAUER GEBIRGE

Länge der Tour: 135 km (ohne Abstecher) | **Start:** Bautzen

Tour 4

Wer diese Tour ohne Hektik genießen möchte, sollte vielleicht zwei Übernachtungen im Zittauer Gebirge einplanen – und Wanderschuhe einpacken. Auf Schusters Rappen lässt es sich am besten erkunden.

Umgebindehäuser

Um den Richtung Polen dröhnenden Schwerverkehr auf der E 40/B 6 zu meiden, wählen Sie am besten einen kleinen Umweg und verlassen das schöne ❶ ★★ **Bautzen** auf der B 96 in südlicher Richtung. Nach 10 km biegen Sie nach ❷ ★ **Cunewalde** ab. Der Ort wartet mit einem Ensemble von für die Region typischen Umgebindehäuser (▶ S. 290) und der größten Dorfkirche der Oberlausitz auf. 16 km östlich von Cunewalde liegt ❸ ★ **Löbau** am Fuß des gleichnamigen Bergs, auf dem der einzige gusseiserne Aussichtsturm Europas thront. Von Löbau führt die B 178 nach Zittau. Auf dem Weg dorthin lohnt das kleine Obercunnersdorf, denn nirgends sonst in der Oberlausitz finden Sie ein derart geschlossenes Ensemble alter Umgebindehäuser (fast 250 Gebäude). Zurück auf der Bundesstraße, durchqueren Sie bald **Herrnhut**, den Stammsitz der Herrnhuter Brüdergemeine. Dann kommt auch schon ❹ ★ **Zittau**, Hauptort des Dreiländerecks Deutschland/Tschechien/Polen und Tor zum Zittauer Gebirge. Kurort Oybin wird von Zittau regelmäßig mit der dampfgetriebenen Zittauer Bimmelbahn angefahren und ist ein guter Platz zum Übernachten und Wandern.

Leckeres Brot in Marienthal

Die zweite Etappe führt von Zittau auf der B 99 nahe der Neiße an der Grenze zu Polen Richtung Norden. Schon bald hinter dem riesigen Braunkohlekraftwerk Turów auf der polnischen Seite des Flusses taucht rechts unterhalb der Straße das herrlich im Neißetal gelegene ★ **Zisterzienserinnenkloster Marienthal** auf, das älteste des Ordens auf deutschem Boden. Heute brennen die Nonnen Gin, brauen Klosterbrause, backen Brot und Kuchen und verkaufen alles im Klostermarkt.

Gestärkt nach Görlitz

Nach verdienter Stärkung geht es ohne Aufenthalt nach ❺ ★★ **Görlitz**. Die vom Krieg verschonte Grenzstadt zu Polen besitzt vor allem um den Untermarkt eine einzigartige mittelalterliche Bausubstanz. Görlitz ist der eigentliche Höhepunkt der Tour, aber auch ihr Schlusspunkt, denn danach geht es auf der E 40/B 6 zurück nach Bautzen – es

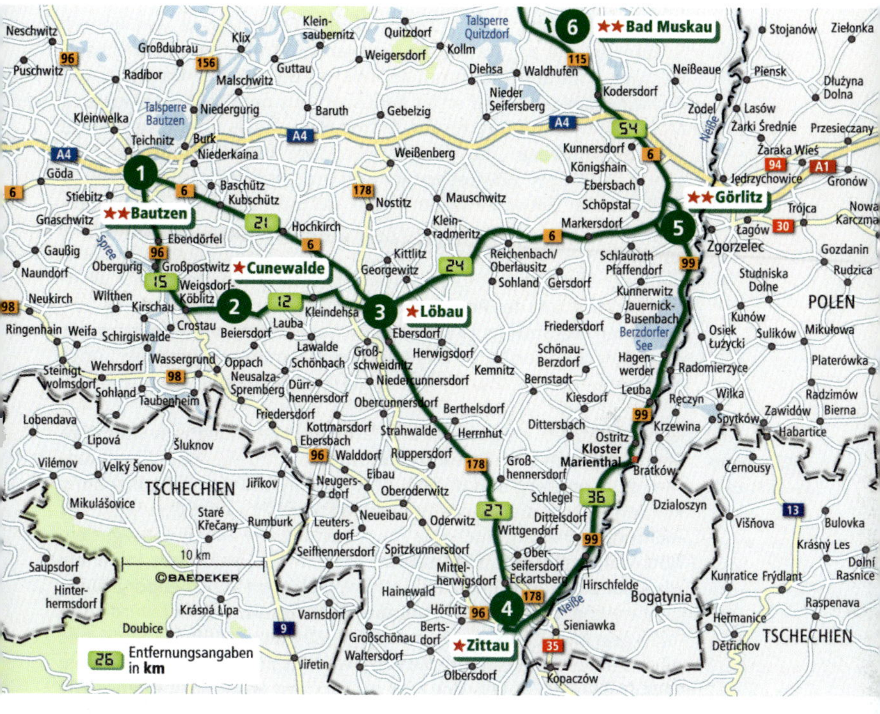

sei denn, Sie möchten den berühmten Parkanlagen des Fürsten Pückler in 6 ★★ **Bad Muskau** einen Besuch abstatten. Sie liegen rund 54 km nördlich von Görlitz.

SÄCHSISCHE SILBERSTRASSE

Länge der Tour: 201 km (ohne Abstecher) | **Start:** Zwickau

Die schönste Art, das Erzgebirge kennenzulernen, ist eine Fahrt auf der Sächsischen Silberstraße. Hier folgen Sie durch eine herrliche Mittelgebirgslandschaft den Spuren der Bergleute, die im 12. Jh. erstmals ihr »Bergkgeschrey« erschallen ließen und das Silbererz aus den Stollen zu fördern begannen. Tour 5

Ins Erzgebirge hinein

Die Tour beginnt in ❶ ★ **Zwickau**, der Geburtsstadt von Robert Schumann, die als Station an der Handelsstraße von Leipzig nach Böhmen vom Silberreichtum profitierte. Die B 93 verlässt Zwickau Richtung Südosten und steigt bald sanft aus dem Tal der Zwickauer Mulde zum Erzgebirge hinauf. Erster Halt ist das 1471 gegründete ❷ ★ **Schneeberg**, die »Weihnachtsstadt des Erzgebirges«, die schon 1474 über 220 Zechen im und um das Stadtgebiet besaß, in denen außer Silber vor allem Kobalt gefördert wurde. Wie das geschah, können Sie auf dem Berglehrpfad erfahren. Von Schneeberg aus geht es weiter auf der B 169 über Schlema nach ❸ **Aue**, einst ein bedeutender Standort für die Eisenverhüttung und später eine wichtige Förderstätte des Porzellanrohstoffs Kaolin. In der Nachkriegszeit begannen die Sowjets in Aue und im benachbarten Schneeberg mit der Förderung von Uran. Das Auer Bergbaumuseum informiert über die Geschichte der Montanwirtschaft in der Region.

Silber als Quell des Wohlstands

Von Aue geht es nun auf der B 101 weiter in das malerisch über dem Tal thronenden ❹ ★**Schwarzenberg**, wo 1380 der erste Eisenhammer des Erzgebirges in Betrieb genommen wurde. In der Umgebung können Sie u. a. die Silberwäsche in Antonsthal besichtigen. Die B 101 Richtung Annaberg-Buchholz führt weiter nach Scheibenberg, dem höchsten Punkt der Silberstraße (670 m ü. d. M.). Dort lohnt ein Blick auf das Naturdenkmal der Basaltsäulen am Scheibenberg. Dann geht es hinein nach ❺ ★★**Annaberg-Buchholz**. Der Ort wurde erst 1492 gegründet und war doch bereits 1509 mit fast 600 Silbergruben eine der reichsten Städte Deutschlands. Der Mathematiker Adam Ries (1492–1559) ließ sich hier nieder. Sein Haus steht ebenso wie natürlich das Erzgebirgsmuseum und die St. Annenkirche für Besichtigungen offen. Interessant ist auch das benachbarte **Frohnau**, wo mit dem im 17. Jh. erbauten Hammerwerk ein technisches Denkmal erster Güte steht. Auch ein Ausflug in den Wintersportort ★**Oberwiesenthal** an der tschechischen Grenze bietet sich an.

Rund um Annaberg

Nach Annaberg teilt sich die Silberstraße. Auf der B 101 führt sie über den Kurort Wiesenbad und das idyllische **Wolkenstein** nach **Schönbrunn**. Die interessantere Strecke verläuft aber von Frohnau über eine Abzweigung der B 95 nach **Geyer** mit einer 50 m tiefen sogenannten Pinge, einem Einbruchstrichter. Dann folgen der Greifenbachstauweiher, der vom ältesten künstlichen Graben des Erzgebirges gespeist wird, und nach den sehr imposanten Greifensteinen **Ehrenfriedersdorf**, wo bereits um 1240 Bergbau betrieben wurde. Das Besucherbergwerk Zinngrube und der Hans-Witten-Altar in der Stadtkirche sind besonders sehenswert.

In Ehrenfriedersdorf sind Sie bereits wieder auf der B 95, auf der es ein Stück zurück bis zur Abzweigung nach **Wolkenstein** und dort wieder auf die B 101 geht.

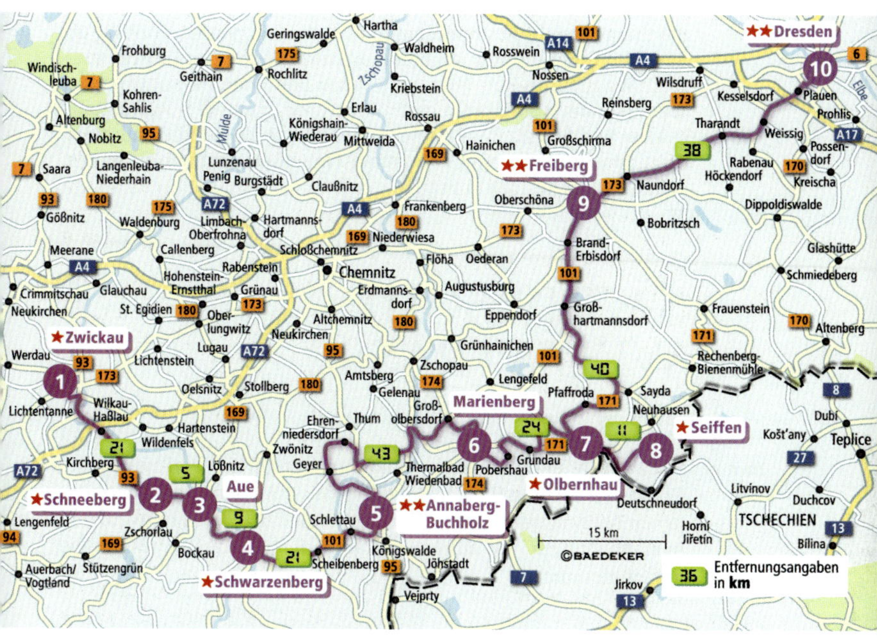

Bald darauf teilt sich die Silberstraße noch einmal. Während die B 101 nacheinander das Kalkwerk Lengefeld, Forchheim mit seiner Dorfkirche von George Bähr sowie einer Silbermannorgel und schließlich Mittelsaida berührt, geht es kurz hinter Wolkenstein auf der B 174 Richtung Süden nach ⑥ **Marienberg**, wo die gesamte Bergwerkslandschaft zum technischen Denkmal erklärt worden ist. Der 1520 gegründete Ort ist ein klassisches Beispiel für eine planmäßig angelegte Bergbaustadt und als solche noch nahezu gänzlich erhalten. Auf Marienberg folgt Pobershau mit dem Schaubergwerk »Molchner Stolln«, dann – auf der B 171 – ⑦ ★**Olbernhau**, wo ein Kupferhammer aus dem 16. Jh. und andere Anlagen zur Kupfererzverarbeitung erhalten sind. Von Olbernhau aus lässt sich noch ein Abstecher ins Spielzeugdorf ⑧ ★ **Seiffen** unternehmen.

Nach Marienberg

Hinter Olbernhau beschreibt die Silberstraße einen Bogen über Sayda und trifft bei Großhartmannsdorf wieder auf die B 101. Nun geht es nach ⑨ ★★ **Freiberg**, dem Zentrum des Bergbaus. In der ältesten Bergstadt des Erzgebirges begann die Silbererzförderung bereits 1168. Das Angebot an Sehenswürdigkeiten ist entsprechend groß: das Huthaus der Grube »Einigkeit«, der Dom mit der berühmten Tulpenkanzel, die Geowissenschaftliche Sammlung der Bergakademie,

Die Höhepunkte zum Schluss

das Stadt- und Bergbaumuseum sowie Schaubergwerke. Freiberg ist der Höhepunkt und fast auch das eigentliche Ende der Silberstraße. Diese führt durch den Tharandter Wald und über Freital, wo nicht Silber, sondern Steinkohle gefördert wurde, nach ⑩ ★★**Dresden**. In ihrer Residenzstadt wird offensichtlich, was die Wettiner aus dem Reichtum des Erzgebirges machten: Sie ließen prachtvolle Bauten errichten und kauften Kunst.

SÄCHSISCHE WEINSTRASSE

Länge der Tour: 68 km (ohne Abstecher) | **Start:** Pirna

Tour 6

Seit dem 12. Jh. wird im klimatisch begünstigten Elbtal zwischen Pirna und Meißen Wein angebaut, und nach einem zwischenzeitlichen Niedergang – im 18. Jh. trank man lieber Bier, im 19. Jh. kam die Reblaus – ist das kleinste deutsche Weinanbaugebiet wieder im Kommen.

Vor allem Weißweine

Die sächsischen Winzer keltern vor allem Weißweine: Müller-Thurgau, Ruländer, Riesling, Traminer und Weißburgunder. Während der Tour auf der Sächsischen Weinstraße erfahren sie viel Wissenswertes über Weine aus dem Elbtal, ihre Geschichte wie ihre besonderen Qualitäten. Die Weinstraße lässt sich übrigens gut »erradeln«, denn sie ist nicht allzu lang und hat kaum Steigungen. Immer wieder bieten sich Gelegenheiten zu Wanderungen durch die Weinberge und auf Weinlehrpfaden, zu Besichtigungen von Kellereien und natürlich zu Weinproben. 90 km ist der Sächsische Weinwanderweg lang.

Start am Marktplatz von Pirna

Offiziell beginnt die Sächsische Weinstraße in ① ★ **Pirna**, auch wenn dort heute kein kommerzieller Weinbau mehr betrieben wird. Der schöne Marktplatz ist ein idealer Ausgangspunkt für die Tour. Sie überqueren die Elbe und wenden sich auf der Pratzschwitzer Straße Richtung ② ★★ **Dresden**, dessen Stadtgrenze kurz hinter Birkwitz erreicht ist. Bald darauf sind Sie in Pillnitz mit seinem herrlichen Barockschloss. Rechter Hand erhebt sich der Große Berg, auf dem erstmals 1403 Wein angebaut wurde. Man erwandert ihn auf dem Leithenweg, kommt dabei an Wächterhäuschen und vor allem an der Weinbergkirche von Matthäus Daniel Pöppelmann vorbei. Immer in Sichtweite der Elbe geht es weiter durch die äußeren Stadtteile von Dresden. Zunächst durch Wachwitz, wo man rechts den 1824 ange-

legten Königlichen Weinberg sieht, dann nach Loschwitz mit dem Weinberghaus der Familie Körner, in dem eine Zeit lang Friedrich Schiller wohnte. Auf der berühmten Brücke **»Blaues Wunder«** geht es über die Elbe zum Villenvorort Blasewitz. Auf der Brücke schweift der Blick flussabwärts, wo sich am rechten Ufer unterhalb der drei Dresdner Elbschlösser ebenfalls Weinberge ausdehnen. Von Blasewitz fahren Sie weiter in die Dresdner Altstadt mit ihren herrlichen Barockbauten und Kunstschätzen.

Die Weinberge der Lößnitz

Wenn man sich von Dresden wieder losreißen kann, geht es auf der Sächsischen Weinstraße am rechten Elbufer nach ❸ **Radebeul** am Fuß der Lößnitzberge, deren Hänge den Lieblingswein des sächsischen Hofes lieferten. Hier gibt es nicht nur Reminiszenzen an Karl May, sondern auch eine ganze Reihe von Sehenswürdigkeiten, die mit Wein zu tun haben: In Radebeul-Oberlößnitz führt eine barocke Treppe von Pöppelmann den Weinberg Goldener Wagen zum Aus-

sichtspunkt Spitzhaus hinauf. Das Weinbaumuseum Hoflößnitz ist in einem Lusthaus der Wettiner untergebracht, und die Verwaltung des Sächsischen Staatsweinguts auf Schloss Wackerbarth, der ältesten Weinkellerei Sachsens. Durch die Weingüter führt ein 4 km langer Weinlehrpfad (Route Zitzschewig).

Über Meißen nach Diesbar-Seußlitz

Hinter Radebeul haben Sie die Qual der Wahl: Sie können der Elbe nach Meißen folgen oder aber einen Abstecher über Coswig auf der Weinböhlaer Straße nach ❹ **Weinböhla** unternehmen. Bis 1840 lag dort das größte geschlossene Weinbaugebiet an der Elbe. Heute sind davon u. a. der nach Christian Fürchtegott Gellert benannte Gellertberg und ein 6 km langer Weinlehrpfad geblieben. Von Weinböhla fahren Sie zurück auf die der Elbe folgenden Straße nach ❺ ★★ **Meißen**. Bald steigen rechts die Hänge des Spaargebirges auf, wo seit 400 Jahren Wein angebaut wird und noch einige historische Weingüter wie das von Haagsche, der Kapitelberg, die Rote Presse oder der Alte Deutsche Bosel existieren. Vom Aussichtspunkt Juchhöh überschauen Sie das Elbtal und Meißen mit der mächtigen Albrechtsburg. Apropos Wein: Meißen ist die Wiege des Weinbaus im Elbtal. Von dort sind es nur mehr wenige Kilometer zum nördlichsten Anbauort des sächsischen Weinbaugebietes und damit zur Endstation der Weinstraße, ❻ **Diesbar-Seußlitz**.

Dieser Spaziergang lohnt sich: hinauf ins Spitzhaus durch Radebeuls Weinberge.

Z
ZIELE

Magisch, aufregend, einfach schön

Alle Reiseziele sind alphabetisch geordnet. Sie haben die Freiheit der Reiseplanung.

In der Sächsischen Schweiz: Geradezu majestätisch ist der Blick von der Bastei auf die Elbe. ►

ALTENBERG

Landkreis: Sächsische Schweiz-Osterzgebirge | **Einw.:** 7870 |
Höhe: 750 – 905 m ü. d. M.

Skier und Rodelschlitten im Winter, Badesachen und Wanderstiefel im Sommer – die einstige Bergbaustadt ist heute ganz auf Touristen eingestellt und ein anerkannter Kurort.

Bis heute zeugt ein riesiger Einsturztrichter von dem über Jahrhunderte betriebenen Zinnabbau. Am 24. Januar 1620 stürzten die untertage angelegten Gruben in sich zusammen und begruben 24 Bergleute unter sich, von denen 23 gerettet werden konnten. Zwar beeilte man sich, den Verschollenen für die Tragödie verantwortlich zu machen, doch war wohl die Abbaumethode, bei der man das harte Gestein durch Erhitzen und anschließendes Kühlen mürbe machte, Ursache der Katastrophe. Dieser Einsturz war nicht der einzige in der 550 – jährigen Altenberger Bergbaugeschichte. Bis zur Einstellung des Zinnabbaus 1991 kam es immer wieder zu schweren Unglücken.

Wohin in Altenberg und Umgebung?

Blick hinab ins Riesenloch

Pinge

Die Altenberger Pinge ist mit einem Durchmesser von 400 m und einer Tiefe von 130 m der größte Einsturztrichter Europas. Der Krater darf zwar nicht begangen werden, doch auf geführten Bergbauwanderungen können Sie einen Blick in den Abgrund werfen.

Führungen: Mai – Okt. Mi. u. So. 10.30 Uhr | 3 km, 90 Min. | Eintritt: 5 €

Ein wenig Technikgeschichte

Bergbaumuseum

Wer sich für die historische Technik der Zinnerzaufbereitung interessiert, dem sei ein Besuch dieses Museums empfohlen. Er informiert in einer über 400 Jahre alten Zinnwäsche (Pochwäsche) auf beeindruckend anschauliche Weise über den mühevollen Prozess der Zinngewinnung in früheren Jahrhunderten. Auf Führungen durch den zum Museum gehörenden **»Neubeschert-Glück-Stollen«** erfahren die Besucher alles Wissenswerte über den Abbau des Zinnerzes und den Wandel der Technik über fünf Jahrhunderte.

Sa. – Do. 10 – 16 Uhr, Stollenführung 11, 13 und 15 Uhr | Museum: 4 €, mit Stollenführung: 7 € | www.bergbaumuseum-altenberg.de

Badevergnügen pur

Galgenteiche

Ihren Namen verdanken die künstlichen, kleinen Seen westlich von Altenberg vermutlich einer Hinrichtungsstätte, die sich einst ganz in

Hinter den Häusern tut sich der Abgrund der Pinge auf.

der Nähe befand. Sie wurden bereits um 1550 als Wasserspeicher für den Zinnabbau angelegt und zählen damit zu den ältesten Stauseen Deutschlands. Gespeist werden sie von zwei ebenfalls bereits im 16. Jh. entstandenen Gräben, in denen sich Niederschlags- und Quellwasser sammelt. Die Galgenteiche sind heute beliebte Naherholungsgebiete. Der kleinere der beiden bietet Badevergnügen mit Wasserrutschen und einem Plantschbecken für Kinder. Die Badgaststätte sorgt für das leibliche Wohl.

Sagenumwobener Aussichtspunkt

Geisingberg

Es heißt, dass der 820 m hohe Basaltberg 1,3 km nordöstlich von Altenberg viel Gold und Edelsteine birgt, über die ein in einen funkelnden Käfer verwandelter Geist wacht. Wer das Tier fängt, so die Sage, dem gehört der kostbare Schatz. Bis jetzt ist dies noch keinem gelungen, doch der Geisingberg ist auch so ein lohnendes Ausflugziel. Bereits zu Beginn des 19. Jh. nutzten die sächsischen Könige das Gebiet um die Kuppe als Jagdrevier. Dort, wo ihre Jagdhütte stand, ragt seit 1891 der nach einer Sachsen-Prinzessin benannte **Louisenturm** auf. Von seiner Aussichtsplattform in 18 m Höhe können Sie bei klarem Wetter bis ins Elbsandsteingebirge blicken. In der nahen **Bergbaude** servieren Marco Klein und sein Team Hausmannskost. Der dicht bewaldete Geisingberg ist als Naturschutzgebiet ausgewiesen.

Geisingbergbaude: Okt. – März 10 – 16 Uhr, April – Sept. 10 – 18 Uhr, Mi./Do. Ruhetag | Tel. 035056 3 55 55 | www.geisingberg.de

ALTENBERG ERLEBEN

TOURIST-INFO-BÜRO
Am Bahnhof 1
01773 Altenberg
Tel. 035056 2 39 93
www.altenberg.de

WINTERSPORT
Sieben kleinere alpine Skiabfahrten, und rund 70 km gespurte Loipen bietet die Umgebung von Altenberg. **Die Bob- und Rodelbahn** im Kohlgrund hat 18 Kurven und ist Austragungsort internationaler Wettkämpfe. Mutige können an Wochenenden auf einem 1000 m langen Abschnitt der Bobbahn mit fachkundigen Piloten den Eiskanal hinuntersausen – im Winter auf Kufen, im Sommer auf Rädern.
www.wia-altenberg.de

SOMMERRODELBAHN
Wer im Sommer nach Altenberg kommt, muss aufs Rodeln nicht verzichten. Die Sommerrodelbahn ist täglich von 10 bis 17 Uhr geöffnet.
Am Lifthang 3
www.erlebnisberg-altenberg.de

ALTENBERGER KRÄUTERLIKÖRFABRIK
Schon seit über 170 Jahren produziert und verkauft die Destille Spirituosen, z. B. Gebirgsbitter, Knappenfeuer oder Kufenwärmer. Jeden Donnerstag um 16 Uhr startet eine Betriebsbesichtigung mit Verkostung (7 €).
Rathausstr. 27
Tel. 035056 3 23 05
Di./Mi. 10 – 16, Do./Fr. 10 – 17.30, Sa. 9 – 13 Uhr, Führung nach tel. Anmeldung
www.altenberger-original.dee

RATSKELLER GEISING €€€
Die Küche des Geisinger Ratskellers kombiniert schon mal traditionelle Schmankerln mit Lachs oder Kaviar und wagt ab und an auch einen Blick ins kulinarische Osteuropa. Dazu gibt es sächsisches Bier und sächsische Weine.

Schaubergwerk Zinnwald – Georgenfeld

Grenzüberschreitender Bergbau
In Zinnwald-Georgenfeld, eine Streusiedlung, die sich über den Kamm des Erzgebirges bis nach Tschechien zieht, können Sie in 77 m Tiefe die Grenze zum Nachbarland überqueren. Sie verläuft durch die Schwarzwänder Weitung des Tiefe-Bünau-Stollens von 1686, der 1992 in ein Schaubergwerk umgewandelt wurde. Dort wird den Besuchern auf einer rund **1,5-stündigen Rundfahrt** die Arbeitswelt untertage näher gebracht. Sie erfahren alles Wissenswerte über die Abbaumethoden früherer Jahrhunderte und die Geschichte des Bergbaus in der gesamten Region. Historische Quellen belegen, dass man in dem Gebiet des heutigen **Cenovec (Böhmisch-Zinnwald)** in Tschechien bereits in der Mitte des

Hauptstr. 31
Tel. 035056 23 50 60
Mo./Di. auf Anfrage, Do./Fr. ab 17, Sa., So. ab 12 Uhr
www.ratskeller-geising.de

ALTES RAUPENNEST €€

Das traditionsreiche Restaurant in einer ehemaligen Schutzhütte mitten im Wald setzt auf die bodenständige, sächsisch-böhmische Küche. Die Karte ist klein, die Portionen ordentlich.
Raupennestweg 5
Tel. 035056 3 23 03
Do. – So. 11 – 16 Uhr
www.altesraupennest.de

ANNO 1497 €

In Geisings ältestem Haus kommt Hausmannskost auf den Tisch, wie sie die Einheimischen lieben, handfest und schnörkellos. Studieren Sie die erzgebirgischen Essgewohnheiten des Mittelalters und bestellen Sie »Anno dazumahl«. In der Adventszeit gibt es »Neunerlaa«, ein Menü mit neunerlei Speisen.
Hauptstr. 2, Geising
Tel. 035056 2 27 72
Mi./Sa. 11 – 14.30, 17 – 20, Do./Fr./ So. 11 – 16 Uhr
www.anno-dazumahl.de

BERGBAUDE €

Die Baude auf der Kohlhaukuppe südlich von Geising ist auf Knoblauchgerichte spezialisiert und bietet regelmäßig Themenabende zu erzgebirgischen Sagen an. Anmeldung erforderlich!
Kohlhaukuppe
Tel. 035056 3 13 95
Mi. – So. 11 – 17 Uhr
und bei Abendveranstaltungen
www.bergbaude-kohlhaukuppe.de

HOTEL LUGSTEINHOF €€€

Das Hotel mit 101 Zimmern liegt auf dem Erzgebirgskamm unmittelbar an der böhmischen Grenze. Schwimmhalle, Wellnessbereich und Kegelbahn lassen auch bei schlechterem Wetter keine Langeweile aufkommen, und bei gutem geht's hinaus auf die Loipen und Wanderwege.
Neugeorgenfeld 36
Zinnwald-Georgenfeld
Tel. 035056 36 50
www.lugsteinhof.de

PENSION BERGGLÖCK'L €€

Die Pension unweit des Skilifts von Altenberg besticht durch ihre familiäre Atmosphäre. Das dazugehörige Restaurant (nur Pensionsgäste) punktet mit regionalen Gerichten.
Dresdner Str. 21
Tel. 035056 3 53 02
www.berggloeckl.de

---

15. Jh. Zinnerz abbaute. 100 Jahre später ging es dann in Sächsisch-Zinnwald los. Dort wurden die Gruben nach dem Zweiten Weltkrieg und in Tschechien 1990 stillgelegt. Der Eingang zum Stollen befindet sich im Huthaus, dem einstigen Verwaltungsgebäude des Bergwerks. In ihm sind u. a. bergmännische Werkzeuge ausgestellt. Das Schaubergwerk ist Station am **grenzüberschreitenden Bergbaulehrpfad**, der im tschechischen Krupka startet und endet. Im Altenberger Bergbaumuseum können Sie eine Wanderkarte mit Informationen zerwerben.

Führungen: April – Okt. Di. – So. 10.30, 12, 13.30, 15, sonst Mi. – Sa. 10, 11.30, 13.30, 15 Uhr (Anmeldung empfohlen, Mindestalter 6 Jahre) | Eintritt: 9 € | www.besucherbergwerk-zinnwald.de

Abgeholzt und aufgeforstet

Kahleberg

Der Name der 905 m hohen Erhebung südwestlich von Altenberg rührt wahrscheinlich von den Kahlschlägen her, die in der Bergbau-Ära den hier ursprünglich vorhandenen Waldbestand vernichteten, denn die Berg- und Hüttenwerke benötigten eine Unmenge von Holz. Im 20. Jh. taten die Luftverschmutzung durch Braunkohlekraftwerke ein Übriges. Mittlerweile zeigen die Wiederaufforstungsmaßnahmen der 1980er- und 1990er Jahre aber Erfolg. Der Kahleberg ist wieder bewaldet. Nur die West- und Nordhänge sind mit Geröll und Steinen bedeckt. Diese sog. **Blockhalden** sind aber nicht durch menschliche Eingriffe, sondern **durch natürliche Witterungsprozesse** entstanden. Sie bieten einer ganzen Reihe von Tieren und Pflanzen einen Lebensraum. **Flechten, Moose und Zwergsträucher** gedeihen hier. Mit etwas Glück bekommt man ein Birkhuhn zu Gesicht.

Die **Bergbaude** am Kahleberg ist ein beliebtes Ausflugsziel. Von der Aussichtsplattform dort reicht der Blick an manchen klaren Tagen bis zur mehr als 100 km entfernten Schneekoppe im Riesengebirge.

Streifzüge durchs Moor

Georgenfelder Hochmoor

Wer hier unterwegs ist, muss nicht fürchten, im morastigen Boden zu versinken, denn das Georgenfelder Moor lässt sich auf einem 1200 m langen **Knüppeldamm** erkunden. Auf der Aussichtsbrücke können Sie die artenreiche Flora des Gebiets gefahrlos studieren. Auf den »Bulten« genannten Torfkuppen zwischen Moorkiefern und Wollgräsern gedeihen Sonnentau, Trunkelsbeere, Moosbeere, Pfeifengras und andere seltene Pflanzen.

Ostern – Ende Okt. tgl. 9 – 17 Uhr | Eintritt: 5 € | https://zinnwald.de/hochmoor

Pflanzen der Welt

Botanischer Garten Schellerhau

Im rauen Erzgebirge ein eher seltener Anblick! Vom Frühjahr bis in den Herbst bezaubert dieser Garten mit einer üppigen Blumenpracht. Die Flora des Alpenraums eröffnet im Mai mit Enzian, Alpenrose und Gebirgsanemonen die Saison. Im Juli dann stehen u. a. Pflanzen aus dem Kaukasus und im Oktober der Himalaya-Knöterich und der Siebenbürger Herbst-Krokus in Blüte. Insgesamt gedeihen im Botanischen Garten von Schellerhau rund 1400 Gebirgspflanzenarten aus Europa, Asien und Nordamerika. Alle wachsen in ihren angestammten Gesellschaften heran, so dass die Besucher sie in ihrer natürlichen Umgebung studieren können. Auf dem 1,5 ha großen Gelände wurde ein **Erlebnispfad** angelegt, der zu neun verschiedenen **Klangobjekten** führt, darunter ein weit schallender China-Gong und eine klagende Windharfe.

Ostern – Ende Okt. tgl. 9 – 17 Uhr | Eintritt: 5 € | www.altenberg.de

★★ ANNABERG-BUCHHOLZ

Landkreis: Erzgebirgskreis | **Einw.:** 19 620 | **Höhe:** 350-750 m ü. d. M.

Als der berühmte Mathematiker Adam Ries sich 1522 in Annaberg niederließ, blühte das erzgebirgische Bergwerkstädtchen bereits. Die reichen Silberfunde lockten Menschen aus ganz Europa an. Heute sind es Sachsens größte Hallenkirche, das Frohnauer Hammerwerk und ein ganzer Reigen stimmungsvoller Feste.

Als im Oktober 1491 am Schreckenberg erstmals **Silbererz** entdeckt wurde, ging sofort ein »großes Bergkgeschrey« los. Die Nachricht von dem Fund verbreitete sich wie ein Lauffeuer. Um dem drohenden Chaos entgegen zu wirken, ordnete der sächsische Herzog Georg der Bärtige (1471 – 1539) 1496 die Gründung einer »newen stat bey dem Schreckenberge« an und beauftragte den Gelehrten Ulrich Rulein von Calw (1465 – 1523) mit einem Enwurf. Bis heute zeigt das einem Schachbrettmuster ähnliche Straßennetz der Altstadt, dass Annaberg planmäßig angelegt wurde. 1497 erhielt der Ort das Stadtrecht und 1501 den Namen »Annaberg«. Dank der zeitweise über 600 Silbergruben entwickelte sich Annaberg im 16. Jh. zur reichsten Stadt des Erzgebirges. Den im Dreißigjährigen Krieg einsetzenden Niedergang des Bergbaus konnte die Annaberger Wirtschaft durch Spitzenklöppeln und Bortenwirken zumindest teilweise wettmachen Barbara Uthmann hatte diese Handwerkskünste bereits in der Mitte des 16. Jh.s im Erzgebirge eingeführt. Im 19. Jh. avancierte Annaberg gar zum weltweit führenden Zentrum der Bortenwirkerei. 1945 veranlasste der sowjetische Stadtkommandant die Vereinigung des Orts mit der Nachbargemeinde Buchholz.

Wohin in Annaberg-Buchholz?

Rathaus, Kirche und ein Museum zum Träumen

Rund um den Marktplatz

Der weitläufige Platz im Herzen der Stadt wird von stattlichen Bauten des 18. und 19. Jh.s gesäumt. Den Brunnen in seiner Mitte schmückt eine Statue der Wohltäterin des Erzgebirges, **Barbara Uthmann** (▶ Interessante Menschen). Das nach einem Stadtbrand zwischen 1731 und 1736 errichtete barocke Rathaus beherrscht die Nordostseite. Gleich nebenan, etwas eingerückt in die Klosterstraße, steht das Hotel »Wilder Mann«, das seit dem 16. Jh. Gäste beherbergt. Im Foyer können Sie noch ein vollständig erhaltenes

Sterngewölbe aus der Entstehungszeit bestaunen. Die Münzergasse, die im Westen auf den Markt mündet, führt zur 1502 errichteten **Bergkirche St. Marien**, deren Bau die Bergleute durch die regelmäßige Abgabe eines Messpfennigs finanzierten. In der Südecke des Marktes beginnt die Fußgängerzone Buchholzer Straße. Im Haus Nr. 2 entführt die **Manufaktur der Träume** in ein Wunderland aus erzgebirgischem Spielzeug und Weihnachtsschmuck. Hinter der Manufaktur zweigt rechts die Johannisgasse ab zum **Wohnhaus von Adam Ries**.

Manufaktur der Träume: tgl. 10 – 18 Uhr | Eintritt: 7 €, Kinder 4 €
www.annaberg-buchholz.de/manufaktur-der-traeume
Adam-Ries-Haus: Di. – Fr. 10 – 16, Sa. 12 – 16 Uhr
Eintritt: 5 € | www.adam-ries-museum.de

Erzgebirgs-museum

Auf der Spur der Bergleute

Das Museum in einem stattlichen Bürgerhaus gegenüber der St.-Annen-Kirche lädt zu einem Spaziergang durch die Geschichte von Annaberg-Buchholz ein. Anhand einer Fülle von Exponaten informiert es über Bergbau, Handwerk und Brauchtum in der Region. Eine eigene Abteilung befasst sich zudem mit Leben und Werk der Unternehmerin Barbara Uthmann. Highlight ist aber das **Schaubergwerk Gößner**, das in einem vermutlich um 1520 aufgegebenen und erst 1992 im Innenhof des Museums wieder entdeckten Silberbergwerksstollen errichtet wurde. Die Spuren, die die Bergleute dort vor 500 Jahren hinterlassen haben, sind bis heute sichtbar.

Di. – So. 10 – 17 | Führungen Bergwerk: Di. – Fr. 12, 15, Sa., So. 11, 12.30, 14, 15.30 Uhr | Museum: 3,50 €, Bergwerk 5 €, Museum und Bergwerk: 7,50 € | www.annaberg-buchholz.de

St.-Annen-kirche

Spätgotisches Juwel

Weithin sichtbar thront die größte Hallenkirche Sachsens hoch über der Stadt. Sie ist zwischen 1499 und 1525 entstanden und gilt als Höhepunkt der obersächsischen Spätgotik. Mindestens drei Baumeister waren an ihrer Errichtung beteiligt. Conrad Pflüger (um 1450 – 1524) entwarf das dreischiffige, 56 m lange Gotteshaus mit doppelstöckigen Kapellenanbauten und wuchtigem, 78 m hohem Turm. Nach dem Tod des Meisters übernahm Peter Ulrich aus Pirna (um 1440 – 1513) und 1513 Jakob Haylmann (1475 – 1525) die Leitung des Baus. Das von letzterem geschaffene **Schlingrippen- und Schleifensterngewölbe** im ganz in Ocker und Weiß gehaltenen Innenraum ist einfach überwältigend. Den allerletzten Schlussstein setzte um 1525 Hans Witten über der Tür zur Neuen Sakristei. Er zeigt den hl. Daniel, den Schutzpatron des Bergbaus. Die Emporenbrüstungen schmücken 100 Reliefsteintafeln (1520

»Juwel« ist kaum zu hoch gegriffen für die St.-Annenkirche.

ST. ANNENKIRCHE

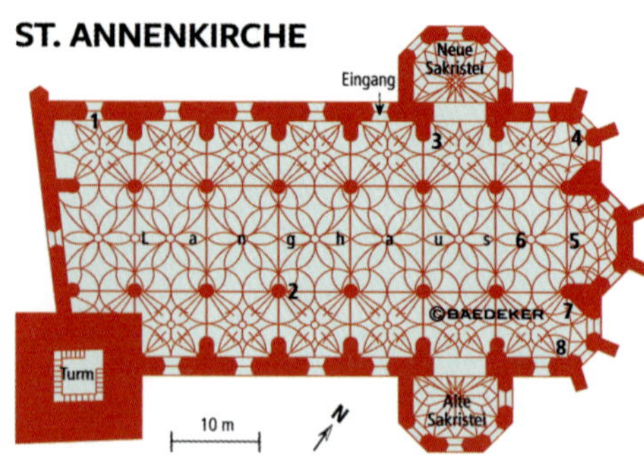

1 Schöne Pforte
2 Kanzel
3 Schlussstein von Hans Witten
4 Altar der Bergknappschaft
5 Hauptaltar
6 Taufstein
7 Altar der Münzknappschaft
8 Bäckeraltar

bis 1522) von Franz Maidburg, die Allegorien der verschiedenen Lebensalter und Szenen aus dem Alten wie dem Neuen Testament zeigen. In das nördliche Seitenschiff setzte man 1577 die **»Schöne Tür«** aus dem im Zuge der Reformation aufgelösten Annaberger Franziskanerklosters ein. Sie wurde 1512 von Hans Witten geschaffen und wartet mit einem reich figurierten Bogenfeld auf, das den gekreuzigten Christus zwischen allegorischen Darstellungen des Sündenfalls und der Erlösung zeigt. Ebenfalls von Hans Witten stammt der von drei Engeln getragene, aus einem Stück gehauene Taufstein vor dem Hauptaltar von Adolf Daucher, der spätgotische und renaissancezeitliche Formensprache vereint. Den **Bergaltar im linken Seitenchor** hat 1521 die Bergknappschaft gestiftet. Die berühmten spätgotischen Bildtafeln an seiner Rückseite stammen von Hans Hesse (1497 – 1539).

April – Dez. Mo. – Sa. 10 – 17, So. 12 – 17, Jan. – März Mo. – Sa. 11 – 16, So. 12 – 16 Uhr | **Kirchenführung:** April – Sept. Mo. – Sa. 11, 14, So. 14 Uhr | Eintritt: 4 €, mit Führung (45 Min.) 6 €, mit Orgelmusik (nach Anmeldung) 2 € zusätzlich | Turmbesteigung: Mai – Okt. tgl. 10 – 17, So. ab 13.30 Uhr | Eintritt: 3 € | www.annenkirche.de

Frohnauer Hammer

Ein Technik-Denkmal aus vorindustrieller Zeit

Wer sich für vorindustrielle Metallbearbeitung interessiert, kommt an diesem Hammerwerk nicht vorbei. Zwischen 1657 und 1904 sausten dort drei durch Wasserkraft gehobene, 100, 200 und 300 kg **schwere Schwanzhämmer** mit einer Wucht von bis zu zwölf Tonnen herab und formten Eisen. Die Schmiede fertigten nicht nur **Werkzeuge für die Bergleute**, sondern prägten auch **Münzen** wie den »Schreckenberger« oder den »Engelsgroschen«. Im Obergeschoss des Werks sind einige ihrer Erzeugnisse ausgestellt. Bis heute ist die ganze Anlage voll funktionsfähig und der kleinste Hammer wird für die Besucher regelmäßig in Betrieb genommen. Auch das Wohnhaus des Hammermeisters kann besichtigt werden. Eine Spit-

ANNABERG-BUCHHOLZ ERLEBEN

TOURIST-INFORMATION

Buchholzer Str. 2
09456 Annaberg-Buchholz
Tel. 03733 1 94 33
www.annaberg-buchholz.de

KLÖPPELKURSE

Feine Spitzen zu klöppeln ist eine Kunst, die jeder erlernen kann. Im Annaberger Haus des Gastes Erzhammer (Buchholzer Straße 2) werden Klöppel- und Schnitzkurse angeboten.
www.kloeppeln-in-sachsen.de

PARKHOTEL & RESTAURANT WALDSCHLÖSSCHEN €€€

Das Restaurant serviert sächsische Spezialitäten wie Gans, Roulade oder Sauerbraten stilvoll im großen Wintergarten oder rustikal im Biergarten.
Waldschlösschenpark 1
Tel. 03733 6 77 40
Tgl. 11.30 – 22, So bis 21 Uhr
www.parkhotel-waldschloesschen.de

RATSKELLER ZUM NEINERLAA €€

Der Name ist Programm! Das traditionsreiche Restaurant bietet zwischen November und Anfang Januar Menüs aus neun verschiedenen Köstlichkeiten der erzgebirgischen Küche an. Aber auch außerhalb der Weihnachtszeit können Sie hier gut tafeln. Die Küche ist gutbürgerlich und die Atmosphäre heimelig.
Markt 1
Tel. 03733 67 94 09
Tgl. 11.30 – 21 Uhr (Küchenschluss 20.30 Uhr)
www.zum-neinerlaa.de

ZUM TÜRMER €

Das Restaurant an der Annenkirche serviert ileckere Regionalgerichte: z.B. »arzgebirgsche Schwammesupp« (Pilzsuppe) oder »Rindflaasch sauer«. Dazu gibt's süffiges Bier und hauseigene Schnäpse.
Große Kirchgasse 19
Tel. 03733 2 44 17
Sa. – Do. 11 – 22, Fr. 15 – 22 Uhr
www.zum-tuermer.eu

HOTEL WILDER MANN €€€

Das Hotel in einem der ältesten Bürgerhäuser Annabergs bietet seinen Gästen Massage- und Wellness-Anwendungen. Die insgesamt 71 Zimmer sind hell und freundlich eingerichtet.
Markt 13
Tel. 03733 14 40
https://theroyalinn-wildermann.de

ALT-ANNABERG €€

Das recht preiswerte Hotel garni liegt in der Annaberger Altstadt und besticht durch seine familiäre Atmosphäre. Der Wirt organisiert im Sommer Radltouren durch das Erzgebirge.
Farbegasse 4
Tel. 03733 1 83 10
www.hotel-alt-annaberg.de

---

zenklöpplerin führt dort ihre Kunst vor. Frohnau liegt westlich des Zentrums 10 Gehminuten vom Marktplatz entfernt.
Führungen: Di. – So. 9 – 16 Uhr stündlich (Dauer: 50 Min.)
Eintritt: 5 € | www.annaberg-buchholz.de

Rund um Annaberg-Buchholz

Von der Erosion verschont

Pöhlberg, Scheibenberg

Am östlichen Stadtrand steigt der bewaldete Pöhlberg langsam bis auf 832 m an. Die an seinem Nordrand durch einen Steinbruch aufgeschlossenen Basaltsäulen, »Butterfässer« genannt, sind sein Markenzeichen. Sie geben Aufschluss über die Entstehung den Bergs, den die Kräfte der Erosion zusammen mit dem Scheibenberg südwestlich von Annaberg und dem Bärenstein im Süden freilegten. Geologen gehen davon aus, dass sich im Zuge der Anhebung des Erzgebirges vor rund 40 Millionen Jahren breite Lavaströme aus dem Erdinnern in ein damals existierendes Tal ergossen und dort erkalteten. Im Laufe von Jahrmillionen trugen Wind und Wetter alles weichere Vulkangestein ab und ließen nur den harten Basalt übrig. Heute sind der Pöhlberg und der Scheibenberg beliebte Ausflugsziele.

Heimatmuseum über sieben Stockwerke

Geyer

Das Wahrzeichen der kleinen Gemeinde 9 km nordwestlich von Annaberg-Buchholz ist ein 42 m hoher Wachturm, dessen unterer Teil 1395 erbaut und 1561 – 1564 aufgestockt wurde. Seit 1952 unterrichtet dort auf sieben Stockwerken ein Heimatmuseum über den Jahrhunderte alten Bergbau und das Leben der Menschen in vergangenen Zeiten. Die **Lotterstube** auf der fünften Etage wartet mit einer wertvollen Zinngerätesammlung auf.

Di. – Fr. 10 – 15, Sa. 10 – 16 Uhr | Eintritt: 3,50 € | www.stadt-geyer.de

Oswald Barthels lange Schicht

Ehrenfriedersdorf

Der Name der kleinen Bergbaugemeinde 8 km nördlich von Annaberg ist eng mit der Geschichte von der »langen Schicht des Oswald Barthel« verbunden. Alten Aufzeichnungen zufolge sollen Bergleute im Jahr 1568 die völlig unversehrte Leiche eines Mannes geborgen haben, der 60 Jahre zuvor bei einem Grubenunglück verschüttet worden war. Zeitgenossen deuteten den Fund als Fingerzeig Gottes, auch spätere Generationen regte die Geschichte zu Legendenbildung an. Was Dichtung und was Wahrheit ist, weiß man nicht. In der Ehrenfriedersdorfer Steinbüchelstraße erinnert allerdings ein Denkmal an Barthel. Bis 1990 wurde am Ort Zinnerz gefördert. Im **Schaubergwerk** geht es mit der Seilfahrtanlage über 100 m in die Tiefe des Saubergs. Da dort eine Temperatur von unter 8° C herrscht, ist warme Kleidung zu empfehlen. Dem Bergwerk ist ein Museum angeschlossen, das eine Vielzahl von Mineralien zeigt. Der Schrankaltar aus Lindenholz in der **Kirche St. Niklas** stammt von Hans Witten und wurde von Hans von Cöln bemalt.

Bergwerk: Übertageführung (1,5 – 2 Std.) nach Voranmeldung, 7 € Touristikführung (1,5 Std.) Mi. – So. 13 u. 15 Uhr, 14 € | Erlebnisführung (2,5 Std.) Mi. – So. 10 Uhr, 19,50 € | www.zinngrube-ehrenfriedersdorf.de | **Museum:** Di. – So. 10 – 16 Uhr | Eintritt: 3 €

Monty Python und Hotzenplotz

Greifensteine

Ca. 3 km westlich von Ehrenfriedersdorf ragen die als Kletterrevier beliebten Greifensteine bis 731 m ü. d. M. empor. Dies Überreste eines mächtigen Granitmassivs stehen heute zusammen mit dem Ratsteich und dem Greifenbachstauweiher unter Landschaftsschutz. Das **Naturtheater Greifensteine** führt vor dieser großartigen Kulisse Opern, Operetten, Kinderstücke, Musicalnummern und klassische Schauspiele auf.

www.winterstein-theater.de

Mittelalter-Flair und moderner Kurort

Wolkenstein

Wenn Sie Annaberg Richtung Nordosten auf der B 101 verlassen, taucht nach rund 14 km rechterhand das hoch über dem Tal der Zschopau thronende Städtchen Wolkenstein auf. Der Ortsteil Warmbad kann sich rühmen, **das älteste Heilbad Sachsens** zu sein. Die dortigen Thermalquellen sind seit 1484 urkundlich belegt. Die moderne **Silbertherme** bietet alles, was man für kleine Fluchten aus dem Alltag braucht. Wolkenstein selbst ist eine der ältesten Ortschaften Sachsens und bis heute von einem Hauch von Mittelalter durchweht. Auf **Schloss Wolkenstein** ist das Heimatmuseum, eine Falknerei und die Mittelalterausstellung »Gerichtsbarkeit« untergebracht.

Silbertherme: So. – Do. 9 – 22, Sa./So. 9 – 23 Uhr | Eintritt: ab 15,50 € www.warmbad.de | **Heimatmuseum:** Di. – So. 10– 16 Uhr | Eintritt: 4,50 €, mit Gerichtsbarkeit-Museum 6 € | **Falknereivorführungen:** Sommer Do. – So. 15 Uhr | Eintritt: 7,50 €, Kind 4.50 € | www.falkenhof-wolkenstein.de

Ein sächsischer Robin Hood

Scharfenstein

Dem Lauf der Zschopau auf der bei Warmbad von der B 101 abzweigenden Hauptstraße 5 km Richtung Nord folgend, gelangen Sie nach Scharfenstein, dem Geburtsort von **Karl Stülpner** (1762 – 1841), dem »Robin Hood des Erzgebirges«. Stülpner, Sohn eines Scharfensteiner Tagelöhners und als Deserteur jahrelang auf der Flucht, betätigte sich nach seiner Rückkehr in die Heimat als wohltätiger Wilderer, der auch für die verarmten Bauern auf die Jagd ging und ihnen immer ein Teil seiner Beute überließ. Die dankten es ihm, indem sie ihm Schutz vor seinen Verfolgern gewährten. Als er im Alter halb erblindet seinen »Beruf« nicht mehr ausüben konnte, wurde er von den Scharfensteinern versorgt. Stülpners abenteuerliches Leben diente als Vorlage für einige Erzählungen und wurde 1973 vom DDR-Fernsehen verfilmt – natürlich mit Publikumsliebling Manfred Krug in der Hauptrolle. Auf **Burg Scharfenstein,** die hoch über dem Tal thront, ist eine Ausstellung Karl Stülpner gewidmet. Das Spielzeug- und Weihnachtsmuseum der Burg zeigt erzgebirgische Volkskunst.

Burg: April – Okt. Di. – So 10 – 18, im Winter bis 17 Uhr | Eintritt: 10 €. Kind 7,50 € | www.burg-scharfenstein.de

 Marienberg

Idealstadt der Renaissance

Im Ort Wie sonst nirgendwo in Sachsen sind in der Anlage des Orts 17,5 km nordöstlich von Annaberg-Buchholz die Ideale renaissancezeitlicher Stadtplaner verwirklicht: Ein **rechtwinkliges Straßennetz** umgibt den **quadratischen Marktplatz** im Zentrum. Die Gründung Marienbergs geht auf Herzog Heinrich den Frommen (1473 – 1541) zurück, der nach der Entdeckung eines Silbererzlagers Ulrich Rülin von Calw 1521 mit der Planung der neuen Siedlung beauftragte. 1610 verwüstete ein verheerendes Feuer die ganze Stadt. Am **Markt** entgingen die Häuser Nr. 5 und 6 sowie das Bergamt (Nr. 14) und das kurfürstliche Jagdschloss (Nr. 3) den Flammen. Von dem 1539 fertiggestellten Rathaus blieb fast nur das Renaissanceportal erhalten.

Auch die 1564 vollendete **Stadtkirche St. Marien**, die jüngste der großen erzgebirgischen Hallenkirchen ist, stand in Flammen. Von der ursprünglichen Ausstattung blieb fast nichts erhalten. Der 1617 aufgestellte Hauptaltar stammt von Andreas Helmert.

Grenzüberschreitende Traditionen

Museum sächsisch-böhmisches Erzgebirge Das Museum im 1809 erbauten Bergmagazin westlich der Altstadt informiert u. a. unter dem Motto »Biografie einer Nachbarschaft« über die Kulturgeschichte der Region und die historisch gewachsenen Beziehungen zwischen Böhmen und Sachsen.

Am Kaiserteich 3 | Di. – So. 10 – 16 Uhr | Eintritt: 4,50 € | www.marienberg.de

BAD MUSKAU

Landkreis: Görlitz | **Einw.:** 3690 | **Höhe:** 110 m ü. d. M.

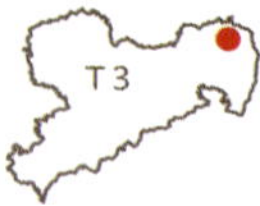

Eine scheinbar nicht enden wollende Parklandschaft mit reichem Baumbestand, durch die Spazierwege führen, die immer neue Perspektiven auf die Natur eröffnen und den Blick auf reizvolle Bauten freigeben: Mit dem nach ihm benannten Park hat Hermann Fürst von Pückler-Muskau ein sorgfältig komponiertes Gesamtkunstwerk aus Natur und Architektur geschaffen.

Der ab 1815 angelegte Park erstreckt sich auf einer Fläche von 830 ha in den Auen beiderseits des deutsch-polnischen Grenzflusses Neiße. Wie **Hermann Fürst von Pückler-Muskau** (1785 – 1871) in seiner 1834 erschienenen Abhandlung **»Andeutungen über Landschaftgärtnerey«** schrieb, schwebte ihm eine Parklandschaft vor,

»
... die nur den Charakter der freien Natur und der Landschaft haben [soll], die Hand des Menschen also wenig darin sichtbar seyn und sich nur durch wohlunterhaltene Wege und zweckmäßig vertheilte Gebäude bemerklich machen.
«

Bis etwa 1845 entstanden unter der gärtnerischen Leitung von Jacob Heinrich Rehder der **Schloss-** und der **Badepark**. Ein ganzes Dorf musste dafür umgesiedelt und die Neiße umgeleitet werden. Insgesamt wurden 800 000 Bäume und 42 000 Sträucher gepflanzt. Dann ging dem Fürsten das Geld aus und er musste verkaufen. Nach 1845 legte Eduard Petzold, ein Schüler Rehders, ebenfalls nach Plänen Pückler-Muskaus den heute auf polnischer Seite liegenden **Unterpark** und im Westen von Bad Muskau den Bergpark an. Seitdem liegt die Stadt vollständig in der Parklandschaft. Nach dem Krieg wurde der Fluss zur Grenze. Als Folge der politischen Verhältnisse schien Pücklers Erbe lange Zeit dem Vergessen anheim gegeben. Erst nach der Wende erwachte beiderseits der Grenze das Interesse neu, und der ursprüngliche Zustand konnte in weiten Teilen wiederhergestellt werden. Seit 2004 ist der Muskauer Park/Park Muzakowski eine **länderübergreifende UNESCO-Welterbestätte**.

 Muskauer Park

Führungen: April–Okt. Sa., So., Fei. 14 Uhr | Dauer: 1,5 Std. |
Eintritt: 6 € | www.muskauer-park.de
Radverleih: Bad Muskau Touristik, Kirchplatz 5, Tel. 035771 0 04 92
Tourangebote:
Kutschfahrten: Reit- und Fahrtouristik N&N |
www.reit-fahrtouristik-gablenz.de
Bootstouren: Neiße Tours | www.neisse-tours.de
Waldeisenbahn: www.waldeisenbahn.de

Entrée in den Park

Altes Schloss

Das ausladende Gebäude am Ende der Schlossstraße war ursprünglich das Torhaus einer Deutschritterburg des 14. Jh.s., die im 16. Jh. ein Renaissancegewand erhielt. Im Zweiten Weltkrieg brannte die ganze Anlage vollständig aus, zwischen 1965 und 1980 wurde es wieder aufgebaut. Heute ist darin das Standesamt untergebracht. An seiner der Stadt zugewandten Schauseite fällt das **Portal** mit dem farbenprächtigen Allianzwappen derer von Dohna-Callenberg auf. Die drei erst 1968 entstandenen Plastiken darüber stellen Flora (Natur), Herkules (der »Wilde Mann« im Stadtwappen) und Hygieia (Gesundheit) dar.

Neues Schloss und Schlossturm

»Pückler! Pückler? Einfach nicht zu fassen«

Die dreiflüglige, nach Osten offene Anlage nördlich des Alten Schlosses bildet ein Herzstück des Parks. Pückler wurde 1785 hier geboren. Karl Friedrich Schinkel (1781 – 1841) entwarf die auf den Schlosshof

Was nach freier Natur aussieht, sind exkat geplante Sichtachsen, die hier den Blick auf Schloss Muskau freigeben.

führenden Rampen. Von dort bieten sich tolle Ausblicke auf die weite Parklandschaft. Die noch **von Pückler entworfenen Sichtachsen** konnten rekonstruiert werden. Auch die Laterne des Schlossturms erlaubt wunderbare Aussichten.

1 Eichseebrücke
2 Eichseewasserfall
3 Schäferbrücke
4 Gloriette
5 Steintisch
6 Herrengarten-wasserfall
7 Rehderbrücke
8 Fuchsienbrücke
9 Kavaliershaus Moorbad
10 Schlossbrücke
11 Pückler-Gedenk-stätte
12 Altes Schloss
13 Karpfenbrücke und Karpfen-brückenwasserfall
14 Orangerie
15 Schlossgärtnerei
16 Hungerdenkmal

Das heutige Schloss geht auf eine barocke Anlage des 17. Jh.s zurück. Pückler plante große Neuerungen, die aber wegen seiner finanziellen Probleme nicht alle ausgeführt werden konnten. In den 1860er-Jahren ließ Prinz Friedrich der Niederlande, dem Pückler seinen Besitz verkauft hatte, das Schloss im Stil der Neorenaissance neu gestalten. Der heutige Bau ist eine 2013 Rekonstruktion. Die Multimedia-Show **»Pückler! Pückler? Einfach nicht zu fassen«** zeichnet ein Bild der schillernden Persönlichkeit des »grünen Fürsten«. Die Au sstellung im Schlossturm stellt das Städtchen Muskau vor.

April – Okt. tgl. 10 – 18 Uhr | Eintritt: 8 €, mit Turmaufstieg 10 €

Die Königin der Früchte

Orangerie, Schlossgärtnerei

Obwohl Fürst Pückler damals schon knapp bei Kasse gewesen sein muss, ließ er noch ein Jahr vor dem Verkauf seines Besitzes ein neues Pflanzenhaus für exotische Gewächse errichten. Die Orangerie südöstlich des neuen Schlosses entstand nach Plänen von Ludwig Persi-

BAD MUSKAU ERLEBEN

BAD MUSKAU TOURISTIK

Kirchplatz 5
02953 Bad Muskau
Tel. 035771 5 04 92
www.muskau.info

KULTURHOTEL FÜRST PÜCKLER PARK €€€

Am Eingang zum Pücklerschen Landschaftspark hat Bad Muskau 2009 mit einem Hotelneubau an den traditionellen Kurbetrieb angeknüpft, der auf das Jahr 1822 und Fürst Pückler zurückgeht, der im Park eine eisenhaltige Quelle entdeckt hatte. Kur und Kultur, entschleunigen und sich im Landschaftspark inspirieren lassen, besser kann man kaum entspannen.
Schlossstr. 8
Tel. 035771 53 30
www.kulturhotel-fuerst-pueckler-park.de

AM SCHLOSSBRUNNEN €€

Das moderne Hotel unter Familienführung ist hell, freundlich und trotz Design-Ausstattung gemütlich.
Köbelner Str. 68, Tel. 035771 52 30
Mo. – Sa. 17.30 – 20./21, So. 11 – 14 Uhr
www.schlossbrunnen.de

PENSION AM WASSERTURM €€–€

Die Frühstückspension bietet sechs gepflegte Gästezimmer.
Schützenstr. 1
Tel. 035771 6 89 40
Restaurant: Di. – Fr. ab 16, Sa./So. 11.30 – 14 u. ab 17 Uhr
www.wasserturm-badmuskau.de

MUSKAUER HOF €€

Hotel-Restaurant mit Wohnzimmeratmosphäre und Regionalgerichten wie Rostbrätl und Matjes.
Tel. 035771 6 96 40
Do. – Sa. 17 – 22, So 11.30 – 14 Uhr
https://muskauer-hof.business.site

---

us (1803 – 1845) als langgestreckter Flachbau in einem Mix aus maurischer und neugotischer Architektur. In der um 1833 in der Nähe errichteten, im Krieg teilzerstörten und nun wieder aufgebauten Schlossgärtnerei wachsen heute wie zu Pücklers Zeiten Ananas. Der »Königin der Früchte« ist eine Ausstellung gewidmet. Auch der Küchengarten orientiert sich an des Fürsten Ideen und Geschmack.
Eintritt: 3 €

Von Alaunhalden zum Landschaftspark

Bergpark

Der Park bedeckt auf einer Fläche von 89 ha die Hügel im Westen Bad Muskaus. Eiszeitliche Gletscher und besonders der dort bis in das 19. Jh. betriebene Alaunton-Abbau haben Schluchten, Senken und Halden geschaffen. Für Fürst Pückler ein ideales Betätigungsfeld! Ab 1830 ließ er Jacob Heinrich Petzold dort Laubbäume pflanzen, Rasenflächen und Spazierwege anlegen. Dessen Schüler Eduard Petzold setzte das Werk fort. Wie im Schlosspark eröffnen Sichtachsen auch hier immer wieder neue Perspektiven auf die Natur und **fantasti-**

BLÜTENZAUBER

In Mai und Juni, wenn im Kromlauer Waldpark die Rhododendren ihre ganze Farbenpracht entfalten und dann auch noch der süße Duft Tausender Azaleen-Blüten über den Wegen liegt, spricht die Natur alle Sinne an.

sche Ausblicke auf das Neißetal mit Bad Muskau und dem Park. Im Südosten liegen am Fuß des Bergs die Gebäude des von Pückler 1823 gegründeten Hermannsbads, das Kurgäste mit Geld nach Bad Muskau locken sollte. Dem Projekt war allerdings kein Erfolg beschieden. Die Ruine der aus Feldsteinen um 1200 errichteten kleinen Bergkirche am nördlichen Rand des Parks ist ein beliebtes Fotomotiv.

Rund um Bad Muskau

Unter Dampf

Waldeisenbahn

Von Mai bis Oktober zuckelt die Schmalspurbahn zwischen Bad Muskau, Weißwasser und Kromlau hin und her. An ausgewählten Tagen zieht eine schnaufende Dampflok den Nostalgiezug, sonst sind Dieselloks im Einsatz. Die 600-mm-Schmalspurbahn wurde 1895 als Gräflich-von-Arnimsche Kleinbahn eröffnet und transportierte Kohle, Ton, Torf und Holz.

März – Anfang Okt. tgl. 10 – 18 Uhr | Weißwasser – Bad Muskau hin und zurück: 15 €, Kind 11 € | www.waldeisenbahn.de

Verwunschener Ort

Kromlauer Park

Nach dem Vorbild Fürst Pücklers ließ der Großgrundbesitzer Friedrich Hermann Rötschke ab 1844 auf seinem Gut einen 200 ha großen **Landschaftspark** anlegen. Während eines Spaziergangs bieten Sichtachsen überraschende Ausblicke auf kunstvolle Pflanzenarrangements sowie auf **fantastische Säulen, Brücken und Grotten** aus Basaltgestein, die Rötschke aus der Sächsischen Schweiz heranschaffen ließ. Ein Highlight ist sicherlich die **Teufelsbrücke**, die auf einer Länge von 35 m den Rakotzsee überspannt und mit ihrem Spiegelbild im Wasser einen Kreis bildet. Beste Zeit für einen Besuch sind die Monate Mai und Juni, wenn Azaleen und Rhododendren in Blüte stehen. Der Park ist frei zugänglich.

Relikte der Eiszeit und zauberhafte Gärten

Lausitzer Findlingspark Nochten

Wo noch zu Beginn der 1990er-Jahre Abraum des Braunkohleabbaus die Landschaft verschandelte, grünt und blüht es jetzt zu jeder Jahreszeit. Südwestlich von Weißwasser ist eine Gartenlandschaft entstanden, die diverse Pflanzengesellschaften auf einer Fläche von ca. 20 ha versammelt. Der Clou der Anlage sind die 6000 im Abraum gefundenen Findlinge.

15. März – 15. Nov. tgl. 10 – 18 Uhr (Nov. bis 17 Uhr) | Eintritt: 7 €
www.findlingspark-nochten.de

★★ BAUTZEN

Landkreis: Bautzen | **Einw.:** 38 140 | **Höhe:** 219 m ü. d. M.

Weithin sichtbar grüßt das vieltürmige Bautzen, auf einem Plateau über der Spree thronend, die Reisenden. Die Stadt ist auch als »sächsisches Nürnberg« bekannt. Eine mächtige Burg, mittelalterliche Kopfsteinpflastergassen und barocke Bürgerhäuser sind die Zeugen einer langen Geschichte.

Dank der günstigen Lage am Schnittpunkt mehrerer Handelswege entwickelte sich der Ort, der erstmals 1002 in einer Chronik des Thietmar von Merseburg als »civitas Budusin« erwähnt wird, prächtig. Der böhmische König Ottokar I. verlieh Bautzen 1213 das Stadtrecht. Zur Sicherung des Landfriedens schloss sich Bautzen 1346 mit Kamenz, Görlitz, Zittau, Löbau und Lauban zum **Oberlausitzer Sechsstädtebund** zusammen. Als sie dem böhmischen König während des Schmalkaldischen Krieges die Gefolgschaft verweigerten, verloren die sechs ihre Privilegien. Mit dem Entzug der Vorrechte, der als »Oberlausitzer Pön-

BAUTZEN ERLEBEN

TOURIST-INFORMATION

Hauptmarkt 1, 02625 Bautzen
Tel. 03591 4 20 16
www.tourismus-bautzen.com

KORNMARKTCENTER

Das moderne Einkauszentrum bietet auf drei Etagen eine breite Palette an Boutiquen und Geschäften.
Kornmarkt 7
Mo. – Fr. 9 – 20, Sa. 9 – 18 Uhr
www.kornmarkt-center.de

BAUTZENER SENFLADEN/ MUSEUM UND MANUFAKTUR

Bautzener Senf ist weit über die Region hinaus bekannt. Das Haus stellt Senf nach traditionellen Rezepten her.
Am Fleischmarkt 5
Mo. – Sa. 10– 18, So. 10 – 16, Jan. – März nur bis 17/16 Uhr
www.bautzner-senfshop.de

ÖSTERLICHES EIERSCHIEBEN

Seit 1550 freuen sich Bautzener Kinder auf den Ostersonntag. Früher ließen wohlhabende Bürger Ostereier, Nüsse und Äpfel den steilen Protschenberg gegenüber der Ortenburg auf der anderen Seite der Spree hinabrollen, die die Kinder aufsammeln durften. Heute sind es kleine Bälle, die sie gegen Überraschungen eintauschen. Das Ganze gerät alljährlich zum bunten Volksfest – das größte der Oberlausitz mit Buden voller Handwerkskunst und Naschereien.

DEUTSCH-SORBISCHES VOLKSTHEATER

Das Deutsch-Sorbische Volkstheater ist die einzige zweisprachige Bühne im östlichen Teil Deutschlands. Das zum Volkstheater gehörende Burgtheater auf der Ortenburg hat deutsch-sorbisches Kinder- und Jugendtheater, Puppentheater und Schauspiele in Studioatmosphäre im Programm.
Seminarstr. 12
Tel. 03591 58 42 25
www.theater-bautzen.de

❶ WJELBIK €€€

Mit einem freundlichen »Witajce k nam« grüßen die Kellnerinnen in sorbischer Tracht und servieren in den Gewölben sorbische Gerichte auf hohem Niveau wie Hochzeitssuppe, Rindfleisch mit Meerrettich und Fisch aus der Lausitzer Teichlandschaft.
Kornstr. 7, Tel. 03591 4 20 60
Di. – Sa. 11.30 – 15, 17.30 – 22 Uhr
www.wjelbik.de

❷ MÖNCHSHOF €€

Hier kommen mittelalterlich-deftige Speisen unter alten Holzbalkendecken und Steinbögen auf den Tisch. Zu Brot aus der hauseigenen Bäckerei kredenzen »Mönche« in Kutten Met oder Bier.
Burglehn 1, Tel. 03591 49 01 41
Di. – So. ab 11 Uhr
www.moenchshof.de

❸ BAUTZENER BRAUHAUS €

Außer den vier verschiedenen Bieren gibt es hier auch Saisonbiere, dazu deftige Speisen und spezielle Kindergerichte. Auf Führungen mit dem Braumeister lernen Sie einiges über die Kunst des Bierbrauens.
Thomas-Mann-Str. 7
Tel. 03591 49 14 56

Mo. – Fr. Ab 17, Sa., So. ab 11 Uhr
www.bautzener.de

4 BAUTZENER SENFSTUBE €

Was sich alles mit Senf machen lässt! Der Küche des Restaurants würzt viele Gerichte mit dem Senf der 1. Bautzener Senfmanufaktur.

Schlossstr. 3, Tel. 03591 59 80 15
Tgl. ab 11 Uhr, www.senf-stube.de

5 SCHLOSS-SCHÄNKE €€€

Wer gerne mal in einem Alkoven nächtigen möchte oder zwischen Natursteinwänden im Burggut, ist hier richtig. Die Ortenburg ist nah, der Blick aus einem der Turmzimmer ist beeindruckend und im angeschlossenen Weinladen gibt's erstklassige Tropfen.

Burgplatz 5, Tel. 03591 30 49 90
www.schloss-schaenke.net

2 PENSION »LE PETIT« €€

Die 12 Zimmer sind hell und freundlich und die Preise vernünftig. Das hoteleigene Restaurant serviert gutbürgerliche Küche. Den Sommer über lockt ein schöner, kleiner Biergarten.

Steinstr. 35, Tel. 03591 4 35 98
Restaurant Di. – Sa. 17 – 22 Uhr
www.lepetit-bautzen.de

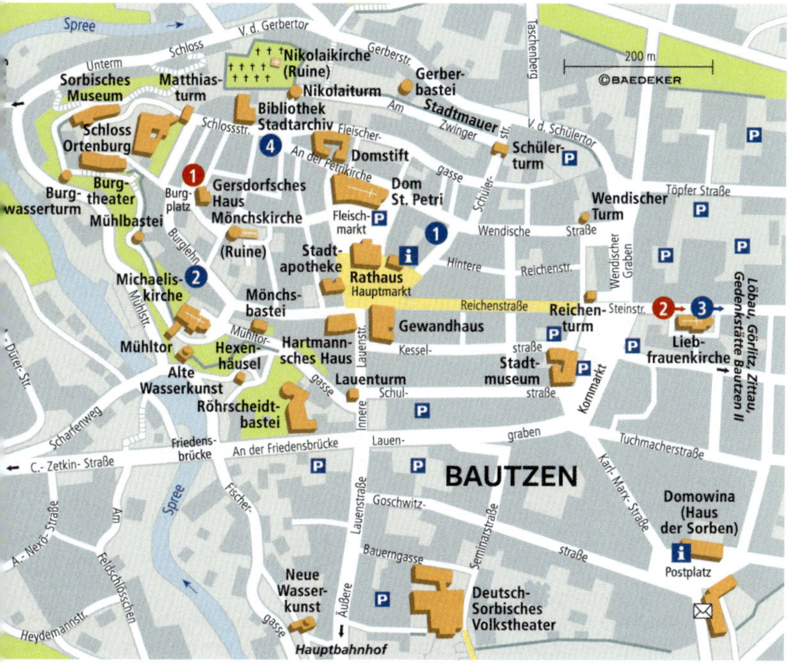

1 Wjelbik
2 Mönchshof
3 Bautzener Brauhaus
4 Bautzener Senfstube

1 Schloss-Schänke
2 Pension Le Petit

fall« in die Geschichte eingegangen ist, setzte ein wirtschaftlicher Niedergang ein. Im 30-jährigen Krieg wurde Bautzen von sächsischen schwedischen und kaiserlichen Truppen belagert. Letzere brannten die Stadt vor 1634 nieder. Danach marschierten die Sachsen ein, und Bautzen wurde Hauptstadt des Markgrafentums Oberlausitz.
Auch unter den sächsischen Kurfürsten war die Stadt in Kriege verwickelt – in den Schlesischen, den Siebenjährigen und zuletzt in die Befreiungskriege gegen Napoleon I., der 1813 bei Bautzen eine seiner letzten siegreichen Schlachten schlug. 1868 nahm Bautzen seinen heutigen Namen offiziell an. Gegen Ende des Zweiten Weltkriegs bauten die Nazis die Stadt zu einer Festung aus, was in die **»Schlacht um Bautzen«** mündete und schwere Zerstörungen nach sich zog. Die Altstadt blieb einigermaßen unversehrt.
Seit dem 19. Jh. ist Bautzen das kulturelle Zentrum der sorbischen Minderheit. Der **»Domowina«**, der Interessenverband der Sorben, das Sorbische Nationalensemble und das zweisprachige Deutsch-Sorbische Volkstheater haben in der Stadt ihren Sitz.

Trauriges Kapitel

Stadt der Knäste

Bautzen hat als »Stadt der Knäste« auch eher traurige Berühmtheit erlangt. In die zwischen 1900 und 1904 errichtete Königlich-Sächsische Landesstrafanstalt **Bautzen I**, wegen ihrer gelben Klinkerfassade auch »Gelbes Elend« genannt, sperrten schon die Nazis politische Häftlinge ein. Nach 1945 unterhielten die Sowjets dort ein Sonderlager für politische Gefangene und ab 1950 die Volkspolizei ein Gefängnis für Regimekritiker. Seit 1990 ist Bautzen I Justizvollzugsanstalt des Freistaats Sachsen. Auch das 1902 – 1906 errichtete Untersuchungsgefängnis **Bautzen II** (Weigangstr. 8a) nutzten nacheinander Nazis, Sowjets und das MfS. Heute ist der **»Stasi-Knast«** eine Gedenkstätte
Dieses **Mahnmal** im Gefängnis Bautzen II östlich der Altstadt geht auf eine Initiative ehemaliger Häftlingen zurück. Die Ausstellung informiert anhand über die Geschichte von Bautzen I und II und die Schicksale seiner Insassen.
Weigangstr. | tgl. 10 – 18, Fr. bis 20 | Führungen: Fr. 17, Sa./So./Fei. 11 u. 14 Uhr | Eintritt: frei | www.stsg.de/cms/bautzen

Wohin in der Bautzener Altstadt?

Das lebendige Herz der Stadt

Hauptmarkt

Seit 1985 steht der **Ritter Dutschmann** wieder auf dem Brunnen von Bautzens Hauptmarkt und wacht über das Geschehen am Platz. Historiker vermuten, dass die 2 m hohe, auf einer Säule thronende Statue ähnlich den Roland-Standbildern bürgerliche Freiheits- und Stadtrechte symbolisiert. Ihr Schöpfer, der Bildhauer Christoph Walter (1534 – 1584), gab ihr eine Fahne in die rechte und einen Schild mit dem Stadtwappen Bautzens in die linke Hand. Als der Brunnen 1864 dem wachsenden Verkehr weichen musste, stellte man die Statue an der Südfassade des Rathauses auf. Erst nachdem der Hauptmarkt in eine Fußgängerzone verwandelt und der Brunnen neu gebaut wurde, kehrte sie an ihren angestammten Platz zurück.

Seit jeher bildet der Hauptmarkt das pulsierende Herz der Stadt. Besonders dienstag- und samstagvormittags, wenn die Händler hier frisches Obst, Gemüse und andere Erzeugnisse aus der Region anbieten, herrscht ein munteres Treiben. An der Nordseite des Platzes leuchtet das zwischen 1729 und 1732 errichtete **Rathaus in barockem Gelb**, gleich drei Uhren weist sein hoher, schlanker Turm auf, darunter eine Sonnenuhr. Vom Rathaus wandert der Blick nach rechts am Stadthaus mit der Touristeninformation vorbei zu einem nur zwei Fenster breiten Haus in der Nordostecke des Platzes. Es wurde 1730 errichtet und beherbergt eine Pension, die den sprechenden Namen **»Zum Handtuch«** trägt. Gegenüber dem Rathaus fällt hinter dem Brunnen das stattliche Gebäude des **Bautzener Gewandhauses** auf. Es wurde 1882/83 an der Stelle eines abgerissenen Vorgängerbaus im Stil der Neorenaissance errichtet und beherbergt heute Teile der Stadtverwaltung sowie eine Gaststätte. Seine Anfänge reichen bis in das 13. Jh. zurück, als der Handel in der Stadt erblühte und Kaufleute ein Lager für ihre Waren brauchten. Von der langen Geschichte des Hauses zeugt heute noch der spätgotische Ratskeller im Untergeschoss, der mit einem Sternengewölbe aufwartet. Die Stadtapotheke an der Westseite des Platzes gibt es seit 1542. Ihre in leuchtendem Gelb gestrichene Fassade schmücken das kursächsische, das böhmische und das Bautzener Wappen.

Nur ein Gerücht

Innere Lauenstraße

Die Straße führt von der Südwestecke des Hauptmarktes Richtung Süden. Die prächtigen, barocken Bürgerhäuser, die ihre Westseite säumen, sind eine Augenweide. Die Fassade des Hauses Nr. 6 beispielsweise schmücken allegorische Figuren, die aufs schönste Glaube, Liebe, Hoffnung sowie Frömmigkeit symbolisieren. Das **Hartmannsche Haus** gleich am Beginn der Inneren Lauenstraße gleicht einem Palast. Es wurde zwischen in den 1720er-Jahren errichtet und wird auch »Jahreshaus« genannt. Dass es 365 Fenster, 52 Zimmer, zwölf Schornsteine und vier Treppen besitzt, ist allerdings nicht mehr als ein Gerücht. Der Lauenturm am Ende der Straße ist Teil der Bautzener Stadtbefestigung und stammt aus dem 15. Jahrhundert.

Der schiefe Turm von Bautzen

Reichenturm

Auch der Turm am Ende der vom Hauptmarkt in östliche Richtung führenden Reichenstraße war Teil der Bautzener Stadtbefestigung. Seine Anfänge reichen bis in das Jahr 1490 zurück. Über die Jahrhunderte wurde er mehrmals zerstört oder beschädigt und anschließend

Das vieltürmige Bautzen ...

wieder aufgebaut. Zwischen 1715 und 1718 erhielt er den noch heute sichtbaren, massiven Barockaufsatz mit Laterne. Vom Rat der Stadt mit einer Untersuchung beauftragte Experten stellten bereits 1747 fest, dass die neue Spitze des Turms sich langsam Richtung Reichenstraße neigte. Zwar vermuteten sie, dass der massive Aufsatz die Neigung provozierte, doch lange Zeit geschah nichts. Erst 1953 griffen die Stadtväter ein und ließen das Fundament des Turms verstärken. Heute weicht die Spitze immer noch 1,44 m von der Senkrechten ab. Die Plattform in 28 m Höhe gewährt tolle Ausblicke auf das vieltürmige Bautzen. Auch die **Reichenstraße** – heute Fußgängerzone und Haupteinkaufsmeile – punktet mit barocken Bürgerhäusern, darunter Nr. 5 mit einer Kogge (Handelsschiff) als Hauszeichen, Nr. 12 mit reichem Fassadenschmuck und Nr. 29 mit einer Kogge in Gold.

Reichenturm: April – Okt. tgl. 10 – 17 Uhr | Eintritt: 3 €, Kombikarte 10 €

Region – Stadt – Kunst

Museum Bautzen

Südlich des Reichenturms lädt das Museum Bautzen am Kornmarkt 1 zu einer Reise durch die Geschichte der Oberlausitz ein. Es präsentiert seine umfangreiche Sammlung an u. a. archäologischen Funden und Gebrauchsgegenständen in modernen Innenräumen in den drei Abteilungen Region, Stadt und Kunst. In Letzterer sind Kupfer- und

Holzstiche von Albrecht Dürer sowie Gemälde u.a. von **Lucas Cranach d. Ä.**, Anton Graff und **Max Slevogt** zu sehen.
Di. – So. 10 – 17, Winter bis 18 Uhr | Eintritt: 7 €, Kombikarte 10 €
www.museum-bautzen.de

Eine Kirche für alle

Hinter dem Rathaus öffnet sich Fleischmarkt mit dem unter Bäumen versteckten Denkmal des sächsischen Kurfürsten Johann Georg I. Die Nordseite des Platzes beherrscht der mächtige Dom, eine spätgotische Hallenkirche des 13. bis 15. Jh.s und heute Konkathedrale des Bistums Dresden-Meißen. Seit 1524 ist das Gotteshaus eine **Simultankirche**, die beide Konfessionen nutzen: Die Katholiken beten im Chorraum und die Protestanten im Langhaus. St. Petri weist auch architektonisch einige Besonderheiten auf. So erhielt das ursprünglich dreischiffige Langhaus zwischen 1456 und 1463 an der Südseite ein **viertes Schiff** mit Vorhalle und Sakristei. Überdies zeigt die Kirche zwischen dem vierten und dem fünften Joch einen Knick in der Längsachse, der vermutlich daher rührt, dass sie ursprünglich auf den Fundamenten eines Vorgängerbaus errichtet wurde. Den Hochaltar schuf Giovanni Maria Fossati zwischen 1722 und 1724. Das Altarbild »Petrus empfängt den Schlüssel« ist ein Werk Giovanni Anto-

nio Pellegrinis (1675 – 1741) und etliche der Sandsteinplastiken stammen von dem Permoser-SchülerJohann Benjamin Thomae (1682 – 1751). Das lebensgroße Kruzifix am rechten Seitenaltar des Chorraums hat Balthasar Permoser (1651 – 1732) geschaffen. Im protestantischen Teil verdienen die reich geschnitzte Fürstenloge (1673/1674) und der Abendmahlaltar im Südschiff Beachtung.
Mo. – Sa. 10 – 16, So. 12 – 16 Uhr

Schätze des Klerus

Domschatzkammer

Wenn Sie links am Petridom vorbei nach Norden gehen, steuern Sie direkt auf das Hauptportal des 1683 erbauten Domstifts zu. Dort hütet die Domschatzkammer Kostbarkeiten sakraler Kunst.
Mo. – Fr. 10 – 12 u. 13 – 16, 1. Sa./Monat 10 – 15 Uhr
Spende erwünscht | www.bistum-dresden-meissen.de

Ortenburg und Stadtbefestigung

Die Wiege Bautzens

Blick in die Geschichte

Am westlichen Rand der Altstadt ragt auf einem nach drei Seiten von der Spree umflossenen Felsplateau die Ortenburg auf, in deren Schatten Bautzen wuchs und gedieh. Ihre Anfänge gehen auf eine landesherrliche Burg zurück, die der Sachsen-Herzog und spätere römisch-deutsche Kaiser Otto I. (912 – 973) zur Absicherung seiner Herrschaft über die Lausitz errichten ließ. Mit dem 1018 geschlossenen Frieden von Bautzen zwischen dem Heiligen Römischen Reich und Polen gingen die Lausitz und mir ihr die Burg als Lehen an Polen und 1158 an Böhmen. Der ungarische König Matthias Corvinus (1443 – 1490), seit 1469 auch König von Böhmen, ließ die durch ein Feuer zerstörte Burg im spätgotischen Stil neu errichten. Der **Matthiasturm** am Eingang zum Burggelände und der Baukörper des mächtigen **Schlosses** an der Ostseite des Burghofs stammen aus dieser Zeit. Unter den Sachsen erhielt das Schloss seine fulminanten Renaissancegiebel. Vom Ende des 17. bis ins 19. Jh. hatte die Oberamtsregierung der Oberlausitz ihren Sitz auf der Ortenburg, heute ist es das sächsische Oberverwaltungsgericht.
Mit dem Bau einer **Spielstätte des Deutsch-Sorbischen Volkstheaters** hielt die moderne Architektur Einzug auf die Ortenburg. Hinter seiner verglasten Fassade ist der ursprünglich an der ersten Dresdner Semper-Oper angebrachte Figurengiebel **»Allegorie der Tragödie«** von Ernst Rietschel (1804 – 1861) zu sehen.

Schaufenster der sorbischen Kultur

Sorbisches Museum

Das Museum im ehemaligen Salzhaus bietet einen umfassenden Überblick über die reiche sorbische Kultur und ihre Geschichte. Die Besucher erfahren alles Wissenswerte über Wirtschaft und Alltag

der Sorben vom Mittelalter bis in die Gegenwart. Die farbenfrohen, reich bestickten Trachten sind ein echter Hingucker.
Ortenburg 3 | Di. – So. 10 – 18 Uhr | Eintritt: 5 €, Kombikarte 10 €
www.sorbisches-museum.de

Verlies für einen Räuberhauptmann

Burgwasserturm

Der um 1400 entstandene Turm in der Südostecke der Ortenburg gehört zu den ältesten Teilen der Burganlage. Weil der berühmte Räuber Johannes Karasek dort einsaß, wird er im Volksmund auch »Karasekturm« genannt.

Kirchen als Bastionen

Nicolaikirche, Michaeliskirche

Einst war Bautzen von zwei mächtigen, doppelten Ringmauern umschlossen. Zumindest vom inneren Ring sind nicht nur die Tortürme, sondern auch einige Bastionen und Mauern erhalten, die sich auf reizvollen Spaziergängen besichtigen lassen.
Die Ruine der Nicolaikirche auf dem Areal des gleichnamigen Friedhofs bietet sich als Ausgangspunkt für die Tour entlang der nördlichen Stadtbefestigung an. Das 1444 errichtete Gotteshaus lag außerhalb der inneren Ringmauer und diente wohl auch deshalb im Dreißigjährigen Krieg als Bollwerk. Bereits 1620 wurde es zerstört. Vom nahen Nikolaiturm geht es die **alten Zwingermauern** entlang zur heute als Jugendherberge genutzten **Gerberbastei**, einem fünfgeschossigen Rundturm von 1503. Von dort ist es nicht mehr weit bis zum Schülertor und Schülerturm.
Der Spaziergang entlang des südlichen, noch erhaltenen Teils der Stadtbefestigung führt unterhalb der Ortenburg den Hang über der Spree entlang und an der 1480 entstandenen Mühlbastei vorbei zur **Michaeliskirche**. Die 1498 vollendete, dreischiffige Hallenkirche war Teil der Wehranlagen und im Dreißigjährigen Krieg ein Lager für Schießpulver. Zusammen mit der benachbarten Alten Wasserkunst prägt sie die Silhouette Bautzens.

Geniales Pumpwerk

Alte Wasserkunst

Der von 1558 von Wenzel Röhrscheidt d. Ä. errichtete 50 m hohe, sich nach oben verjüngende Turm über der Spree stellte für Jahrhunderte die Wasserversorgung Bautzens sicher. Bis heute gilt die ganze Anlage als technisches wie logistisches Meisterwerk. Seit der Mitte des 16. Jh.s leitete man von einem Speicher auf dem Dach des Turms Wasser, das mittels Pumpen aus der Spree nach oben befördert wurde, durch Holzröhren zum Fleischmarkt im Herzen der Altstadt. Die Pumpen selbst wurden lange von einem Wasserrad angetrieben, das wiederum durch das gestaute Wasser des Flusses am Laufen gehalten wurde. 1788 wurden die Holzrohre durch eiserne und in den 1920er-Jahren das Wasserrad durch eine Turbine ersetzt. Die Alte Wasserkunst war **bis 1965 in Betrieb**. Heute ist die Anlage

technisches Denkmal. Wenzel Röhrscheidt d. J. errichtete zwischen 1606 und 1610 ein Stück weiter südlich die Neue Wasserkunst.
Museum: April – Okt. Sa – Do. 10 – 17, Feb./März/Nov./Dez. Sa. – Do. 10 – 16 Uhr Jan. Sa., So. 10 – 16 | Eintritt: 3,50 €, Kombikarte 10 € | www.altewasserkunstbautzen.de

Rund um Bautzen

Dinos an der Spree

Saurierpark Kleinwelka

Als noch keiner »Jurassic Park« kannte, da besaß der Bildhauer und Hobby-Paläontologe Franz Gruß (1931 – 2006) schon längst seinen eigenen. Bei Großwelka 5 km nordwestlich von Bautzen arbeitete er von 1981 – 1991 unermüdlich an seinem Lebenswerk. Er baute **Saurierplastiken aus Eisen und Beton** wie etwa einen 30 m langen Diplodocus oder einen 15 m hohen Brachiosaurus und stellte sie in seinem Garten auf. Die Resonanz war so groß, dass Kleinwelka ihn 1981 mit der Anlage eines ganzen Parks beauftragte. Mittlerweile lassen sich mehr als 200 Saurierplastiken auf dem Gelände bestaunen.
Ende März – Anfang Nov. tgl. 9 – 18 Uhr | Eintritt: 16 €, Familie 51 € www.saurierpark.de

Geschenk für die Braut

Schloss Neschwitz

Niemand anders als August der Starke soll die Verbindung zwischen seiner ehemaligen Mätresse Katharina Reichsfürstin von Teschen und dem Oberbefehlshaber seiner Kavallerie Prinz Friedrich Ludwig von Württemberg-Winnental gefördert haben. Als Brautgeschenk ließ der Prinz 1723 für sich und seine Gattin in Neschwitz eine bezaubernde **barocke Schlossanlage** errichten. 763 erwarb ein Freiherr von Riesch das Anwesen und ließ um den Barockgarten einen englischen Landschaftspark errichten. Die Verbindung zwischen der geometrischen Strenge barocker und der scheinbaren Planlosigkeit englischer Gartenarchitektur macht den besonderen Reiz der Anlage aus.
Ostern – Ende Okt. Mi. – So. 13 – 17, Fr. – So., Fei. auch 10 – 12 Uhr | Eintritt: 4 € | www.neschwitz.de

Sächische Schildbürger

Weißenberg

Das Landstädtchen etwa 18 km östlich von Bautzen hat ein Kuriosum: Am Turm des 1788 errichteten barocken Rathauses führt eine außen angebrachte, von Blauregen umrankte Wendeltreppe in den ersten Stock hinauf. Es heißt, dass die Planer beim Bau das Treppenhaus vergaßen. Im Heimatmuseum **»Alte Pfefferküchlerei«** gegenüber sind neben einem originalen Backofen und eine Pfefferkuchensammlung zu sehen, Erinnerung an die traditionelle Pfefferkuchenbäckerei.
Museum: Di. – Fr. 10 – 12, Mi. – Fr. 13 – 16, Sa. u. So. 14 – 16 Uhr | Eintritt: 3 €

SÄCHSISCHES STONEHENGE

Der Teufel persönlich soll auf die Granitfelsen zwischen Pließkowitz und Kleinbautzen gesessen haben. Ein Pastor brandmarkte sie denn auch als »Altar der Abgötterei«. An den Tagundnachtgleichen treffen die Sonnenstrahlen exakt den Spalt zwischen beiden. Archäologen vermuten, dass die Teufelssteine ein bronzezeitliches Sonnenheiligtum waren. Gruselig allemal, besonders in der Dämmerung.

Hoyerswerda

Wohl und Wehe der Platte

Neu-Hoyerswerda

Plattenbau und Braunkohle – lange wurde Hoyerswerda damit in eins gesetzt. Die ersten industriell vorgefertigten »Platten« entstanden 1955, als der Startschuss zum Aufbau des Braunkohleveredelungskombinats »Schwarze Pumpe« fiel. Innerhalb von drei Jahrzehnten wurde östlich des alten Hoyerswerda eine **Retortenstadt mit 20 000 Wohnungen** aus dem Boden gestampft. Nach der Wende wurde die »Schwarze Pumpe« geschlossen, und rund die Hälfte der Bewohner verließ ihre Stadt. Der bis heute nicht abgeschlossene Rückbau der nunmehr meist leerstehenden Wohnsilos begann. Da Neu-Hoyerswerda die Blaupause für Plattenbausiedlungen überall in der DDR und im Ostblock lieferte, stellte man einige Gebäude entlang der **Bautzener Allee unter Denkmalschutz**. Am Lausitzer Platz erinnert das **Zuse-Computermuseum** an den Erfinder der programmierbaren Rechenmaschine: Konrad Zuse (1910 – 1995) lebte mehrere Jahre in Hoyerswerda und ist Ehrenbürger der Stadt.

Museum: Di. – So. 10 – 17 Uhr | Eintritt: 7 €
www.zuse-computer-museum.com

Rund um den Markt

Alt-Hoyerswerda

Den Marktplatz etwa rahmen einige barocke Bürgerhäuser ein. An seiner Westseite glänzt der dreigeschossige **Renaissancebau des Rathauses** mit schönem Rundbogenportal, Wappenfries und doppelläufiger Freitreppe. Die denkmalgeschützte **Lange Straße** westlich des Markts säumen meist eingeschossige Handwerkerhäuser aus dem 18. und 19. Jh., in denen auch heute Werkstätten, nette Geschäfte und Lokale eingemietet sind.

RJANA LUŽICA

Auf dem Weg von Dresden Richtung Osten künden immer öfter zweisprachige Wegweiser, Ortsschilder und Beschriftungen an öffentlichen wie privaten Gebäuden davon, dass man sich unter einer der anerkannten ethnischen Minderheiten Deutschlands befindet: den Sorben.

Das sorbische Siedlungsgebiet ist die bereits südöstlich von Berlin beginnende Lausitz im Bereich der mittleren und oberen Spree, also in Brandenburg und Sachsen. Insgesamt bezeichnen sich hier **heute ca. 60 000 Menschen** als Sorben und damit als Angehörige einer slawischen Ethnie, die eine eigene Sprache spricht und eigene Bräuche praktiziert. Die Sorben sind die **Nachfahren der südlichen Elbslawen**. Seit der Völkerwanderung im 6. Jh. n. Chr. besiedelten sie ein Gebiet, das im Osten von Oder, Queiß und Bober, im Süden vom Erz- und Fichtelgebirge, im Westen von der Saale begrenzt wurde und im Norden bis zur Linie Frankfurt (Oder) reichte. Die Milzener in der Oberlausitz, die Lusizer in der Niederlausitz und die Daleminzer im Raum Meißen waren die größten und bedeutendsten Stämme. Zum ersten Mal erwähnte der fränkische Mönch Fredegar die Sorben (»Surbi«) 631 in seiner Chronik, andere Quellen bezeichneten sie als »Vendi«, Ursprung des deutschen Namens »Wenden« oder »Winden«

Seit dem 8. Jh. waren die slawischen Stämme zunehmend den Kriegen und Angriffen ihrer westlichen Nachbarn, den Franken und Sachsen ausgesetzt. Dem Sachsenherzog und König des Ostfränkischen Reichs Heinrich I. (876 bis 936) gelang es in mehreren Eroberungszügen zwischen 924 und 928, die

Die Osterreiter verkünden die Botschaft von der Auferstehung Christi.

slawischen Stämme östlich der Elbe zu unterwerfen und ihr Siedlungsgebiet seinem Machtbereich einzuverleiben.

Zunehmende Diskriminierung

Heinrichs Sohn und Nachfolger, der spätere römisch-deutsche Kaiser Otto I. (876 – 973), setzte das Werk des Vaters fort und leitete die gewaltsame **Christianisierung** ein. Er gründete 968 das Bistum Meißen und gab die Territorien der Slawen deutschen Adeligen als Lehen. Seit dem 12. Jh. ließen sich deutsche Bauern, Handwerker, Kaufleute und Bergleute aus dem Rheinland, aus Franken und Sachsen nieder. Herrschte anfangs wohl noch ein Mit- und Nebeneinander, so setzte doch bald eine systematische Diskriminierung der slawischen Bevölkerung ein. Seit dem 14. Jh. blieb ihnen der Zugang zu den städtischen Zünften verschlossen. In manchen Gegenden war die sorbische Sprache oft unter Androhung der Todesstrafe verboten. Solche und andere Maßnahmen lösten einen ungeheuren Assimilierungsdruck aus und brachten schließlich eine 700-jährige Periode kultureller Eigenständigkeit zwischen Elbe und Saale zum Erlöschen.

Überleben in der Nische

In der Niederlausitz und in der Oberlausitz, beide etwas abseits gelegene Landstriche, konnte die slawische Kultur allerdings überleben. Hier gab es bis um 1500 keine Sprachverbote, sodass die Sorben hre Muttersprache bewahren konnten. Am Ende des 18. Jh.s wurden die blau-rot-weiße Fahne und die sorbische Hymne »Rjana Lužica« (= »Schöne Lausitz«) zum Symbol der sorbischen Volksgruppe erklärt.

Im Lauf des 19. Jh.s verschaffte sich eine **sorbische Nationalbewegung** immer deutlicher Gehör, die aber erst am 13. Oktober 1912 in Wojerecy (Hoyerswerda) in die Gründung einer Dachorganisation, der so genannten Domowina (»Heimatbewegung«) mündete.
Die Nazis machten dann kurzen Prozess: 1937 verboten sie alle sorbischen Organisationen, konfiszierten deren Vermögen und vernichteten unersetzliche Schätze der sorbischen Kultur. Fluss- und Ortsnamen deutschte man zum Teil ein, und viele Sorben kamen in ein Konzentrationslager.
Das Wechselbad hörte für die Sorben nach 1945 nicht auf. In der DDR waren sie plötzlich die geachtete und von den Oberen gern gezeigte Minderheit mit verfassungsmäßig garantierten Rechten. Jedoch: Folklore war gewünscht, nicht aber eine andere Meinung.
Heute existieren mehr als **150 sorbisch-deutsche Gemeinden**. In mehreren Grundschulen und Oberschulen ist Sorbisch Unterrichtssprache. Für die Erhaltung des tradierten Kulturguts sorgen in der Stadt Bautzen die zentrale Interessenvertretung **»Domowina«**, die Zeitung Serbske Nowiny, eine sorbische Rundfunkredaktion und das Deutsch-Sorbische Volkstheater. Die sorbische Kultur ist nicht nur in der Sprache, sondern auch in einer facettenreichen Folklore lebendig. Durch Otfried Preußler über die Grenzen der Lausitz hinaus bekannt geworden ist der **Krabat**, ein Sagenkreis um eine Zaubergestalt aus der Hoyerswerdaer Gegend. Greifbarer sind die heute noch praktizierten Bräuche: Die Sorben tragen farbenfrohen Trachten zu ihren Festtagen und zelebrieren das Osterreiten wie eh und je – sie wahren und leben ihre Tradition.

Rückzugsort für die Mätresse

Schloss Hoyerswerda

Berühmteste Bewohnerin des 700 Jahre alten Anwesens war Katharina von Teschen, zwischen 1700 und 1705 Mätresse August des Starken. Als der Kurfürst sie wegen der Gräfin Cosel fallen ließ, erhielt sie das Schloss als Entschädigung. Nach der Heirat mit Prinz Friedrich Ludwig von Württemberg-Winnental verbesserte sie sich und bezog Schloss Neschwitz (▶ S. 74). Heute ist im Schloss u. a. das Stadtmuseum mit einer Ausstellung zur Geschichte der Lausitz, im weitläufigen Park davor der Hoyerswerdaer Zoo zuhause.

Museum: Sommer tgl. 10 – 18, Winter tgl. 11 – 17 Uhr | Eintritt: 6 € | Kombiticket mit Zoo 9,90 € | www.museum-hy.de

Zoo: Sommer tgl. 9 – 18, Winter tgl. 10 – 17 Uhr | Eintritt: 9,90 € (mit Museum) | www.kulturzoo-hy.de

Vom Tagebau zum Naherholungsgebiet

Rund um Hoyerswerda

Seit 1991 ist viel unternommen worden, um die Altlasten des Braunkohlenbergbaus zu beseitigen. Die Kraterlandschaft, die der Tagebau bei Hoyerswerda hinterließ, hat sich in ein attraktives Naherholungsgebiet verwandelt. An Sommertagen tummeln sich am **Knappensee**, am **Silbersee** bei Lohsa und am Senftenberger See Badegäste, Segler, Surfer und Camper. Der Silbersee gehört zum UNESCO-Biosphärenreservat Oberlausitzer Heide- und Teichlandschaft (▶ S. 168).Zwischen dem Knappen- und dem Silbersee informiert das **Lausitzer Bergbaumuseum** in der bis 1993 betriebenen **Energie/Brikettfabrik Knappenrode** über Förderung und Veredelung von Braunkohle sowie über die Rekultivierung der verwüsteten Landschaften.

Di. – So. 10 – 18 Uhr | Eintritt: 7 € | www.saechsisches-industriemuseum.de

★ CHEMNITZ

Kreisfreie Stadt | **Einw.:** 250 950 | **Höhe:** 297 m ü. d. M.

Architekturikonen des Neuen Bauens, Monumente des sozialistischen Klassizismus und die Konsumtempel der Gegenwart, dazwischen immer wieder Perlen des Historismus und des Jugendstils – in Chemnitz ist die wechselvolle Geschichte der Stadt auf Schritt und Tritt präsent.

Chemnitz verdankt seine Entstehung dem Schnittpunkt zweier Handelswege, der Salz- und der Frankenstraße. Kaiserin Richenza, Gattin

Kaiser Lothars III., gründete auf dem heutigen Schlossberg 1136 ein Benediktinerkloster, das schon sieben Jahre später das Marktprivileg erhielt. 1174 dann verlieh Kaiser Friedrich I. Barbarossa der sich um das Kloster entwickelnden Siedlung das Stadtrecht. Nach der Schlacht bei Lucka kam die Stadt 1308 in den Herrschaftsbereich der Wettiner. Der wirtschaftliche Aufstieg begann, als Markgraf Friedrich III. von Meißen (1332-1381) der Stadt 1357 das Privileg zum Bleichen von Textilien erteilte und dadurch die Voraussetzung für die Entwicklung Chemnitz zum **Zentrum der Leinenweberei, des Garn- und Tuchhandels** schuf. An der Wende vom 15. zum 16. Jh. blühte die Stadt auch in Architektur und Kunst auf. Von den Folgen des Dreißigjährigen Krieges erholte sich Chemnitz zwar nur langsam, doch im 18. und vor allem **im 19. Jh.** wurde es zum Zentrum des Manufakturwesens und der Industrie Sachsens. Die Gründung der Bernhard'schen Spinnerei im Stadtteil Hartau 1799 markiert einen Meilenstein; Richard Hartmann baute in seiner 1837 gegründeten Fabrik Lokomotiven und Louis Schönherr, einer seiner Ingenieure, konstruierte den mechanischen Tuchwebstuhl und gründete eine Webstuhlfabrik. Überdies wurde in Chemnitz die **erste deutsche Werkzeugmaschinenfabrik** gegründet. Ende des 19. Jh.s verzeichnete die Stadt pro Kopf ungefähr sechsmal so viele Patentanmeldungen wie im deutschen Durchschnitt.

Das sächsische Manchester

Gegen Ende des Zweiten Weltkriegs war Chemnitz Ziel alliierter Bombenangriffe. Der Wiederaufbauplan von 1953 sah neben der Rekonstruktion einiger historischer Gebäude die Neuordnung der Innenstadt unter Anlehnung an sowjetisch-sozialistische Prinzipien vor. Die Verwurzelung vieler Chemnitzer in der Arbeiterbewegung nahm die DDR-Führung im Mai 1953 zum Anlass, Chemnitz in **Karl-Marx-Stadt** umzubenennen, obwohl Marx nie in Chemnitz war. 1990 wurde dies nach einer Befragung der Bevölkerung rückgängig gemacht. 2025 ist Chemnitz Kulturhauptstadt Europas.

Wohin in der Chemnitzer Innenstadt?

Chemnitz' neue Mitte

Markt mit Neumarkt

Seit jeher bildet der Markt das pulsierende Herz der Stadt. Im Mittelalter war er Treffpunkt für Kaufleute, die auf der Salz- und der Frankenstraße unterwegs waren. Heute findet dort fünfmal wöchentlich ein Markt und in der Adventszeit der Weihnachtsmarkt statt. Das spätgotische, dreigeschossige **Alte Rathaus** an seiner Nordseite entstand 1496 – 1498 in einer Epoche wirtschaftlicher Prosperität und wachsenden bürgerlichen Selbstbewusstseins. Im 16. und 17. Jh. wurde es umgestaltet. Erst 1883 erhielt es die Giebel im Stil der Neorenaissance. Der vorgestellte Rathausturm stammt aus der Entstehungszeit des Gebäudes. Seit dem Wiederaufbau nach dem Zweiten

CHEMNITZ ERLEBEN

TOURIST-INFORMATION

Markt 1
09111 Chemnitz
Tel. 0371 69 06 80
www.chemnitz-tourismus.de

TAGE DER JÜDISCHEN KULTUR

Ein Highlight im Chemnitzer Veranstaltungskalender! Die im Februar/März stattfindenden jüdischen Kulturtage spannen einen Bogen von der jüdischen Alltagskultur bis zu Literatur, Musik, Theater und bildender Kunst.
www.tdjk.de

STADTFEST

Größtes Spektakel im Jahr ist das Fest Ende August bzw. Anfang September.

ADVENTSZEIT

Der Weihnachtsmarkt vorm Alten und Neuen Rathaus wird am Vortag des 1. Advent mit einer großen Parade erzgebirgischer Bergleute eröffnet. In der Stadthalle zeigen am ersten Adventswochenende Handwerker aus dem Erzgebirge ihre Kunst.

❶ HECK-ART €€€

Das Restaurant hinter der Oper ist für seine mediterrane Küche bekannt, das Auge isst immer mit. In der oberen Etage sind Bilder des Chemnitzers Michael Morgner zu sehen.
Mühlenstr. 2
Tel. 0371 6 94 68 18
Di. – Sa. 11.30 – 23 Uhr
www.restaurant-heck-art.de

❷ RESTAURANT VILLA ESCHE €€€

In der Remise der Jugendstilvilla serviert das Restaurant mediterran beeinflusste leichte Küche mit frischen Zutaten: Fischgerichte, Sashimi und Ceviche stehen ebenso auf der Karte wie auch Wiener Schnitzel vom Mastkalb oder Rehschulter; Highlight: das Überraschungsmenü mit vier Gängen.
Parkstr. 58
Tel. 0371 2 36 13 63
Di. – Sa. 11.30 – 15, Fr. u. Sa. auch 16.30 – 22 Uhr
www.restaurant-villaesche.de

❸ LA BOUCHÉE €€

Hier kommen, der Name lässt es ahnen, durch die französische Küche inspirierte Leckerbissen zu günstigen Preisen auf den Tisch.
Innere Klosterstr. 9
Tel. 0371 6 94 81 81
Mo. – Sa. ab 9 Uhr
www.la-bouchee.de

❹ KELLERHAUS €€

Das Restaurant in einem sanierten Fachwerkbau des 17. Jh.s im Schlossviertel ist auf traditionelle deutsche Gerichte spezialisiert, es gibt aber auch Pasta oder Currys. Besonders urig ist das Kellergewölbe aus dem 15. Jahrhundert.
Am Schlossberg 2
Tel. 0371 3 35 16 77
Di. – Sa. 11 – 22, So. 11 – 14 Uhr
www.kellerhaus-chemnitz.de

❶ HOTEL ARTES €€€€

Der Name des Business-Hotels ist Programm: Jedes der 16 modernen, hellen Zimmer ist einem Künstler gewidmet, dessen Name die Zimmer-

nummer ersetzt. Außerhalb am nordwestlichen Stadtrand von Chemnitz in Autobahnnähe gelegen.
Leipziger Str. 214
Tel. 0371 3 37 40
www.hotel-artes.de

❷ HOTEL CHEMNITZER HOF €€€

Das ist das erste Haus am Platz! Hier übernachten Sie in einer restaurierten Ikone des Neuen Bauens aus den 1920er-Jahren des in Chemnitz geborenen und in v.a. Berlin tätigen Architekten Heinrich Straumer (1876 bis 1937). Gepflegt wird hier der Stil der Roaring Twenties. Die 60 Zimmer bieten aber natürlich allermodernsten Komfort.
Theaterplatz 4
Tel. 0371 68 40
www.chemnitzer-hof.de

❸ SCHLOSSHOTEL KLAFFENBACH €€€

Das Hotel in einem Wirtschaftsgebäude des Wasserschlösschens Klaffenbach (► S. 87) hat 49 behaglich eingerichtete Zimmer und zwei Suiten. Im Gewölberestaurant dinieren Sie stilvoll, in der Gaststube »Torwache« geht es rustikaler zu. Die Chemnitzer Innenstadt ist ca. 5 km entfernt.
Wasserschlossweg 6
Tel. 0371 2 61 10
www.schlosshotel-chemnitz.de

❹ LEHMANNS CAFÉ €€

Das Café im Chemnitzer Heckert-Viertel ist Kult. Das Haus bietet fünf gemütlich eingerichtete Zimmer mit modernem Komfort. Die zugehörige Galerie stellt Werke Chemnitzer Künstler vor.
Markersdorfer Str. 112
Tel. 0371 22 62 16
Do. – So. 12 – 17 Uhr
www.lehmanns-cafe.de

❶ ANKH

Diese Bar/Kneipe/Restaurant/Café hat eine Leseecke in der ersten Etage, veranstaltet Kunstausstellungen und bietet ab und an abends Livemusik.
Schönherrstr. 8
Tel. 0371 4 58 69 49
Mo. – Fr. ab 17, Sa. ab 16, So. ab 15 Uhr
www.cafeankh.de

❷ FUCHSBAU

Der Club war schon zu DDR-Zeiten ein beliebter Partykeller, in dem man es mit der sexuellen Orientierung von jeher eher locker nimmt.
Carolastr. 8
Tel. 0371 67 17 17
Do. – Sa. ab 22 Uhr
http://fuchsbau.de

❸ MAROON BAR

Die beste Cocktailbar von Chemnitzversteckt sich in einem Kellergewölbe underinnert an eine schummrige New York Bar. Nicht ganz billig, dafür aber gut.
Ulmenstr. 16
Tel. 0371 6 66 54 66
Mi. – Sa. 18 – 1 Uhr
www.maroon-bar.de

Weltkrieg schmückt ihn ein Renaissanceportal, das von einem ebenfalls im Krieg zerstörten Patrizierhaus hierher verbracht wurde. An der Rückseite des Rathauses ragt als Anbau der **Hohe Turm** auf, der ursprünglich wohl aus dem 12. Jh. stammt, über die Jahrhunderte aber mehrmals bauliche Veränderungen erfuhr. An das Alte Rathaus

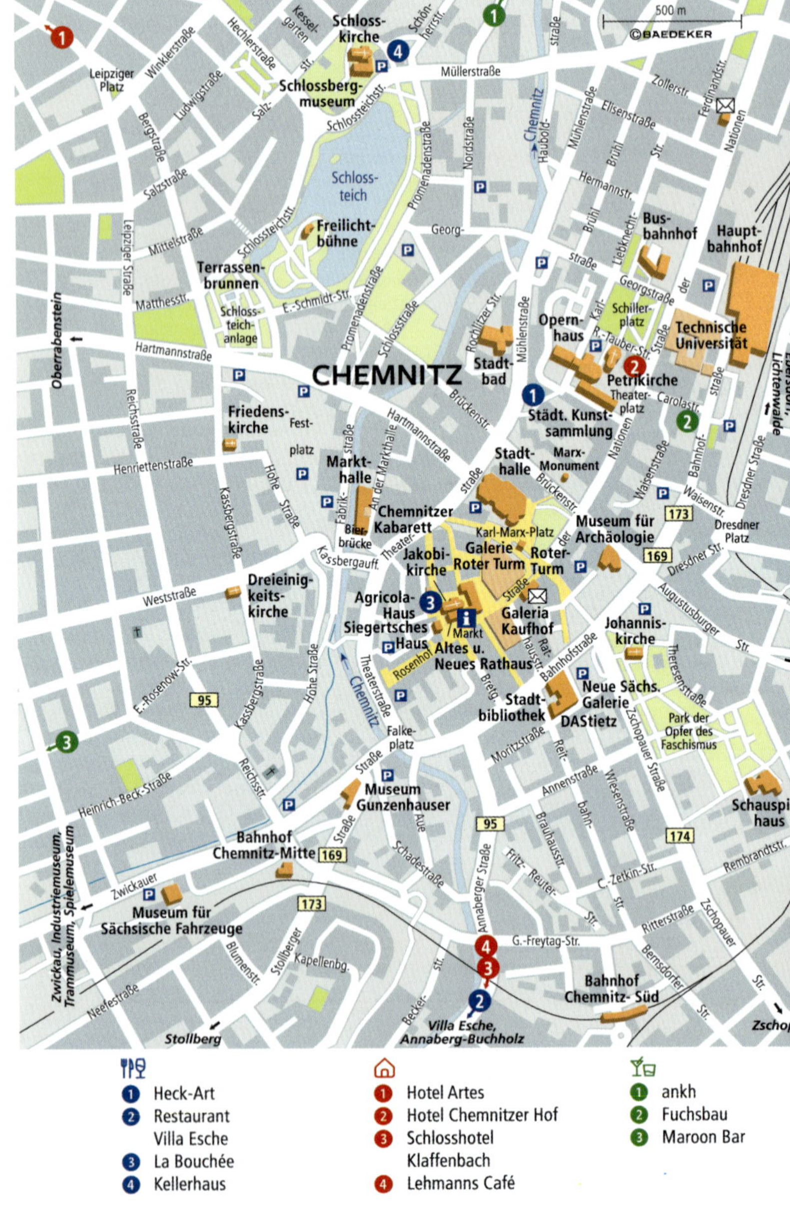
500 m
©BAEDEKER
CHEMNITZ
Schlosskirche
Schlossbergmuseum
Kesselgarten
Schlossteich
Freilichtbühne
Terrassenbrunnen
Schlossteichanlage
Leipziger Platz
Stadtbad
Opernhaus
Schillerplatz
Petrikirche
Theaterplatz
Technische Universität
Busbahnhof
Hauptbahnhof
Städt. Kunstsammlung
Stadthalle
Marx-Monument
Friedenskirche
Festplatz
Markthalle
Chemnitzer Kabarett
Bierbrücke
Jakobikirche
Galerie Roter Turm
Roter Turm
Karl-Marx-Platz
Museum für Archäologie
Dreieinigkeitskirche
Agricola-Haus
Siegertsches Haus
Markt
Altes u. Neues Rathaus
Galeria Kaufhof
Johanniskirche
Neue Sächs. Galerie
DAStietz
Stadtbibliothek
Park der Opfer des Faschismus
Schauspielhaus
Falkeplatz
Museum Gunzenhauser
Bahnhof Chemnitz-Mitte
Museum für Sächsische Fahrzeuge
Bahnhof Chemnitz-Süd
Dresdner Platz
Oberrabenstein
Ebersdorf, Lichtenwalde
Zwickau, Industriemuseum, Trammuseum, Spielemuseum
Stollberg
Villa Esche, Annaberg-Buchholz
Zschopau
Müllerstraße
Hartmannstraße
Leipziger Straße
Reichsstraße
Henriettenstraße
Weststraße
Kassbergstraße
Hohe Straße
Theaterstraße
Brückenstr.
Mühlenstraße
Zollerstr.
Elisenstraße
Hermannstr.
Georgstraße
Carolastr.
Bahnhofstraße
Waisenstraße
Dresdner Straße
Augustusburger Str.
Theresenstraße
Zschopauer Straße
Annaberger Straße
Annenstraße
Moritzstraße
Reitbahnstr.
Wiesenstraße
Brauhausstr.
Fritz-Reuter-Str.
C.-Zetkin-Str.
Rembrandtstr.
Ritterstraße
Bernsdorfer Str.
G.-Freytag-Str.
Schadestraße
Heinrich-Beck-Straße
Zwickauer Straße
Blumenstr.
Stollberger Str.
Kapellenbg.
Neefestraße
Beckerstr.
E.-Rosenow-Str.
Rosenhof
Promenadenstraße
Schlossstraße
Rochlitzer Str.
Nordstraße
Chemnitz
95
169
173
174
Heck-Art
Restaurant Villa Esche
La Bouchée
Kellerhaus
Hotel Artes
Hotel Chemnitzer Hof
Schlosshotel Klaffenbach
Lehmanns Café
ankh
Fuchsbau
Maroon Bar

schließt sich das 1907 – 1909 nach Plänen von Stadtbaurat Richard Möbius errichtete **Neue Rathaus** an. Seine auf den Neumarkt verweisende Schauseite zeigt historisierende und Jugendstilformen, die Innenausstattung reinsten Jugendstil. Gegenüber dem neuen Rathaus fällt die filigrane, stark gegliederte Terrakotta-Fassade der »**Galerie Roter Turm**« auf. Die 2000 eröffnete Shopping-Mall ist nach dem ältesten erhaltenen Bauwerk Chemnitz', dem hinter der Mall aufragenden, im 12. Jh. errichteten Roten Turm, benannt. Sie wird von den Chemnitzern auch »Dogenpalast« genannt.
Die Südseite des Neumarkts nimmt die monumentale Glasfassade der 2001 eröffneten Galeria Kaufhof-Filiale ein, ein Entwurf von Helmut Jahn.

Bewegte Baugeschichte

St. Jacobi

Die Rückseiten des Alten und des Neuen Rathauses bilden ein nach zwei Seiten offenes Rechteck, in dem die Stadtkirche St. Jakobi, einer der **ältesten Sakralbauten Chemnitz** steht. Das 1254 erstmals schriftlich erwähnte Gotteshaus hat im Laufe seiner Geschichte mehrere durch Brände oder Bauschäden und kulturelle Entwicklungen notwendig werdende Umbauten im Stil der jeweiligen Zeit erfahren. Das Langhaus der dreischiffigen Hallenkirche entstand zwischen 1350 und 1365 an der Stelle eines durch ein Feuer zerstörten romanischen Vorgängerbaus, dessen Chor bereits 100 Jahre zuvor durch einen frühgotischen Chor ersetzt worden war. Zu Beginn des 15. Jh.s dann musste dieser Chor dem grandiosen Hallenumgangschor weichen. Gegen Ende des 18. Jh.s wurde der gotische Hochaltar durch einen klassizistischen ersetzt, und in den 1870er-Jahren erhielten die Fassaden eine verschwenderisch ausgeführte neugotische Verkleidung. Zu Beginn des 20. Jh.s führten Bauschäden an dem neugotischen Fassadenschmuck zu einer neuerlichen Veränderung des Erscheinungsbildes im Geist des Jugendstils. Im Zweiten Weltkrieg wurde die Kirche fast vollständig zerstört, bis 1974 wieder aufgebaut. Die meisten Kunstwerke gingen während des Bombenangriffs von 1945 in Flammen auf. Kostbarster Schatz ist ein Flügelaltar des aus Zwickau stammenden Holzbildhauers Peter Breuer (1472 – 1541), ein Schüler von Tilman Riemenschneider.

Kunst und Wissenschaft

Das TIETZ

Vom Markt führt die Rathausstraße Richtung Süden zum neu eröffneten **Kulturkaufhaus**. Geschäfte werden Sie hier weniger finden, dafür umso mehr Kultur und Wissenschaft. In dem 1912/1913 eröffneten, ehemaligen Warenhaus der Kaufmannsfamilie Tietz sind nach einer umfassenden Sanierung die Chemnitzer Stadtbibliothek, die Volkshochschule, die Neue Sächsische Galerie und das renommierte Museum für Naturkunde untergebracht. Der »steinerne Wald« im Innenhof besteht aus **270 Millionen Jahre alten Pflanzenfossilien**

wie Riesenfarnen, Schachtelhalmen und Koniferen. Die **Neue Sächsische Galerie** zeigt eine Sammlung sächsischer Kunst ab 1945.
Naturkundemuseum: Mo., Di., Do., Fr. 9–17, Sa., So. 10–18 Uhr
Eintritt: 4 € | www.naturkunde-chemnitz.de
Galerie: Do–Mo. 11–17, Di. 11–18 Uhr | Eintritt: 4 €
www.neue-saechsische-galerie.de

Meister der Klassischen Moderne

Museum Gunzenhauser

Die Ausstellung zur Kunst der Klassischen Moderne und der zweiten Hälfte des 20. Jh.s besteht aus der **Sammlung Alfred Gunzenhausers** (1926–2015) mit Werken von Otto Dix, Max Beckmann, Karl Schmidt-Rottluff, Lovis Corinth, Alexej Jawlensky, Ernst-Ludwig Kircher, Edvard Munch oder Gabriele Münter. Das Museum residiert im **ehemaligen Sparkassengebäude** am Falkeplatz, einer Ikone des Neuen Bauens aus dem Jahr 1930.
Di., Do.–So. 11–18, Mi. 14–21 Uhr | Eintritt: 8 €
www.kunstsammlungen-chemnitz.de

300 000 Jahre Menschheitsgeschichte

Staatliches Museum für Archäologie

Das Museum ist in einer weiteren Architekturikone des Moderne untergebracht: Das zwischen 1927 und 1930 errichtete **Kaufhaus Schocken** am heutigen Stefan-Heym-Platz, ein Entwurf von **Erich Mendelssohn** (1887–1953), besticht durch seinen geschwungenen, sich verjüngenden Baukörper und eine Fassade, an der horizontale Fensterbänder mit Steinplatten abwechseln. Tagsüber wirken sie dunkel, nachts sind sie hell erleuchtet. Für das Museum wurde die Fassade Mendelssohns originalgetreu wieder hergestellt. Es zeichnet anhand einer Fülle von Exponaten auf drei Etagen die Entwicklung der Region von der Altsteinzeit bis zur frühen Industrialisierung nach. Auch Erich Mendelssohn und der Familie Schocken, die wie der Architekt emigrieren musste, ist eine Ausstellung gewidmet.
Di.–So. 10–18, Do. bis 20 Uhr | Eintritt: 8 € | www.smac.sachsen.de

Er bleibt

Karl-Marx-Monument
►Abb. S. 351

Offenbar wollen die Chemnitzer ihren **»Nischel«** nicht missen, denn immer noch steht der monumentale Kopf von Karl Marx in der Brückenstraße vor dem ehemaligen Gebäude des Rats des Bezirks. Die mit Sockel 13 m hohe Skulptur von Lew Kerbel ist die zweitgrößte Porträtbüste der Welt; nur Lenin in Ulan-Ude ist 60 cm höher.

Dreimal Neo

Theaterplatz

Eine neogotische Kirche an der Nordseite, ein neobarockes Opernhaus westlich davon und ein neobarockes Museum im Süden: Der weitläufige Theaterplatz unweit des Hauptbahnhofs wurde erst zu Beginn des 20. Jh.s angelegt. Den Anfang machte die zwischen 1885 und 1888 errichtete **Petrikirche**, ein ansehnlicher Backsteinbau.

Dem Gotteshaus ließ der Chemnitzer Stadtplaner und Architekt Richard Möbius (1859–1945) dann die **Oper** und das König-Albert-Museum folgen, die beide 1909 Eröffnung feierten. Im Museumsbau ist seit 1920 die **städtische Kunstsammlung** zuhause, die mit Werken von Caspar David Friedrich, Ludwig Richter, Carl Spitzweg, Max Klinger, Max Liebermann, Lovis Corinth und des im Chemnitzer Vorort Rottluff geborenen Karl Schmidt-Rottluff punkten kann. Das 1930 im Bauhausstil errichtete **Hotel Chemnitzer Hof** stellt den historistischen Bauten einen modernen Kontrapunkt entgegen. Seit 1995 bildet das Theatron, ein halbrundes kleines Amphitheater an seiner zur **Straße der Nationen** offenen Ostseite, das Entrée zum Platz.

Museum: Di., Do.–So. 11–18, Mi. 14–21 Uhr | Eintritt: 8 €
www.kunstsammlungen-chemnitz.de

Schlossbergmuseum

Wo Chemnitz seinen Anfang nahm

Das Stadtmuseum ist standesgemäß in den Gebäuden des von der Gattin Kaiser Lothars III. 1136 gegründeten Benediktinerklosters untergekommen. Als die Reformation 1540 in Sachsen Einzug hielt, wurde es aufgelöst. Moritz von Sachsen (1521–1553) ließ die Klostergebäude in ein Jagdschloss umwandeln. Seit 1928 war es im Besitz des Chemnitzer Geschichtsvereins, der dort 1931 das Stadtmuseum eröffnete. 1973 musste das Haus wegen Baufälligkeit schließen. Sehenswert ist auch die an die Konventsgebäude angebaute, ehemalige Kloster- und heutige **Schlosskirche**, die Abt Heinrich von Schleinitz zu Beginn des 16. Jh.s im spätgotischen Stil errichten ließ. Aus romanischer Zeit stammen das südliche Querhaus, das Chorquadrat und die Nebenchöre. Der Neubau, eine dreischiffige Hallenkirche, wartet mit einem Schlingrippengewölbe auf. Im südlichen Seitenschiff ist ein 11 m hohes Astwerkportal mit reichem Figurenschmuck bemerkenswert. Es war ursprünglich am Hauptportal angebracht und gilt als **Meisterwerk Hans Wittens** (1470/80–1522). Von Witten stammt die aus einem Eichenstamm geschnitzte Geißelsäule im Chor der Kirche. Den 11 ha großen **Schlossteich** südlich der Klosteranlage legten die Mönche gegen Ende des 16. Jh.s an. Im Schlossteichpark am Südufer des Gewässers steht die ursprünglich 1868 für die Brühlsche Terrasse in ▸ Dresden geschaffene **Figurengruppe »Vier Tageszeiten«**. König Albert schenkte sie 1908 der Stadt Chemnitz.

Di., Do.–So. 11–18, Mi. 14–21 Uhr | Eintritt: 6 €
www.kunstsammlungen-chemnitz.de

Küchwald

Schmalspurbahn, Freilichtbühne, Kosmonautenzentrum

Chemnitz' größter Park war schon zu DDR-Zeiten ein beliebtes Naherholungsgebiet. Seit 1954 tuckert die schmalspurige Parkeisenbahn über das dicht bewaldete Gelände.1960 kam eine Freilichtbühne hinzu, auf der nun wieder Konzerte und Theateraufführungen stattfinden. Im Kosmonautenzentrum »Sigmund Jähn« dreht sich alles um die Raumfahrt. Kinder können sich auf ihre Raumtauglichkeit testen lassen und »einen Flug ins All« unternehmen.

Parkeisenbahn: eine Fahrt 3 €, Kinder 2 € | www.parkeisenbahn-chemnitz.de | **Kosmonautenzentrum:** Küchwaldring 20 | Di. – Fr., So. 14– 17 Uhr | Escape Room: 4 € | www.kosmonautenzentrum.de

Wohin in den Chemnitzer Außenbezirken?

Industrieland Sachsen

Auto-, Industrie- und Trammuseum

Das Fahrzeugmuseum an der Zwickauerstraße in der **ersten Hochgarage Deutschlands** (1928) zeigt 150 historische Automobile, Motor- sowie Fahrräder und Chemnitz als Zentrum der Autoindustrie. Das Museum zur Industriegeschichte in einer ehemaligen Gießereihalle ein Stück weiter westlich zeichnet die Entwicklung Sachsens zum Industrieland nach und im Straßenbahnmuseum 800 m weiter sind in einer Wagenhalle von 1908 nämliche Relikte zu sehen (viele davon aus Bautzen).

Automuseum: Di. – So. 10 – 17 Uhr | Eintritt: 6 € |www.fahrzeugmuseum-chemnitz.de | **Industriemuseum:** Di. – Fr. 9 – 17, Sa./So./Fei. 10 – 17 Uhr | Eintritt: 7 € | www.industriemuseum-chemnitz.de
Trammuseum: April – Mitte Dez. Do. – Sa. 10 – 16 Uhr | Eintritt: 4 €
www.strassenbahn-chemnitz.de

Weltreise auf dem Brett

Spielemuseum

Die Ausstellung gleich südlich des Trammuseums (jenseits der Eisenbahn) hat Spiele aus der ganzen Welt im Fundus und im Spielezimmer darf man sie sogar ausprobieren!

Neefestr. 78a | Do. – So., Fei. 13 – 18 Uhr | Eintritt: 7 €, Kinder frei
www.deutsches-spielemuseum.de

Juwel des Jugendstils

Villa Esche mit Henry van de Velde Museum

Der Textilfabrikant Herbert Esche ließ sich 1902/1903 vom belgischen Jugendstilarchitekten **Henry van de Velde** (1863 – 1957) eine Villa bauen. Van de Velde gilt als Wegbereiter der Moderne, der auch Möbel, Geschirr und andere Gebrauchsgegenstände entwarf. Auch die Mobiliarentwürfe der Villa stammen von ihm. Heute wird das Haus als Tagunsgzentrum genutzt; ein Museum ehrt den genialen Architekten.

Parkstr. 58 | Do. – So. 10 – 18 Uhr | Eintritt: 5 € | www.villaesche.de
www.kunstsammlungen-chemnitz.de

Für Eisenbahn-Fans

Sächsisches Eisenbahnmuseum

Das Museum im Stadtteil Hilbersdorf zeigt Dampf-, Diesel- und Elektroloks auf dem Gelände des ehemaligen Rangierbahnhofs von 1900 (meist aus der Chemnitzer Fabrik Hartmann).

Dresdner Bahnlinie 130c | Mitte März – Okt. Do. – So. 10 – 17 Uhr
Eintritt: 10 € | www.sem-chemnitz.de

Der sächsische Prinzenraub

Die über einem kleinen, romanischen Saalbau errichtete spätgotische Kirche war einst Pilgerziel. Berühmteste Wallfahrer waren Kurfürst Friedrich der Sanftmütige (1412 – 1464) und seine Frau Margaretha (1416 – 1486), die mit dem Besuch der Kirche am 15. Juli 1455 der wundertätigen Madonna für die Rettung ihrer Söhne Ernst und Albrecht danken wollten. Ritter Kunz von Kauffungen hatte kurz zuvor die beiden kleinen Prinzen entführt, um vom Kurfürsten eine Entschädigung für die Verluste seiner Güter zu erpressen. Doch die Täter konnten schon nach wenigen Tagen geschnappt und die Prinzen befreit werden. Friedrich und Margaretha stifteten einen **Altar und die Kleider der Prinzen**, die (restauriert) noch heute in der Turmkapelle zu sehen sind. Zur reichen Innenausstattung der Kirche gehören aber auch eine eigentümlich lächelnde, geschnitzte Sitzmadonna von 1320 und ein spätgotischer Flügelaltar mit Gemälden von Hans Hesse. Die beiden lebensgroßen Pulthalterfiguren, das Kruzifix und die Grabfigur des Dietrich von Harras (um 1505) in der Turmkapelle, stammen von Hans Witten.

Bilder, Berg und Burg

Rottluff/
Oberrabenstein

Ganz am westlichen Stadtrand können in Rottluff Kunstinteressierte ab 2025 im Elternhaus des expressionistischen Malers Karl Schmidt-Rottluff (1884 – 1976) das gleichnamige Museum mit einer Ausstellung zu seinem Leben besuchen. Der Nachbarort Oberrabenstein wartet mit einem einzigartigen Schaubergwerk auf. Zwischen 1365 und 1908 wurde dort zunächst über- und dann untertage Kalkstein abgebaut. Im Laufe der Jahrhunderte haben Bergleute riesige, bis zu 9 m hohe Sohlen in den Berg geschlagen, die Hallen, Domen oder Höhlen gleichen. Im Schein der Lampen glänzen Wände und Decken in warmen Farben. Burg Rabenstein stammt aus der Zeit um 1170 und ist die kleinste Burg Sachsens. Ihr Museum zeigt Waffen und Münzen.

Schmidt-Rottluff Museum: Limbacher St. 382 | Bei Drucklegung noch keine Zugangsdaten | **Felsendom:** tgl. 10 – 17 Uhr | Führungen stündlich (Dauer 40 Min.)Eintritt: 8 € | www.felsendome.de | **Burg**: Mai – Okt. Di. – So. 10 – 17 Uhr | Eintritt: 3 € | www.kunstsammlungen-chemnitz.de

Bürgerschloss

Wasserschloss
Klaffenbach

Das reizende Renaissance-Schlösschen am südlichen Stadtrand liegt in einem zauberhaften Park umgeben von einem Wassergraben. Der Annaberger Münzmeister Wolf Hünerkopf (1494 – 1566) ließ das Schloss zwischen 1555 und 1560 errichten, nachdem er das lange dem Benediktinerkloster Chemnitz gehörende und im Zuge der Reformation säkularisierte Dorf Klaffenbach dem Kurfürsten abgekauft hatte.

April –Sept. Di. – Fr. 11 – 17, Sa., So. bis 18; Okt. – März Di. – So. 11 – 17 Uhr | Eintritt: 7 €

Rund um Chemnitz

Besuch bei Old Shatterhand

Hohenstein – Ernstthal

Fans von **Karl May** (1842 – 1912) kommen um einen Besuch seiner Heimatstadt nicht herum. In seinem Geburtshaus erfahren sie allerhand über das turbulente Leben des Schriftstellers, der in eine Weberfamilie in ärmliche Verhältnissen hinein geboren wurde.
Hohenstein-Ernstthal ist Standort des berühmten **Sachsenrings**, eine der ältesten Motorradrennstrecken Deutschlands. Zur Anlage gehört das größte Verkehrssicherheitszentrum Deutschlands. Das **Textil- u. Rennsportmuseum** informiert über die Geschichte der Stadt, des Sachsenrings und der Textilindustrie.

Karl-May-Haus: Karl-May-Str. 54 | Di. – So. 10 – 17 Uhr | Eintritt: 3 € www.karl-may-haus.de | **Textil- und Rennsportmuseum:** Di. – So. 13 – 17 Uhr | Eintritt: 5 € | www.trm-hot.de

Motorradikonen

Zschopau

Zschopau war Standort eines legendären Motorradwerks. 1922 lief dort die erste **DKW**-Maschine (von »Dampf-Kraft-Wagen«) vom Band. Während der Weltwirtschaftskrise von 1929 geriet das Unternehmen in eine finanzielle Schieflage und schloss sich mit den sächsischen Autobauern Horch, Audi und Wanderer zur **Auto Union AG** mit Sitz in Zschopau und später in Chemnitz zusammen. 1950 lief die Motorradproduktion in Zschopau wieder an unter dem Markennamen **MZ**. 2012 musste das Unternehmen dennoch schließen.
Motorräder von DKW und MZ kann man auf **Schloss Wildeck** bestaunen. Die Anfänge dieses imposanten Renaissancepalasts auf einem Felsen über der Stadt, gehen auf eine mittelalterliche Burg zurück, die Kurfürst Moritz von Sachsen zu seinem Jagschloss umbauen ließ. Von der mittelalterlichen Anlage hat sich der 31 m hohe **Bergfried »Dicker Heinrich«** erhalten. Außer Motorräder sind im Schloss weitere Abteilungen untergebracht: Münzprägung (nur Mo. vorm.), Stadtgeschichte (Teil der Motorradausstellung) und die Mineraliensammlung.

Schloss und Museen: April – Okt. tgl. 10 – 17, Nov. – März bis 16; Schlossgarten 10 – 22 bzw. 18 Uhr | Eintritt: Bergfried und Motorradausstellung 9 €, Mineralienausstellung und Münzwerkstatt frei www.schloss-wildeck.de

Barocke Wasserkunst und prall gefüllte Schatzkammer

Schloss und Park Lichtenwalde

Hochaufschießende Fontänen, plätschernde Springbrunnen und Wasser speiende Ungeheuer – der barocke Garten von Schloss Lichtenwalde nordöstlich von Chemnitz ist für seine **Wasserspiele** bekannt und zählt zu den schönsten Anlagen dieser Art in Deutschland. Auf einem Spaziergang über die schnurgeraden Wege nehmen aber auch Statuen antiker Gottheiten, Pavillons und im Sommer bunt blühende Blumenrabatten den Blick gefangen. Friedrich von Watzdorf, Minister August des Starken, ließ das **dreiflügelige Barockschloss** zwischen 1722 und 1726 erbauen. Unter seinem Sohn Friedrich Carl entstand dann der Schlossgarten, vermutlich nach Entwürfen von Zacharias Longuelune. Zwischen 1764 und 1945 gehörte das Schloss den Grafen Vitzthum von Eckstädt. Nach Kriegsende verschwanden das Mobiliar sowie die Porzellan- und Gemäldesammlung und tauchten später bei Auktionen und in deutschen Museen wieder auf. Dennoch gleicht das Schloss heute wieder einer **Schatzkammer**. In den Räumen sind Kunstschätze aus dem alten China, aus Nepal und Afrika ausgestellt, die der Chemnitzer Kunstsammler Otto Brühl (1931 – 2001) zusammentrug. Die **Scherenschnittsammlung** ist die größte Deutschlands.

Schatzkammer-Museum u. Park: April – Okt. Di. – So. 10 – 17, im Winter nur Park | Eintritt: Schloss 8 €, Park 5 €, Kombiticket 11 € (im Winter frei) | www.schloss-lichtenwalde.de

★ Schloss Augustusburg

Schloss: April – Okt. tgl. 10 – 18, Nov. – März 10 – 17 Uhr | Eintritt: Schlossmuseum, Motorradmuseum, Sonderausstellung je 10 €, Turm 2 €; Kombiticket 20 € | Führung: 8 € | www.augustusburg-schloss.de

Standseilbahn: Di. – So. 9/9.20 – 17.40/18, Mo. 13.20 – 17.40 Uhr | Berg- und Talfahrt: 5 € | www.drahtseilbahn-augustusburg.de

Vom Jagdschloss zum Bikertreffpunkt

Geschichte

Weithin sichtbar wacht das mächtige Renaissanceschloss über das Städtchen. Kurfürst August ließ es 1567 – 1572 an Stelle einer niedergebrannten Burg auf dem 516 m hohen Schellenberg errichten. Die Bauaufsicht übernahm der zu dieser Zeit bereits siebzigjährige Leipziger Bürgermeister Hieronymus Lotter (1497 – 1580), dem der Niederländer Erhard van der Meer zur Hand ging. Bis zu 1000 Handwerker waren gleichzeitig tätig, die meisten von ihnen als Fronarbeiter. 1572, nach knapp fünf Jahren Bauzeit, war das noch heute mächtigste Schloss im Erzgebirge bezugsfertig. Gerade 200 Jahre wusste der kursächsische Hof den Palast zu schätzen, dann wandte sich das Interesse der Fürsten Dresden und Moritzburg zu. Schloss Augustusburg verfiel und wurde erst um

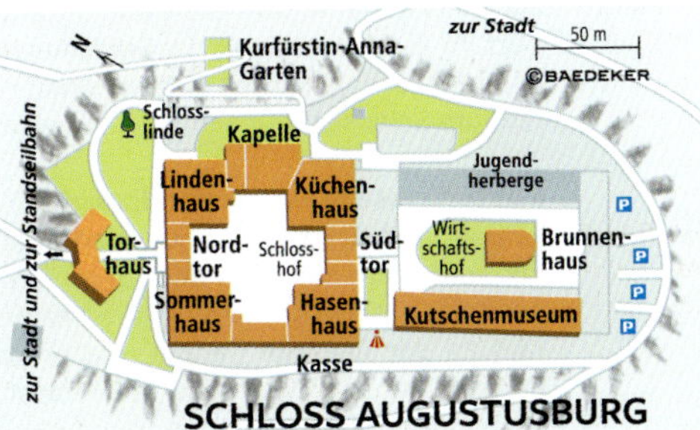

Ab und zu bekommen die Motorräder auf Schloss Augustusburg Besuch von nostalgischen Autos.

1800 umgebaut und wieder genutzt. Nach dem Zweiten Weltkrieg besann man sich wieder auf das historische Gemäuer. Nach einer teilweisen Sanierung zogen Museen ein. Jedes Jahr im Januar wird Schloss Ausgustburg zum Bikertreff.

Ruckelnd und ratternd bergan

Standseilbahn

Die 1911 erbaute Standseilbahn verbindet den Bahnhof Erdmannsdorf im Zschopautal mit der Stadt Augustusburg. Sie überwindet auf einer Streckenlänge von 1237 m einen Höhenunterschied von 167 m. Bis zum Schloss brauchen Sie noch einmal 15 Gehminuten.

Kunterbunte Museumslandschaft

Im Schloss

Schloss Augustusburg ist auf quadratischem Grundriss um einen Innenhof herum angelegt, der durch Türme in jeder Ecke die Form eines griechischen Kreuzes erhalten hat. Lediglich die **Schlosskapelle** ragt an der Ostseite heraus. Die ursprüngliche Renaissancegestalt hat ein Umbau 1798 – 1802 vereinfacht. Von der Stadt gelangt man durch das Torhaus und das triumphbogenähnliche Haupttor in den

Innenhof. Dem Haupttor gegenüber markiert der Glockenturm das Südtor. An der Westseite folgt das Sommerhaus und das Hasenhaus in der Südwestecke. Letzteres verdankt seinen Namen dem Bilderzyklus »Krieg der Hasen gegen die Jäger« (1572) des Hofmalers Heinrich Göding.

Das Hasenhaus beherbergt das **Museum für Jagdtier- und Vogelkunde des Erzgebirges**. Im Küchenhaus in der Südostecke zeigt das **Motorradmuseum** über 175 Maschinen – vom ersten Daimler-Petroleum-Zweirad bis zur modernen Rennmaschine. Ein Muss für alle Motorradfans! Das **Kutschenmuseum** mit seinen 30 Fahrzeugen öffnet 2025 nach vollständiger Neugestaltung in den ehemaligen Stallungen seine Tore. Zwischen Küchen- und Lindenhaus liegt die 1572 nach Plänen von Erhard van der Meer vollendete **Schlosskirche**. Der Kirchenraum zeigt die ursprüngliche Kanzel von 1573, das Altarretabel von 1571 schmückt ein Gemälde von Lucas Cranach d. J. und die Orgel stammt aus der 2. Hälfte des 18. Jh.s von Georg Renkewitz.

Von Wilderern gegraben

Wirtschaftshof

Vom Innenhof gelangt man durch das Südportal in den großen Wirtschaftshof mit Wirtschafts- und Stall und dem **Brunnenhaus**. Das hofseitige Portal trägt das prächtige, von Löwen gehaltene kurfürstliche Wappen von 1614. Die Aushebung des Brunnens begann 1568. Neun Jahre lang hämmerten sich vor allem zu Zwangsarbeit verurteilte Wilderer durch den harten Quarzporphyr, bis schließlich in über 130 m Tiefe das Grundwasser erreicht war. Ein von Ochsen angetriebenes, hölzernes Göpelwerk von 1831 mit 30 m Umfang, einem 7,4 m durchmessenden Zahnrad und zwei 125-Liter-Fässern konnten 1000 l Wasser pro Stunde fördern. Als »Gottesurteil« wurde die Linde 1421 am gleichnamigen Eckhaus gepflanzt.

COLDITZ

Landkreis: Leipzig | **Einwo.:** 8420 | **Höhe:** 155 m ü. d. M.

G 6

Das Städtchen liegt, umrahmt von lichten Wäldern und sattgrünen Wiesen, im Tal der Zwickauer Mulde. Das stattliche Schloss, das den Ort auf einem Felsen thronend überragt, hat Colditz berühmt gemacht. Hier saßen während des Zweiten Weltkriegs kriegsgefangene alliierte Offiziere ein.

Die Geschichte von Colditz ist eng mit der des Schlosses und seinem Vorgängerbau, einer 1046 erstmals erwähnten Burg, verbunden. Bis

COLDITZ ERLEBEN

FREMDENVERKEHRSAMT COLDITZ
Markt 6, 04680 Colditz
Tel. 034381 4 37 77
www.colditz-erleben.com

TOURIST-INFORMATION
Burgstr. 6
09306 Rochlitz
Tel. 03737 7 86 36 20
www.rochlitzer-muldental.de

SCHLOSSCAFÉ VENEZIA €
Das Lokal ist Kaffeehaus, Imbiss und Eisdiele in einem. Als Kontrastprogramm zu Süßem gibt es herzhafte Snacks.
Markt 9
Tel. 034381 4 35 41
Tgl. 10 – 19 Uhr

WALDSCHLÖSSCHEN €
In der Gaststätte kommen deftige Speisen wie Soljanka, ein in der DDR beliebter Eintopf, auf den Tisch – am schönsten sitzen Sie im kleinen Biergarten.
Tiergartenstr. 24
Tel. 034381 5 35 34
Do. – Mo. 17 – 22, So. ab 10 Uhr
www.maxi-waldschlösschen.de

PENSION GARNI WALDHAUS COLDITZ €€
Die Pension liegt mitten im Grünen und bietet 11 komfortable, individuell im African Style eingerichtete Zimmer. Das Restaurant serviert bürgerliche Küche (bis 19 Uhr). Das Bockbier »Colditzer Schwarze Sau« (6,5%) ist eine Spezialität des Hauses.
Lausicker Str. 60
Tel. 034381 4 33 71
www.waldhaus-colditz.de

WALDHOTEL AM REITERHOF €€ – €
Das Hotel liegt im Grünen und bietet insgesamt 23 Zimmer. Das Restaurant besticht durch eine rustikale Atmosphäre und durch die auf saisonale Gerichte der Region spezialisierte Küche.
Kolkauer Str. 25, Seelitz
Tel. 03737 4 23 43
Di. – Fr. 17 – 22, Sa./So. ab 11, So. 18 Uhr geschl.
www.waldhotel-am-reiterhof.de

1404 lebten die Herren von Colditz auf der Festung. Dann erwarben die Wettiner die ganze Herrschaft und bauten die Burg rund 100 Jahre später zum Renaissanceschloss um.

Wohin in Colditz?

Schloss Colditz

Spektakuläre Fluchten
Wie eine mächtige, uneinnehmbare Trutzburg wacht das Schloss über die Stadt. Zwischen 1939 und 1945 waren dort im Oflag IVc mehr als tausend Offziere der Alliierten interniert. Bekanntheit erlangte das Schloss durch 300 spektakuläre Fluchtversuche; nur 30

waren erfolgreich. Die deutsche Lagerleitung untersuchte jeden Fluchtversuch genauestens und installierte Gegenmaßnahmen, sodass Colditz als ausbruchsicher galt. Der Brite Pat Reid (1920 - 1990) schrieb ein Buch darüber; die **»Colditz Story«** wurde mehrmals verfilmt. Auch Spiele-Designer inspirierte die Geschichte. Im Schloss veranschaulicht eine **Ausstellung zu den Fluchtversuchen**, mit wie viel Fantasie die Gefangenen ans Werk gingen.
Der sächsische Kurfürst **Friedrich der Weise** (1486 - 1525) ließ die gewaltige Anlage um 1520 als Jagdschloss errichten, nachdem ein verheerender Stadtbrand den Vorgängerbau verwüstet hatte. August der Starke war der letzte Sachsenherrscher, der Schloss Colditz als Jagdschloss nutzte.
Im 19. und 20. Jh. diente es nacheinander als Zucht- und Armenhaus sowie als Anstalt für Geisteskranke. Nach der Machtergreifung richteten die Nazis dort ein erstes KZ und dann bis zur Übernahme durch die Wehrmacht eine Pflegeanstalt ein. Im April 1945 besetzten die Amerikaner und im Juni die Rote Armee das Schloss. Heute ist in einem Flügel eine Jugendherberge untergebracht.
April - Sep. tgl. 10 - 17, Nov. - März bis 16 Uhr
Schlossführung 10 €, Fluchtmuseum 4 €
www.colditz-erleben.com

Von Tischlerei und Stadtgeschichte

In der Stadt

Direkt am Eingang zum Schloss hat Tischlermeister Schneider in seiner Werkstatt ein **Tischlerei-Museum** eingerichtet, das die Arbeitsplätze einer Schreinerei und Erzeugnisse der Colditzer Maschinen- und Werkzeugfabrik Paufler & Arnold zeigt.
Am Marktplatz mit seinen historischen Bürgerhäusern fällt das **Alte Rathaus** aus dem 16./17. Jh. auf. Seine Uhr von 1660 lässt zu jedem Stundenschlag zwei Ziegenböcke aufeinander los.
Tischlerei-Museum: Schlossgasse 2
So. 13 - 17, Winter bis 16 Uhr, sonst n. V. | Tel.: 034381 86 31 48
Eintritt: 5 €

Keine Angst vorm Zahnarzt

Dental-historisches Museum

Oder doch? Das Museum im Ortsteil Zschardaß ist zumindest im deutschen Sprachraum einzigartig. Es rollt anhand einer Fülle von Exponaten die ganze Geschichte der Zahnheilkunde auf. Gezeigt werden u. a. frühe Instrumente, historische Prothesen und Behandlungsstühle.
Die Besucher erfahren hier, wie man in früheren Jahrhunderten Zahnschmerzen behandelte und seine Zähne pflegen sollte. Das Museum ist zugleich ein Wissenschaftszentrum zur Geschichte der Zahnmedizin.
April - Nov. Mi. - So. 10 - 17 Uhr | Eintritt: 5 €
www.dentalmuseum.eu

Rund um Colditz

Stiefelkrieg

Leisnig und Döbeln

Im Landstädtchen Leisnig 10 km östlich von Colditz blickt das Schumacherhandwerk auf eine alte Tradition zurück. Kein Wunder also, dass dort der mit einer Schafthöhe von 4,90 m **größte Stulpenstiefel der Welt** steht. Die Leisniger Schuhmacher Gerhard Berthold und Rolf Neidhardt fertigten ihn aus 10 Rinderhäuten zur 950- Jahr-Feier der Stadt 1996. Er kann im **Stiefelmuseum** unterhalb der Burg Mildenstein bestaunt werden (Burglehn 9). Die Präsentation des Stiefels bildete einen Höhepunkt in einer Jahre dauernden Fehde mit dem 13 km östlich gelegenen Nachbarort Döbeln, als dort sechs Schuhmacher zum 750-jährigen- Stadtjubiläum 1925 erstmals einen Riesenstiefel mit immerhin 3,70 m angefertigt hatten. Doch die Döbelner verloren bald das Interesse an dem guten Stück, so dass es 1957 im **Heimatmuseum auf Burg Mildenstein** in Leisnig landete. Nach der Wende wurden Forderungen nach Rückgabe laut, die sich zu einem handfesten Streit auswuchsen. Ein Gericht entschied 2012, dass dieser »Urstiefel« an die Gemeinde Döbeln zurückgegeben werden muss, wo er im Sitzungssaal des Rathauses steht.

Leisnig und Döbeln haben aber noch mehr zu bieten als zwei Riesenstiefel. Die **Burg Mildenstein**, die auf einem Felssporn thronend über Leisnig wacht, lockt mit einer überaus interessanten Ausstellung zur Geschichte der Burg und ihrer Funktion als Gefängnis und markgräfliches Amt. Im Aktengewölbe sind sakrale Plastiken zu sehen und auf einem Rundgang können Sie einen Blick in die Rittersäle, Schatzgewölbe und Folterkammern werfen.

Die **Döbelner Stadtkirche St. Nicolai** besitzt einen 1515/1516 entstandenen sechsflügeligen Hochaltar von seltener Schönheit. Das 12,24 m hohe Werk eines unbekannten Meisters (ein Cranach-Schüler?) zeigt innen die lebensgroßen Figuren der Heiligen Wenzel, Nikolaus und Leonhard, während die Flügel die Nikolauslegende aufgreifen. Die Kanzel schuf David Schatz im Jahr 1599.

Stiefelmuseum Leisnig: Kirchstr. 15 | in geraden Kalenderwochen Di. – Sa. 11 – 16, in ungeraden Kalenderwochen Mi. – So. 11 – 16 Uhr Eintritt: 2 € | **Rathaus Döbeln:** Di. – Fr. ab 9 Uhr

Burg Mildenstein: April – Okt. Di. – Fr. 10 – 17, Sa., So. 10 – 18, Nov. So. 10 – 17 Uhr | Eintritt: 8 € | www.burg-mildenstein.de

Königliches Gestein

Rochlitz

Der **»Rochlitzer Porphyr«** oder »Rochlitzer Marmor« hat die Stadt 10 km südlich von Colditz über Sachsen hinaus bekannt gemacht. Der warmrote, weiche Tuff, der ausschließlich am Rochlitzer Berg vorkommt, findet seit mehr als 1000 Jahren als Baumaterial und in der Bildhauerei Verwendung. Halb Sachsen soll aus dem Gestein errichtet worden sein. In Rochlitz begegnet man ihm auf Schritt und Tritt.

Das mächtige **Schloss Rochlitz**, das weithin sichtbar auf einem Ausläufer des Rochlitzer Berges über der Zwickauer Mulde aufragt, leuchtet in warmem Rot. Seine beiden 53 m hohen Türme an der Westseite sind sein Markenzeichen. Die Anfänge des Schlosses gehen auf eine im 10. Jh. errichtete Burg zurück, seine heute sichtbaren Ausmaße und seine Gestalt erhielt es im 16. Jahrhundert. Nach einer 20 Jahre dauernden Sanierung konnten die Repräsentations- und Wohnräume 2013 wieder der Öffentlichkeit zugänglich gemacht werden. Die Schlosskapelle zeichnet sich durch feingliedrige Netzgewölbe aus Rochlitzer Porphyr und spätgotische Malereien aus. Die Dauerausstellung **»Fett, Einäugig, Revolutionär«** stellt das Geschlecht der Wettiner vor, das die Historie des Schlosses prägte.
Auch die **spätgotische Kunigundenkirche** im Zentrum ist aus Rochlitzer Porphyr errichtet. Sie besticht durch den verschwenderischen Fassadenschmuck am Chor und der Südseite des Langhauses, deren warmes Rot einen augenfälligen Kontrast zur weiß verputzten Westseite bildet. Von Philipp Koch, Meister der Freiberger Domapostel, stammen die Schnitzfiguren auf der Festtagsseite des Hochaltars (1513) – im Schrein die hl. Kunigunde (980 – 1033) mit ihrem Gemahl Heinrich II. (978 – 1024) und in den Flügeln die Passionsgeschichte. Beachtenswert sind auch der Flügelaltar von Lucas Cranach d. Ä. sowie am Südportal Heinrich und Kunigunde als Tonfiguren (1476).
Auf dem **Rochlitzer Berg** bietet der 27 m hohe Aussichtsturm aus Rochlitzer Porphyr tolle Fernsichten in das Land. Er wurde 1851 zur Erinnerung an König Friedrich August II. (1797 – 1854) eingeweiht.
Schloss: April – Okt. Di. – Fr. 10 – 17, Sa., So. 10 – 18 Uhr; Aug. auch Mo. geöffnet | Eintritt: 8 € | www.schloss-rochlitz.de

Herrliche Romanik

Kloster Wechselburg

Der sehr weltliche Name des Klosters taucht erstmals Mitte des 16. Jh.s auf, als Moritz von Sachsen es im Tausch gegen drei Ortschaften in der ▶ Sächsischen Schweiz den Herren von Schönburg überließ. Seine Anfänge gehen auf ein Hauskloster zurück, das Dedo von Rochlitz-Groitsch (1142 – 1190), Markgraf der Lausitz, um 1168 gründete und Klerikern des Hallenser Chorherrenstifts zur Bewirtschaftung übergab. Schon etwas mehr als 100 Jahre später fiel es an den Deutschritterorden und dann an den Sachsenherzog. Bis zu ihrer Enteignung 1945 war die ganze Anlage mit der Stiftskirche im Besitz der Schönburgs, die in der Mitte des 18. Jh.s anstelle der verfallenen romanischen Konventsgebäude ein barockes Schloss errichten ließen. Es steht heute leer. Seit 1993 leben Benediktinermönche des Klosters Ettal auf dem Gelände.
Die **Klosterkirche**, eine dreischiffige Pfeilerbasilika auf kreuzförmigem Grundriss aus dem 12. Jh., ist das **besterhaltene romanische Bauwerk Sachsens**. Nachdem die Deutschordensritter die Wechselburg 1543 verlassen hatten, verfiel sie. Ab 1871 wurde der gesam-

Das Stifterpaar Dedo und Mechthild von Groitzsch ist in der Wechselburger Klosterkirche begraben.

te Innenraum gemäß den damaligen Vorstellungen vom Ursprungsbau restauriert. In klarem Kontrast zum schlichten Äußeren steht der helle und festliche Innenraum mit seinem Wechselspiel von weißem Putz und dem warmen Rot des Rochlitzer Porphyrs. Im Bogenfeld über dem östlichen Portal ist der Kampf zwischen einem Löwen als Sinnbild Christi und einem Basilisken als Verkörperung Satans dargestellt. Im linken Querhausarm steht das in der ersten Hälfte des 13. Jh.s geschaffene **Grabmal für das Stifterpaar** Dedo von Groitzsch (gest. 1190) und dessen Ehefrau Mechthild (gest. 1189). Bedeutendstes Ausstattungsstück der Kirche ist der **romanische Kanzellettner** (um 1230), dessen einmaliges Bildprogramm in enger Beziehung zur Goldenen Pforte am Dom zu ► Freiberg steht. Die Krönung ist eine außergewöhnliche Kreuzigungsgruppe, deren Christusfigur sich mit ihren sehr menschlichen Zügen von den ansonsten heroischen Darstellungen des 12. Jh.s unterscheidet. Über Christus sieht man Gottvater mit der Taube, am Fuß des Kreuzes schaut Abraham auf. Zu beiden Seiten beweinen Maria und Johannes der Evangelist den Gekreuzigten, darunter symbolisieren Königsfiguren das Christentum (unter Maria) und das Judentum (unter Johannes).
außerhallb der Gebetszeiten | www.kloster-wechselburg.de

Kleidermoden und Wohnkulturen

Schloss Rochsburg

»Leute machen Kleider« – unter diesem Motto rollt eine Ausstellung auf Schloss Rochsburg 1000 Jahre Modegeschichte auf. Hier finden sich nicht nur **mittelalterliche Festgewänder** und ausladende **barocke Outfits**, sondern auch Trachten der Handwerker und Bauern. 100 Frauen nähten alles extra für die Ausstellung zusammen. Das Schloss ragt rund 17 km südlich von Rochlitz auf einem von der Zwickauer Mulde umflossenen Felssporn auf. Die Herren von Schönburg ließen die noch heute sichtbare vierflüglige Anlage im 16. Jh. an der Stelle eines ausgebrannten Vorgängerbaus errichten. Bis zur Enteignung 1945 war sie im Besitz der Grafenfamilie. Im bereits 1911 eröffneten Museum können Repräsentationsräume u. a. des Barock, Rokoko, Empire und des Biedermeier besichtigt werden.

April – Okt. Di. – So. 10 – 17, Nov. – März bis 16 Uhr | Eintritt: 5 €
www.schloss-rochsburg.de

★★ DRESDEN

Landeshauptstadt | **Einw.:** 569 173 | **Höhe:** 120 m ü. d. M.

Perlen barocker Baukunst, lauschige Parks und eine facettenreiche Museenlandschaft – Dresden gleicht einem Füllhorn voller Schätze von unermesslichem Wert. Mit den dicht bewaldeten Höhenzügen und breiten Auen entlang der Elbe liefert die Natur den passenden Rahmen.

Die Anfänge Dresdens gehen auf die sorbische Siedlung »Nisani« zurück, die im Schutz einer um 1200 errichteten Burg zum 1206 erstmals urkundlich erwähnten »Dresdene« heranwuchs. Nach der Leipziger Teilung von 1485 erkoren die Albertiner die Stadt zu ihrer Residenz und begannen mit dem Umbau der Burg zu einem Schloss. Moritz von Sachsen (1521 – 1553) trieb den Ausbau Dresdens zur repräsentativen Kapitale seines Landes fort. Unter Friedrich August I. (1670 – 1733), besser bekannt als **»August der Starke«**, und seinem Sohn Friedrich August II. (1696 – 1763) entstanden **einzigartige Barockbauten**, die den Ruf Dresdens als »Elbflorenz« begründeten. Das 1685 niedergebrannte Altendresden wurde als »Neue Stadt bey Dresden« wieder aufgebaut.

An der Wende zum 19. Jh. entwickelte sich Dresden zu einem **Zentrum der deutschen Romantik** mit Protagonisten wie Caspar David Friedrich, Philipp Otto Runge oder Ludwig Tieck. Carl Maria von Weber und Richard Wagner schufen bedeutende Opernwerke.

Elbflorenz' schönste Seite von links nach rechts: die Brühlsche Terrasse, der Hausmannsturm des Schlosses, die Hofkirche und die Semperoper.

DRESDEN ERLEBEN

TOURIST-INFORMATION DRESDEN

Neumarkt 2 (Frauenkirche)
Wiener Platz 4 (Hauptbahnhof)
01067 Dresden
Tel. 0351 50 15 01
www.dresden.de/tourismus

SHOPPEN

Die Fußgängerzone in der Prager Straße bietet Kaufhaus- und Kettenladenware. Gediegeneres Einkaufen ist in den Passagen der Altmarkt-Galerie und im Quartier an der Frauenkirche (QF) möglich. Edle Boutiquen, Galerien und Antiquitätenläden finden sich in der Inneren Neustadt im Königstraßenviertel. Dort kann man von der Hauptstraße (Fußgängerzone) aus durch die Kunsthandwerkerpassage mit vielen kleinen Läden bummeln. Ausgefallen bis flippig ist das Angebot in den Szeneläden der Äußeren Neustadt zwischen Görlitzer-, Louisen- und Alaunstraße; in der Kunsthofpassage wird der Einkaufsbummel auch ein Erlebnis fürs Auge.

MÄRKTE

Am Goldenen Reiter breiten am ersten oder zweiten Septemberwochenende die Töpfer der Region ihre Waren aus. Im Dezember herrscht Gedränge, wenn der **Striezelmarkt** auf dem Altmarkt und zahlreiche kleinere Weihnachtsmärkte im gesamten Stadtgebiet mit Glühwein, Stollen und erzgebirgischen Schnitzereien locken.
keramikmarkt-dresden.de
striezelmarkt.dresden.de

MUSIK

Die Konzerte der Sächsischen Staatskapelle machen den Besuch der Semperoper zum Erlebnis. Mit der Dresdner Philharmonie ist in der Stadt ein zweites Orchester von Weltrang zu Hause. Die Chorvespern des Dresdner Kreuzchors und die Sonntagsmessen mit den Dresdner Kapellknaben in der Hofkirche sind musikalische Hochgenüsse.
www.semperoper.de
Tickethotline Tel. 0351 49 11-705
http://kreuzchor.de
www.kapellknaben.de

THEATER

www.staatsschauspiel-dresden.de
www.societaetstheater.de
www.theaterkahn.de
www.herkuleskeule.de

ELBHANGFEST

Das Fest findet alljährlich am letzten Juni–Wochenende zwischen dem Loschwitzer Körnerplatz und dem Schlosspark von Pillnitz satt. Auf dem Programm stehen Konzerte, Theater- und Tanzveranstaltungen.
www.elbhangfest.de

»BUNTE REPUBLIK NEUSTADT«

Die Szene der Dresdner Neustadt feiert ihr Stadtteilfest alljährlich im Juni mit viel Musik und Tanz.
www.brn-dresden.de

STADTFEST CANALETTO

Die größte Fete der Stadt steigt im August. Musiker und Theaterleute geben sich an verschiedenen Orten in der Altstadt an drei Tagen die Ehre.
www.canaletto-fest.de

DIXIELAND-FESTIVAL
Das Festival findet in der zweiten Maiwoche statt. Höhepunkt ist die Riverboat – Shuffle mit der Sächsischen Dampfschifffahrt.
www.dixieland.de

ZWINGERSERENADEN
Von Juni bis September bildet der Zwinger die Kulisse für Open-Air-Konzerte mit klassischer Musik.
www.der-dresdner-zwinger.de

DRESDNER MUSIKFESTSPIELE
Das Ende Mai/Anfang Juni stattfindende Klassikfestival zieht ein großes Publikum an.
www.musikfestspiele.com

FILMNÄCHTE AM ELBUFER
Im Juli und August werden auf einer Großleinwand auf den Wiesen am rechten Elbufer u. a. Blockbuster gezeigt.
http://dresden.filmnaechte.de

❶ PLANWIRTSCHAFT €
Nach der Wende eine der ersten Szenekneipen, heute ein beliebter Neustadt-Klassiker mit bodenständigen Gerichten au regionalen Zutaten: Soljanka, Bauernfrühstück, Gemüsesülze mit Bratkartoffeln. Das Frühstückbuffet ist ebenso beliebt wie im Sommer der kleine Biergarten im Hof.
Louisenstr. 20 (Neustadt)
Tel. 0351 801 31 87
Di. – Sa. 17 – 24 Uhr
www.planwirtschaft-dresden.de

❷ CAROUSSEL €€€
Das Restaurant des Hotels Bülow Palais mitten im Barockviertel der Neustadt serviert fürstlich auf Meißener Porzellan internationale Gerichte in entspannt-eleganter Atmosphäre; die Reise begleiten z. B. Tartaroder Kaviar, Wiener Schnitzel oder Rote-Beete-Cannelloni.
Königstr. 14
Tel. 0351 8 00 30
Di. – Sa., 18 – 22 Uhr
www.buelow-palais.de/restaurant-caroussel-nouvelle

❸ ELEMENTS €€€€
Das Restaurant in der Dresdner Neustadt ist für seine entspannte Atmosphäre bekannt. Stephan Miesner und sein Team servieren kreative Küche auf höchstem Niveau. Der Michelinstern ist auf jeden Fall verdient. Deli und Lounge haben schon vormittags geöffnet.
Königsbrückerstr. 96
Tel. 0351 27 21 696
Mo. – Sa. 18 – 23 Uhr
www.restaurant-elements.de

❹ KAHNALETTO €€€
Nehmen Sie sich wenigstens ein halbe Stunde Zeit für den Aperitif in der Schiffsbar, dann ab ins italienische Restaurant des Theaterboots.
Terrassenufer
Tel. 0351 4 95 30 37
Di. – So. 12 – 15, 17.30 – 22 Uhr
www.kahnaletto.de

❺ PULVERTURM €€€
Im Gewölbekeller des Coselpalais geht es mit brutzelndem Spanferkel und knusprigem Schweinebraten recht deftig zu, dazu schmeckt natürlich sächsisches Bier.
An der Frauenkirche 5a
Tel. 0351 26 26 00
Do. – Di. 12 – 22, Fr. u. Sa. bis 23 Uhr
www.pulverturm-dresden.de

❻ BRENNNESSEL €€
Das kleine Restaurant in der Wilsdruffer Vorstadt setzt auf Ökologie und bietet ausgezeichnete (aber nicht nur) vegetarische/vegane Küche.
Schützengasse 18
Tel. 0351 4 94 33 19
Mo – Sa. 11 – 23 Uhr
www.brennnessel-dresden.de

DRESDEN
350 m
©BAEDEKER
ÄUSSERE NEUSTADT
NEUSTADT
INNERE NEUSTADT
INNERE ALTSTADT
ALTSTADT
PIRNAISCHE VORSTADT
SEEVORSTADT OST
GROSSER GARTEN
SÜDVORSTADT OST
Elbe
Kunsthof-passage
Bf. Dresden-Neustadt
Schlesischer Platz
Albert-platz
Dreikönigs-kirche
Japanisches Palais
Kunsthand-werkerpass.
Goldener Reiter
Jägerhof
Neustädter Markt
Blockhaus
Finanz-ministerium
Wirtschafts-ministerium
Staats-kanzlei
Bogenschütze
Rosengarten
Eissport-halle
Yenidze
Kongress-zentrum
Landtag
Theater-kahn
Semper-oper
Schinkelwache
Zwinger
Schau-spielhaus
Stallhof
Schiffsanleger
Brühlsche Terrasse
Kultur-palast
Frauenk.
Altmarkt-galerie
Kreuzk.
Rat-haus
Gericht
Hochsch. f. Bild. Künste
Techn. Uni
Staats-ministerium
Centrum Galerie
Rundkino
UFA Palast
Deutsches Hygiene-Museum
Ruine Palais Wackerbarth
Gläserne Manufaktur
Station Parkeisenbahn
Botanischer Garten
DDV-Stadion
Mosaik-brunnen
Großer Garten
Hauptbahnhof
Technische Universität
Pirna, Sächsische Schweiz

❼ SPITZHAUS €€

Über eine malerische Weinbergtreppe oberhalb von Schloss Hoflößnitz in Radebeul geht es hinauf zum 1622 erbauten Spitzhaus, heute ein gehobenes Restaurant mit traditioneller sächsischer Küche. Vor der Sommerterrasse breiten sich Radebeul, Dresden und die Elbtalweitung aus.
Spitzhausstr. 36
Tel. 0351 8 30 93 05
Mi. - Sa. 12 - 22, So. 9.30 - 14 Uhr
www.spitzhaus-radebeul.de

CAFÉS

❶ CAFÉ ALTE MEISTER €€€

Das Café der Gemäldegalerie wartet mit guter Bistroküche auf.
Theaterplatz 1a
Tel. 0351 4 81 04 26
Di. - Sa. 12.30 - 22, So 12 - 19 Uhr
www.altemeister.net

❷ GRAND CAFÉ COSELPALAIS €€

Im wiederaufgebauten barocken Palais wird in gediegener Atmosphäre zu einem feinen Kännchen Kaffee beste Konditorenkunst serviert.
An der Frauenkirche 12
Tel. 0351 4 96 24 44
Tgl. 10/11 - 23 Uhr
www.coselpalais-dresden.de

❸ CAFÉ KREUTZKAMM

Nach der Wende kehrte Kreutzkamm aus München mit einer Dependance zurück. Den berühmten Baumkuchen hat er wieder mitgebracht.
Altmarkt 25 (Altstadt)
In der Altmarktgalerie
Tel. 0351 495 41 72
Mo. - Sa. 10 - 20 Uhr
www.kreutzkamm.de

❹ CAFÉ NEUSTADT

Junges Kaffeehaus mit tollem Frühstück: vom »French Open« mit Croissant und Kaffee über Joghurt-Quark mit Früchten und Quinoa-Müsli bis zu Hashbrowns, Ham & Eggs und Pancakes mit Ahornsirup.
Bautzner Str. 69 (Neustadt)
Tel. 0351 899 66 49
Mo. - Sa. 8 - 15 Uhr
www.cafe-neustadt.com

BIERGÄRTEN

❶ RADEBERGER SPEZIALAUSSCHANK

Im ehemaligen Brückenmeisterei-Haus an der Brühlschen Terrasse mit Blick auf die vorbeiziehenden Dampfschiffe.
Terrassenufer 1
Tel. 0351 4 84 86 60
Tgl. ab 12 Uhr

1 Residenzschloss
2 Hofkirche
3 Ständehaus
4 Fürstenzug
5 Johanneum
6 Sekundogenitur
7 Kunstakademie
8 Albertinum
9 Coselpalais
10 Taschenbergpalais
11 Neue Synagoge
12 Kurländer Palais

❶ Planwirtschaft
❷ Caroussel
❸ Elements
❹ Kahnaletto
❺ Pulverturm
❻ brennNessel
❼ Spitzhaus

❶ Bülow Residenz Dresden
❷ Martha
❸ Pension am großen Garten

❶ Café Alte Meister
❷ Grand Café Coselpalais
❸ Café Kreutzkamm
❹ Café Neustadt

❶ Radeberger Spezialausschank
❷ Elbsegler
❸ Brauhaus am Waldschlösschen
❹ Fährgarten Johannstadt
❺ Schillergarten

www.radeberger-spezialausschank.de

❷ ELBSEGLER

Hier sitzen Sie unter Segeln und haben den berühmten »Canaletto-Blick« auf die Altstadt – der Biergarten für alle, die es nobel lieben.
Große Meißner Str. 15 (Hotel Bellevue), Tel. 0351 80 50
Fr. u. Sa. bei gutem Wetter ab 15 Uhr
www.bilderberg-bellevue-dresden.de

❸ BRAUHAUS AM WALDSCHLÖSSCHEN

Eine Speziliät ist die frisch aus dem Rohr kommende, gepökelte Pichelhaxe (Schweinshaxe). Sonntags spielen Dixie- oder andere Bands auf.
Am Brauhaus 8b
Tel. 0351 6 52 39 00
Tgl. 12 – 23 Uhr
www.waldschloesschen.de

❹ FÄHRGARTEN JOHANNSTADT

Perfekt für eine kleine Auszeit nach einer Sightseeing-Tour. Zum Bier gibt es sächsische Imbiss-Spezialitäten.
Käthe-Kollwitz-Ufer 23b
Tel. 0351 4 59 62 62
Tgl. 10 – 23 Uhr
www.faehrgarten.de

❺ SCHILLERGARTEN

Klassiker in der Nähe des »Blauen Wunders«
Schillerplatz 9
Tel. 0351 81 19 90
Tgl. 11 – 23 Uhr
www.schillergarten.de

❶ BÜLOW RESIDENZ DRESDEN €€€€

Die Nobelherberge lockt mit viel barockem Flair. Die 28 Zimmer und Suiten sind elegant und doch behaglich eingerichtet.
Rähnitzgasse 19
Tel. 0351 8 00 30
www.buelow-residenzen.de

❷ MARTHA €€€

Das ehemalige Hospiz aus der Biedermeierzeit im Barockviertel der Neustadt punktet mit einem Mix aus Tradition und Moderne. Im hübschen Wintergarten lässt es sich bei Kaffee oder einem Glas Wein entspannen. 50 Zi. u. 2 Apartments.
Nieritzstr. 11
Tel. 0351 8 17 60
www.hotel-martha-hospiz.de

❸ PENSION AM GROSSEN GARTEN €€

Die Gründerzeitvilla liegt nur ca. 10 Fahrminuten vom Zentrum entfernt an Dresdens Großem Garten. Die 13 Zimmer sind hell und modern, das Frühstücksbüfett reichhaltig.
Beilstr. 30
Tel. 0351 25 47 40
www.pension-am-grossen-garten.de

1905 gründeten Fritz Bleyl, Erich Heckel, Ernst Ludwig Kirchner und Karl Schmidt-Rottluff die **Künstlergruppe »Brücke«**, die als Wegbereiter des Expressionismus gilt. Die Deutschen Werkstätten des Unternehmers und Gründers der Gartenstadt Hellerau, Karl Schmidt, sorgten mit in Serie gefertigten Möbeln für Aufsehen.
Nach dem Ende des Ersten Weltkriegs wurde Dresden Hauptstadt des neuen Freistaats Sachsen. Während der Pogrome vom November 1938 zerstörten Nazis die von Semper entworfene Synagoge. Im Zweiten Weltkrieg blieb Dresden lange von Luftangriffen verschont. Doch

in der Nacht vom 13. auf den 14. Februar 1945 bombten alliierte Geschwader »Elbflorenz« in Schutt und Asche. Etwa 25 000 Menschen fanden den Tod. Die meisten von ihnen sind auf dem **Heidefriedhof** begraben (Moritzburger Landstr. 299; Tram Nr. 3, Bus 80).
Der bereits 1951 begonnene Wiederaufbau gewann nach der Wende an Fahrt. Das Barockviertel der Neustadt und das Residenzschloss mit dem Grünen Gewölbe wurden saniert. An der 2005 abgeschlossenen Rekonstruktion der Frauenkirche, deren Ruine nach dem Krieg als »Mahnmal für den Frieden« stehen blieb, nahmen Menschen aus aller Welt Anteil.

Der Zwinger

Zwinger: April – Okt. tgl. 6 – 22, Nov. – März bis 20 Uhr | Eintritt: frei
www.der-dresdner-zwinger.de

Gut Ding will Weile haben

Baugeschichte

Kaum ein anderes barockes Bauwerk in Deutschland kann es an Leichtigkeit und Eleganz mit dem Zwinger aufnehmen. Das Gebäudeensemble gilt als Gesamtkunstwerk aus Architektur und Bildhauerei, dessen Schöpfer, der Architekt **Matthäus Daniel Pöppelmann** (1662 bis 1736) und der Bildhauer Balthasar Permoser, eine unbändige Gestaltungslust mit klaren und ausgewogenen Proportionen verbanden. Der Ausdruck »Zwinger« stammt eigentlich aus der Festungsarchitektur und bezeichnet den Raum zwischen dem inneren und dem äußeren Mauerring einer befestigten Stadt. Als August der Starke Pöppelmann 1711 den Auftrag gab, auf einem Teil des Dresdner Zwingers eine Orangerie mit Festwiese zu errichten, hatte dieser seine strategische Bedeutung längst verloren und war in einen Garten verwandelt worden. Die Orangerie als Kern des Ensembles umfasst die beiden Eckpavillons, den **Mathematisch-Physikalischen Salon** im Nordwesten sowie den **Französischen Salon** im Nordosten, und die beide verbindende, eingeschossige Bogengalerie mit dem 1716 entstandenen **Wallpavillon** in der Mitte. Ebenfalls 1716 wurde die nach Südosten führende Langgalerie mit dem **Kronentor** fertiggestellt. Die Südseite des Zwingers, zwischen 1723 und 1728 errichtet, entwarf Pöppelmann als spiegelbildliche Entsprechung zur Nordseite. Hier wie dort sind zwei doppelgeschossige Bauten, der **Porzellanpavillon** im Südwesten und der **Deutsche Pavillon** im Südosten, durch eine Bogengalerie mit einem Pavillon in ihrer Mitte miteinander verbunden. Der Zwinger sollte den Vorhof eines neuen Schlosses bilden, das August der Starke an der der Elbe zugewandten Seite errichten wollte. Doch nach dem Tod des Herrschers 1733 verlor man das Interesse an dem Bau, und der Zwinger wurde zur Elbseite hin provisorisch mit einer Mauer abgeschlossen. Als Friedrich August II. mehr als 100 Jahre später nach einem Standort für eine neue Gemäldegalerie suchte und

ZWINGER

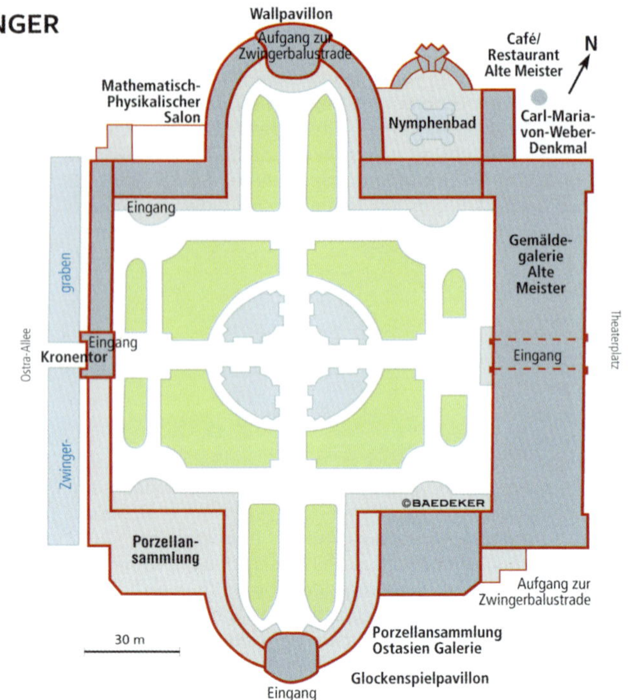

die Wahl auf den Theaterplatz hinter dem Zwinger fiel, wurde auch dieser wieder entdeckt. Gottfried Semper entwarf den zwischen 1847 und 1854 errichteten Bau, der den Zwinger zur Elbseite hin abschließt. Die Bombenangriffe von 13. und 14. Februar 1945 überstand der Zwinger nur schwer beschädigt. Unmittelbar nach Kriegsende begann der Wiederaufbau, der 1963 abgeschlossen war.

Festplatz für August den Starken

Architektur

Zur Zeit August des Starken fanden am Zwinger rauschende Feste statt. Auch heute bildet er die heitere Kulisse für Open-Air Konzerte. Allenthalben durchbricht **Balthasar Permosers Figurenschmuck** die strenge Symmetrie der Anlage. Ungemein lebendig wirkende Putten und Fabelwesen bevölkern die Balustraden. Das **Kronentor** in der westlichen Langgalerie ist der Haupteingang des Zwingers. Auf der goldverzierten Zwiebelhaube über dem reich geschmückten Aufsatz stehen vier vergoldete polnische Adler, die eine Königskrone tragen. Am Stadt-oder **Glockenspielpavillon** an der Südseite fällt die Uhr mit dem Glockenspiel auf. Sie geht auf Pläne Pöppelmanns zu-

rück, wurde aber erst 1924 bis 1936 ausgeführt.
Der über einer großen Freitreppe errichtete **Wallpavillon** an der Nordseite scheint nur aus Torbögen, Fenstern und Skulpturen zu bestehen. Die **Satyrhermen** an den Torbögen schuf Permoser frei aus dem Stein heraus. Das sächsisch-polnische Wappen im Hofgiebel umgeben posaunende Genien; seitlich davon wendet sich ein jugendlicher August als Paris, mit der Königskrone statt des Apfels in der Hand, Aphrodite zu, Athene und Hera auf der anderen Seite sehen sich »verschmäht«. Die vier Winde verkünden der Welt den Ruhm des Kurfürsten und Königs, und oben auf dem Wallpavillon trägt Herkules Saxonicus die Weltkugel, die gewöhnlich auf Atlas' Schultern ruht.
Das **Nymphenbad** hinter dem Wallpavillon verdankt seinen Namen den Nymphenstatuen. Drei der Schönen – die mit der Muschel sowie die ins Bad Gehende und die es gerade Verlassende – stammen von Permoser selbst, die anderen aus den 1920er-Jahren.

Museen und Sammlungen im Zwinger

www.skd.museum | Kombiticket 14 €

Porzellansammlung

Frucht einer Sammlerleidenschaft
August der Starke war eifriger Sammler wertvollen Porzellans. Seiner **»Maladie de porcelain«** verdankt Dresden eine der bedeutendsten Porzellansammlungen der Welt. Sie wurde 1715 gegründet und ist seit 1962 im südwestlichen Pavillon uuhause. Berühmt sind die **Dragonervasen** aus der Ming-Zeit, die August zusammen mit anderen Stücken von Friedrich Wilhelm I. von Preußen im Tausch gegen 600 Reiter erhielt. Natürlich sind auch Stücke aus der Früh- und Blütezeit von Meißen sowie Böttger-Steingut und Böttger-Porzellan zu sehen.
Di. – So. 10 – 18 Uhr | Eintritt: 6 €

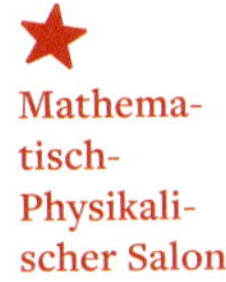
Mathematisch-Physikalischer Salon

Schatzkammer des Wissens
August der Starke hatte überdies ein Faible für technisch-wissenschaftliche Geräte und Automaten. Die von ihm begründete Sammlung im nordwestlichen Pavillon zeigt Uhren, Globen, Teleskope und Messinstrumente aller Art. Hier ragen die **älteste Rechenmaschine der Welt** (1642) von Blaise Pascal, ein **arabischer Himmelsglobus** von 1279 und eine Globusuhr von 1586 besonders heraus. Die Ausstellung im Festsaal rollt die Geschichte des Mathematisch-Physikalischen Salons als **Observatorium und Wetterstation** auf. Im Zwingerwall sind Erd- und Himmelsgloben aus sieben Jahrhunderten zu sehen.
Di. – So. 10 – 18 Uhr | Eintritt: 6 €

Gemäldegalerie Alte Meister und Skulpturensammlung

Raffaels Madonna und andere Berühmtheiten
Wer kennt sie nicht, die Sixtinische Madonna des Renaissancemalers Raffael? Das Gemälde ist auf zahlreichen Kalenderblättern, in Schul-

ZWINGER

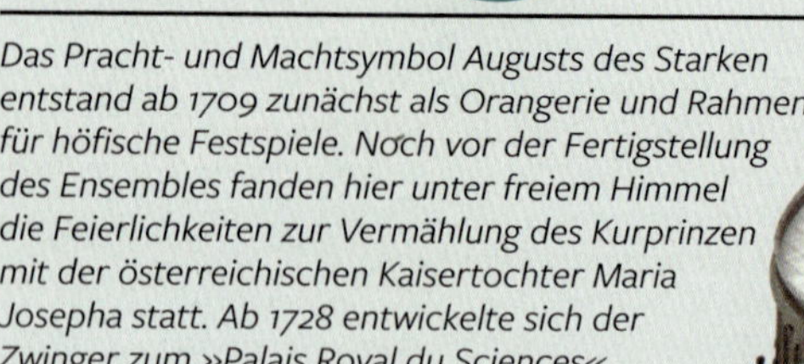

Das Pracht- und Machtsymbol Augusts des Starken entstand ab 1709 zunächst als Orangerie und Rahmen für höfische Festspiele. Noch vor der Fertigstellung des Ensembles fanden hier unter freiem Himmel die Feierlichkeiten zur Vermählung des Kurprinzen mit der österreichischen Kaisertochter Maria Josepha statt. Ab 1728 entwickelte sich der Zwinger zum »Palais Royal du Sciences«, bis heute beherbergt er Museen von Weltrang.

❶ Wallpavillon
Götter und Helden der griechischen Sagen zieren den prunkvollen Wallpavillon. Auf dem Giebel trägt der 6 m hohe »Hercules Saxonicus« auf seinen Schultern stellvertretend für August den Starken die Weltkugel über dem sächsisch-polnischen Wappen, ein Hinweis auf die Reichsstatthalterschaft des Königs 1711. Für August den Starken nur das Beste: Balthasar Permoser hat die Herkulesfigur eigenhändig geschaffen.

❷ Kronentor
Der filigrane Bau mit seiner teilvergoldeten, zwiebelförmigen Kuppel ragt aus der Langgalerie am Zwingergraben heraus und bildet den Hauptzugang zum Zwingerhof. Die Königskrone auf der Spitze wird von vier polnischen Adlern getragen.

❸ Sempergalerie
Seit 1855 begrenzt die Sempergalerie im Stil der Hochrenaissance den bis dahin zur Elbe hin offenen Zwinger. Heute hat hier die Gemäldegalerie Alte Meister ihr Domizil.

❹ Mathematisch-Physikalischer Salon
Der älteste der vier Eckpavillons beherbergt seit 1728 eine Sammlung einzigartiger wissenschaftlicher Instrumente. Highlights der 2013 neu konzipierten Ausstellung sind astronomische Weltmodelle wie die Planetenlaufuhr Eberhard Baldeweins von 1563 und eine Globusuhr von 1586.

5 Zwingerhof
Der nahezu quadratische Mittelteil des Hofes misst 106 mal 116 m, die gesamte Längsachse 204 m. Die Gestaltung stammt im Wesentlichen aus dem ersten Drittel des 20. Jahrhunderts.

6 Nymphenbad
Das Nymphenbad vereinigt auf engstem Raum die barocke Architektur, Plastik und Wasserkunst. Zwei nach oben geschwungene Treppen verbinden Parterre und Wallplateau.

büchern oder als Heiligenbildchen zu finden. Die niedlichen Engelchen am unteren Bildrand genießen geradezu Kultstatus. Im Semperbau sind die Madonna und ihre Engel im Original in der Galerie Alte Meister zu sehen. Angefangen von C wie Correggio bis V wie Vermeer: Praktisch alle Meister der europäischen Malerei vom 15. bis zum 18. Jh. sind dort vertreten.
Kunsthistoriker rühmen **die einmalige Geschlossenheit der Sammlung**, vor allem hinsichtlich der flämischen und holländischen Malerei des 15. bis 17. Jh.s, der italienischen Malerei des 14. bis 18. Jh.s und der spanischen und französischen Malerei des 17. Jahrhunderts. Herausragende Einzelwerke sind u. a. Jan van Eycks Flügelaltar, »Bathseba am Springbrunnen« von Rubens und Dürers »Bernhard von Reesen«. Auch beide Lucas Cranach sind prominent vertreten und natürlich Canaletto mit den bedeutenden Dresden-Ansichten. Die Skulpturensammlung präsentiert Werke von der Antike bis zum Barock.
Di. – So. 10 – 18 Uhr | Eintritt: 14 €, mit Führung 4,50 € zusätzlich

Die bunten Röcke des Barock

Zwinger Xperience

Beim Nymphenbad an der Nordostecke des Zwingers geht's bei der multimedialen Zeitreise durch das barocke Dresden der Vergangenheit – mit Panoramen und einer Virtual-Reality-Station zu einzelnen Bauetappen, zur Hochzeit August des Starken und zu Truppenaufzügen.
Do. – Di.10– 18 Uhr | Eintritt: 12 €, Kind 4,50 €
www.zwinger-xperience.de

Theaterplatz

Rundum spektakulär

Übersicht

Vom Zwingerhof führt ein Durchgang in der Sempergalerie hinaus auf den weitläufigen Theaterplatz. Gleich zwei Wahrzeichen Dresdens nehmen hier den Blick gefangen. Nördlich der Galerie zeigt die **Semperoper** ihre prunkvolle Schauseite, gegenüber ragt die nicht minder berühmte **Hofkirche** auf.
Neben diesen Prachtbauten nimmt sich die **Altstädter Wache** in der Südwestecke geradezu bescheiden aus. Der spätklassizistische Bau, ein Entwurf Karl Friedrich Schinkels, beherbergt heute die Vorverkaufstelle der Oper. Die 1913 errichtete Gaststätte **»Italienisches Dörfchen«** gegenüber der Gemäldegalerie verdankt ihren Namen den beim Bauhof der Hofkirche beschäftigten Italienern, die dort ihre Unterkünfte hatten. Die Mitte des Platzes schmückt ein 1883 von Johannes Schilling geschaffenes Reiterstandbild des sächsischen Königs Johann, der sich unter dem Pseudonym »Philalethes« als Danteforscher und Übersetzer einen Namen machte.

Meisterwerk eines Exilanten

Semperoper

Als Dresden am 2. Februar 1878 die Eröffnung seines neuen Theaters feierte, lebte dessen Architekt schon Jahre im Exil. Nach dem Scheitern des Maiaufstands von 1849 war Gottfried Semper geflohen und hatte sich nach Stationen u. a. in London sowie Zürich 1871 in Wien niedergelassen. Obwohl er nicht nach Sachsen einreisen durfte, konnten die Dresdner ihn für den Neubau des 1869 abgebrannten, ebenfalls von ihm entworfenen Theaters gewinnen. Während er die Oper in Wien plante, leitete sein Sohn Manfred ab 1871 die Bauarbeiten vor Ort. Wie im Fall der benachbarten Gemäldegalerie nahm Semper in seinem Entwurf die Formensprache der italienischen Hochrenaissance wieder auf und schuf ein **Meisterwerk historistischer Baukunst**, das Form und Zweck aufs Schönste vereint. Die pompöse Exedra des Haupteingangs mit der Quadriga von Johannes Schilling verbindet alle drei und hebt überdies die geschwungene Form des ganzen Baus hervor. 1945 brannte die Semperoper fast vollständig aus. Nach aufwendigen Vorarbeiten begann 1977 der Wiederaufbau, der 1985 abgeschlossen werden konnte.

Hinter der Semperoper steht am Ende der Elbterrassen das 1994 eröffnete Gebäude des **Sächsischen Landtags**, ein Entwurf Peter Kulkas, der sich durch den vollverglasten runden Plenarsaal auszeichnet.

Semperoper: Highlight-Führung: 13 €, Tickets in der Schinkelwache oder online | www.semperoper-erleben.de

König Johann blickt am Theaterplatz auf die Hofkirche und das Residenzschloss.

Ein Palast für die Mätresse

Taschenbergpalais

Von der Altstädter Wache sind es wenige Schritte zu dem Stadtpalais, das August der Starke 1706 für seine Maitresse en titre, die Gräfin Constantia von Cosel (▶Interessante Menschen), errichten ließ. Als die Dame einige Jahre später in Ungnade fiel und ausziehen musste, wurde es zum Kronprinzenpalais aus- und umgebaut. Matthäus Daniel Pöppelmann wirkte am Ausbau mit. Das Haus besticht durch klare Formen und feinen Fassadenschmuck. 1945 versank es in Schutt und Asche. Nur die Außenmauern blieben stehen. Nach dem 1995 abgeschlossenen Wiederaufbau öffnete eine Dependance der Kempinski-Hotelkette dort ihre Tore. Vor dem Palais steht der 1925 vom Postplatz hierher gebrachte Cholerabrunnen von Gottfried Semper aus dem Jahr 1843.

Vermächtnis der katholischen Wettiner

Hofkirche

Die Kirche »Sanctissimae Trinitatis« gegenüber der Semperoper erinnert an die Zeit zwischen 1706 und 1763, als die sächsischen Kurfürsten zugleich Könige des katholischen Polen waren. Der Sohn und Nachfolger August des Starken, August II. von Sachsen, ließ das Gotteshaus ab 1739 von dem italienischen Architekten Gaetano Chiaveri für seine Frau Maria Josepha von Österreich (1699 – 1757), eine tiefgläubige Katholikin, errichten. August selbst war allerdings schon vor der Heirat gegen den Widerstand seiner Mutter und seiner Großmutter katholisch geworden, um seinen Anspruch auf die polnische Königswürde zu untermauern.

Im protestantischen Sachsen, dem Kernland der Reformation, kam das nicht gut an. Diese Spannung zwischen katholischem Herrscher und protestantischen Untertanen spiegelt sich in der **ungewöhnlichen Architektur** wider: Da in Sachsen öffentliche katholische Prozessionen nicht erlaubt waren, erhielt die Kirche einen **doppelgeschossigen Prozessionsumgang**. Auch sonst weist die Kirche einige bauliche Besonderheiten auf: Der filigrane, 85,5 m hohe Turm steht teilweise frei, und das Mittelschiff überragt die Seitenschiffe um einiges. Prunkstücke der Innenausstattung sind das Hochaltargemälde »Die Himmelfahrt Christi« (1751) von Anton Raphael Mengs und **die üppig-verspielte Kanzel** (1722) von Balthasar Permoser. Die Orgel ist das letzte Meisterwerk von Gottfried Silbermann (1683 bis 1753). In der Nepomukkapelle erinneren eine moderne Pietà und ein Altar aus Meißener Porzellan von Friedrich Press an die Opfer der Dresdner Bombennächte und der Naziherrschaft.

Die Hofkirche ist eine **Grablege der Wettiner**. In der nur mit Führungen zugänglichen Gruft fanden 49 Mitglieder des Hauses, darunter Kurfürst Friedrich August II. und seine Gemahlin, ihre letzte Ruhestätte. In einer silbernen Kapsel wird das Herz Augusts des Starken aufbewahrt, seine sterblichen Überreste liegen in der Krakauer Wawel-Kathedrale.

Die Hofkirche ist mit einer Grundfläche von rund 4800 m² die größte Kirche Sachsens. In den Bombennächten vom Februar 1945 brannte sie innen gänzlich aus. Der nach dem Krieg begonnen Wiederaufbau dauerte bis 1965 an. Seit 1980 ist die Kirche Kathedrale des Bistums Dresden/Meißen.

Mo. – Do. 10. – 17, Fr. 13. – 17, Sa. 10. – 17, So. 12. – 16 Uhr

 Residenzschloss und angrenzende Bauten

Mi. – Mo. 10 – 17 Uhr | Eintritt Residenzschloss: 14 € (gültig für Neues Grünes Gewölbe, Türckische Cammer, Rüstkammer, Paraderäume Augusts des Starken, Porzellankabinett, Kupferstichkabinett, nicht für Historisches Grünes Gewölbe) | Eintritt Historisches Grünes Gewölbe 14 € | Zeitkarten und Tickets für Führungen: Tel. 0351 49 14 20 00 und www.skd.museum.de

Ein Schloss mit vielen Gesichtern

Geschichte

Bis zur Abdankung des letzten Königs Friedrich August III. am 13. November 1918 bildete die Residenz der Wettiner hinter der Hofkirche das Machtzentrum Sachsens. Praktisch seit der Teilung des Hauses Wettin im Jahr 1485 lenkten die albertinischen Herzöge von dort aus die Geschicke des Landes. Die Anfänge des Schlosses gehen allerdings auf den Markgrafen Wilhelm I. von Meißen (1343 – 1407) zurück, der eine im 13. Jh an der Stelle des heutigen Schlosses errichtete Burg zu seiner Residenz erkor. Teile des 101 m hohen **Hausmannsturms** im Nordflügel stammen aus dieser Zeit. Andere Teile des Schlosses tragen die Handschrift Arnold von Westfalens (1425 – 1481), Landesbaumeister in Sachsen und u. a. Schöpfer der Albrechtsburg in Meißen. Unter Moritz von Sachsen begann der Ausbau zu einem der prächtigsten Renaissanceschlösser nördlich der Alpen. Im Westflügel entstand 1724 das weltberühmte **Grüne Gewölbe** als Museum und Schatzkammer. König Albert von Sachsen (1828 – 1902) ließ die Fassaden anlässlich der 800-Jahr-Feier des Hauses Wettin 1889 im Stil der Neorenaissance erneuern. Nach seiner Zerstörung im Februar 1945 stand die Residenz fast 40 Jahre als Ruine da. Der Wiederaufbau begann 1986. Am 25. November 2019 wurden bei einem Einbruch wertvollste Stücke aus dem Grünen Gewölbe gestohlen. Sie sind bis heute verschwunden.

Das Wissen der Welt

Georgenbau

Nicht wenige Besucher der im Georgenbau angesiedelten Ausstellung **»Weltsicht und Wissen um 1600«** überfällt zunächst ungläubiges Erstaunen, wenn sie entdecken, dass Kurfürst August von Sachsen (1526 – 1586) gärtnerte, drechselte und sich für so profane Dinge wie Bohrer, Hammer und Spaten begeisterte. Die Schau stellt den Kurfürsten als Handwerker, Künstler und eifrigen Sammler von

Werkzeugen, optischen Geräten und wissenschaftlichen Instrumenten vor. Seine Nachfolger führten Augusts »Werk« fort und füllten die von ihm begründete **Kunstkammer** weiter mit kuriosen, exotischen und alltäglichen Dingen. Der Georgenbau, der das Schloss mit dem Langen Gang verbindet, geht auf ein mittelalterliches Stadttor zurück, das noch vor dem Schloss Umbauten im Stil der Renaissance erfuhr und damit das älteste Bauwerk dieser Epoche in Dresden war. Nach dem Schlossbrand von 1701 richtete Raymond Leplat dort Prunkgemächer für August ein. In Ihnen hat das Münzkabinett der sächsischen Kurfürsten seine Heimat gefunden.

Parade der Wettiner

Langer Gang mit

Fürstenzug

Vom Georgenbau führt die Augustusstraße den Langen Gang mit dem weltberühmten Fürstenzug entlang. Das 102 m lange Kachelbild zeigt die 34 Herrscher des Hauses Wettin von Konrad I. dem Großen (1098 – 1157) bis zu König Georg (1832 – 1904). Angeführt wird der Zug von einem Herold und Spielleuten und beschlossen von sächsischen Bürgern, darunter die Maler Ludwig Richter und Wilhelm Walther, dem Schöpfer des Fürstenzugs. Er entwarf das Bild anlässlich der 800-Jahr-Feier des Hauses Wettin und ließ es zwischen 1872 und

Auf dem Fürstenzug sind nicht nur Sachens Fürsten unterwegs, sie werden auch von bedeutenden Untertanen begleitet.

1876 zunächst als Sgraffito an der Fassade des Langen Gangs anbringen. Da der Putz jedoch schnell verwitterte, wurde er um die Jahrhundertwende durch 24 000 Meißener Porzellanfliesen ersetzt. Der Lange Gang, der den Georgenbau mit dem Johanneum, dem einstigen Stallgebäude verbindet, wurde zwischen 1586 und 1588 geschaffen und diente als Zuschauertribüne für den Stallhof, den wohl ältesten noch erhaltenen Turnierplatz der Welt. Pferdeschwemme und Ringstechbahn zeigen, dass dort Ritter kämpften und Hetzjagden stattfanden. Das Obergeschoss birgt eine Sammlung historischer Feuerwaffen aus der Rüstkammer.

Einfach märchenhaft

In der Schatzkammer August des Starken glitzert und funkelt es überall. Die Pracht steigert sich von Raum zu Raum. Dem Bernsteinkabinett folgt das Elfenbeinzimmer mit wunderbaren Schnitzereien; das Weißsilber- und das silbervergoldete Zimmer warten mit Goldschmiedekunst vom 16. bis zum 18. Jh. auf. Ein Highlight ist sicherlich der fast vollständig verspiegelte **Pretiosensaal**: Hier finden sich Gefäße aus Bleikristall und verspielte Figuren aus Edelsteinen im Überfluss. Das **Juwelenzimmer** mit den Juwelengarnituren August des Starken bildet einen weiteren Höhepunkt.
Das Grüne Gewölbe entstand aus der **»Geheime Verwahrung«**, ein Depot für Dokumente, Geld und Juwelen im Westflügel des Schlosses, das der Kurfürst ab 1723 von Pöppelmann zu einem musealen Gesamtkunstwerk ausbauen ließ und das von Anfang an einem exklusiven Publikum offenstehen sollte. Nach ihrer weitgehenden Zerstörung im Zweiten Weltkrieg wurden die Räume originalgetreu wiederaufgebaut. Mehr noch als eine angemessene Präsentation der einzelnen Stücke stand dabei die **Rekonstruktion der barocken Räume** mit ihren Verspiegelungen, opulenten Wandverkleidungen und Stuckaturen im Vordergrund.
2019 fand der spektakuläre »Dresdner Juwelendiebstahl« statt: Familienmitglieder eines arabischstämmigen Clans brachen ein und entwendeten aus dem Historischen Gewölbe Kunstwerke und Schmuckstücke mit einem Versicherungswert von etwa 114 Mio. Euro. 2023 konnte ein Großteil der Beute gesichert werden, die Einbrecher erhielten mehrjährige Haftstrafen.
Im **Neuen Grünen Gewölbe** als modernem Schatzkammer-Museum geht es innenarchitektionisch weitaus nüchterner als im Historischen Grünen Gewölbe zu. Publikumslieblinge sind u. a. der um 1589 geschnitzte **Kirschkern mit 113 Köpfen** im »Mikro-Kabinett« und die Meisterwerke von Balthasar Permoser oder dem Dresdner Hofjuwelier Johann Melchior Dinglinger (1664 – 1731). Sein **»Hofstaat von Delhi am Geburtstag des Großmoguls Aurang Zeb«** wuchs in sieben Jahren zu einer Puppenstube mit 137 emaillierten Figuren heran, verziert mit Diamanten, Rubinen, Smaragden und Perlen (▶ Abb. S. 117).

500 Jahre Grafik

Kupferstichkabinett

Mit über 500 000 Einzelblättern zählt das Dresdner Kupferstichkabinett zu den weltweit größten Sammlungen dieser Art. 1720 gegründet gehörtsie zu den ältesten der Welt. Von Dürer, Rembrandt oder Michelangelo über Caspar David Friedrich und Toulouse-Lautrec bis hin zu Picasso und Baselitz ist hier fast jeder, der in der Kunstgeschichte Rang und Namen hat, mit mindestens einem Werk vertreten. Das Kupferstichkabinett präsentiert seine Schätze in wechselnden Ausstellungen im Südflügel des Schlosses.

Vom Bosporus an die Elbe

Türckische Kammer

August hegte auch ein Faible für den Orient und kleidete sich gern wie ein Sultan. Seine Bewunderung für die Osmanen ging soweit, dass er in großem Stil Waffen, Gewänder sowie Reitzeug in Istanbul einkaufte und damit eine schon seit dem 16. Jh. bestehende Sammlung osmanischer Waffen und Rüstungen in der Rüstkammer aufstockte. Prunkstück dieser außerhalb der Türkei wohl einzigartigen Sammlung (im zweiten Obergschoss des Südflügels) ist ein 6 m hohes, 20 m langes und 8 m breites **Dreimastzelt** aus Gold und Seide.

Unter Rittern

Rüstkammer

Prunkrüstungen mit federgeschmückten Helmen, die auf mit kostbaren Schabracken oder Harnischen ausgestatteten Holzpferden sitzen und sich kreuzende Lanzen – die **nachgestellten Kampfszenen im Riesensaal** des Ostflügels wirken täuschend echt. Alle »Requisiten« stammen aus der kurfürstlichen Rüstkammer, die 2017 im Residenzschlosses eine neue Heimstatt gefunden hat. Ihre Anfänge gehen auf eine Harnischsammlung zurück, die Albrecht der Beherzte (1443 – 1500) anlegte. Viele der Rüstungen, Waffen und prächtigen Kleider fertigten hofeigene Handwerker an, manches kam als Geschenk oder als Kriegsbeute in die Kammer. Mit der Zeit entstand so eine der bedeutendsten und mit 13 000 Einzelstücken auch **größten Prunkwaffen- und Kostümsammlungen** der Welt.

Kleider machen Kurfürsten

Nord- und Ostflügel

Im Nordflügel des Schlosses lassen sich seit 2017 in der Ausstellung **»Kurfürstliche Garderobe«** 27 Prunkgewänder aus der Zeit zwischen 1550 und 1650 bestaunen. Im Ostflügel rollt die Ausstellung **»Auf dem Weg zur Kurfürstenmacht«** anhand einer ganzen Reihe von Prunkwaffen, Gewändern und Kunstwerken die Geschichte der Wettiner in der Zeit vom 15. bis zum 17. Jh. auf und beleuchtet dabei auch die Reformationszeit.

Zeichen der Macht

Paraderäume August des Starken

Zum 300. Jahrestag der Hochzeit von Kronprinz Friedrich August mit Maria Josepha von Österreich wurden September 2019 die Parade-

Man kann sich nicht sattsehen: Melchior Dinglingers »Hofstaat zu Delhi am Geburtstag des Großmoguls Aureng Zeb« sprüht vor Detailfreude.

räume August des Starken wiedereröffnet. Der Kurfürst hatte sie eigens für die Feierlichkeiten neu ausstatten lassen und dabei seine Prunksucht zur Gänze ausgelebt. Audienzsäle und Schlafgemach gewähren Einblicke in die höfische Kultur zur Zeit des Absolutismus. Restauratoren und Handwerker arbeiteten jahrelang an der Instandsetzung der Einrichtung, die in Teilen noch vor den Bombenangriffen ausgelagert werden konnte. Was verloren ging, rekonstruierten sie anhand von Zeichnungen, Fotografien und Beschreibungen.

 Brühlsche Terrasse

Der »Balkon Europas« einst und jetzt

Geschichte

Vom Schlossplatz führt die nach Entwürfen von Gottlob Friedrich Thormeyer angelegte Freitreppe hinauf auf die berühmte Terrasse über dem Elbufer. Sie erstreckt sich auf Resten der Dresdner Festungsanlagen, die der sächsische Minister Graf Heinrich von Brühl (1700 bis 1763) um 1740 von Kurfürst Friedrich August II. zum Geschenk erhielt und in einen privaten Lustgarten umwandelte. Schon bald wurde die Terrasse ein Treffpunkt des europäischen Adels und Schauplatz glänzender Feste. Niemand anderes als Friedrich II. von Preußen soll ihr den Namen »Balkon Europas« gegeben haben. 1814 machte Fürst Repnin-Wolkonski, russischer Generalgouverneur, sie nach der Völkerschlacht von Leipzig der Bevölkerung zugänglich. Bis auf die Gartenanlage im Osten mussten die »Brühlschen Herrlichkeiten« um 1900 den noch heute stehenden Gebäuden weichen.

Neobarock und Neorenaissance

Ständehaus, Sekundogenitur

Mit seinem von einer vergoldeten »Saxonia« bekrönten Turm prägt das Ständehaus, Sitz des sächsischen Oberlandesgerichts, die Silhouette der Stadt. Es wurde zwischen 1901 und 1906 als Landtagsgebäude errichtet. Gleich drei Prachtbauten, darunter das Brühlsche Palais, mussten ihm weichen. Das neobarocke Gebäude gleich daneben wirkt im Vergleich geradezu grazil. Es entstand 1897 an der Stelle der abgerissenen Bibliothek und beherbergte einst die königliche Grafiksammlung. Seinen Namen »Sekundogenitur« verdankt es der Tatsache, dass diese traditionell dem zweitgeborenen Prinzen (Sekundogenitur = zweite Geburt) gehörte. Heute lädt hier ein Café ein. Ein Stück weiter erinnert eine Plastik in Gestalt einer aufberstenden Erdkugel an den Erlass Augusts des Starken von 1721, die sieben Bastionen der Residenzstadt nach der Sonne und sechs ihrer Planeten zu benennen. Sie stammt ebenso wie das Denkmal für Gottfried Semper an der Treppe hinab zum Georg-Treu–Platz von Johannes Schilling.

Ein Tempel für die Kunst

Kunstakademie

Die Kunstakademie, die sich nach der Einmündung der Münzgasse auf die Brühlsche Terrasse der Sekundogenitur anschließt, war zur Zeit ihrer Errichtung zwischen 1890 und 1994 nicht nach jedermanns Geschmack. Der Architekt Conrad Lipsius musste für den Mix aus neobarocken und Neorenaissance-Formen viel Kritik einstecken. Besonders übel nahmen ihm die Dresdner die Kuppel: Manche sahen in ihr eine Verhohnepiepelung der Frauenkirche, viele nennen sie bis heute **»Zitronenpresse«**. Mittlerweile haben sich die Gemüter beruhigt. Die Kunstakademie, für die immerhin die Brühlsche Galerie weichen musste, gilt heute als repräsentativster Bau auf der Terrasse., und die vergoldete Figur der Ruhmesgöttin Fama, die leichtfüßig auf der Glaskuppel des Ausstellungsbaus steht und eine Posaune bläst, ist ein Wahrzeichen Dresdens geworden.

Spaziergang unter dem Balkon Europas

Festung Xperience

Die Freitreppe zwischen Kunstverein und Albertinum führt zum Georg-Treu-Platz. Direkt neben der Treppe befindet sich der Eingang zu den **Dresdner Kasematten**, einem Teil der Festungsanlagen. Dort gibt eine Ausstellung Einblicke in die Militärgeschichte der Stadt.
www.festung-xperience.de | 12 €

Delfine, Sphingen und moderne Kunst

Brühlscher Garten

Die Gartenanlage im Osten der Brühlschen Terrasse ist das einzige, was von den »Brühlschen Herrlichkeiten« übrig blieb. Der Graf ließ sie ab 1739 auf der Venusbastion anlegen. An das zweite Belvedere, das er dort 1749/1751 errichten ließ, erinnern noch zwei Sphingen. Die Truppen Friedrich II. zerstörten das Rokoko-Palais im Siebenjährigen Krieg, der Nach-Nachfolgebau ging im Bombenhagel des Zweiten Weltkriegs unter. Den Delphinbrunnen gleich gegenüber dem Kunstverein schuf Pierre Coudray um 1749 vermutlich auch im Auftrag von Brühls. Im Garten erinnert überdies eine moderne Metallplastik in Gestalt einer Staffelei an Caspar David Friedrich.

Eine Arche für die Kunst

Das Museum südlich des Kunstvereins verdankt seine hochmoderne Ausstattung letztlich der Jahrhundertflut von 2002. Kunstwerke, die damals noch in unterirdischen Kellerräumen lagerten, konnten nur durch das beherzte Anpacken Dresdner Bürger vor den Fluten gerettet werden. Nach der Katastrophe war klar, dass es so nicht weitergehen konnte. Künstler, darunter die die gebürtigen Sachsen Gerhard Richter (*1932) und Georg Baselitz (*1938), spendeten viele Werke für eine Kunstauktion. Mit den Einnahmen aus der Versteigerung, die mehr als 3 Mio. Euro einbrachte, konnte die Sanierung in Angriff genommen werden. Eine von dem Berliner Architekten Volker Staab entworfene zweigeschossige »Arche der Kunst« überdacht heute den Innenhof.

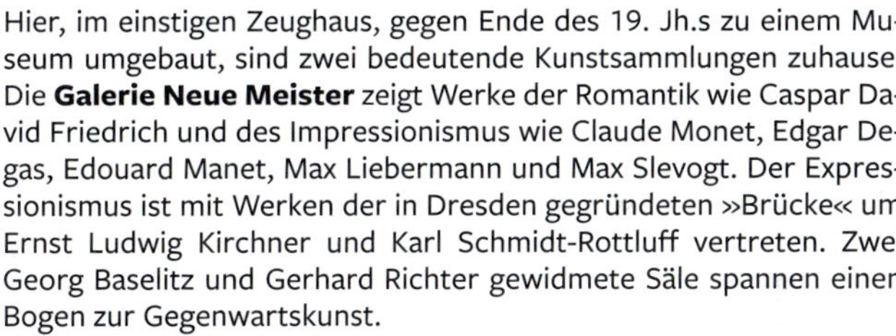

Hier, im einstigen Zeughaus, gegen Ende des 19. Jh.s zu einem Museum umgebaut, sind zwei bedeutende Kunstsammlungen zuhause. Die **Galerie Neue Meister** zeigt Werke der Romantik wie Caspar David Friedrich und des Impressionismus wie Claude Monet, Edgar Degas, Edouard Manet, Max Liebermann und Max Slevogt. Der Expressionismus ist mit Werken der in Dresden gegründeten »Brücke« um Ernst Ludwig Kirchner und Karl Schmidt-Rottluff vertreten. Zwei Georg Baselitz und Gerhard Richter gewidmete Säle spannen einen Bogen zur Gegenwartskunst.

Die **Skulpturensammlung** wartet mit Bildhauerkunst aus fünf Jahrtausenden auf und nennt eine der weltweit größten Antikensammlungen außerhalb Italiens ihr eigen. Die Moderne ist mit Werken u. a. von Arnold Böcklin, Gustav Klimt und Auguste Rodin vertreten.

Di. – So. 10 – 18 Uhr | Eintritt: 12 | www.skd.museum

Geretteter Davidstern

Neue Synagoge

Das jüdische Gotteshaus am Südrand des Brühlschen Gartens ist nach Plänen des Saarbrücker Architektenbüros Wandel, Hoefer, Lorch entstanden und am 9. November 2001 geweiht worden. Über dem Portal leuchtet der vor den Nazis gerettete Davidstern der alten Synagoge. Ganz in der Nähe erinnert ein Gedenkstein an das von Gottfried Semper errichtete und während der November-Pogrome 1938 völlig zerstörte Gotteshaus.

Führungen: www.jg-dresden.org | Führung: 6 € (Dauer 1 Std.)

Neumarkt mit Frauenkirche

Das alte und neue Wahrzeichen

Frauenkirche

Am 30. Oktober 2005 war es endlich soweit: die Weihe der wiederaufgebauten Frauenkirche. Das Gotteshaus war in der Bombennacht vom 13. auf den 14. Februar 1945 schwer beschädigt worden und einen Tag später in sich zusammengestürzt. Bis zur Wende blieb der Trümmerhaufen als »Mahnmal für den Frieden« liegen. Dann rührten engagierte Bürger die Werbetrommel für den Wiederaufbau und sammelten 110 Mio. Euro Spendengelder. 1993 begann die archäologische Enttrümmerung, im Mai 1994 wurde der Grundstein gelegt. Heute prägt die Kirche wieder die Silhouette der Altstädter Elbseite. Der von **George Bähr** (1666 – 1738) nach italienischem Vorbild entworfene überkuppelte Zentralbau zählt zu den monumentalsten protestantischen Barockbauten überhaupt. Die elegante Kuppel erhält durch einen nach außen geschwungenen Aufbau ihre **einmalige Glockenform**. Die vier zierlichen Ecktürme, die die Glocken bergen, nehmen ihr zusätzlich jede Schwere. Die dunkel gefärbten Steine an der wiederaufgebauten hellen Fassade gehören zur **geretteten historischen Bausubstanz**. Der runde Saal ist wieder von halbkreisförmig angeordneten vierstöckigen Emporen umgeben; wohlhabende Bürger konnten dort Betstuben anmieten. Der **barocke Altar**, ein Meisterwerk des Bildhauers Johann Christian Feiger d. Ä., wurde aus 2000 Trümmerteilen beinahe vollständig wiederaufgebaut. Der Berliner Maler Christoph Wetzel (*1947) rekonstruierte die ursprünglich von Giovanni Battista Grone stammenden Malereien in der Kuppel. Eine **Ausstellung** im Untergeschoss dokumentiert den Wiederaufbau.

Kirche und Ausstellung: Mo. – Fr. 10 – 11.30, 13 – 17.30 Uhr außerhalb der Gottesdienste und anderer Veranstaltungen (auch Sa., So.) | **Führungen:** Mo. – Fr. 12 u. 18, Sa. 12 Uhr (nur mit Besuch der Orgelandacht) **Kuppelaufstieg:** März – Okt. Mo. – Sa. 10 – 18, So. 10 – 13, Winter bis 16 Uhr | Eintritt: 10 € | www.frauenkirche-dresden.de

Vom Pferdestall zum Verkehrsmuseum

Johanneum

Vor dem Krieg umgaben barocke Bürgerhäuser die Frauenkirche. Nach 1945 gab es dort nur noch gähnende Leere. Einzig das Johanneum an der Westseite wurde ab 1950 wieder aufgebaut und öffnete 1956 als **Verkehrsmuseum**. Kurfürst Christian I. (1560 – 1591) ließ das Gebäude zwischen 1586 und 1591 als Pferdestall errichten; unter König Johann (1801 – 1873) erfolgte die Umgestaltung im Stil der Neorenaissance. Das Verkehrsmuseum zeigt Eisenbahn-, Nah- und Straßenverkehr, Schifffahrt und Luftverkehr. Das »Zukunftslabor« schaut auf die Mobilität von morgen. Am **Türken– oder Friedensbrunnen** an der Südseite erinnert eine 1678 installierte Skulptur der Siegesgöttin Victoria an den Sieg über die Türken vor Wien.

Di. – So. 10 – 18 Uhr | Eintritt: 11 € | www.verkehrsmuseum-dresden.de

KUPPELWUNDER

Dresden von oben zu betrachten ist fast schon Pflicht, und in der Frauenkirche beeindruckt schon der Blick ins Kircheninnere beim Aufstieg. Es beginnt am Eingang G; nach einem Stück mit dem Fahrstuhl geht es über Treppen, Leitern und einen Wendelgang im Innern der Kuppel hinauf zur Laterne unter dem Turmkreuz und zur Rundumsicht über die Altstadt. Das ist weit weniger anstrengend, als die Warnhinweise vermuten lassen – und der Blick über die Dächer der Stadt und den wunderbar sanften Schwung der Elbe entschädigt ohnehin für alles.

Disneyland oder Rekonstruktion?

Neumarkt

Im Zug des Wiederaufbaus der Frauenkirche wurde schnell auch die Bebauung des Neumarkts im historisierenden Stil gefordert. Die acht historischen Quartieren, die den Neumarkt umstanden, sind mittlerweile in großen Teilen rekonstruiert und fertiggstellt. Im »Quartier II« östlich der Frauenkirchen verbergen sich schicke Geschäfte, Restaurants sowie Wohnhäuser, im »Quartier an der Frauenkirche« westlich des Gotteshauses ein Einkaufszentrum hinter simuliertem Barock. In das wiederaufgebaute **Coselpalais** nördöstlich der Kirche, 1744 – 1746 von Knöffel für den Sohn der Gräfin Cosel und Augusts des Starken errichtet, sind Restaurants und Büros eingezogen. Kritiker geißeln das Ganze als »Kulissenwerk« oder »Disneyland«, Befürworter nennen sie

FRAUENKIRCHE

BAEDEKER WISSEN

Am 30. Oktober 2005 wurde sie geweiht, die weithin sichtbare Frauenkirche. Als Symbol der Versöhnung wiedererstanden, krönt ihre Kuppel heute erneut die Stadtsilhouette. Aus der Ruine wurden rund 8400 Sandsteinquader von Außenhülle und Innenwänden geborgen. Welche davon wiederverwendet wurden, erkennen Sie an der dunklen Patina.

❶ Unterkirche: »Raum der Stille«
In der Unterkirche, einem Ort der persönlichen Andacht, befinden sich u. a. ein Altarstein aus schwarzem irischen Kalkstein und das Grabmal George Bährs.

❷ Altar
Jahrzehntelang überragte der Altarraum die Trümmer. Rund 2000 Teile und damit 80% des Altars konnten geborgen und für die Wiederherstellung verwendet werden.
Die Christusfigur ist original, der Verkündigungsengel eine Replik. Die Szene flankieren links Moses und Paulus, rechts Philippus und Aaron. Auf dem Altartisch symbolisiert das Nagelkreuz die Versöhnung.

❸ Orgel
Das prächtige Orgelprospekt wurde nach historischem Vorbild sorgsam rekonstruiert. Nach einem öffentlich ausgetragenen »Orgelstreit« entschied man sich allerdings gegen den Nachbau der ursprünglichen Silbermann-Orgel und für ein technisch modernes Instrument des Straßburger Orgelbaumeisters Daniel Kern. Vier Manuale und 67 Register bringen 4876 Pfeifen zum Klingen.

❹ Kirchenraum
Der barocke Zentralbau wurde über einem quadratischen Grundriss errichtet. Den runden Innenraum umgeben acht Stützpfeiler für die Kuppel sowie fünf Emporen. Der hohe Predigtraum erscheint als protestantisches »Logentheater«, das um die Mittelkanzel kreist.

❺ Treppentürme
Von den einst vier Treppentürmen überstand nur einer zum Teil den Einsturz des Gotteshauses, er prägte über Jahrzehnte das Bild der Ruine.

❻ Kuppel
Über dem Kirchenraum erhebt sich 37 m hoch die Innenkuppel, überwölbt von der »Steinernen Glocke« George Bährs. Über die Rampe in der Kuppel gelangen Sie zur Aussichtsplattform in 67 m Höhe mit einem Panoramablick, den schon Goethe bewunderte.

❼ Turmkreuz
Seit 2004 strahlt auf der Laterne wieder das Turmkreuz als Zeichen der Versöhnung. Es ist ein Geschenk Großbritanniens aus der Werkstatt des Londoner Kunstschmieds Alan Smith, dem Sohn eines 1945 über Dresden eingesetzten Piloten der Royal Air Force. Das Original-Kreuz wurde 1993 aus den Trümmern geborgen und steht nun im südlichen Kirchenraum.

7
6
5
3
4
2
1
©BAEDEKER

eine beispielhafte historische Rekonstruktion. Nur die Straßencafés auf dem Neumarkt finden ungeteilte Zustimmung.
www.neumarkt-dresden.de

Dresdner Kunst aus fünf Jahrhunderten

Landhaus

Wer sich für die Entwicklung der bildenden Kunst in Dresden im 20. und 21. Jh. interessiert, dem sei ein Besuch der **Städtischen Galerie** im Landhaus empfohlen. In der ständigen Ausstellung sind Werke u. a. der **Brücke-Maler und A. R. Pencks** (1939 – 2017) zu sehen. Das Das **Stadtmuseum** fächert auf vier Etagen die Geschichte Dresdens auf. Das Gebäude selbst – ein ansehnliches Barockpalais – entstand zwischen 1770 und 1776 nach Entwürfen von Friedrich August Krubsacius für die sächsischen Landstände.
Städtische Galerie/Stadtmuseum: Di. – So. 10 – 18, Fr. bis 19 Uhr | Eintritt: jeweils 5 €, Kombiticket: 8 € | www.galerie-dresden.de, www.stmd.de

Rund um den Altmarkt

Das pulsierende Zentrum der Stadt

Altmarkt

Vom Neumarkt geht es am Kulturpalast vorbei und über die Wilsdruffer Straße hinüber zum ältesten, 1370 erstmals erwähnten Platz Dresdens. Die barocken und Renaissancebauten, die ihn einst säumten, gingen im Bombenhagel des Zweiten Weltkriegs unter. Der in den 1950er-Jahren an der Ost- und Westseite begonnene Wiederaufbau bediente sich historisierender Formen. Die modernen Geschäftshäuser an der Südseite des Platzes wurden erst 1999/2000 bzw. 2009/2010 errichtet. Eine in das Kopfsteinpflaster eingelassene Gedenktafel auf dem Altmarkt erinnert an die mehr als 6000 Toten, deren Leichen wenige Tagen nach den Bombenangriffen vom 13./14. Februar 1945 dort verbrannt werden mussten. Im Norden fällt, auf der anderen Seite der Wilsdruffer Straße, der modernistische Flachbau des 1969 eröffneten **Kulturpalast**s auf, ein Entwurf der Architekten Wolfgang Hänsch (1929 – 2013). Das »Kulti« hat einen Konzertsaal mit 1800 Plätzen und ist Heimstatt der Dresdner Philharmoniker.

Aufgebaut, umgebaut, abgebrannt, wieder errichtet

Kreuzkirche

In der Südostecke des Altmarkts ragt, leicht zurückgesetzt, die evangelische Hauptkirche Dresdens auf. Die jetzige Kirche ist bereits der vierte Bau. Er entstand zwischen 1764 und 1792 in spätbarock-klassizistischen Formen nach Plänen von Johann George Schmidt und Christian Friedrich Exner. Den 94 m hohen Turm entwarf Gottlob August Hölzer. Nach einem verheerenden Feuer 1897 erhielt die Kirche eine Ausstattung im Jugendstil. Während der Bombenangriffe vom Februar brannte sie wieder völlig aus.

Der für den Wiederaufbau verantwortliche Architekt Fritz Steudtner (1896 – 1986) entschied sich, auf die Rekonstruktion des reichen Dekors zu verzichten und **Rauputz auf Wände, Säulen** und Emporen aufzutragen. Was zunächst als Provisorium gedacht war, macht heute vielleicht den besonderen Reiz aus: Das Fehlen jeglichen Schmucks lässt die architektonischen Grundformen umso plastischer hervortreten. Ihren Namen verdankt die Kreuzkirche einer Kreuzesreliquie, die die Gattin Heinrich des Erlauchten (1215 – 1288) 1234 stiftete. So alt wie die Kirche ist der **Kreuzchor**, der oft samstags um 18 Uhr im Rahmen der Kreuzchorvesper auftritt. Der Aussichtsplattform auf dem Turm bietet weite Blicke über Dresden und das Elbtal.
Turm: Tgl. (je nach Saison) 10/11 – 15/18 Uhr | Eintritt: 5 € | www.kreuzkirche-dresden.de

Füllhorn über Dresden

Rathaus

Hinter der Kreuzkirche steht das 1905 – 1910 erbaute Rathaus, dessen 100 m hoher Turm mit dem »Goldenen Mann« die Stadtsilhouette prägt. Die Herkules-Figur des Dresdner Bildhauers Richard Guhr schüttet ihr Füllhorn über Dresden aus. Sie ist 4,90 m groß und wiegt 1750 kg. Das Treppenhaus ist in schönstem Jugendstil gestaltet, aber nur bei besonderen Anlässen zugänglich.

Um den Großen Garten

Lustgarten und Freizeitpark

Großer Garten

Dass Kurfürst Johann Georg II. (1647 – 1691) die Anlage östlich der Altstadt ab1676 als Barockgarten anlegen ließ, daran erinnern noch heute die beiden schnurgeraden Wege, die das Gelände längs und quer durchziehen, und das **barocke Palais** im Zentrum. Mit seinem reichen Baumbestand, weitläufigen Rasenflächen und gewundenen Wegen ähnelt der Große Garten heute eher einem Englischen Landschaftspark. Friedrich Bouché, sächsischer Obergartendirektor, leitete 1873 die Modernisierung ein. Bereits 1861 war westlich des Gartens Dresdens **Zoologischer Garten** eröffnet worden, der nahtlos in den Park übergeht. Der 1820 gegründete **Botanische Garten** siedelte 1893 an seinen jetzigen Standort im Nordwesten des Parks um. Seit 1950 rattert eine von Kindern betriebene **Pioniereisenbahn** durch den Park. Das infolge der Bombenangriffe vom Februar 1945 ausgebrannte Palais, der erste Bau im Stil des sächsischen Barock, zeigt heute im Erdgeschoss eine Skulpturensammlung. Von den Skulpturen, die den Großen Garten einst schmückten, sind vor dem Palais u. a. die Kentaurengruppen »Eurythos und Hippodamia« sowie »Nessus und Deianeira« erhalten geblieben und am Palaisteich die »Üppigkeitsvase« von Antonio Corradini (1688 – 1752) sowie vier von ursprünglich zwölf Herkulesskulpturen aus der Werkstatt Baltha-

OBEN: Leider nur bei besonderen Anlässen offen: das prächtige Treppenhaus im Rathaus
UNTEN: Das Hygiene-Museum bietet ganz andere Einblicke.

sar Permosers. Die **»Gläserne Manufaktur«** hinter dem Botanischen Garten, in der VW seit 2017 den E-Golf zusammenbaut, ist nicht einfach nur eine Montagehalle, sondern eine »Erlebniswelt« für die ganze Familie mit Restaurant, Fahrsimulatoren und Kino.

Parkeisenbahn: Gründonnerstag – Mitte Okt. Di. – So.10 – 18 Uhr, Juli – Aug. auch Mo., Fahrten alle 15 – 30 Min. | Rundfahrt: 6 € www.grosser-garten-dresden.de | **Gläserne Manufaktur:** Mo. – Sa. 9 – 18.30 Uhr | Führung: 9 € (Dauer 45 Min.) | www.glaesernemanufaktur.de

Der Mensch und sein Körper

Deutsches Hygiene-Museum

Dieses europaweit wohl einzigartige Museum beleuchtet die Körperlichkeit des Menschen in all ihren Facetten. Unter dem Motto »Abenteuer Mensch« entführt die Dauerausstellung in die Welt der Anatomen und Pathologen. Berühmt sind die bereits 1930 konstruierten **»gläsernen Menschen«**, eine Männer- und eine Frauenpuppe aus durchsichtigem Kunststoff, die Einblicke in ihr Inneres gewähren. Auf Knopfdruck leuchten Organe oder Blut- und Nervenbahnen auf. Der Unternehmer Karl August Lingner (1861 – 1916), der mit dem Mundwasser »Odol« reich geworden war, gründete das Museum 1912 als »Volksbildungstätte für Gesundheitspflege«. Die Nazis instrumentalierten es für die Durchsetzung ihrer Rassenideologie, in der DDR diente es wieder der Volksaufklärung. Im **Kindermuseum** können Kinder an mehreren Stationen alle fünf Sinne erproben. Die Sonderausstellungen gelten als brilliant. Die Pläne für das Gebäude hat der Architekt Wilhelm Kreis Ende der 1920er gezeichnet.

Di. – So. 10 – 18 Uhr | Eintritt: 10 €, Kinder frei | www.dhmd.de

Friedrichstadt

Ein Hauch von Orient

Zigarettenfabrik Yenidze

Mit ihrer weithin sichtbaren, farbig verglasten Moscheenkuppel und dem dazugehörigen Minarett ist die um 1907 errichtete Zigarettenfabrik in der Friedrichstadt ein viel fotografiertes Wahrzeichen Dresdens. Tabakfabrikant Hugo Zietz schlug mit dem Bau der »Tabakmoschee« gleich zwei Fliegen mit einer Klappe. Zunächst umging er, indem er den Schornstein als Minarett verkleidete, eine Vorschrift, die den Bau von das Weichbild Dresdens störenden Fabrikgebäuden untersagte. Überdies machte er mit seinem »Orientalismus« auch Werbung für seine Glimmstengel: »Yenidze« ist der Name des griechischen Dorfs, aus dem Zietz seine Tabake bezog. In DDR-Zeiten war hier der VEB Tabakkontor ansässig. In der Kuppel ist heute ein Restaurant untergebracht, das auf dem Dach einen beliebten Biergarten unterhält.

Weißeritzstr. 3 |www.yenidze.eu | www.kuppelrestaurant.de

Ruhestätte berühmter Dresdner

Alter katholischer Friedhof

Der 1720 im erzprotestantischen Dresden angelegte katholische Friedhof geht auf die Initiative der österreichischen Erzherzogin Maria Josepha, zurück, Gemahlin von Prinz Friedrich August. Hier fanden viele bekannte Dresdner Persönlichkeiten ihre letzte Ruhestätte. Berühmt ist der Grabstein für den Porträtmaler Gerhard von Kügelgen, der die Vorlage für ein Gemälde seines Freundes Caspar David Friedrich gab. Der Schmuck für das Grab Balthasar Permosers, den der Bildhauer noch selbst schuf, lässt sich heute in der Friedhofskapelle bestaunen. Gottfried Semper entwarf das Grab für **Carl Maria von Weber**, dessen sterbliche Überreste erst 1844 nach Dresden kamen.

 Neustädter Markt

Goldener August

Goldener Reiter

Vom Schlossplatz führt die Augustusbrücke über die Elbe in die Innere Neustadt, dem nach dem großen Brand von 1732 neu errichteten Stadteil. Gleich hinter der Brücke grüßt, auf dem Neustädter Markt seit 1736 ein vergoldetes, überlebensgroßes Reiterstandbild August des Starken in der Haltung eines Caesaren im römischen Schuppenpanzer auf springendem Ross. Die Skulptur ist ein Entwurf des Bildhauers Jean Joseph Vinache, den der Kanonenschmied Ludwig Wiedemann in Kupfer goss.

Auch Avantgarden enden im Archiv

Neustädter Wache

Südlich des Neustädter Marktes fällt das barocke Blockhaus auf, das als einziges der stattlichen Gebäude, die den Platz einst umgaben, nach dem Zweiten Weltkrieg wiederaufgebaut wurde. Es enstand nach Plänen Zacharias Longuelunes zwischen 1732 und 1755 als Dienstgebäude der Neustädter Wache. Seit Frühjahr 2024 ist in ihm das Archiv der Avantgarden des 20. Jh.s untergebracht. Die Sammlung Egidio Marzonas gilt als eine der bedeutendsten ihrer Art in der Welt.

https://archiv-der-avantgarden.skd.museum

Innere Neustadt

Treffpunkt der Romantiker

Kügelgenhaus – Museum der Dresdner Romantik

Vom Neustädter Markt führt die Hauptstraße zum Albertplatz. In der Wohnung des Malers Gerhard von Kügelgen im Haus Nr. 13 trafen sich zu Beginn des 19. Jh.s. Vetreter der deutschen Romantik wie Ludwig Tieck, Caspar David Friedrich und Carl Maria von Weber. Heute beherbergen die Räumlichkeiten ein Museum, das über die Dresdner Romantik informiert.

Mi. - Fr. 10 - 17, Sa., So. 10 - 17 Uhr | Eintritt: 4 € | https://museen-dresden.de

Memento mori

Dreikönigskirche – Haus der Kirche Dresden

Die Kirche entstand zwischen 1732 und 1739 nach Plänen von Matthäus Daniel Pöppelmann, nach dessen Tod George Bähr sie zu Ende führte. Im Februar 1945 brannte sie vollständig aus. Nur der mehr als 100 Jahre nach der Kirchenweihe angefügte Turm und Teile der Außenmauern widerstanden. Beim Wiederaufbau in den 1970ern wurde nur das Äußere originalgetreu rekonstruiert, das Innere wandelte man in einen Raum der Begegnung um. Die Einweihung fand 1990 statt. Nur ein kleiner Teil des Innenraums ist Gottesdiensten vorbehalten. Dort erinnert der Torso des während der Luftangriffe stark beschädigten barocken Altars von Johann Benjamin Thomae (1738) an die Schrecken des Krieges. Unter der Orgelempore findet sich eines der bedeutendsten Renaissancedenkmäler Dresdens: Das ursprünglich am Georgentor des Schlosses angebrachte, monumentale Sandsteinrelief **»Dresdner Totentanz«** von Christoph Walther I. (1493 - 1546) erinnert an die Vergänglichkeit des Lebens.
www.hdk-dkk.de

Albertplatz und Erich-Kästner-Museum

Erinnerung an einen großen Erzähler

Die Hauptstraße und mit ihr die Innere Neustadt enden am Albertplatz. Im Norden des Platzes entführt das Erich-Kästner-Museum in

Natürlich dreht sich im Erich-Kästner-Museum vieles um »Emil und die Detektive«.

die fabelhafte Welt des Dresdner Schriftstellers. Es ist in der Villa seines Onkels Franz Augustin untergebracht und bietet auf kleinstem Raum multimedial eine Fülle von Informationen zu Leben und Werk Kästners. Auch an der Ecke Bautzener/Alaunstraße schräg gegenüber erinnert eine Bronzeinstallation, die einen Tisch mit einem Stapel Bücher darauf darstellt, an ihn.

Erich-Kästner-Museum: So., Mo, Do. u. Fr. 10 – 17, Mi. 12.30 – 17 Uhr
Eintritt: 6 € | www.kaestnerhaus-literatur.de

Staunen und Shoppen in schönstem Barock

Barockviertel Königstraße

Das Viertel beiderseits der Königstraße, die vom Albertplatz in südwestliche Richtung zum Japanischen Palais führt, überstand den Bombenhagel vom Februar 1945 weitgehend unbeschadet. Es entstand nach dem Stadtbrand von 1685 im Auftrag von Kurfürst Johann Georg III. August der Starke trieb den Wiederaufbau voran und nahm selbst Anteil an den Planungen. Zusammen mit Matthäus Daniel Pöppelmann unterwarf er die Bauten einem strengen Reglement. Die Höhe der Häuser, die Mansarddächer und die Farben des Anstrichs waren vorgegeben. Die Einmaligkeit eines jeden Hauses zeigt sich so im Detail wie etwa dem Fassadenschmuck. Die Königstraße und ihre Nebengassen sind heute ein Shoppingparadies mit schicken Geschäften und Restaurants.

Anklänge an den Fernen Osten

Japanisches Palais

Der Prunkbau gegenüber dem Palaisplatz am Ende der Königstraße verdankt seinen Namen zunächst den Anklängen an fernöstliche Bauformen. So erinnern die Dächer über den Eckbauten an japanische Pavillons. Im Innenhof fallen asiatische Hermen auf. Das prächtige Giebelrelief über dem Portikus des Haupteingangs, ein Werk Johann Benjamin Thomaes, zeigt Chinesen und Sachsen, wie sie der Saxonia Porzellan »darbringen«. Der Bau geht auf ein einflügliges Lustschloss zurück, das August der Starke für seine aus allen Nähten platzende Porzellansammlung u. a. von Matthäus Daniel Pöppelmann erweitern ließ. Heute ist in ihm das Staatliche Museum für Völkerkunde mit dem Damaskuszimmer (und der Ausstellung zur Damaszener Gastfreundschaft) untergebracht, außerdem dient es Sonderausstellungen. Vom Park hinter dem Palais kann man **mit den Augen Canalettos** den Blick auf das gegenüberliegende Elbufer genießen.

Di. – Fr. 10 – 18 Uhr | Eintritt Völkerkundemuseum: frei
www.skd.museum

Sächsische Volkstraditionen

Jägerhof

Von erzgebirgischen Schnitzereien über sorbische Trachten bis hin zu altem Spielzeug und Bauernmöbeln: Das Museum im Jägerhof führt in die traditionelle sächsische Alltagskultur ein. Die **Puppen-**

theatersammlung ist eine der größten der Welt. Der Jägerhof ist eines der wenigen Dresdner Gebäude aus vorbarocker Zeit. Kurfürst Johann Georg I. ließ den Wirtschaftshof des Augustinerklosters zum Jagdhaus umbauen.

Di. – So. 10 – 17 Uhr | Eintritt: 5 € | www.skd.museum

Äußere Neustadt

Buntes Dresden

Szeneviertel

Dresdens vom Bombenhagel verschont gebliebene Äußere Neustadt wartet mit einem der größten zusammenhängenden **Ensemble gründerzeitlicher Bauten** in Deutschland auf. Nach der Wende ist im Bereich zwischen Bautzener Straße, Königbrücker Straße und Bischofsweg ein buntes, quicklebendiges Szeneviertel mit kleinen Läden, Kneipen, Clubs, Bühnen und Künstlerateliers entstanden. So wartet der **Kunsthof Dresden** neben vielen kleinen Läden, Kneipen und Restaurants auch mit fantastisch gestalteten Fassaden auf.

www.kunsthof-dresden.de

Der schönste Milchladen der Welt

Pfunds Molkerei

Fast scheint es so, als sei der Laden in der Bautzener Straße 79 der Fantasie August des Starken und seiner »Maladie de porcelain« entsprungen. Majolikafliesen, kunstvoll mit Fabelwesen, floralen Ornamenten und Milch verarbeitenden, pausbäckigen Nackedeis bemalt, bedecken hier Wände, Decken und Theke. Doch der Verkaufsraum entstand rund gut 150 Jahre nach dem Tod des Kurfürsten. 1892 ließ ihn Molkereibesitzer Paul Pfund von **Villeroy & Boch** mit den Keramikfliesen ausstatten. Er war durch eine pfiffige Geschäftsidee zu Geld gekommen: Bereits 1879 hatte Pfund Milch »frisch von der Kuh« im Angebot. Um dies zu belegen, konnten seine Kunden dabei zusehen, wie die Kühe im Betrieb gemolken wurden. Die Kondensmilch, die die Molkerei ab 1886 als Erste in Deutschland produzierte, wurde auch international ein Verkaufserfolg. Heute können die Kunden hier zwischen vielen verschiedenen Käsesorten wählen und auch ein Glas frische Milch genießen.

Mo. – Sa. 10 – 18 Uhr | www.pfunds.de

Antikriegsmuseum

Militärhistorisches Museum der Bundeswehr

Wie ein gewaltiger gläserner Keil zerschneidet der von Daniel Libeskind entworfene Museumsneubau das alte Arsenalsgebäude am Olbrichtplatz. Offenbar wollte der Architekt damit ein Zeichen gegen Krieg, Zerstörung und die Heroisierung deutscher Militärgeschichte setzen. Die Dauerausstellung beschäftigt sich dann auch weniger mit Waffentechnik, sondern rückt die **Geschichte der Gewalt, ihre Ursachen und Folgen** ins Zentrum. Die rund 10 000 Exponate sind

in Zusammenhänge wie »Krieg und Gedächtnis« oder »Formation der Körper« gestellt.
Mo. 10 - 21, Di. - So. 10 - 18 Uhr| Eintritt: 5 € | www.mhmbw.de

Wohin in den Vororten Dresdens?

Must see für Bibliophile

Buch museum

Das aus der Privatbibliothek der Kurfürsten hervorgegangene Museum wartet mit einer besonderen Kostbarkeit auf: Der Codex Dresdensis ist eine von nur vier erhaltenen **Maya-Handschriften**, die Kurfürst Friedrich August II. 1739 für seine Sammlung erworben hatte. Das Buchmuseum gehört zur **Sächsischen Landes- und Universitätsbibliothek**.
Räcknitz, Zellescher Weg 18 | Schatzkammer Mo. –Fr. 10 – 18, Sa. 14 – 18 Uhr | Eintritt: frei | www.slub-dresden.de

Technikgeschichte im Industriedenkmal

Technische Sammlungen Dresden

Ein Besuch des Museums gleicht in vielem einer Reise in die Zeit, als Unterhaltungselektronik und IT noch in den Kinderschuhen steckten. Zu sehen sind u. a. Grammophone, Stereo-Anlagen, eine Jukebox und Großrechner aus der DDR. Die Ausstellung Cool X zeigt, dagegen, was man mit Mikro- und Nanotechnologien alles machen kann. Der **Turmbau** der Ernemann-Werke, der Museumssitz, ist ein denkmalgeschützter Fabrikkomplex im Stadtteil Striesen, in dem bis 1992 hochwertige Kameras produziert wurden.
Di. – Fr. 9 – 17, Sa., So. 10 – 18 Uhr | Eintritt: 5 € | www.tsd.de

Zeitreise in Dresdens Vergangenheit

Panometer Dresden

Bis der Architekt Yadegar Asisi ein 3000 m² großes Rundbild vom Dresden des Jahres 1756 schuf und im Gasometer von Dresden-Reick installierte, hatte jeder nur ungenaue Vorstellungen vom »barocken Dresden«. Heute können die Besucher von einer erhöhten Plattform den **Blick über das barocke Elbflorenz** schweifen lassen und jedes einzelne Bauwerk en détail studieren. Im halbjährlichen Wechsel mit dem barocken Dresden-Panorama zeigt das Panometer ein Rundbild der **Stadt kurz nach den Bombenangriffen** vom Februar 1945, vom Rathausturm aus gesehen.
Gasanstaltstr. 8b, Mo. – Fr. 10 – 17, Sa., So. 10 – 18 Uhr
Eintritt: 13 € | www.panometer-dresden.de

Teures Wunderwerk

Blaues Wunder

Als die östlichste der Elbbrücken am 15. Juli 1893 feierlich eingeweiht wurde, galt sie als Meisterwerk der Ingenieurbaukunst. Sie hat eine Gesamtlänge von 226 m und ist 12 m breit. Wegen des hellblauen Anstrich nannten die Dresdner die Brücke bald »Blaues

Wunder«. Sie verbindet die Dresdner Stadtteile Blasewitz und Loschwitz.

Loschwitz

Schlösser in bester Lage

Elbschlösser

Wie gemalt ragen die drei Schlösser in einem herrlichen Park mit reichem Baumbestand über dem Hang am rechten Elbufer auf. Ein Weingarten zieht sich unterhalb des mittleren Schlosses den Hang hinab und erinnert daran, dass dort bis weit in das 18. Jh. Wein angebaut wurde. James Ogilvy, der siebte Earl of Findlater, der wegen seiner Homosexualität seine schottische Heimat verlassen musste und in Dresden strandete, kaufte die Weinberge und ließ einen Garten anlegen sowie ein Palais erbauen. Nach dem Tod des Earl wechselte Findlaters Weinberg mehrmals den Besitzer, bis es 1850 Prinz Albrecht von Preußen erwarb. An Stelle des Ogilvyschen Palais ließ er zwischen 1850 und 1854 **Schloss Albrechtsberg**, das westlichste der drei Anwesen, errichteten. Adolf Lohse schuf einen Prunkbau im spätklassizistischen Stil mit prächtig ausgestatteten Sälen und Salons.

Etwa zeitgleich mit Schloss Albrechtsberg ließ Prinz Albrecht das mittlere der Elbschlösser, das sogenannte **Lingnerschloss**, für seinen Kammerherrn Baron Stockhausen errichten. 1906 kaufte der Odol – Fabrikant Karl August Lingner die klassizistische Villa und modernisierte sie. Mit der Auflage, sie für die Bevölkerung zu öffnen, vermachte er sie der Stadt Dresden. Zu DDR-Zeiten war das Haus ein Treffpunkt von Künstlern und Wissenschaftlern. 2002 gründeten Dresdner Bürger einen Förderverein. Einige Räume sind mittlerweile restauriert, im Ostflügel ist ein Restaurant untergebracht.

Der östliche der drei Bauten, **Schloss Eckberg** – in der Nachwende zum Luxushotel umgewidmet – entstand zwischen 1859 und 1861 nach einem Entwurf des Semper-Schülers Christian Friedrich Arnold im Tudorstil. Auftraggeber war der Großkaufmann Johann Daniel Souchay, ein in Dresden bekannter Wohltäter.

Anfahrt über die Bautzner Straße

Schloss Albrechtsberg: Sonntagsführung (einmal im Monat): 12 € | Tel. 0351 8 11 58 23 | www.schloss-albrechtsberg.de

Kunstausstellungen im Lingnerschloss: April – Okt. Mo. – Fr. 13 – 18, Sa., So. 11 – 18 Uhr | www.lingnerschloss.de

Rückzugsort für einen Dichter

Schillerhäuschen

In dem winzigen Häuschen oberhalb des »Blauen Wunders« hielt sich Friedrich Schiller in seiner Dresdner Zeit (1785 – 1787) in den Sommermonaten vermutlich öfter auf. Es gehörte zum Weingut Johann Friedrich Körners, seinem besten Freund und Förderer. Bereits im 19. Jh. richteten Schiller-Verehrer dort eine Gedenkstätte ein, die

DER WEG IST DAS ZIEL

Das gibt es nur in Dresden – zwei öffentliche Verkehrsmittel, die zugleich technische Veteranen sind und nur wenige Schritte voneinander entfernt losfahren: Die Schwebeseilbahn, technisch korrekt »Einschienenhängebahn«, und die Standseilbahn werden beide von großen Fördermaschinen den Elbhang hinaufgezogen.

▶ Betriebszeiten

Schwebeseilbahn:	tgl. 9.30–20.00 Uhr	4 🚲	nicht rollstuhlgerecht
Standseilbahn:	tgl. 6.30–21.23 Uhr	7 🚲	rollstuhlgerecht

▶ Schwebeseilbahn

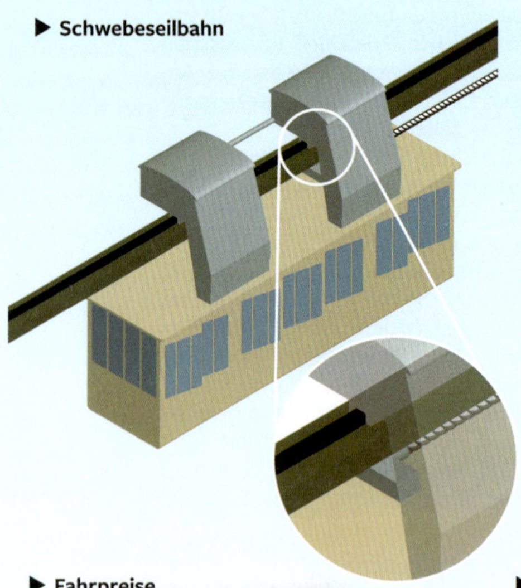

▶ Technische Daten

maximale Neigung	39,9 %
maximale Fahrgeschwindigkeit	2,5 m/
Antriebsleistung	80 kV
Treibscheibendurchmesser	4 r
Seildurchmesser	38 mr
Seillänge	410 r
Betriebsart	Steuerung vor Berg- oder Talstatio

▶ Fahrpreise

Fahrkarten (ermäßigt)
einfache Fahrt
4,00 € (2,50 €)
Berg- und Talfahrt
6,00 € (3,50 €)
12 Fahrten
30,00 € (18,00 €)
Familienkarte
15,00 €

▶ Streckenprofil Schwebeseilbahn

Streckenführung der Seilbahnen

Beförderungskapazitäten

Standseilbahn

630 pro Stunde

Eröffnung der Bahn 25.10.1895

Schwebeseilbahn

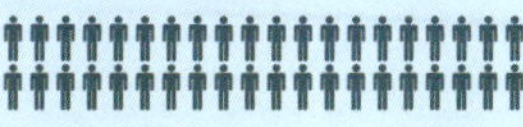

400 pro Stunde

Eröffnung der Bahn 06.05.1901

Standseilbahn

Technische Daten

Burgbergtunnel (Talseite)	96 m
Prinzeß-Louisa-Tunnel (Bergseite)	54 m
Gerüstviadukt	102 m
maximale Neigung	29%
Spurweite	1000 mm
maximale Fahrgeschwindigkeit	5 m/s
Antiebsleistung	199 kW
Treibscheibendurchmesser	4 m
Seildurchmesser	38 mm
Seillänge	588 m
Betriebsart	Steuerung von der Bergstation

Streckenprofil Standseilbahn

Höhenunterschied der Stationen: **96 m**

Weißer Hirsch Streckenlänge 547 m **Loschwitz**

FRÜHAUFSTEHERFREUDEN

Zu hören ist nur das Knirschen von Kies unter den Schuhen und der Gesang der eben erwachten Vögel. Wenn der Morgennebel noch über der Elbe liegt und die ersten Sonnenstrahlen das Schloss golden leuchten lassen, dann kann der Tag eigentlich nur noch gut werden. Der Pillnitzer Schlosspark ist täglich ab 6 Uhr geöffnet – wenn Sie früh dran sind, haben Sie die bezaubernde Anlage fast für sich allein (und zahlen keinen Eintritt).

im 20. Jh. wohl etwas in Vergessenheit geriet und auf Initiative von Dresdner Bürgern erst 2005 wieder eröffnet wurde.
Ostern - Okt. Sa./So. 10 - 17 Uhr | Eintritt: frei | www.museen-dresden.de

Von der Sommerfrische zum Villenvorort

Weißer Hirsch

Vom Schillerhäuschen führt die Schillerstraße hinunter zur Talstation der 1895 eröffneten **Standseilbahn**, eine der ältesten Bergbahnen Europas. Mit ihr gelangen Sie in wenigen Minuten hinauf in die Villenkolonie »Weißer Hirsch«, die sich gegen Ende des 19. Jh.s von einer Sommerfrische zu einem Wohnort für die Oberschicht entwickelte. Der Luisenhof gegenüber der Bergstation der Standseilbahn ist ein bekanntes Dresdner Restaurant. Von dort bieten sich tolle Aussichten über das Elbtal und Dresden.
www.dresdner-bergbahnen.de | www.luisenhof-in-dresden.de

Forum für junge Kunst

Leonhardi-Museum

Eduard Leonhardi, Sohn eines wohlhabenden Dresdner Unternehmers und an Kunstakademie Schüler des Spätromantikers Ludwig Richter, hat als Maler von Wald- und Dorflandschaften einige Bekanntheit erlangt. 1878 erwarb er in Loschwitz eine stattliche Mühle aus Fachwerk. Heute bietet das Haus, ganz im Sinne von Leonhardi, jungen Dresdner Künstlern ein Forum.
Di. - Fr. 14 - 18, Sa., So. 10 - 18 Uhr | Eintritt: 4 €
www.leonhardi-museum.de

 Schloss Pillnitz

www.schlosspillnitz.de
Besucherzentrum April - Okt. tgl. 9 - 18 | Kombiticket mit Park und Museen Eintritt: 8 €
Schlossmuseum/Kunstgewerbemuseum: April - Okt. tgl. außer Mo. 10 - 17 Uhr | Eintritt (mit Park): 12 €
Schlosspark: ganzjährig ab 6 Uhr bis Einbruch der Dunkelheit | Eintritt (ab 9 Uhr): 5 € (inkl. Palmenhaus)
Palmenhaus: April - Okt. tgl. 9 - 18 Uhr | Eintritt: Im Park- oder Museumsticket enthalten
Kamelienhaus: Feb. u. März 10 - 17, April 9 - 18 Uhr | Eintritt: Im Parkticket enthalten

Zauber des Exotischen

Anlage

Das Schloss im Südosten von Dresden wuchs peu à peu in mehr als 100 Jahren zur heutigen Anlage heran. Doch nichts stört die Harmonie, alles scheint wie aus einem Guss und von einer Hand geplant. Die Anfänge von Schloss Pillnitz gehen auf einen Renaissancebau zurück, den August der Starke 1706 erwarb und seiner Mätresse, der Gräfin von Cosel schenkte (▶ Interessante Menschen). Nachdem die Dame in

Ungnade gefallen war, nahm der Kurfürst das Palais wieder in Besitz und ließ zwischen 1718 und 1722 direkt am Elbufer das Wasserpalais errichten. Matthäus Daniel Pöppelmann und Zacharias Longuelune entwarfen drei durch Gänge verbundene Pavillons, die durch ihre nach außen geschwungenen Walmdächer sowie ihre Türmchen Augusts Faible für Chinoiserien entgegen kamen. An der Elbseite des **Wasserpalais** führt eine Freitreppe zur Anlegestelle für die **kurfürstlichen Gondeln** hinab. Auf der gegenüberliegenden Seite des Barockgartens kam als spiegelbildliche Entsprechung zwischen 1723 und 1725 das **Bergpalais** hinzu. Die Flügelbauten links und rechts der beiden Palais entstanden unter Kurfürst Friedrich August III., der Schloss Pillnitz als Sommerresidenz nutzte. An der Stelle des alten, 1818 abgebrannten Renaissancebaus schuf Christian Friedrich Schuricht das **Neue Palais**. Heute zeichnet dort ein Museum die Geschichte des Schlosses nach.

Traditionelles und innovatives Design

Kunstgewerbemuseum

Die Bestände des Museums verteilen sich auf das Wasser- und das Bergpalais. Seit seinen Anfängen in den 1870er-Jahren sammelt es Gebrauchskunst. Interessant sind u.a. das **Schaudepot »Deutsche Werkstätten Hellerau«** mit dem »Dresdner Hausgerät«, den weltweit ersten, 1906 von Richard Riemerschmid für die industrielle Fertigung entworfenen Möbeln, sowie historische Musikinstrumente.

Vielfältige Gartenlandschaft

Schlosspark

Im weitläufigen Pillnitzer Park spiegelt sich der Wandel der Gartenarchitektur zwischen dem beginnenden 18. Jh. und der Mitte des 19. Jh.s wider. Den Anfang macht der **Lustgarten** zwischen Berg- und Wasserpalais, dessen symmetrisch angeordnete Rasenflächen, Blumenrabatten und Wege den Regeln barocker Gartenkunst folgen. Dies gilt auch für die sich im Westen anschließenden **Heckenquartiere**, die noch die Gräfin Cosel anlegen ließ. In einem lässt sich heute die um 1800 gebaute **Tritonengondel** bestaunen, in der der Kurfürst über die Elbe nach Pillnitz schipperte. Die hinter den Heckenquartieren beginnende **Kastanienallee** entstand um 1725 nach Plänen von Matthäus Daniel Pöppelmann. Hier gab sich der Hof dem Paille-Maille-Spiel, einer Art Krocket, hin.

Nördlich der Kastanienallee entstand um 1780 ein **englischer Landschaftspark**. Anfang des 19. Jh.s kamen nördlich des großen Barockgartens hinter dem Bergpalais der holländische und der chinesische Garten hinzu. Das große Palmenhaus an ihrem Westrand wurde von 1859 – 1861 errichtet und beherbergt heute u. a. Pflanzen aus Australien sowie Südafrika. In der Nähe der Orangerie lässt sich der **älteste Kamelienstrauch Europas** bestaunen. Er hat über 200 Jahre auf dem Buckel und ist mittlerweile fast 9 m hoch. Von Mitte/Ende Februar bis April bringen ihn abertausende karminroter Blüten zum Leuchten. Im Winter findet er unter einer Glashaube Schutz.

 Gartenstadt Hellerau

Führungen im Festspielhaus: Fr. 12.30 Uhr | 6 €
Spielplan und Tickets: www.hellerau.org
Deutsche Werkstätten: www.dwh.de, www.hellerau-gb.de

Die 1908 gegründete erste deutsche Gartenstadt sollte als sozialreformerisches Stadtprojekt die Harmonie einer gemeinnützigen Gesellschaft auch in den Siedlungs- und Gebäudeformen manifestieren. Möbelfabrikant Karl Schmidt hatte die Idee und finanzierte die Siedlung am nördlichen Stadtrand Dresdens. Er stellte als Erster preiswerte Einzel- und Serienmöbel in einfachem Stil her. 1907 verlegte er seine **Deutschen Werkstätten** nach Hellerau. und gewann Richard Riemerschmid für den Gesamtplan. In den ersten drei Jahrzehnten des 20. Jh.s bot Hellerau einen harmonischen **Dreiklang** zwischen den Deutschen Werkstätten (Arbeiten), der Siedlung (Wohnen und Leben) und dem Festspielhaus (Bildung und Kunst). Die Gartenstadt hat zwei Zentren: den Markt als Mittelpunkt des täglichen Lebens mit Wohnhäusern und das Festspielhaus als geistigen und kulturellen Mittelpunkt, erbaut von Heinrich Tessenow. **Mary Wigman**, eine seiner Schülerinnen (▶ Interessante Menschen), machte Hellerau als Wiege des modernen Ausdruckstanzes berühmt. Die Nazis bauten das Ensemble mit dem Festspielhaus 1937 in eine Kaserne um, die die sowjetische Armee bis 1989 nutzte. Nach fast einem Jahrhundert ist Hellerau heute wieder ein **»Europäisches Zentrum der Künste«** und knüpft an frühere Glanzzeiten an. Im Gebäudeensemble der **Deutschen Werkstätten** arbeiten heute Hochtechnologiefirmen aus Computertechnik und Biotechnologie und viele kleinere innovative Unternehmen. Auch viele Kulturveranstaltungen finden statt; Höhepunkt des Jahres ist die **Weltkulturnacht** im Juni.

Radebeul

Karl May und seine Flinten

Karl-May-Museum

Radebeul liegt rund 10 km nordwestlich von Dresden und ist ein traditionsreicher Weinbauort. Viele der denkmalgeschützten historischen Winzerhäuser wurden nach der Wende an gut betuchte Privatleute verkauft. Die Zahl der Millionäre ist dort deshalb besonders hoch. Seit 1992 finden in Radebeul alljährlich am Wochenende nach Himmelfahrt die Karl-May-Festspiele statt.

Fans von Old Shatterhand alias Kara ben Nemsi und Winnetou sind »Henrystutzen«, »Bärentöter« und »Silberbüchse« sicherlich ein Begriff. In dem **Radebeuler Museum** lassen sie sich »in echt« studieren, denn der in Hohenstein-Ernstthal (▶ S. 88) geborene Karl May ließ sie extra für Fotoaufnahmen anfertigen, auf denen er sich im vollen Abenteurer-Ornat präsentierte. Das Museum ist in seinem Wohnhaus ansässig, das er selbst »Villa Shatterhand« nannte. Zu sehen sind Mays Arbeitszimmer sowie der Empfangssalon. In der **Blockhütte »Villa Bärenfett«** im Garten ist eine Sammlung von Kultgegenständen nordamerikanischer Indianer untergebracht, die der erste Leiter des Karl-May-Museums Patty Frank (1876–1959) zusammengetragen hat. Für Menschen mit Sinn für Skurriles ist das **Lügenmuseum** der rechte Ort. Sie bekommen sogar einen Lügentee.

Karl-May-Museum | Di.–So. 10–18 | Eintritt: 10 €
www.karl-may-museum.de

Lügenmuseum: Kötzschenbrodaer Str. 39 | Sa. u. So. 13–18 Uhr
Eintritt: 7 € | www.luegenmuseum.de

Schmuckes Bilderbuchdorf

Altkötzschenbroda

Der Anger ist der 1226 erstmals erwähnte Ortskern von Kötzschenbroda – seit 1935 ein Stadtteil von Radebeul. Er lohnt auf jeden Fall einen Besuch. In die liebevoll restaurierten, denkmalgeschützten Häuser beiderseits der Straße sind Kunsthandwerker, Lokale und kleine Geschäfte eingezogen. In der letzten Septemberwoche findet auf dem Anger das Herbst- und Weinfest mit internationalem Theaterfestival statt. Und in der Adventszeit lockt der stimmungsvollste Weihnachtsmarkt weit und breit.

www.facebook.com/weinfestradebeul

Im sächsischen Weinland

Lößnitz

Unmittelbar am Stadtrand von Radebeul beginnen die Weinberge der Lößnitz. Hier wurde bereits im 13. Jh. Wein angebaut, und spätestens seit Beginn der 15. Jh.s kontrollierten die Wettiner den Weinbau. Kurfürst Johann Georg I. ließ um 1650 **Schloss Hoflößnitz** errichten, ein einem Winzerhof ähnelnder Bau, in dem noch August der Starke rauschende Feste feierte. Heute ist es Sitz des Staatlichen Weinguts und eines Wein-Museums.

Oberhalb von Schloss Hoflößnitz führt die von Matthäus Daniel Pöppelmann entworfene **Spitzhaustreppe** über 400 Stufen hinauf zum Bismarckturm, der tolle Aussichten über das Elbtal bietet. **Schloss Wackerbarth's Ruh** am Westrand von Radebeul ist heute Sitz des Sächsischen Staatsweinguts. Seine Weine – Riesling, Traminer, Ruländer und Weißburgunder – wachsen größtenteils auf von historischen Trockenmauern eingefassten Terrassen und in den Tallagen am Elbufer. Heute eröffnet dort das Parkschoppenfest alljährlich Mitte Juni den Reigen der Weinfeste, im September dann stellt das Staatsweingut seinen Federweißen vor.

Museum Hoflößnitz: Di.–So. 10–18 Uhr | Eintritt: 3,50 € | Museumsführung So. 11 Uhr (45 Min., 6 €) | Vinothek tgl. 10–18 Uhr | www.hofloessnitz.de

Staatsweingut Gutsmarkt: Jan.–März tgl. 11–19; April–Dez. Mo.–Sa. 10–19, So. ab 11 Uhr | www.schloss-wackerbarth.de

6X UNTERSCHÄTZT

Genau hinsehen, nicht daran vorbeigehen, einfach probieren!

1. FAKE NEWS

August der Starke hat in seiner Residenz die Wunder der Welt gesammelt. Wunder gibt es auch in Radebeuls **Lügenmuseum** zu sehen – mit einem Augenzwinkern präsentierte Fake News. (▶ **S. 140**)

2. GRABLEGEN

Das Herz August des Starken und alle albertinischen Wettiner nach ihm liegen in der Dresdner Hofkirche begraben. Die albertinischen Kurfürsten vor ihm fanden allerdings im **Freiberger Dom** ihre letzte Ruhestätte. (▶ **S. 150**)

3. OSTWEIN

Weine aus Meißen werden sehr geschätzt. Aber auch kleine Lagen wie **Ostritzer Klosterberg** beim Kloster Marienthal verdienen Beachtung – nicht nur weil es die östlichste Deutschlands ist. (▶ **S. 170**)

4. WEGSEIN

Villa Bärenfett und Villa Shatterhand sind nur für Kinder da? Im Karl-May-Museum beeindruckt die umfangreiche **Bibliothek**, mit der Karl May in Radebeul und in seiner Fantasie auf Reisen ging. Auch mit dem Baedeker. (▶ **S. 139**)

5. FUSSBALL

Der RB Leipzig wurde lange unterschätzt. Heute spielt er in der Bundesliga in den oberen Rängen mit und knüpft damit an die Ära der **Fußball-Stadt Leipzig** an: Schließlich gründete sich in der Sachsen-Metropole anno 1900 der Deutsche Fußball-Bund. (▶ **S. 188**)

6. MINIATUREN

Im Erzgebirge stehen Sachsens schönste Häuser. Im **Miniaturpark von Oederan** sind sie alle im Maßstab 1:25 auf kleinem Raum versammelt. (▶ **S. 153**)

EILENBURG

Landkreis: Nordsachsen | **Einw.:** 16 000 | **Höhe:** 105 m ü. d. M.

Residenz des ersten wettinischen Markgrafen und Ort des Eilenburger Friedens, der den Dreißigjährigen Krieg in Sachsen beendete – das Landstädtchen am Südrand der Dübener Heide ist ein geschichtsträchtiger Ort, der in seinen Mauern viele illustre Persönlichkeiten gesehen hat.

Von Sachsen nach Preußen

Eilenburg liegt rund 20 km nordöstlich von Leipzig im Tal der Mulde, die die Stadt von Süden nach Norden durchfließt. Der 961 als civitas Ilburg erwähnte Ort entwickelte sich im Schatten der gleichnamigen Burg, auf der Grafen aus dem Haus Wettin residierten. Die Belehnung des Grafen Heinrich I. von Eilenburg (1070 – 1103) mit der Marktgrafschaft Meißen im Jahre 1089 gilt als Geburtsstunde Sachsens.
1813 inspizierte Napoleon I. kurz vor der Leipziger Völkerschlacht die mit ihm verbündeten sächsischen Truppen. Infolge des Wiener Kongresses (1814 – 1815), der dem Königreich Sachsen große Gebietsverluste bescherte, fiel Eilenburg an Preußen. Bis 1945 gehörte die Stadt zur preußischen Provinz Sachsen.

Wohin in Eilenburg?

Wo Sachsen seinen Anfang nahm

Burgberg

Der vermutlich um 1200 errichtete Sorbenturm und ein Bergfried sind das einzige, was von der mittelalterlichen Eilenburg übrigblieb. 1644, während des Dreißigjährigen Kriegs, stürmten schwedische Truppen die Anlage und beschädigten sie so schwer, dass sie aufgegeben werden musste und verfiel. Später dann, im 18. Jh., nutzten die Eilenburger Bürger die Ruine als Steinbruch für ein **Amtshaus und einen Gefängnisbau**, die auf dem Burgberg errichtet wurden. Von den ursprünglich zwei Bergfrieden ist der kleinere erhalten, die Überreste des größeren stürzten in sich zusammen und wurden 1972 gesprengt. Heute ist der Burgberg ein beliebtes Ausflugsziel. Vom **Sorbenturm** bieten sich prächtige Aussichten über das Land. Auch der restaurierte kleine Bergfried steht offen.

Sorbenturm: Mai – Sept. So. 14 – 17 Uhr | Eintritt: 2 €

Die Eilenburger Heinzelmännchen

Marktplatz

Noch bevor die Heinzelmännchen sich in Köln die Ehre gaben, sollen sie die Eilenburg bevölkert haben. Dies geht zumindest aus der Erzählung »Des kleinen Volkes Hochzeitsfest auf der Eilenburg« hervor, die 1816 in der von den Gebrüdern Grimm herausgegebenen

EILENBURG ERLEBEN

TOURIST-INFORMATION

Torgauerstr. 40
04838 Eilenburg
Tel. 03423 65 22 26
www.eilenburg.de

KÜLTZSCHAUER KARTOFFELSACK €

Der Name ist Programm – hier kommen Kartoffeln in allen möglichen Variationen, als Salz-, Brat-, Pell- und Ofenkartoffeln, auf den Tisch. Dazu gibt es leckere Fleisch- und Fischgerichte.
Puschkinstr. 25
Tel. 03423 60 55 00
Mo. – Sa. 11 – 14 u. 17 – 22,
So. 11 – 22 Uhr
www.kartoffelsack.com

HEIDE SPA HOTEL & RESORT €€€€

Direkt neben dem Kurpark wartet das Hotel mit großzügigem Wellnessbereich, 25-m-Becken, Whirlpools, Erd- und Blockhaussauna, Dampfbad und Biosauna.
Bitterfelder Str. 42
Bad Düben
Tel. 034243 3 36 60
www.heidespa.de

HERBERGE AGAPE €€

Das kleine Landhotel mit vier Zimmern ist ausgesprochen familienfreundlich und setzt ganz auf Ökologie. Die im Hofladen angebotene Wolle stammt aus der zum Hotel gehörenden Alpaka-Zucht
Kirchbogen 1/Ortsteil Behlitz
Tel. 0174 7500707
www.herberge-agape.de

Sammlung deutscher Sagen erschienen ist und August Kopisch zu seiner Ballade »Die Heinzelmännchen zu Köln« (1836) inspirierte. Der Sage nach sollen die sächsischen Wichtel auf der Eilenburg eines Nachts mit dem Grafen Hochzeit gefeiert haben, dabei aber von der Gräfin beobachtet worden und auf Nimmerwiedersehen verschwunden sein. Auf dem Eilenburger Marktplatz erinnert seit 2000 ein Brunnen an die Geschichte.
Im stattlichen **Renaissance-Rathaus** vereinbarten Schweden und Sachsen 1646 den **»Frieden von Eilenburg«**, mit dem der Dreißigjährige Krieg in Sachsen endete.
In der **Stadtkirche St. Nikolai** fand Martin Rinckart (1586 – 1649), der in Eilenburg das Licht der Welt erblickte und dort als Pastor wirkte, seine letzte Ruhestätte. Der Geistliche ist als Schöpfer des Kirchenliedes »Nun danket alle Gott« (um 1636) bekannt geworden.

Reformatoren und ihre Schriften

Stadtmuseum

Das Museum befindet sich im ehemaligen Gasthof »Roter Hirsch«, in dem schon Martin Luther genächtigt haben soll..Der Reformator hielt sich mehrmals in Eilenburg auf und nannte die Stadt eine »recht ge-

segnete Schmalzgrube«. 1632 wurde hier den Leichnam des schwedischen Königs Gustav II. Adolf, der in der Schlacht von Lützen gefallen war, aufgebahrt. Im Museum sind u. a. **frühe Drucke** von Schriften **Thomas Müntzers** und **Martin Luthers** aus der Eilenburger Druckerei von Nicolas Widemar sowie ein Klassenzimmer von 1925 und eine Spielzeugsammlung zu sehen.
Di. 10 – 18, Mi., Fr. u. Sa. 10 – 14, Do. u. So. 10 – 17 Uhr | Eintritt: 4 €
www.kulturunternehmung.de

Rund um Eilenburg

Vorlage für großartige Novelle

Bad Düben

Die Kurort liegt ca. 20 km nördlich von Eilenburg und ist ein idealer Ausgangspunkt für Wanderungen durch die Wälder und Moore der **Dübener Heide**, die sich östlich und nördlich der Stadt bis weit nach Sachsen-Anhalt erstreckt. Die 981 erstmals erwähnte **Burg** war 1533 Schauplatz eines Streits zwischen dem Kaufmann Hans Kohlhase und dem Junker Zaschwitz, der Heinrich von Kleist zu seiner berühmten Novelle **»Michael Kohlhaas«** inspirierte. 1631 schlossen der schwedische König Gustav II. Adolf (1594 – 1632), Kurfürst Georg Wilhelm von Brandenburg und der sächsische Kurfürst Johann Georg I. auf der Burg ein Bündnis gegen Kaiser Ferdinand II., das dem Dreißigjährigen Krieg eine Wendung gab. Schließlich hielt sich Napoleon I. am Vorabend der Völkerschlacht bei Leipzig (1813) auf Burg Düben auf. Sie beherbergt seit 1953 das Landschaftsmuseum der Dübener Heidedas, das man 2020 neu gestaltet hat. Es informiert über Sagen, Bräuche und Handwerk der Region. Im Burggraben lässt sich eine der fünf erhaltenen historischen Mühlen von Bad Düben bestaunen: Die **Bergschiffmühle** wurde erstmals 1686 urkundlich erwähnt und schwamm ursprünglich auf der Mulde. Der Torturm stammt von 1206 und zeigt eine Kohlhase-Ausstellung.
Mi. – Fr. 10 – 16, Sa. u. So. 11 – 17 (Winter 10 – 16) Uhr | Eintritt: Museum 5 €, Turm 1 € | www.bad-dueben.de

Stadt der Türme

Delitzsch

Das Landstädtchen 18 km südwestlich von Bad Düben lohnt allein wegen der **netten Altstadt** einen Besuch. Im Schutz der im 14./15. Jh. errichteten Stadtmauer mit einem Wallgraben davor haben sich ansehnliche Bürgerhäuser der Gotik, der Renaissance und des Barock erhalten. An der Ostseite ragt der 46 m hohe **Breite Turm** (1396) auf, der eine **historische Schuhmacherwerkstatt** beherbergt. Der 39 m hohe Hallesche Turm (1394) im Westen besitzt eine Aussichtsplattform. Die dreischiffige Hallenkirche **St. Peter und Paul** im Stil der norddeutschen Backsteingotik wartet mit einer bemerkenswerten Ölberggruppe aus lebensgroßen Sandsteinfiguren (um 1410) sowie Deckenmalereien aus dem frühen 15. Jh. auf. Das im Dreißigjährigen Krieg teilweise zerstörte **Schloss** liegt inmitten einer der ältesten Barockgärten Deutschlands. Zwischen 1690 und 1738 nutzten es die Fürsten von Sachsen-Merseburg als Witwensitz. Seit 1928 ist dort das Stadtmuseum untergebracht. Südwestlich vom Breiten Turm, im Haus Kreuzgasse 10, gründete **Hermann Schulze-Delitzsch** (1808 – 1883) 1849 die erste deutsche Handwerkergenossenschaft. Ihr widmet sich das **Genossenschaftsmuseum**.

Schloss: Di. – So. 10 – 17 Uhr | Eintritt: 6 € | www.barockschloss-delitzsch.com | **Genossenschaftsmuseum**: Di. – Fr. 14 – 17 Uhr | Eintritt: 4 € | www.genossenschaftsmuseum.de

★★ FREIBERG

Landkreis: Mittelsachsen | **Einw.:** 40 485 | **Höhe:** 416 m ü. d. M.

K/L 7

Prächtige Bürgerhäuser rund um den weitläufigen Marktplatz, reich ausgestattete Kirchen und die weltweit erste bergbautechnischen Hochschule – bis heute zehrt die Stadt im Erzgebirge von der Blütezeit des Silberbergbaus.

Nachdem in der Region 1168 erstmals Silbererz entdeckt worden war, entstand dort in Windeseile eine prosperierende Stadt. Die Kunde, dass der »Berg frei« sei, dass also jedermann das Recht habe, dort nach Bodenschätzenzu suchen (das erste »Bergkgeschrey« Sachsens), lockte Bergmänner, Kaufleute und Handwerker von überall her an. Bereits um 1225 gab es in der 1218 erstmals urkundlich genannten Stadt »Freiberg« fünf Pfarrkirchen. Zwar setzte im Laufe des 15. Jh.s ein erster Niedergang ein, doch im 16. Jh. gelangte der Silberbergbau zu neuer Blüte. Freiberg entwickelte sich dadurch zu einem Zentrum von Kunst und Wissenschaft. Die aus der 1765 gegründete **Bergakademie** hervorgegangene Technische Universität genießt heute international einen guten Ruf. Den bereits in der zweiten. Hälfte des 19. Jh.s einsetzenden, endgültigen Niedergang des Silberbergbaus konnte Freiberg durch die Ansiedlung neuer Industrien wettmachen. Heute ist die Stadt ein wichtiger Standort der Solarindustrie.

Wohin in Freiberg?

Die »gute Stube« Freibergs

Nirgendwo sonst ist die glanzvolle Vergangenheit Freibergs so sichtbar wie hier. Die ansehnlichen Renaissancebauten erinnern an die

FREIBERG ERLEBEN

TOURIST-INFORMATION

Schloßplatz 6
09599 Freiberg
Tel. 03731 27 36 64
www.freiberg-service.de

TOURISMUSBÜRO DER STADT THARANDT

Schillerstr. 5
01737 Tharandt
Tel. 035203 39 50
www.tharandt.de

METTENSCHICHTEN

In der Vorweihnachtszeit lädt das Freiberger Silberbergwerk zum traditionellen Bergmannsschmaus im »Wilhelmstolln« im Schacht »Reiche Zeche« ein. Bergmännische Musiker und Sänger sorgen für eine heiter-besinnliche Stimmung. Warme Kleidung ist angeraten!
www.silberbergwerk-freiberg.de

BERGPARADEN

Am letzten Juniwochenende und am Samstag vor dem zweiten Advent ziehen die Bergleute in ihrer Tracht durch die Stadt.

1 GENUSSBAR €€€

In ihrem im Oktober 2018 neu eröffneten Restaurant servieren Ronny Löser und sein Team Spezialitäten der regionalen und internationalen Küche, kreativ und modern zubereitet.
Mönchsstr. 1
Tel. 03731 218 82 90
Di. – Sa. 17 – 23 Uhr
www.genussbar-freiberg.de

Blütezeit des Silberbergbaus im 16. Jahrhundert. Der Ratskeller an der Nordwestseite des Obermarkts beispielsweise befindet sich im 1545/46 errichteten, ehemaligen **Gewandhaus**. Das zu den frühen Renaissancebauten Sachsens zählende **Lisskirchnerhaus** (1530) gleich daneben wartet mit einem reich geschmückten Portal auf, das Szenen aus dem Bergbau zeigt. In der Südostecke des Obermarkts fällt ein stattliches, dreigeschossiges Bürgerhaus mit prächtigem Sandsteinportal auf. Es ist nach dem Freiberger Bürgermeister Jonas Schönlebe d. Ä. benannt, der es 1624 erwarb und umbauen ließ. Das Haus Nr. 6 in der Südwestecke stammt ursprünglich aus dem 16. Jh., wurde 1668/69 aber im Stil des Frühbarock umgebaut.
Den in seiner Mitte 1897 aufgestellten Marktbrunnen krönt eine Skulptur des Stadtgründers Markgraf Otto von Meißen (1125 – 1190). An seiner Ostseite markiert ein in den Boden eingelassener Pflasterstein die **Hinrichtungsstätte**, an der Kunz von Kaufungen im Juli 1455 enthauptet wurde. Der Ritter hatte kurz zuvor die beiden kleinen Söhne Friedrichs II. (1412 – 1464) aus dem Altenburger Schloss entführt, um den Kurfürsten zu zwingen, eine Entschädigung für verloren gegangene Ländereien zu zahlen. Doch Kunz wurde geschnappt

2 KARTOFFELHAUS €€
Die Karte bietet nicht weniger als 70 Kartoffelgerichte an. Man isst in rustikal-gemütlichem Ambiente. Mit Biergarten.
Berggasse 7
Tel. 03731 35 56 00
Do. – Di. 17 – 23 Uhr
www.kartoffelhaus-freiberg.de

3 ALTES WIRTSHAUS €€
Die Küche ist raffiniert und abwechslungsreich, z. B. Schweinemedaillons an Pflaumensauce oder in der Folie gegartes Tilapiafilet. Nette Abende mit holländischen Gerichten.
Tharandter Str. 9
Tharandt-Fördergersdorf
Tel. 035203 4 47 74
Nur bei Vorbestellung geöffnet
www.alteswirtshaus-foerdergersdorf.de

4 STADTWIRTSCHAFT €
Das großeTraditionslokal serviert deftige böhmische Küche: Knedlik, Gulasch, Svicková ...
Burgstr. 18
Tel. 03731 69 24 69
Tgl. 11 – 24/1 Uhr
www.stadtwirtschaft.de

1 HOTEL AM OBERMARKT €€
Das Haus in einem Patrizierhaus im Herzen der Stadt bietet 33 moderne, komfortable Zimmer. Zum Hotel gehört der Ratskeller am Obermarkt.
Waisenhausstr. 2
Tel. 03731 2 63 70
www.hotel-am-obermarkt.de

2 HOTEL KIRCHNER €€
Die Pension nahe am Wald bietet neben 28 Zimmern Sauna, Solarium, Tischtennis und Fitnessraum. In der hauseigenen Gaststätte bereitet die Chefin regionale, bodenständige Küche zu.
Talmühlenstr. 14
Kurort Hartha
Tel. 035203 24 50
www.kirchner-hotel.de

und in Freiberg zum Tod verurteilt. Genau gegenüber vom Brunnen ist im Giebel des Rathauserkers ein **steinernes Abbild von Kunzens Kopf** zu sehen, der auf den Ort seiner Hinrichtung zu schauen scheint. Das um 1470 errichtete **Rathaus** beherrscht fast die ganze Ostseite des Obermarkts. Im Turm erklingen täglich um 11.15 und 16.15 Uhr Glocken aus Meißener Porzellan das Steigerlied.

Barocker Wohlklang

Petrikirche

An der Petrikirche westlich des Obermarkts am Ende des Kirchgässchens fallen zunächst die drei völlig verschiedenen Türme auf. Der mit 72 m höchste der drei kann im Rahmen von Führungen bestiegen werden. Das Gotteshaus ist auf den Überresten einer romanischen Basilika zwischen 1401 und 1440 entstanden. Nach einem Brand 1728 wurde es im Barockstil erneuert und umgebaut. Aus dieser Zeit stammen nicht nur die Silbermannorgel und ein Lesepult von Johann Christian Feige, sondern auch die Haube des 72 m hohen Petriturms, in dem der Stadtwächter wohnte, sowie der zierliche Hahnenturm. Im dritten sog. »Faulen Turm« hängen die 3850 kg schwere Oswald-Hilliger-Glocke (1487) und eine 1950 kg wiegende, von seinem Enkel

1570 gegossene Glocke. Der Turm erhielt erst später das heute sichtbare Dach. In den 1970er-Jahren wurde das Innere zu einem modernen Gemeindezentrum umgebaut.

Von Mai bis Oktober erklingt jeden Mittwoch von 12 – 12.30 Uhr die **Silbermannorgel** der Kirche. Mit ihren 32 Registern ist sie die größte zweimanualige Orgel aus der Werkstatt Gottfried Silbermanns. Sie wurde am Reformationstag 1735 geweiht.

April – Okt. Mo. – Fr. 11 – 15 Uhr

Turmführungen: April – Okt. So. – Di., Do. u. Fr. 14 – 17 (zu jeder vollen Stunde), Mi. 12.30, Sa. 14, So. auch 12 u. 13 Uhr; Nov. – März Mi. – So. 14 – 16, So. auch 12 u. 13 Uhr | www.petri-johannis-freiberg.de

Minerale der Welt

Schloss Freudenstein

Schloss Freudenstein geht auf eine 1168 begonnene Burg des Markgrafen Otto von Meißen zurück. Heinrich der Fromme (1473 – 1541) residierte bei seinen Aufenhalten in Freiberg im Schloss, in dem seine

Söhne Moritz und August geboren wurden, die späteren Kurfürsten von Sachsen. Der Bau hat im Lauf der Zeit mehrere Umbauten erfahren; heute ist hier die Sächsische Bergakademie eingezogen.
Im Langen Haus lädt die Ausstellung »terra mineralia« zu einer **Entdeckungsreise durch fünf Kontinente** ein. Auf drei Etagen sind rund 5000 Minerale in allen möglichen Formen und Farben zu sehen. Ein ganz besonderes Highlight ist sicherlich die Schatzkammer, die **Edelsteine** und durch Meteoriteneinschläge entstandene Minerale zeigt. Die Ausstellung geht auf die in Sachsen geborene Schweizer Unternehmerin Erika Pohl-Ströher (1919–2016) zurück, die ihre Mineraliensammlung der TU Freiberg als Dauerleihgabe überließ.
Mo.–Fr. 10–17, Sa. u. So. 10–18 Uhr | Eintritt: 10 €
www.terra-mineralia.de

Museum für den Bergbau und seine Kultur

Stadt- und Bergbaumuseum

Dass der Bergbau im Erzgebirge mehr als harte Arbeit war und eine einzigartige Kultur hervorgebracht hat, macht die Schau »Meisterwerke bergbaulicher Kunst« des Freiberger Stadt- und Bergbaumuseums im spätgotischen Domherrenhof gegenüber dem Dom deutlich. Sie zeigt meisterlich gearbeitete Werkzeuge, Tafelsilber, Porzellanfiguren sowie Schnitzereien mit bergmännischen Motiven aus fünf Jahrhunderten. Natürlich kommen auch **historische Techniken des Bergbaus** und des Hüttenwesens nicht zu kurz. Die Schau »Der Freiberger Bergbau« informiert über die bergmännische Arbeit vergangener Zeiten und gewährt Einblicke in den Alltag der Bergleute. Das Museum zeigt außerdem spätgotische Sakralkunst sowie renaissancezeitliche Bildhauerei und dokumentiert die Entwicklung Freibergs im 19. Jahrhundert. In der benachbarten Brennhausgasse 14 sind im **Abraham-Gottlob-Werner-Bau** der Bergakademie die Sammlungen zur Mineralogie, Petrologie und Lagerstättenkunde untergebracht. Im **Alexander-von-Humboldt-Bau** (Bernhard-von-Cotta-Str. 2) lockt eine stratigrafische und paläontologische Sammlung.
Museum: Wg. Neukonzeption bis 2025 geschlossen | www.museum-freiberg.de
Kollektionen der Bergakademie: Mo.–Do. 9–12 u. 13–16 Uhr | Eintritt: Werner-Bau 2,50 €, Humboldt-Bau 1,50 € | www.tu-freiberg.de

Frühes Theater

Buttermarkt

Der kleine Platz nordöstlich des Obermarkts wartet mit zwei bemerkenswerten Bauten auf. Das Theater an seiner Westseite zählt zu den **frühen Theaterbauten** Deutschlands. Es geht auf eine Initiative des Freiberger Unternehmers Johann Engler zurück, der Schauspiel- und Opernkunst für ein bürgerliches Publikum öffnen wollte und deshalb 1789 ein altes Wohnhaus am Buttermarkt umbauen ließ. Er verkaufte das Haus an die Stadt Freiberg, die das Theater fortführte und gegen Ende des 19. Jh.s sogar erweitern ließ.

Vom Wehrturm zum Getreidespeicher

Donatsturm

Bis in das 19. Jh. umgab eine mächtige, bis zu 10 m hohe und 2 m dicke Stadtmauer das alte Freiberg. Von ihren einst 39 Türmen sind noch acht erhalten. Am östlichen Ausgang der Altstadt ragt der runde, 1455 errichtete Donatsturm 25 m in den Himmel empor. Nördlich des Turms und im Norden der Altstadt sind noch Reste der Stadtmauer zu sehen.

In der Freiberger Unterwelt

★ Bergwerk »Himmelfahrt-Fundgrube«

Seit dem 12. Jh. haben Generationen von Bergleuten ein kilometerlanges Netz aus Stollen in bis zu 200 m Tiefe unter Freiberg gegraben. Im **Schaubergwerk »Reiche Zeche«** können Besucher einen Teil davon auf Grubentouren erkunden. Auf den geführten Rundgängen geht es dort in rund 150 m Tiefe durch sehr enge Gänge an Silber- und Buntmetalladern vorbei. Unterwegs erfahren die Besucher alles Wissenswerte über die gefährliche und mühevolle Arbeit unter Tage.

Touren: Angebot und Buchung (ab 18 €) unter www.silberbergwerk-freiberg.de

Dom St. Marien

Mai – Okt. Mo. – Sa. 10 – 17, So. 11.30 – 17, Nov. – April Mo. – Sa. 11 – 16, So. 11.30 – 16 Uhr | Eintritt: 5 € | Führungen: Mai – Okt. Mo. – So. 14, So. auch 11.30 ; Nov. – April Mi. u. Sa. 14, So. 11.30 Uhr 6 € / 7 € mit Orgelmusik | www.freiberger-dom.de

Grablege der albertinischen Wettiner

Geschichte

Der Dom zählt zu den bekanntesten Gotteshäusern Sachsens. Seine reiche Innenausstattung bezeugt den Wohlstand, der in der erzgebirgischen Silberstadt im 16. Jh. herrschte. Die dreischiffige Hallenkirche entstand an der Stelle einer romanischen Basilika, die der große Stadtbrand von 1484 fast völlig zerstörte, und gilt als Meisterwerk der Spätgotik. Innen lenken die nach innen gezogenen, schlanken Strebepfeiler den Blick nach oben zu den kunstvollen Netzgewölbedecken, die alle drei Schiffe überspannen. Der noch vom Vorgängerbau erhaltene Chor wurde in der Mitte des 16. Jh.s **Begräbniskapelle der albertinischen Wettiner**. Alle sächsischen Landesherrn von Herzog Heinrich dem Frommen (1473 – 1541) bis zu Kurfürst Johann Georg IV. (1668 – 1694) liegen dort begraben.

Schatzkammer des Glaubens

Orgeln und spätgotische Schnitzereien

Der Freiberger Dom besitzt gleich **zwei Orgeln von Gottfried Silbermann**, die beide zwischen 1711 und 1714 entstanden sind. Die größere der beiden auf der Eingangsempore ist mit 3 Manualen, 45 Registern und 2674 Pfeifen zugleich die größte, die der Meister je geschaffen hat. Die kleinere befindet sich auf der linken Seite der Chorempore, in de-

OBEN: Hans Wittens Tulpenkanzel gibt manches Rätsel auf.
UNTEN: Gleich geht die Freiberger Bergparade los.

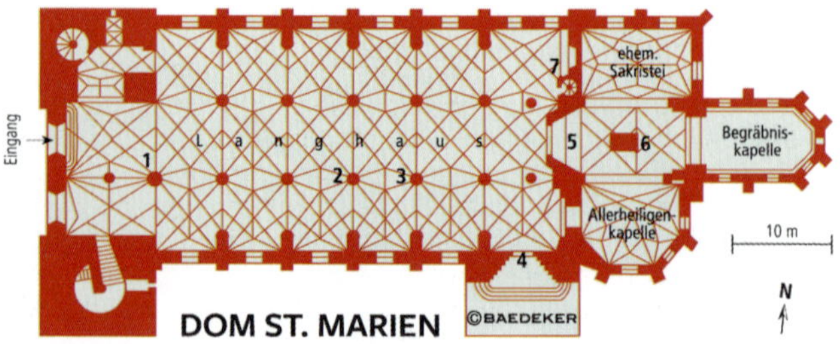

1 Große Silbermann-orgel
2 Bergmannskanzel
3 Tulpenkanzel
4 Goldene Pforte
5 Triumphkreuzbogen
6 Kenotaph für Kurfürst Moritz
7 Kleine Silbermannorgel

ren Mitte eine Kreuzigungsgruppe (1230), die schon zur Ausstattung der romanischen Kirche gehörte, alle Blicke auf sich zieht. Der Hochalter darunter wartet mit einem **protestantischen Altargemälde** von 1560 auf. Es zeigt Christus beim Abendmahl mit den Aposteln und eine Gruppe Freiberger Bürger. Die **kunstvoll geschnitzten Apostelfiguren** im unteren Bereich der Strebepfeiler stammen ebenso wie der Figurenzyklus zum Gleichnis von den »Törichten und klugen Jungfrauen« (1510) von unbekannten Meistern.

Tulpen-kanzel

Rätselhaftes Meisterwerk der Bildhauerkunst
Wie eine hochgewachsene Fantasiepflanze sieht die berühmte Tulpenkanzel des Freiberger Doms aus. Ihr von Stängeln umrankter Stamm bildet die Kanzelsäule, aus der ein als Blüte gestalteter Kanzelkorb »sprießt«. Zwischen den Stängeln sieht man im mittleren Teil vier Engel tanzen und singen. Die Blüte selbst ist mit Porträts der Kirchenväter Augustinus, Ambrosius, Hieronymus und Papst Gregor geschmückt Ein auf einer Astgabel hockender Mann in Steinmetz-Kluft, trägt die Wendeltreppe, die hinauf zum Kanzelkorb führt. An ihrem Fuß wachen zwei Löwen. Rechts davon sitzt ein weiterer Mann, der bedeutungsvoll nach oben schaut. Die Tulpenkanzel entstand zwischen 1508 und 1510 und gilt als **Meisterwerk Hans Wittens** (1470/1480? bis nach 1522) wie der spätgotischen Bildhauerei überhaupt. Was sie symbolisiert, ist bis heute ungeklärt: die Kirche als Blume im Garten Gottes? Den Baum des Lebens? Oder hat hier ein begnadeter Künstler seine Fantasie ausgelebt? Da er die Kanzel aus empfindlichem Porphyrgestein schuf, darf sie nur an Festtagen genutzt werden. Sonst steht die vom Freiberger Bürgermeister Jonas Schönlebe und seiner Frau gestiftete **Bergmannskanzel** aus Sandstein bereit. An dem von einer Bergmannsfigur gestützten Kanzelkorb fallen Skulpturen der Christus am Kreuz huldigenden Stifter auf. Am Treppengeländer sind Szenen aus der Passion Christi zu sehen.

Import aus Italien

Begräbniskapelle

Die Begräbniskapelle im einstigen Chor des Doms ist nicht nur als Grablege der Wettiner von Interesse. Die Gewölbedecke gilt als bedeutendstes **Manifest des italienischen Manierismu**s nördlich der Alpen. Der Schweizer Bildhauer und Architekt Giovanni Maria Nosseni (1544 – 1620), der von Kurfürst August mit der Umgestaltung des Doms beauftragt worden war, verband hier Malereien und Stuckaturen zu einem außergewöhnlichem Kunstwerk, das die **Wiederkunft des Herrn am Ende aller Tage** imaginiert. Der von Engeln umgebene Christus tritt hier förmlich aus dem Bild heraus. Am Deckensims musizieren 38 Engelsfiguren. Bei Restaurierungsarbeiten stellte man fest, dass die Instrumente, die sie spielen, keine Imitate, sondern Originale aus dem16. Jh. sind. Nosseni konnte für den Umbau namhafte Künstler aus Italien gewinnen. So stammen einige der Bronzestatuen von Carlo de Cesare aus Florenz.

Deutschlands ältesttes Statuenportal

Goldene Pforte

Das durch einen Anbau vor Wind und Wetter geschützte Sandsteinportal an der Südseite des Doms stammt noch von dem romanischen Vorgängerbau. Es ist zwischen 1230 und 1235 entstanden und damit das älteste ausgeschmückte Statuenportal Deutschlands. In dem neunstufigen Rundbogen sind Figuren von Engeln, Aposteln, Evangelisten und dem auferstandenen Christus eingefügt. Die Portalgewände schmücken Statuen biblischer Gestalten. Links sind Salomo, Daniel, die Königin von Saba und Johannes der Täufer zu sehen, rechts Aaron, Bathseba, David und der Evangelist Johannes. Das Tympanon zeigt Maria mit dem Jesuskind, die Heiligen Drei Könige zu ihrer rechten und Josef mit dem Erzengel Gabriel zur ihrer linken.

Rund um Freiberg

Erzgebirgisches Liliput

Oederan

Das Erzgebirge en miniature breitet sich im Stadtpark von Oederan 14 km südwestlich von Freiberg aus. Rund 200 der schönsten Gebäude des Erzgebirges sind im Maßstab 1:25 nachgebaut, zahlreiche Figuren beleben die Szenerie. Eine Parkeisenbahn chauffiert die Besucher über das Gelände.

Tgl. 10 – 18 Uhr | Eintritt: 10 €; Kinder 5 € | www.kleinerzgebirge.de

Die hohe Kunst des Orgelbaus

Gottfried-Silbermann-Museum Frauenstein

Das Museum in einem malerisch unterhalb einer Burgruine gelegenen Renaissanceschloss in Frauenstein, 20 km südöstlich von Freiberg, informiert über Leben und Werk des genialen sächsischen Orgelbauers. Gottfried Silbermann wuchs in Frauenstein auf und kehrte nach Lehrjahren bei seinem älteren Bruder Andreas in Straßburg in

GLÜCK AUF!

BAEDEKER WISSEN

»Herrlich, sprach der Fürst von Sachsen, ist mein Land und seine Macht. Silber hegen seine Berge wohl in manchem tiefen Schacht.« So ließ der schwäbische Dichter Justinus Kerner in seinem Loblied auf den württembergischen Grafen Eberhard im Bart »Preisend mit viel schönen Reden« dessen sächsischen Fürstenkollegen Friedrich den Weisen auf dem Wormser Reichstag sprechen.

Der Kurfürst hatte allen Grund zur Zufriedenheit, denn das Silber aus dem Erzgebirge füllte seine Schatullen reichlich. 1168 hatte sich auf dem Gebiet des heutigen Freiberg das große **»Bergkgeschrey«** erhoben: Man hatte in der Erde lange Drähte und zu Klumpen verflochtene Fäden von gediegenem Silber gefunden. Die Nachricht von der Entdeckung wunderschön gebogener »Silberlocken« zog viele Schatzsucher und Bergmänner an. Wo man das Silber fand, entwickelte sich **Freiberg**, für einen längeren Zeitraum die bedeutendste Stadt Sachsens: 1224 gab es fünf Kirchen, zwei größere und zwei kleinere Marktplätze und ein Spital. Ab 1256 stand in Freiberg der Bergschöppenstuhl, der bis ins 19. Jh. Recht selbst für weit entfernte Bergbauorte in Skandinavien und auf dem Balkan sprach.

Bergleute in Not

Im 14. Jh. wurde der Silberabbau immer mühsamer. Nun mussten Wasserabzugsstollen angelegt und **»Bergwerksmaschinen«** konstruiert werden. Ende des 14. Jh.s schlossen sich die in Not geratenen Bergleute zu Bruderschaften zusammen. Man gründete u. a. eine Kranken- und Hinterbliebenenfürsorge sowie eine »Gnadengroschenkasse«. Wenig später vereinigten sich die Bruderschaften der Hauer, Schmelzer und Haspelknechte zur **Knappschaft**. Ihnen standen die **»Gewerken«** genannten Inhaber von Kuxen (Grubenanteilen) und Schmelzhütten gegenüber, die ihrerseits Gewerkschaften bildeten. Die einem Oberberghauptmann bzw. Generalbergkommissar unterstellten Bergbeamten des Landesherrn hatten für die Einhaltung der Bergrechte zu sorgen und vermittelten auch zwischen Hauern und Steigern einerseits und Grubenbesitzern andererseits.

In der zweiten Hälfte des 15. Jh.s erschlossen sich neue Möglichkeiten. Das stürmisch wachsende Buchdruckergewerbe benötigte immer größere Mengen Blei und Wismut für seine Lettern, und die aufstrebende Glasbläserei war an Kobalt zur Blaufärbung interessiert. Die so genannten **Gifthütten** hatten großen Bedarf an Arsen und Vitriol, das in Sudhütten des Erzgebirges gekocht wurde. Immer neue Bergstädte entstanden. Den Anfang machte Altenberg im Osterzgebirge, wo um 1446 in größerem Umfang Zinn abgebaut wurde.

Silbersegen zum Zweiten

Dann entdeckte man 1470 am Schneeberg einen zweiten »Silbersegen«. In die Geschichte des Bergbaus ist eine 400 Zentner schwere Silberstufe eingegangen, 1477 in der Grube St. Georg entdeckt. Der Landesherr höchstselbts tafelte an diesem **»silbernen Tisch«**. Nun hatte man genug Edelmetall, um ein ordentliches Münzwesen in Gang zu

bringen – der Meißnische Groschen wurde begehrtes Zahlungsmittel. In rascher Folge entstanden **neue Bergbaustädte** wie Annaberg, Buchholz, Marienberg und Johanngeorgenstadt. So konnte man sich dort stattliche Rathäuser, Kirchen, Lateinschulen und Apotheken leisten. Überall gab es Erzgruben, Schürfstellen, Poch- und Göpelwerke, Siebanlagen, Erzwäschen, Abraumhalden, Schmelzöfen und Metallhütten. **Georgius Agricola** brachte nicht nur die Grundlagen des Bergbaus, sondern auch die des Hüttenwesens, der Mineralogie und des Markscheidewesens zu Papier: **»Vom Bergkwerck zwölf Bücher«**.
Viele Dörfer lebten davon, die Bergwerke mit Grubenholz zu versorgen, wodurch die Buchenwälder fast vernichtet wurden. Für die Wiederaufforstung nahm man schnellwüchsige Fichten, was einen geradezu dramatischen Wandel des Landschaftsbilds bewirkte.

Der Vorrat geht zur Neige

Die Bevölkerung wuchs rasch, und viele neue Gewerbe konnten sich entwickeln wie die Tuchmacherei und die Garnherstellung. Nach 1560 gingen die relativ leicht erreichbaren Silbervorräte jedoch zur Neige. Tiefer gelegene Vorkommen konnten mangels technischer Mittel und wegen des hohen Grundwasserstands noch nicht aufgeschlossen werden. Lediglich der Bergbau auf Steinkohle, Kobalt und Eisenerz ernährte noch einige Bergleute. Viele Erzgebirgler mussten sich nach neuen Einkommensquellen umsehen. Die Männer stellten in **Heimarbeit** Möbel, Schnitzwerk, Musikinstrumente und Spielzeug her, viele Frauen erarbeiteten sich mit Stickereien, Bortennäherei und Spitzenklöppelei ein Auskommen.

Die Mühsal des frühen Bergbaus

Letzte Blüte: Uranabbau

Ab Mitte des 17. Jh.s benutzte man Schießpulver beim Vortrieb der Stollen. Doch bereits im 18. Jh. folgte wieder der wirtschaftliche Niedergang. Lediglich Freiberg konnte seinen Status sogar noch ausbauen, wozu vor allem die 1765 gegründete und heute noch sehr renommierte **Bergakademie** beitrug. Sie war die erste Hochschule der Welt, die sich nahezu ausschließlich mit technischen Problemstellungen befasste. Zu ihren Studenten gehörte beispielsweise Alexander von Humboldt. Inzwischen blühten im Vorland des Erzgebirges in Chemnitz und Zwickau Tuchmachergewerbe und Handel auf. Die Erzgewinnung verlor an Bedeutung ebenso wie der Steinkohlenabbau.
Seine letzte »große Zeit« erlebte der erzgebirgische Bergbau in den Jahren 1945 bis 1991, als einige alte Bergorte durch die **Uranerzförderung** zu neuem, »strahlendem« Leben erwachten.

seine geliebte Heimatstadt zurück. Im nahen Freiberg eröffnete er eine Werkstatt. In der Ausstellung erfahren die Besucher einiges über den komplizierten Aufbau und die Funktionsweise einer Orgel. Das Museum nennt außerdem die originalgetreue Kopie einer Silbermannorgel sein eigen. Ein Teil der Ausstellung ist dem elsässischen Zweig der Familie Silbermann gewidmet, ein anderer informiert über die Geschichte der Stadt, des Schlosses und der Burg.

Burgruine und Museum: Di. – So. 10 – 16 Uhr (Burg nur Mai – Okt.)
Eintritt: Winter 5 €, Sommer 7 € | www.silbermann-museum.de

Park mit romantischem Flair

Klosterpark Altzella

Bei einem Spaziergang durch den weitläufigen Park kommt man an den Ruinen des Klosters Altzella vorbei. Alles wirkt wie arrangiert und von einem Gemälde Caspar David Friedrichs inspiriert. In der Tat war der Gärtner Johann Gottfried Hübler, der den Park um 1800 im Auftrag des Kurfürsten Friedrich August III. anlegte, von romantischem Geist beseelt und bezog die Ruinen des Klosters von vorneherein in seine Planungen mit ein. Die Zisterzienserabtei Altzella, 1162 vom Meißener Markgrafen Otto dem Reichen (1125 – 1190) gegründet, war von 1190 bis 1380 **Grablege der Wettiner** und in ihrer Blütezeit im 15. Jh. das größte Kloster Sachsens. Nach der Einführung der Reformation wurde es aufgelöst. Die Klosterbauten begannen zu verfallen oder dienten als Steinbruch. Einzig das **Konversenhaus**, in dem einst die Laienbrüder des Ordens lebten und das lange als Getreidespeicher genutzt wurde, blieb erhalten. Dort informiert heute eine **Ausstellung über die Geschichte des Klosters** und seiner Bauten. In dem gegen Ende des 18. Jh.s fertiggestellten **Mausoleum** auf dem Gelände liegen die Wettiner begraben, die im 13. und 14. Jh. im Kloster ihre letzte Ruhestätte gefunden hatten. Die Kurfürsten hatten die sterblichen Überreste ihrer Vorfahren ab 1676 umbetten lassen.
Der Klosterpark Altzella liegt bei Nossen 19 km nördlich von Freiberg. Im Renaissanceschloss über dem Ort informiert eine Dauerausstellung über den sächsischen Landadel.

Klosterpark: April – Okt. Di. – Fr. 10 –17, Sa., So. bis 18 Uhr | Eintritt: 5 €, Kombikarte mit Schloss Nossen 7 € | www.kloster-altzella.de
Schloss Nossen: April – Okt. Di. – Fr. 10 – 17, Sa., So. bis 18 Uhr | Eintritt: 4 €, Kombikarte mit Kloster Altzella 7 € | www.schloss-nossen.de

Tharandter Wald

Vom Jagdrevier zum Geopark

Blick in die Geschichte

Das 6000 ha große Waldgebiet zwischen Freiberg und Dresden ist ein beliebtes Naherholungsgebiet und ein Tummelplatz für Geologen. Es liegt in einem Kessel vulkanischen Ursprungs, der mit Porphyr, Sandstein, Gneis oder Basalt gefüllt ist. Wo einst Sachsens Kurfürsten auf

Jagd gingen, suchen heute Studenten der Geologie nach Gestein und lernen, es zu klassifizieren. **Naturlehrpfade** führen zu geologischen Formationen und informieren über die Flora des Waldes. Insgesamt durchziehen **200 km Wanderwege** das Gebiet. Den Geopark »Sachsens Mitte« kann man mit Rangern erkunden.
www.geopark-sachsen.de

Museum der Bäume

Tharandt

Das am östlichen Rand des Tharandter Waldes im Tal der Wilden Weißeritz gelegene Städtchen hat durch die 1811 von Johann Heinrich Cotta gegründete **Forstlehranstalt** Bekanntheit erlangt. In dem angeschlossenen forstbotanischen Garten gedeihen mehr als 2000 Arten von Gehölzen. Zum **historischen Arboretum** im östlichen Teil der Anlage, das vorwiegend Pflanzen aus Mitteleuropa in einer taxonomischen Ordnung zeigt, kamen im westlichen Teil 1997 nordamerikanische Waldformationen hinzu, die ganze Pflanzengesellschaften abbilden. Die **Wald-Erlebnis-Werkstatt** bietet Kids spielerische Einführungen in umweltbewusstes Verhalten an. Tharandt ist, neben Hetzdorf und dem Kurort Hartha, ein Ausgangspunkt für Touren durch den Tharandter Wald. Ein Wanderweg führt durch das Tal der Wilden Weißeritz an der Ostgrenze des Waldes zum Besucherbergwerk **»Aurora Erbstolln«**. Längere Touren enden bei den Talsperren Klingenberg und Lehnmühle. Die Ruine der **Tharandter Burg** aus dem 13. Jh. thront malerisch auf einem Felssporn über dem Fluss.
Botanischer Garten: April – Okt. tgl. 8 – 17 Uhr | Eintritt: frei (Spende erbeten) | https://info.forstpark.de
Aurora Erbstolln: April – Okt. Sa. 10 – 14.30 Uhr | Eintritt: 4,50 € | https://auroraerbstolln-dorfhain.de

ÖPNV wie anno dazumal

Weißeritztalbahn

Seit 1883 befährt die Bahn die Schmalspurstrecke zwischen Freital-Hainsberg und dem osterzgebirgischen Bad Kibsdorf. Bis heute ziehen altehrwürdige Dampfloks die nicht minder alten Personenwaggons. Das Bähnchen schnauft die Rote Weißeritz entlang durch den wildromantischen Rabenauer Grund, durch ein enges Tal und über waghalsige Brückenkonstruktionen hinweg (▶ Das ist ..., S. 12ff.). Wanderwege gibt es in der Schlucht zuhauf.
www.weisseritztalbahn.de

Wie man Leder macht

Dippoldiswalde

Wer wissen möchte, wie vorindustrielle Gerbereien dünne Tierhäute zu hartem und dickem Leder für Schuhsohlen oder Sättel verarbeiteten, dem sei ein Besuch im Landstädtchen 12 km südlich von Tharandt empfohlen. Dort lässt sich der ganze Prozess der Lederherstellung in einer seit 1750 bestehenden **Lohgerberei** nachvollziehen. Zu der Schauanlage, die einzige ihrer Art in Europa, gehören nicht nur

Gerberei, Trockenboden und Lederlager, sondern auch die Gesellenkammer und die Wohnung des Gerbermeisters. Dippoldiswalde liegt an der Weißeritztalbahn und wartet mit zwei bemerkenswerten Gotteshäusern auf: Die frühgotische **Nikolaikirche** besitzt einen kunstvoll geschnitzten Flügelalter von 1520 und die ebenfalls spätgotische Stadtkirche **St. Marien und Laurentius** eine Kassettendecke aus dem 17. Jh. mit Gemälden von Johann Panitz.
Di. – So. 10 – 17 Uhr | Eintritt: 7,50 € | www.lohgerbermuseum.de

★★ GÖRLITZ

Landkreis: Görlitz | **Einw.:** 56 574 | **Höhe:** 221 m ü. d. M.

Gotik, Renaissance, Barock, Gründerzeit und Jugendstil geben sich in der »Perle an der Neiße« ein herrliches Stelldichein. Kein Wunder also, dass Görlitz bei Touristen aus nah und fern hoch im Kurs steht und internationale Filmteams seine Gassen lieben.

Bis weit in die 1990er-Jahre war Görlitz nichts als ein trist-verfallener Grenzort. Dank eines Anonymus, der der Stadt zwischen 1996 und 2016 jedes Jahr 511 500 € für die Restaurierung historischer Bauten stiftete, änderte sich das. Im Zuge der Sanierung traten unter dem Grau in Grau vergangener Tage prächtige Bürgerbauten hervor. Mittlerweile zählt Görlitz, das den Zweiten Weltkrieg unbeschädigt überstand, zu den schönsten Städten Deutschlands. Das Renaissanceensemble des historischen Zentrums ist das bedeutendste nördlich der Alpen. Das Stadtgebiet rechts der Neiße wurde 1945 polnisch. Seit dem Fall des Eisernen Vorhangs sind beide Städte, das polnische Zgorzelec und das deutsche Görlitz, durch einen regen kulturellen und wirtschaftlichen Austausch verbunden.

Wohin in Görlitz?

Eine Dame kehrt zurück

Vom Post- zum Marienplatz

Seit 1994 thront die »Muschelminna«, wie die Görlitzer die mehr als 3 m hohe Bronzefigur nennen, wieder auf dem Brunnen am Postplatz. Die Skulptur des Bildhauers Robert Toberentz (1849 – 1895) war 1942 eingeschmolzen und gegen Ende der 1980er-Jahre nach historischen Bildvorlagen neu gegossen worden. Ihren Namen verdankt die Schöne der Muschel, die sie über ihrem Kopf trägt und aus der Wasser in das Brunnenbecken plätschert. Wie die Shoppingmeile Berliner Straße, die von seiner Südwestecke Richtung Bahnhof führt,

wird der Postplatz von klassizistischen und gründerzeitlichen Bauten aus der Preußenzeit gesäumt.
Wendet man sich der Nordostecke des Platzes zu, fällt der Blick auf die Maßwerkfenster der spätgotischen **Frauenkirche** (1459 – 1486). An ihrem Westportal verdient der feine Figurenschmuck Aufmerksamkeit. Das **Jugendstil-Warenhaus** nördlich der Kirche, ein Entwurf des Potsdamer Architekten Carl Schumann, soll eine neue Zukunft als Kaufhaus erhalten. Der wunderbare, von einer Glaskuppel übewölbte Lichthof gab 2014 die Kulisse für den Film »The Grand Hotel Budapest«.
Vom Kaufhaus schweift der Blick über den **Marienplatz** mit dem mächtigen, 45 m hohen **Dicken Turm** an seiner Nordseite. Das Senckenberg-Museum für Naturkunde im barocken Palais im Westen des Platzes behandelt die Erdgeschichte und die Fauna der Oberlausitz sowie Tiere und Pflanzen aus aller Welt.
Senckenberg – Museum: Di. – Fr. 9.30 – 17, Sa., So. 10 – 17 Uhr
Eintritt: 5 € | https://museumgoerlitz.senckenberg.de

Trutzig

Demianiplatz

Ein mächtiger Rundbau beherrscht das weitläufige Areal westlich des Marienplatzes. Seinen Namen **»Kaisertrutz«** erhielt er 1641 im Dreißigjährigen Krieg, als die von den Schweden besetzte Stadt den Angriffen kaiserlicher Truppen 10 Wochen widerstand. Der Bau entstand 1490 als eine der einst 32 Bastionen der Görlitzer Stadtbefestigung und war ursprünglich mit dem Reichenbacher Turm gegenüber durch eine Wehrmauer verbunden. Der Vorbau mit Säulenhalle und Ecktürmen kam ebenso wie der Turm mit dem Umbau zur Hauptwache der preußischen Garnison im Jahre 1848 hinzu. Heute ist im Kaisertrutz das Görlitzer **Kulturhistorische Museum** untergebracht. Es beleuchtet mit einer interessanten Ausstellung die Geschichte der Stadt von den Anfängen bis zu den politischen Umbrüchen im 20. Jahrhundert. Die **Galerie der Moderne** im Kaisertrutz zeigt Kunst des 20. und 21. Jahrhunderts. Auch im 1376 erstmals erwähnten **Reichenbacher Turm** ist das Museum mit einer Ausstellung präsent.
Die Südostseite des Demianiplatzes beherrscht der klassizistische Bau des 1851 eröffneten **Theater**s, ein Zwei-Sparten-Haus, dank seiner opulenten Ausstattung »kleine Semperoper« genannt.
Kaisertrutz und Reichenbacher Turm: April – Okt. Di. – Do. 10 – 17, Fr. – So. 10 – 18; Nov. – März nur Museum Di. – So. 10 – 16 Uhr, Turm nur im im Sommer | Eintritt: 6 € (Kaisertrutz), 3 € (Turm), Kombi mit Barockhaus 9 € | www.goerlitzer-sammlungen.de

Hier geht die Kirchturmuhr anders

Obermarkt

Der langgestreckte Platz, der sich vom Reichenbacher Turm bis zum Klosterplatz mit der Dreifaltigkeitskirche erstreckt, wurde bereits in der Mitte der 13. Jh.s angelegt. Als Teil der via regia, die den Westen

GÖRLITZ ERLEBEN

GÖRLITZ-INFORMATION
Obermarkt 32
02826 Görlitz
Tel. 03581 4 75 70
www.goerlitz.de

STADTFÜHRUNGEN
Von Nachtwächter-Führungen über Radltouren bis hin zu historisch orientierten Rundgängen: Die Touristeninformation bietet einen bunten Strauß von Stadtführungen an.
www.goerlitz.de

❶ SCHNEIDERSTUBE €€€
Im Restaurant des Hotels Tuchmacher kommt in bürgerlich-rustikalem Ambiente internationale und sächsische Küche auf den Tisch. Wer reserviert, ergattert vielleicht einen der Plätze im Innenhof!
Peterstr. 8, Tel. 03581 4 73 10
Di. – Sa. 17 – 22 Uhr
www.tuchmacher.de

❷ BRAUHAUS OBERMÜHLE €€
Im Sommer trifft man sich auf der lauschigen Terrasse und im Biergarten, im Winter am Kachelofen (bei Feuerzangenbowle) in der gemütlichen Wirtsstube. Gerichte wie Sauerbraten vom Wild mit Serviettenknödeln sind schnörkellos zubereitet und zu fairen Preisen zu haben. Das Bier kommt aus der kleinen Hausbrauerei.
An der Obermühle 5
Tel. 03581 87 98 32
Tgl. ab 12 Uhr
www.obermuehle-goerlitz.de

❸ BÜRGERSTÜBL €€
Eine der ältesten Gaststätten serviert Hausmannskost mit schlesischem Einschlag. Blutgrützwurst (Krupniok) – versucht haben sollte man sie aber schon mal. Mit Biergarten.
Neißestr. 27
Tel. 03581 87 81 231
Mo. – Fr. 17 – 22, Sa., So. 12 – 14.30 u. 17 – 22 Uhr
www.buergerstuebl.de

❹ DESTILLE €€
Das Lokal am Nikolaiturm bietet schlesische Spezialitäten, deutsche Standards und mediterrane Gerichte in verlässlicher Qualität. Im Keller kann man eine Mikwe aus dem 14. Jh. besichtigen, ein jüdisches Ritualbad.
Nikolaistr. 6, Tel. 03581 40 53 02
Mo. – Sa. 17.30 – 22.30 Uhr
www.destille-goerlitz.de

❺ WIRTSHAUS ZUR ALTSTADT €€
Das Wirtshaus ist eine Anlaufstelle für Görlitzer und bietet bodenständige Küche.
Elisabethstr. 16
Tel. 03581 89 35 157
Di. – So. 17.30 – 24, Fr. – So. auch 11.30 – 24 Uhr

❻ LUCIE SCHULTE €€€
Vom Black-Angus-Carpaccio bis zur Kalbsleber auf Karotten-Parmesan-Püree: Bernd Schade und sein Team bereiten Klassiker aus aller Welt kreativ zu und servieren sie unter einer Gewölbedecke oder im Innenhof.
Untermarkt 22
Tel. 03581 41 02 60
Mo. – Sa. 17 – 23 Uhr, Sa. auch mittags
www.lucieschulte.de

❶ BON APART €€€
Das Haus liegt zentral und bietet 20

individuell im italienischen Barock- oder französischen Landhausstil eingerichtete Zimmer. Das Frühstücksbuffet ist reichhaltig.
Elisabethstr. 41
Tel. 03581 4 80 80
www.bon-apart.de

❷ DREIBEINIGER HUND €€

Das Hotel in einem aufwendig sanierten Altbau in der Nähe des zentralen Untermarkts ist ganz auf Schlesien eingestellt: Die 14 Zimmer sind mit schlesischen Biedermeier-, Gründerzeit- oder Jugendstilmöbel, eingerichtet, und das Restaurant serviert Spezialitäten der schlesisch-böhmischen Küche. Frühstück gibt's im Renaissancesaal.
Büttnerstr. 13
Tel. 03581 42 39 80
www.dreibeinigerhund.de

❸ PENSION PICOBELLO €

Einige der 50 einfachen, aber zweckmäßig eingerichteten Zimmer in Altstadtlage bieten einen Blick auf die Neiße. Die Preise sind sensationell niedrig, Sauna, Parkplätze und Fahrradraum sogar kostenlos.
Uferstr. 32
Tel. 03581 42 00 10
www.picobello-pension.de

und den Osten des Heiligen Römischen Reiches verband, stand er unter dem Schutz des Kaisers. Die **stattlichen Barockhäuser** an seiner Nordseite entstanden nach dem verheerenden Brand von 1717, der große Teile der Bebauung zerstörte. Gegenüber der Dreifaltigkeitskirche fällt das Haus Nr. 29 durch üppige Stuckverzierungen auf. Es wurde 1718 errichtet und ist auch als Napoleonhaus bekannt: 1813 nahm Bonaparte vom Balkon eine Truppenparade ab.

Die Anfänge der **Dreifaltigkeitskirche** gehen auf ein Gotteshaus des 1234 gegründeten Franziskanerklosters zurück. Der Chor erhielt 1371 – 1381 und das Langhaus im 15. Jh. sein heutiges Aussehen. Innen springt der barocke Hochaltar ins Auge. Von der spätgotischen Ausstattung sind das Mönchsgestühl von 1484, die Grablegungsgruppe von 1492, der holzgeschnitzte »Christus in der Rast« (um 1500) und der Wandaltar der »Goldenen Maria« (1511) erhalten.

Dass die Uhr des »Mönch« genannten **Glockenturms** sieben Minuten vorgeht und der **Stundenschlag vor der Zeit ertönt**, soll der Rat der Stadt 1527 veranlasst haben, um Tuchmacher, die einen Aufstand planten, vorzeitig aus ihren Häusern zu locken und in die Arme der bereitstehenden Wachen laufen zu lassen. Am Obermarkt 27, in dem der hingerichtete Anführer des Aufstands lebte, erinnert eine vom Rat initiierte Inschrift an das Ereignis: Die Initialien »D.V.R.T.1527« bedeuten so viel wie »Der verräterischen Rotte Tür«.

Untermarkt

Das historische Zentrum der Stadt

Übersicht

Für die Städte Schlesiens und Böhmens ist das nicht ungewöhnlich: Eine Häuserzeile, die Mittelzeil, teilt den seit 1220 belegten Untermarkt in zwei Hälften. Bis zum Umzug des Wochenmarkts in die Elisabethstraße 1864 boten die Bauern aus dem Umland im nördlichen Teil ihre Produkte an. Der südliche war Handwerkern vorbehalten.

Der Görlitzer Untermarkt zählt zweifellos zu den beeindruckendsten Stadtplätzen Deutschlands. **Stattliche Bürgerhäuser aus Gotik, Renaissance und Barock** stehen hier dicht an dicht. An den Häuserzeilen an seiner Ost- und seiner Südseite fallen die Laubengänge im Erdgeschoss auf. Einst stellten Görlitzer Kaufleute dort ihre Waren aus, heute locken nette Cafés und Restaurants. Die **Börse**, ein langstreckter Barockbau, dem kleinere Verkaufsläden weichen mussten, nimmt seit 1706 die Nordseite der Mittelzeil ein. Das Haus war früher Treffpunkt von Kaufleuten und Unternehmern, heute hat dort ein Hotel seine Zelte aufgeschlagen. Auf der anderen Seite der Mittelzeil, in ihrer Südostecke, springt ein Renaissancebau ins Auge. Bis 1823

In Görlitz ist man noch viel auf altem Pflaster unterwegs.

waren dort die **Stadtwaage** und die Akzise zur Registrierung und Verzollung von Gütern untergebracht.

Schönhof

Schlesische Kulturgeschichte in reinster Frührenaissance
Das Haus gegenüber der Rathaustreppe (Brüderstraße 8) zählt zu den ganz **frühen renaissancezeitlichen Patrizierbauten** Deutschlands. Es wurde 1526 von Wendel Roskopf d. Ä. errichtet und ist mit den Langen Lauben an der Südseite des Untermarkts verbunden. Der sich über beide Stockwerke hinziehende Eckerker und die mit Putzzonen wechselnden, in rötlichem Sandstein gehaltenen Fensterbänder sind sein Markenzeichen. Der Schönhof diente einst als Gästehaus der Stadt Görlitz. Seit 2006 residiet hier das **Schlesische Museum.**
April – Okt. Di. – Do. 10 – 17, Fr. – So. bis 18 Uhr; Nov. – März bis 16 bzw. 17 Uhr | Eintritt: 7 € | www.schlesisches-museum.de

Rathaus

Justititia sieht genau hin
Das Görlitzer Rathaus zieht sich die ganze Westseite des Untermarkts entlang und besteht eigentlich aus vier Gebäuden, die unterschiedlicher nicht sein könnten. In ihnen spiegelt sich eine 600-jährige Baugeschichte wider. Der weithin sichtbare **Rathausturm** und das nördlich an ihn grenzende Haus sind seit 1378 belegt und bilden den ältesten Teil des Gebäudekomplexes. Ihnen schließt sich die im 16. Jh. errichtete ehemalige Münze an (Untermarkt 7), die heute den Trausaal beherbergt. Dem um 1900 im Neorenaissance-Stil errichteten **Neuen Rathaus** (Untermarkt 8) musste ein altes Handelshaus mit Laubengängen weichen. Der Turm und sein Nachbargebäude wurde zu Beginn des 16. Jh.s aufgestockt. Die beiden Turmuhren stammen ursprünglich wohl auch aus dieser Zeit. 1584 ließ Bürgermeister Bartholomäus Scultetus die untere mit einem zwölfstelligen Ziffernblatt versehen und führte damit den Gregorianischen Kalender in der Oberlausitz ein; die obere ist eine Mondphasenuhr mit 24 Stellen. Die berühmte **Rathaustreppe** (1537) des Ratsbaumeisters Wendel Roskopf führt in den auf die Brüderstraße weisenden **Gerichtsflügel**, dessen Anfänge auf das beginnende 15. Jh. zurückgehen. Ihre Balustrade windet sich um die 1591 hinzugefügte **Justitiasäule** – mit einer Justitia ohne Augenbinde! – hinauf zur Verkündigungskanzel. Das Relief rechts an der Wand des Rathausturms zeigt das Hauswappen des Ungarnkönigs und zeitweiligen Lausitzherrschers Matthias Corvinus.

Kulturhistorischen Museums Barockhaus Neißstraße

Erbe der Aufklärung
Das barocke Palais an der Ecke Neißstraße/Untermarkt (Neißstraße 30) war seit 1807 Sitz der 1779 gegründeten **Oberlausitzischen Gesellschaft der Wissenschaften**. Ihre dem Geist der Aufklärung verpflichteten Mitglieder hatten es sich zur Aufgabe gemacht, das Wissen der Welt zu sammeln und die Erforschung der Natur wie der Geschichte zu fördern. Nach der Auflösung 1945 gingen das Haus

Unter den Arkaden am Untermarkt hindurch geht der Blick auf das Rathaus.

und die mehr als 100 000 Bände umfassende **Oberlausitzsche Bibliothek** sowie u. a. das Physikalische Kabinett und die Mineraliensammlung in den Besitz der Stadt Görlitz über. Heute lassen sich in dem vom kulturhistorischen Museum betreuten, prächtig ausgestatteten Bau der historische Bibliotheksaal sowie eine Sammlung von Gemälden, Skulpturen, Glas- und Goldschmiedearbeiten des 17. und 18. Jh.s bestaunen. Eine besondere Attraktion ist die **Milich'sche Raritäten- und Wunderkammer**. Die zweite Etage ist den historischen Sammlungen der Gesellschaft vorbehalten. Die Oberlausitzische Gesellschaft der Wissenschaften wurde 1990 neu gegründet.
April – Okt. Di. – Do. 10 – 17, Fr. – So. 10 – 18; Nov. – März Di. – So. 10 – 16 Uhr | Eintritt: 6 € (mit Kaisertrutz und Turm 9 €) | www.goerlitzer-sammlungen.de

Sonnenstunden

Rats-apotheke

Das Bürgerhaus an der Nordostecke des Untermarkts zählt sicherlich zu den schönsten Renaissancebauten in Görlitz. An der Fassade fallen zwei Sonnenuhren auf. Die linke zählt die Stunden im 2 x 12- sowie im 24-Stunden-Rhythmus, die rechte gibt die Position der Sonne im Jahreslauf an. Stadtbaumeister Wendel Roskopf d. J. baute das Haus 1550 für einen Görlitzer Kaufmann. 1771 zog dort die bis 1832 einzige Apotheke der Stadt ein. Das Café in den sorgfältig restaurierten Gemäuern ist einen Besuch wert. Die Sonnenuhren stammen von Zacharias Scultetus und sind wie das Haus 1550 entstanden.

Spätgotik vom Feinsten

Pfarrkirche St. Peter und Paul

Das imposante Gotteshaus erhebt sich, nur einen kurzen Spaziergang vom Untermarkt entfernt, über dem Ufer der Neiße. Der spätgotische Bau, zwischen 1425 und 1497 als fünfschiffige Hallenkirche an der Stelle einer spätromanischen Basilika errichtet, zählt zu den **größten Kirchen der Oberlausitz**. Bis auf die erst gegen des Ende des 19. Jh.s angebrachten Aufbauten und Helme der beiden Türme stammt der Westriegel noch vom Vorgängerbau. Überwältigend sind die Raumwirkung der bis 27 m hohen, 62 m langen und 38 m breiten Halle und die Sterngewölbedecke. 1691 zerstörte ein Feuer die spätgotische Ausstattung. Beichtstühle, Kanzel, Altar und der zwischen 1697 und 1703 von Johann Conrad Buchau (1682 – 1703) geschnitzte Orgelprospekt sind barock.

Die **Krypta**, über der sich der Chor erhebt, wurde wegen des abschüssigen Geländes noch vor der Kirche errichtet und bereits 1457 geweiht. Sie gilt als schönster spätgotischer Raum der Oberlausitz.

Alles blau

Waidhaus

Südlich der Kirche steht, am Steilabfall zur Neiße, der älteste Profanbau der Stadt. Im 12. Jh. als Wirtschaftshof einer Burg erstmals erwähnt, wurde er im Laufe seiner langen Geschichte als Lager, Brauhof, Schütthaus und von 1479 – 1529 sogar als Schule genutzt. Den Namen »Waidhaus« verdankt er dem Färberwaid, einer bis zu 1,50 m hohen Pflanze, aus der man einst Indigo gewann, für die Kaufleute der Stadt ein wichtiges Handelsgut. Ab 1530 nutzten sie das Haus als Lager für die Pflanze und den kostbaren Farbstoff.

Nikolaivorstadt

Museum der Grabsteine

Nikolaikirche und -friedhof

Wer sich für historische Grabmalkunst interessiert, dem sei ein Abstecher zu dem Friedhof an der Nikolaikirche empfohlen. Der Gottesacker war bis 1847 der Hauptfriedhof von Görlitz und wartet noch heute mit **kunstvoll gearbeiteten Grabsteinen** vom 17. bis zum 19. Jh. auf. In den sog. **»Grufthäusern«** auf dem Areal ließen wohlhabende Görlitzer Familien ihre Angehörigen bestatten. Auf dem Friedhof liegt der berühmteste Sohn der Stadt, der Philosoph und Mystiker **Jakob Böhme** (1575 – 1624), begraben. Die spätgotische Nikolaikirche entstand zwischen 1452 und 1520 an der Stelle des ersten, bereits um 1100 bezeugten Görlitzer Gotteshauses. 1925 wandelte man den Innenraum in eine Gedenkstätte für die Görlitzer Gefallenen des Ersten Weltkriegs um. Kirche und Friedhof bilden das Zentrum des Nikolaiviertels, der **mittelalterlichen Keimzelle von Görlitz**. Von St. Peter und Paul erreichen Sie es am besten über die Nikolaistraße, die zum Nikolaiturm, einst Teil der Stadtmauer, führt.

Reise nach Jerusalem

Heiliges Grab

Die Anlage im Görlitzer Ölberggarten der Nikolaivorstadt gilt als verkleinerte, aber originalgetreue Kopie des Heiligen Grabes. Sie besteht aus der Doppelkapelle zum Heiligen Kreuz, dem Salbhaus und der Grabkappelle. Der Görlitzer Bürgermeister und wohlhabende Kaufmann Georg Emmerich stiftete die Anlage nach der Rückkehr von einer Jerusalemreise, die er angeblich als Buße für Ehebruch unternommen haben soll. An Karfreitag führt eine Prozession von der Krypta der Peterskirche zum Heiligen Grab.

Der Süden von Görlitz

Grüne Oase

Stadtpark

Die bereits im 19. Jh. parallel zur Neiße angelegte Grünanlage besticht durch einen reichen Bestand an Nadel- und Laubbäumen. Seit 1961 zeigt ein mehr als eine Tonne schwerer Globus aus Granit den 15. Längengrad Ost an, der durch den Park führt und auf den sich die Definition der Mitteleuropäischen Zeit (MEZ) bezieht.

Auf dem Görlitzer Hausberg

Landeskrone

Wie eine Krone erhebt sich der dicht bewaldete, 420 m hohe Vulkankegel im Südwesten von Görlitz aus dem flachen Land. Er ist ein beliebtes Ausflugsziel und ein Wahrzeichen der Stadt. Der Aufstieg von der Straßenbahnhaltestelle der Linie 2 ist zwar mühselig, doch oben warten ein Restaurant, Aussichtsturm und eine Bismarcksäule.

Rund um Görlitz

Granit für den Berliner Reichstag

Königshainer Berge

Bis in die 1950er-Jahre wurde in dem großen Waldgebiet im Norden von Königshain Granit gebrochen, der u. a. beim Bau des Berliner Reichstagsgebäudes und der Uferschutzmauer von Helgoland Verwendung fand. Kletterer nutzen die noch bestehenden Granitfelsen als Übungsfeld. **Archäologische Funde am Totenstein** belegen, dass bronzezeitliche Menschen den Ort als Kultstätte nutzten. Eine Plakette erinnert dort an den Besuch des preußischen Königs Friedrich Wilhelm IV., der den Felsen 1844 als »Denkmal der Vorzeit« unter Schutz stellte. Auf dem **Hochstein** (406 m. ü. d. M.) mit Aussichtsturm lädt eine Baude zur Einkehr ein. Außerdem informiert ein Museum am Rand des Gebiets über den Granitabbau. Dort startet auch ein **Natur- und Steinbruch-Lehrpfad**.

Granitabbaumuseum: April – Okt. Mi. – Fr. 10 – 14.30, Sa./So. 13 – 17 Uhr, Winter nur Wochenende | Eintritt 3 €
https://museum-oberlausitz.de

Landleben kann so schön sein

Dorfmuseum Markersdorf

Das in einem 250 Jahre alten Vierseithof untergebrachte Museum in **Markersdorf** lässt die bäuerliche Lebenswelt vergangener Tage wieder lebendig werden. Wohnräume, Stiegenhaus und Scheune – alles sieht wie bei einem Oberlausitzer Kleinbauern vor 100 Jahren aus. In dem zum Hof gehörenden Garten werden traditionelle Gemüsesorten angebaut.

März – Okt. Mi. – Fr. 10 – 16, Sa. u. So. 13 – 17 Uhr | Eintritt: 3 € |https://museum-oberlausitz.de

Idealstadt der Herrnhuter

Niesky

Der Stadt 20 km nordöstlich von Görlitz ist vergleichsweise jung. Anhänger der reformatorischen Herrnhuter Brüdergemeine (▶ S. 216), die aus ihrer katholischen Heimat vertrieben worden waren, gründeten sie 1742. Nicht nur der Name – »Niesky« ist tschechisch und bedeutet so viel wie »niedrig vor dem Herrn« –, auch das **rechtwinklig angelegte Straßennetz** um den zentralen, nach dem Gründer der Gemeinschaft benannten Zinzendorfplatz spiegelt die dem Einfachen und Harmonischen verpflichteten Ideale der Herrnhuter wider. Das **Johann-Raschke-Haus** an der Ostseite des Platzes, ein stattlicher Fachwerkbau aus dem Gründungsjahr 1742, war das Haus des ersten Ortsvorstehers und ist auch nach ihm benannt. Heute beherbergt es ein kleines Museum zur Stadtgeschichte. In dem schlichten Barockbau gleich daneben war ein 1760 eröffnetes Pädagogium untergebracht. Im Konrad-Wachsmann-Haus geht es um den Architekten Konrad Wachsmann (1901-1980). Dieser Pionier industriellen Bauens arbeitete in Niesky bei der auf Holzbau spezialisierten Firma Christoph & Umack.

In Rietschen, 8 km nördlich von Niesky, ist mit der **Elrichthofsiedlung** ein Lausitzer Heidedorf wieder entstanden, in dem Töpfer, Bäcker und Weber heute wie vor 100 Jahren ihrem Handwerk nachgehen. In der »Wolfsscheune« informiert eine Ausstellung über die »Wolfsregion Lausitz«.

Johann-Raschke-Haus: Mo. – Fr. 10 – 17, So. 14 – 17 Uhr
Konrad-Wachsmann-Haus: So. – Do. 10 – 16 Uhr | Eintritt: 5 € (beide Häuser zusammen) | www.wachsmannhaus-niesky.de
Museumsgehöft: Mi. – So. 10 – 17, Di. 10 – 14 Uhr | Eintritt: 3 €, Wolfsscheune 1 € | www.erlichthofsiedlung.de

Im Land der vielen Teiche

Oberlausitzer Heide- und Teichlandschaft

Die als **UNESCO-Biosphärenreservat** ausgewiesene Kulturlandschaft nordwestlich von Görlitz ist aus einem Moor- und Sumpfgebiet entstanden. Die ersten Teiche wurden bereits im 13./14. Jh. angelegt. Im 16. Jh. gelangte die **Teichwirtschaft** zu voller Blüte. Historiker vermuten, dass es damals in dem Gebiet rund 1000 kleine Seen gab. Im 19. Jh. ging man dann dazu über, viele davon trockenzulegen und in Ackerland zu verwandeln. Heute bieten die 350 künstlichen Gewässer einen Lebensraum für viele Tierarten. Auf einer Rad- oder Wandertour lassen sich sogar Kraniche, Wildgänse und Seeadler beobachten.

Seit den Anfängen der Besiedlung war die Urbarmachung des Gebiets mit der Vernichtung des Waldes verbunden. Auch hier setzte in der zweiten Hälfte des 19. Jh.s ein Umdenken ein, und man begann mit Wiederaufforstungen. Heute prägen Kiefernwälder große Teile der Landschaft. Auf den verlassenen Truppenübungsplätzen und Tagebauarealen des Gebiets gedeihen allerlei Heidesträucher. Trotz der zahlreichen Eingriffe des Menschen gibt es im Biosphärenreservat immer noch viel unberührte Natur, darunter sumpfige Bruchwälder und Moore. Das Besucherzentrum, das **»Haus der 1000 Teiche«**, befindet sich in Wartha, einem Ortsteil von Malschwitz.

Haus der 1000 Teiche: Di. – So. 9 – 17 Uhr | Eintritt 4,50 € | www.haus-der-tausend-teiche.de | www.biosphärenreservat-oberlausitz.de

Zu Fuß erlebt man die Oberlausitzer Heide und die Teiche intensiv.

EWIGKEIT

Seit fast 800 Jahren ist das Kloster Marienthal ein Ort der Andacht und des Gebets. Es hat Jahrhunderte überdauert. Hinter den Wirtschaftsgebäuden führt ein Weg den Hang hinauf zu einer Kreuzigungsgruppe – ein perfekter Platz für ein Bedenken von Ewigkeit und Vergänglichkeit.

Ein Kloster für die Ewigkeit?

Kurz hinter Ostritz, 17 km südlich von Görlitz, tauchen linker Hand im Neißetal die goldenen Kreuze und roten Dächer des malerisch gelegenen Klosters auf. Seit 1234 leben dort **Zisterzienserinnen** nach den Regeln des Hl. Benedikt. Selbst die Umbrüche des 20. Jh.s konnten dem Kloster fast nichts anhaben. Während des Zweiten Weltkriegs unterhielten die Nonnen – unter Aufsicht der SS – ein Lazarett. 1952 erhielt die Ordensgemeinschaft den ihr von den Nazis aberkannten Status einer öffentlich-rechtlichen Körperschaft zurück und konnte 1984 ihr 750-jähriges Jubiläum feiern. Heute bieten die Schwestern **Kloster-auf-Zeit-Tage, Meditationen** und Seminare an.

1683 zerstörte ein Brand die mittelalterlichen Klosterbauten fast vollständig. Die heutige, mauernumgürtete Anlage mit Konventhaus, Klosterkirche, Abtei, Probstei und Wirtschaftsgebäuden entstand in der zweiten Hälfte des 17. bis Mitte des 18. Jahrhunderts. **Kapelle, Klosterkirche** und die **Bibliothek** mit kostbaren Handschriften können bei Führungen besichtigt werden.

Nebenan: der **östlichste Weinberg Deutschlands**, wo die weißen Sorten Sirius und Saphira angebaut werden.

Führungen: Ostern – Okt. Mo. – Sa. 15, Winter Sa. u. So. 15 Uhr | Eintritt: 6 € | www.kloster-marienthal.de
www.weinberg.ibz-marienthal.de

GRIMMA

Landkreis: Leipzig | **Einw.:** 28 250 | **Höhe:** 130 – 150 m ü. d. M.

Bürgerhäuser der Renaissance, viel historisches Flair und ein (meist) träge dahin fließender Fluss – die »Perle des Muldentals« ist ein liebenswürdiges Landstädtchen.

Grimma entwickelte sich aus einer Siedlung, die der Meißener Markgraf Otto der Reiche (1125 – 1190) um 1170 anlegen ließ. Nicht zuletzt dank der Lage an einem Muldenübergang gedieh der Ort prächtig und erhielt bereits 1220 das Stadtrecht. Seit dem 15. Jh. bescherten die dort ansässigen Handwerker Grimma eine lang anhaltende wirtschaftliche Prosperität. Schloss Grimma war eine Residenz der Wettiner. 1550 ließ Moritz von Sachsen im Gebäude des aufgelösten Augustinerklosters eine der drei von ihm gegründeten Fürstenschulen Sachsens einrichten. Heute hat dort das Gymnasium St. Augustin, eines der wenigen in Sachsen mit angeschlossenem Internat, seinen Sitz.

Wohin in Grimma und Umgebung?

Schmückstück mit kleinem Fehler

Marktplatz mit Rathaus

Mitten auf dem von schnuckeligen Bürgerhäusern gesäumten, kleinen Marktplatz steht das Rathaus. Obwohl das dreigeschossige Satteldach den Unterbau irgendwie zu erdrücken scheint, zählt es für viele zu den schönsten Rathäusern Sachsens. Urkundlich belegt ist es seit 1292. Den Westgiebel im Stil der Frührenaissance erhielt es nach einem Brand im Jahr 1540, die charakteristische Freitreppe 1585.

Das **Seumehaus** am Markt 11 entstand um 1550 und beherbergte zwischen 1797 und 1828 die Druckerei von Georg Joachim Göschen (1752 – 1828), Verleger von Goethe, Schiller, Wieland und Klopstock. Von 1797 – 1828 war **Johann Gottfried Seume** (1763 – 1810) dort als Korrektor und Lektor tätig. Die Ausstellung zu seinem Leben und Werk (»Spaziergang nach Syrakus«) ist ins Göschenhaus (▶ S. 173) gezogen.

Denkmalpflege und Hochwasserschutz

Pöppelmannbrücke

Den Wassermassen, die im August 2002 viele historische Häuser in Grimma zerstörten, hielt auch die barocke, nach einem Entwurf von Matthäus Daniel Pöppelmann zwischen 1716 und 1719 errichtete Brücke über die Mulde nicht stand und stürzte ein. Beim Wiederaufbau mussten zwei der ursprünglich sechs Bögen aus Rochlitzer Porphyrtuff durch einen 70 m langen Stahlrohr-Sprengwerk-Brückenbogen ersetzt werden. 2012 feierten die Grimmaer die Wiedereröffnung. Dem Jahrhunderthochwasser vom Juni 2013 hielt das Bauwerk stand.

Im ursprünglich gotischen **Schloss** im Süden der westlichen Brückenauffahrt erblickte am 31. Juli 1443 Albrecht der Beherzte, der Stammvater der albertinischen Wettiner, das Licht der Welt. Im 16. Jh. erfolgte eine Umgestaltung im Stil der Renaissance. Vom Vorgängerbau ist der Ostflügel mit einem sehenswerten, auf einem Mittelpfeiler ruhenden Kreuzgratgewölbe erhalten.

GRIMMA ERLEBEN

STADTINFORMATION
Markt 23, 04668 Grimma
Tel. 03437 9 77 90 11
www.grimma.de

MULDENTALRADWEG
Die Landschaft entlang der Mulde ist auf sehr gut ausgebauten Radwegen wunderbar per Fahrrad zu genießen. Der Muldental-Radweg hat drei Etappen (je eine von den beiden Quellflüssen Freiberger bzw. Zwickauer Mulde und dann ab deren Vereinigung bei Sermuth). Infos und Download von gpx-Daten auf:
www.muldentalradweg.de

GÖSCHENS GUT €€
In der umgebauten Scheune des Landguts des Verlegers Georg Joachim Göschen kommt gute und deftige regionale Küche auf den Tisch, von der Kartoffelsuppe über Mutzbraten bis zu Quarkkeulchen. Gartenterrasse und Biergarten im Innenhof.
Schillerstr. 27, Hohnstädt
Tel. 03437 76 08 60
Di. – Fr. ab 16.30, Sa., So. ab 11.30 Uhr, www.goeschensgut.de

ZUR WASSERMÜHLE €€
Das historische Gasthaus im Ortsteil Höfgen gehört zu einer Wassermühle von 1721, die besichtigt werden kann. Die Küche ist auf traditionelle Gerichte ausgerichtet. Vom schönen Biergarten blicken Sie in das Muldental.
Dorfstr. 10
Tel. 03437 91 71 53
April – Okt. Fr. – So. 12 – 17 Uhr
www.wassermuehle-hoefgen.de

KLOSTER NIMBSCHEN €€€ – €€
Das Hotel bietet seinen Gästen nicht nur 80 modern und behaglich eingerichtete Zimmer, sondern auch einen Fitnessraum sowie eine Minigolfanlage und andere Freizeitmöglichkeiten. Es nutzt die aufwendig umgestalteten Stallungen und Speichergebäuden des Klosterguts gleich neben der Ruine des Zisterzienserinnenklosters, aus dem Katharina von Bora zu Martin Luther floh. Im Restaurant erfährt man beim vorbestellten »Luthermenü« Wissenswertes über den Reformator und seine Frau.
Nimbschener Landstr. 1
Tel. 03437 99 50
www.kloster-nimbschen.de

Altar mit Weihnachtsgeschichte

Frauenkirche

Am Ende der Langen Straße, die vom Marktplatz Richtung Süden führt, ragen die beiden Türme der Frauenkirche in den Himmel empor. Das Westwerk des Gotteshauses stammt noch vom Vorgängerbau, einer romanischen Pfeilerbasilika des 13. Jahrhunderts. Nach einem Brand erfolgte ab 1300 der Ausbau zu einer dreischiffigen gotischen Hallenkirche mit schönen Spitzbogenarkaden. Kostbarstes Ausstattungsstück ist ein Schnitzaltar von 1510 mit einer Darstellung

der Geburt Christi im Mittelteil, der Verkündigungsszene im Sockel sowie der Heimsuchung und Anbetung der Könige in den Flügeln.
Ostern - Reformatiostag Di. - Sa. 10.30. - 12.30, 14.30. - 16.30, So 14.30. - 16.30, Nov. u. Dez. Di. - Sa. 11. - 12, 14. - 15, So 14. - 15 Uhr

Muldenfahrt

An der Mulde

Von der Kirche führt ein Spaziergang hinunter zu der 1923/1924 erbauten Hängebrücke über die Mulde. Wenige Schritte weiter südlich legen die Boote der Muldenschifffahrt nach Höfgen ab. Oberhalb der Brücke fällt die Gattersburg auf, eine verschnörkelte Villa mit Türmchen, die der Papierfabrikant Max Schröder in den 1880er-Jahren errichten ließ. Heute ist sie ein Hotel.
Muldenschiffahrt: April - Okt. Mo. - Fr. 11 - 17, Sa., So bis 18 Uhr zur vollen Stunde | Fahrt: 5,10 €, Kind 3,90 €

Treffpunkt berühmter Autoren

Göschenhaus mit Seumezimmer

1795 kaufte Georg Joachim Göschen in **Hohnstädt**, einem Stadtteil im Norden von Grimma, ein Landgut, das er zunächst als Sommerhaus und später als Wohnsitz nutzte. Dort empfing er auch seine Autoren wie Friedrich Schiller, Theodor Körner und Johann Gottfried Seume. Einige der Räume stehen für Besichtigungen offen, darunter das Biedermeierzimmer, das Seumezimmer mit Erinnerungen an den Dichter und eine kleine Druckerei.
Mi. - So. 11 - 16 Uhr, nur mit Führung zu jeder vollen Stunde (letzte Führung 15 Uhr) | Eintritt: 3 € | www.goeschenhaus.de

Eine Nonne hat anderes im Sinn

Kloster Nimbschen

Ein paar Mauerreste sind das Einzige, was von dem Zisterzienserinnenkloster übrig blieb. Dennoch ist es weit über die Region hinaus bekannt. **Katharina von Bora**, die spätere Ehefrau Martin Luthers, wuchs dort auf und legte in der Abtei 1515 im Alter von 16 Jahren ihr Ordensgelübde ab. Doch als sie mit den Schriften des Reformators in Berührung kam, war für sie kein Halten mehr. 1523 floh sie mit neun Ordensschwestern aus dem Kloster zu Luther nach Wittenberg. 1525 heirateten die beiden. Eine Gedenktafel erinnert an die Flucht.

Besuch beim Nobelpreisträger

Wilhelm-Ostwald-Park

Wilhelm Ostwald (1853 - 1932) lehrte von 1887 - 1906 physikalische Chemie an der Universität Leipzig und erhielt 1909 für seine Arbeiten zur Katalyse und zu Reaktionsgeschwindigkeiten den Nobelpreis für Chemie. Er hatte sich 1901 ein weitläufiges Anwesen in Großbothen 5 km südlich von Grimma gekauft. Nach seiner Emeritierung ließ er sich dort nieder. Heute informiert das Museum im »Haus Energie« über Leben und Wirken Ostwalds. Außerdem können seine Bibliothek und das Labor besichtig werden.
Fr. - Mi. 10 - 17 Uhr | Eintritt: 3,50 € | www.wilhelm-ostwald-park.de

Landkreis: Bautzen | **Einw.:** 17 015 | **Höhe:** 200 m ü. d. M.

Klassizistische Bürgerhäuser, stattliche Renaissancebauten und jede Menge Sakralkunst – der Geburtsort Gotthold Ephraim Lessings glänzt mit einer schmucken Altstadt und viel Kultur.

Dank der Lage an der Via Regia (Königsweg)profitierte das 1225 erstmals urkundlich erwähnte Kamenz (sorb. Kamjenc) schon früh vom Handel. Als Mitglied des 1346 gegründeten Lausitzer Sechsstädtebunds, zu dem auch Görlitz, Löbau, Zittau, Bautzen und das heute polnische Lauban gehörten, gelangte der Ort zu wirtschaftlicher und kultureller Blüte. Da sich der Bund sich während des Schmalkaldischen Krieges mit den protestantischen Fürsten solidarisierte, entzog König Ferdinand I. von Böhmen (1503 – 1564) seinen Mitgliedern 1547 alle Privilegien. In Kamenz setzte ein erster wirtschaftlicher Niedergang ein. Die verheerenden Stadtbrände von 1707 und 1842 zerstörten einen Großteil der historischen Bausubstanz aus der Blütezeit der Stadt. Klassizistische Bauten aus der Spätzeit des Biedermeier prägen heute Kamenz' historisches Zentrum.

Wohin in Kamenz?

Historistischer Prunk und Biedermeier

Markt

In der Nordwestecke des Platzes springt der dreigeschossige Bau des **Rathauses** mit seinem leuchtend roten Anstrich und dem hoch aufragenden Mittelturm ins Auge. Er wurde nach dem Stadtbrand von 1842 nach dem Vorbild eines venezianischen Palazzo errichtet. Die zweigeschossigen, klassizistischen **Bürgerhäuser**, die den Markt ansonsten säumen, nehmen sich demgegenüber geradezu bescheiden aus. Bis auf den Gasthof »Goldner Hirsch« gegenüber vom Rathaus sind auch sie nach dem Brand von 1842 entstanden.
Der Gasthof zählt zu den ältesten und besten der Stadt. 1621 nächtigte Kurfürst Georg I. von Sachsen in dem Haus. Rechts des Eingangs erinnert eine Inschrift daran, dass es den Brand unbeschädigt überstand. Auch der **Andreasbrunnen** mit der Justitia entging den Flammen. Er schmückt seit 1570 die Südseite des Platzes. Im ebenfalls nach 1842 entstandenen **Laubengang der Fleischbänke** an der Kirchstraße hinter dem Rathaus boten die Metzger einst ihre Waren an.

Museum der Westlausitz, Stadtmuseum

Für Forscher und Entdecker

Von der Entstehung des Naturraums Westlausitz über die Geschichte der Menschen in der Region bis hin zur Entwicklung der Wissenschaft: Das Museum breitet seine Schätze im »Sammelsurium« (von Archäologie bis Kulturgeschichte) und im »Elementarium« in sieben **Themenwelten** aus. Sein Sitz, das **Ponickau-Haus** an der Pulsnitzer Straße, gehört zu den wenigen Häusern, die den Brand von 1842 überstanden. Es ist nach Hans von Ponickau, einem sächsischen Landadeligen, benannt, der es 1567 erwarb. Seine barocke Fassade stammt aus dem Jahr 1745. Im nahen **Malzhaus** an der Zwingerstraße, einem 400 Jahre alten Renaissancebau, zeigt das Museum Kostbarkeiten aus seinen stadtgeschichtlichen Sammlungen. Eine Brücke verbindet beide Häuser.

Di. – So. 10 – 18 Uhr | Eintritt: 5 € | www.museum-westlausitz.de

Relikt der Stadtmauer

Roter Turm

Vom Museum der Westlausitz führt die Pulsnitzer Straße Richtung Süden zum Roten Turm, einem Überbleibsel der 1835 geschliffenen Kamenzer Stadtbefestigung. Die Stadtoberen nutzten den 32 m hohen Granitbau aber auch als Gefängnis.

Ein Schatzkästlein sakraler Kunst

St. Marien

Gegenüber dem Roten Turm ragt der ungewöhnliche Turm der Kamenzer Hauptkirche 66 m in den Himmel empor. Mit seinen beiden gotischen Obergeschossen über einem schlichten Unterbau und einer barocken Haube mit Laterne als Abschluss prägt er die Silhouette der Stadt. Vermutlich wurde er zeitgleich mit dem Chor im 14. Jh. noch an den Vorgängerbau des heutigen Gotteshauses angebaut und bildet damit dessen ältesten Teil. Nach 1430 kam dann die spätgotische Hallenkirche hinzu. Die beiden Satteldächer überspannen jeweils zwei der insgesamt vier Kirchenschiffe.

Der monumentale **spätgotische Hauptaltar** (um 1480) zeigt im Schrein Maria, Johannes den Täufer sowie Johannes den Evangelisten und im Sockel die Abendmahlszene. Beeindruckend ist auch die **Kreuzigungsgruppe im Chorbogen**. Der 1498 im nördlichen Seitenschiff aufgestellte Michaelsaltar zeigt den Erzengel Michael mit der Seelenwaage in der Hand. Die geschnitzte Kanzel von 1566 bemalte Andreas Dreßler mit Szenen aus dem Alten und Neuen Testament. St. Marien ist die **Taufkirche von Gotthold Ephraim Lessing,** dessen Vater Archidiakon der Gemeinde war. Im Vorraum der Kirche finden sich Epitaphe für ihn und seine Frau.

Das Gotteshaus ist von einer Mauer umgeben, aus der – südöstlich des Chors – einer Bastion gleich die kleine **Katechismuskirche** herausragt. Die Schießscharten im Obergeschoss lassen vermuten, dass sie einst zum städtischen Verteidigungssystem gehörte. Die Kirche ist seit 1338 belegt, die kunstvoll bemalten Emporen innen stammen allerdings aus der ersten Hälfte des 18. Jahrhundert.

Im **Lessinggässchen** unterhalb der Kirche ist die Stelle markiert, an der sich das 1842 abgebrannte Geburtshaus des Dichters befand.

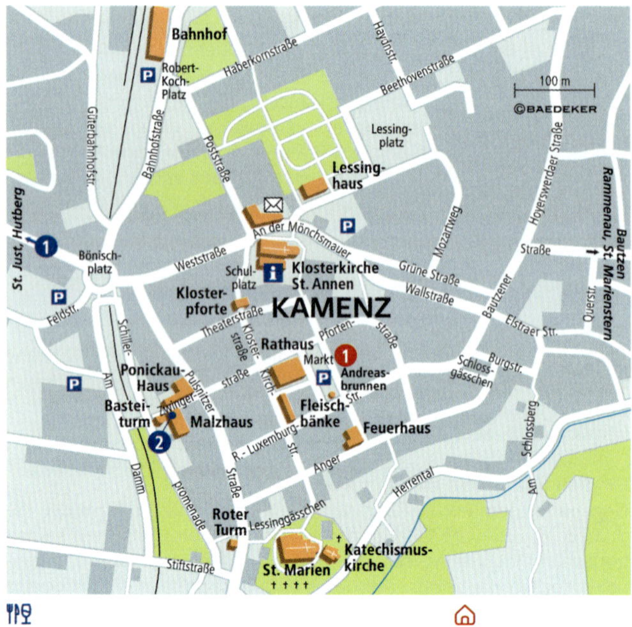

1 Hutberggaststätte
2 Schankhaus zu Camentz
1 Hotel Goldner Hirsch

Lessinghaus

Hommage an den größten Sohn der Stadt

Bis heute hat sein Werk nichts von seiner Aktualität eingebüßt. Stücke wie »Minna von Barnhelm« oder sein religiöse Toleranz anmahnendes dramatisches Gedicht »Nathan der Weise« gehören zum Bildungskanon. **Gotthold Ephraim Lessing**, 1729 in Kamenz geboren, zählt zu den bedeutendsten Vetretern der Aufklärung. Am Lessingplatz nördlich vom Markt hat ihm seine Heimatstadt ein Museum gewidmet, das in einem 1929 eigens zu diesem Zweck erbauten Haus untergebracht ist. Wertvollster Besitz ist die 5500 Titel umfassende Bibliothek mit vielen Erstausgaben, Handschriften, Grafiken und Theaterdokumentationen. In der kleinen Parkanlage hinter dem Haus sind Skulpturen zu Lessings Fabeln zu sehen, die der Kamenzer Bildhauer Johannes Resche geschaffen hat.

Di. – Fr. 10 – 17, Sa., So., Fei. 13 – 17 Uhr | Eintritt: 3 €, Mit Sakralmuseum 5 € | www.lessingmuseum.de

Klosterkirche St. Annen

Museum und Kirche in einem

Schräg gegenüber vom Lessingmuseum fällt die spätgotische Kirche (1493 – 1499) des einstigen Franziskanerklosters St. Annen auf. Das aus einer Kooperation der Stadt und der Ev.-Luth. Pfarrgemeinde ent-

KAMENZ ERLEBEN

KAMENZ-INFORMATION

Schulplatz 5
01917 Kamenz
Tel. 03578 37 92 05
www.kamenz.de

LESSINGTAGE UND LESSINGAKZENTE

Während der Lessingtage (in ungeraden Jahren) und den Lessingakzenten (in geraden Jahren) zwischen Mitte Januar und Mitte Februar ehrt Kamenz den berühmtesten Sohn der Stadt durch Theater, Lesungen und Vorträge.
www.lessingmuseum.de

FORSTFEST

Zum Stadtfest, das immer um den 24. August stattfindet, verwandelt sich der stadtnahe Kamenzer Forst in einen Vergnügungspark. Ganz Kamenz ist auf den Beinen, wenn festlich gekleidete Schülerinnen und Schüler in Anlehnung an eine alte Tradition mit Spielmannszügen durch die Stadt marschieren.
www.forstfest-kamenz.de

❶ HUTBERGGASTSTÄTTE €€

Die Ausflugsgaststätte neben dem Lessingturm ist auf die sächsische Küche spezialisiert. Die Karte offeriert Würzfleisch, Rouladen und Sülze, aber auch Zander mit Senf-Mandel-Kruste und saisonale Gerichte.
Am Hutberg 25
Tel. 03578 37 37 733
April – Sept. tgl. ab 11 Uhr,
Okt. – März Mi. – So. 11 – 19 Uhr.
www.hutberggaststaette-kamenz.de

❷ SCHANKHAUS ZU CAMENTZ €€

Themengastronomie mit rustikalen Speisen vom Büffet mit viel Fleisch: Von Räuberdinner über Piratenweihnacht bis zu den »Obscuren Klosterbrüdern« – Menü- und Getränke-pauschale und immer gute Stimmung.
Zwingerstr. 9
Tel. 03578 3 53 31 83
Abends zu festen Terminen
www.marienstern.de

❶ HOTEL GOLDNER HIRSCH €€€

Das zu den Akzent-Hotels gehörende Haus in dem über 450 Jahre alten, ehemaligen »Skundischen Gasthof« gegenüber dem Rathaus bietet in seinen 30 Zimmern modernen Komfort.
Markt 10
Tel. 03578 7 83 50
www.hotel-kamenz.de

standene Sakralmuseum zeigt dort Kunstschätze aus Kamenzer Gotteshäusern. Wertvollster Besitz sind fünf meisterlich geschnitzte, **spätgotische Flügelaltäre** vom Beginn des 16. Jh.s, die wohlhabende Kamenzer Bürger stifteten. Die Franziskaner hatten sich erst um 1490 in der Stadt niedergelassen, mussten ihr Kloster aber schon bald nach der Einführung der Reformation wieder aufgeben. 1564 gingen die Kirche und das bei dem Brand von 1842 zerstörte Konventsgebäude in den Besitz der Stadt über. Über die Baugeschichte des Klosters ist nur wenig bekannt. Feststeht nur, dass es außerhalb der Stadtbefestigung lag und die Mönche deshalb eine Mauer um die Anlage errichten ließen. 1518 konnten sie ein Haus direkt an der Stadtmauer erwerben und dort einen Zugang zur Stadt, das Klostertor, einbauen.

Mo. – Fr. 10 – 18, Sa., So. 10 – 13 u. 14 – 18, Winter Mo. – Fr. 10 – 18, Sa., So. 11 – 16 Uhr | Eintritt: 3 €, mit Lessingmuseum 5 € | www.sakralmuseumkamenz.de

Kirche des hl. Jodokus

Justkirche

Das Gotteshaus an der Königsbrücker Staße nordwestlich der Altstadt entstand an der Stelle einer 1542 ausgebrannten Kapelle. Dieser verdankt die Kirche auch ihren ungewöhnlichen Namen: »St. Just« ist ein anderer Name für den Schutzpatron der Pilger und Reisenden, den Hl. Jodokus, dem das Kirchlein vermutlich geweiht war. Die Kirche lohnt schon allein wegen der erst 1937 entdeckten Wandmalereien im Chor eine Besichtigung. Sie entstanden um 1380.

Pfingstliches Blumenmeer

Hutberg

Wenn um Pfingsten die Rhododendren auf der bewaldeten Anhöhe am westlichen Stadtrand von Kamenz in voller Blüte stehen, wird es dort richtig voll. Die in allen Farben leuchtende Pflanzenpracht lockt Tausende von Menschen aus nah und fern an. Aber auch außerhalb der **Rhododendren-Blüte** hat der Hutberg einiges zu bieten. Der **Lessingturm** gewährt schöne Aussichten auf Kamenz und das Hügelland der westlichen Lausitz. Der Park entstand 1893 nach Entwürfen des Landschaftsarchitekten Wilhelm Weisse (1846 – 1916), der auf dem bis dahin kahlen Hutberg nicht nur Rhododendronsträucher sondern auch Nadelhölzer aus aller Welt anpflanzen ließ.

www.hutbergbuehne-kamenz.de | www.hutberggaststaette-kamenz.de

Rund um Kamenz

In der Kamelienstadt

Königsbrück

Die Gärtner von Schloss Königsbrück, 18 km westlich von Kamenz, hüten einen ganz besonderen Schatz: In ihrem Gewächshaus gedeihen die **ältesten zusammenstehenden Kamelien** nördlich der Alpen. Bereits seit 1825 blühen sie jedes Jahr meist im Februar – eine leuchtet dann in hellem Rot, die anderen beiden in strahlendstem Weiß. Im März folgen die anderen Kamelien der Schlossgärtnerei. Zwischen Januar und April steht das Gewächshaus jeden Sonntag offen; das Barockschloss befindet sich in Privatbesitz und ist nicht zugänglich. In Königsbrück lohnt aber die1346 geweihte, barockisierte Stadtkirche eine Besichtigung. Sie besitzt u. a. zwei

Tafelgemälde aus dem 15. Jh. und ein Holzepitaph von **Balthasar Permoser**. In der 1579 vollendeten Hospitalkirche befindet sich ein spätgotisches Kruzifix.
Kamelienschau: www.heimatverein.koenigsbrueck.de

Pfefferküchler, Töpfer und Blaudrucker

Pulsnitz

Pfeffer- bzw. Lebkuchen aus Pulsnitz sind als Weihnachtsgebäck weit über Sachsen hinaus bekannt. In der Region 10 km südlich von Kamenz werden sie sogar das ganze Jahr über angeboten. Dank eines Privilegs durften die Bäcker der Stadt das Naschwerk seit 1558 backen. Der Beruf des Pfefferküchlers ist seit Mitte des 19. Jh.s sogar als Handwerk anerkannt. In Pulsnitz sind heute acht Pfefferküchlereien ansässig. Im **Pfefferkuchenmuseum** mit Schauwerkstatt erfahren sie alles Wissenswerte über die Pulsnitzer Spezialität. Auch das **Stadtmuseum** informiert über dieses und andere alte Pulsnitzer Handwerkskünste, darunter die Töpferei und den Blaudruck.
In seiner seit 1742 bestehenden **Töpferei** erklärt Michael Jürgel auf Rundgängen seine Kunst und führt sie auch vor. Die Werkstatt stellt besonders bruchfeste Bunzlauer Keramiken her.

In der Pfefferküchlerei Hermann Loeschner wird seit 1813 gebacken.

MOORSPAZIERGANG

Rund um Schönteichen, 5 km nördlich von Kamenz, bewegen Sie sich in unberührter Natur. Auf Streifzügen durch das Seen-Teich- und Moorgebiet lässt sie sich mit allen Sinnen vernehmen. Unterwegs finden sich viele romantische Ecken, die zum Innehalten und Lauschen einladen.

Die **Blaudruckwerkstatt** von Cordula Reppe ist die letzte ihrer Art in ganz Sachsen. Interessenten können sich auf Führungen durch das Haus in die Geheimnisse dieser Färbetechnik einweihen lassen.
Die 1742 bis 1745 errichtete Pulsnitzer **Hauptkirche St. Nicolai** besticht durch ihre üppige Innenausstattung. Den Empire-Altar aus Terrakotta von 1796 schuf der Töpfer Johann Gottfried Lehmann. Seit 1934 erinnert eine Gedächtniskapelle an den in Pulsnitz geborenen Bildhauer Ernst Rietschel (1804 – 1864).
Das **Bibelland** im Ortsteil Oberlichtenau lässt im Bibelgarten die Geschichten des Alten und Neuen Testaments wieder lebendig werden. Auch ein Ikonenmuseum gibt es.

Pfefferkuchenmuseum: Am Markt 3 | Okt. – Dez. Di. – So. 10 – 16, sonst Di. – Fr. 10 – 16, Sa., So. 10 – 14 Uhr | Eintritt: 4 € (mit Stadtmuseum) | www.pulsnitz.de/pfefferkuchenmuseum.html
Stadtmuseum: Goethestr. 20a | Di. u. Do. 12 – 18, Mi. u. Fr. 12 – 16, Sa., So. 10 – 16 Uhr | Eintritt: 4 € (mit Pfefferkuchenmuseum) | www.kultur-tourismus-pulsnitz.de
Töpferei Jürgel: Julius-Kühn-Platz 4 | Di., Do. u. Fr. 9 – 17, Mi. 9 – 13 Uhr | Führung: 2 € | www.toepferei-juergel.de
Blaudruckwerkstatt: Bachstr. 7 | Di. u. Mi. 9 – 13, Do. u. Fr. 9 – 17, 1. u. 2. Sa./Monat 9 – 12 Uhr | Führungen n.V.: Tel. 035955 73 87 3 | http://blaudruckpulsnitz.de
Bibelgarten: Di. – Fr. 9 – 12, 14 – 17 Uhr | Eintritt: 3 €, Ikonenmuseum 1 € | www.bibelgarten.de

Kloster St. Marienstern

Katholische Insel im protestantischen Sachsen

Wie St. Marienthal bei ► Görlitz hat auch das Zisterzienserinnenkloster in Panschwitz-Kuckau (sorb. Pančicy-Kukow) rund 10 km südöstlich von Kamenz alle Epochenbrüche überstanden. 1998 konnte die 1248 von Bernhard von Kamenz (1230 – 1296), dem späteren Bischof von Meißen, gegründete Abtei ihr 750-jähriges Bestehen feiern.
Die Gottesdienste in der **spätgotischen Klosterkirche** sind für Laien offen, eine Empore und das südliche Seitenschiff sind für die

Nonnen reserviert. Kostbarster Schatz der Kirche ist der prächtige Hochaltar von 1751, ein Werk des Prager Barockbaumeisters Franz Lauermann. Noch aus der Frühzeit des Gotteshauses stammen die um 1370 entstandenen Glasmalereien mit Darstellungen weiblicher Heiliger im Ostfenster des nördlichen Seitenschiffs und ein spätgotischer Schnitzaltar. Auf der Brüstung des Nonnengangs springen zwölf überlebensgroße, geschnitzte Heiligenfiguren aus dem 18. Jh. ins Auge. Zwei Sandsteinstatuen des sorbischen Bildhauers Matthias Wenzel Jäckel, eine »Mater dolorosa« und ein »Schmerzensmann«, bewachen den Altarbereich. Unter der Äbtissin Cordula Sommerin erhielt die Abtei ein neues, 1732 eingeweihtes Konventsgebäude. Gleichzeitig wurden die alten Klostergemäuer einschließlich der Kirche im Stil des Barock modernisiert. Die **Schatzkammer** im Bernhardhaus gleich am Eingang zum Klostergelände hütet kostbare Sakralkunst vom 13. bis zum 20. Jh., darunter ein spätgotisches Messbuch und eine Silbergarnitur (1678). Hinter der Klausur haben die Nonnen einen Kräuter- und Lehrgarten angelegt. Außerdem bieten sie Führungen durch die Anlage an. Im Klosterladen können Sie u. a. hausgemachte Spirituosen und Handgestricktes erstehen.

St. Marienstern in farbenfrohem Barock

Alljährlich an Ostersonntag treffen sich Sorben zum traditionellen **Osterreiten** in Panschwitz-Kuckau und umrunden auf festlich geschmückten Pferden das Kloster.

Klosterführung: werktags (50 Min.) 3 €, mit Schatzkammer und Garten werktags (80 Min.) 8 € | Tel. 035796 99 44 4
Schatzkammer: April – Sept., Sa., So. 13 – 16.15 Uhr | Eintritt: 4 €
www.marienstern.de

Schloss Rammenau

Verspekuliert

Das oft als »schönste Landbarockanlage Sachsens« gepriesene Schloss am Nordrand von Rammenau 18 km südlich von Kamenz hat seinem Besitzer Ernst Ferdinand von Knoch, einem Kammerherrn August des Starken, kein Glück gebracht. Der Bau trieb ihn in den Ruin, er musste 1744 aus Sachsen fliehen. Er hatte das Rittergut Rammenau 1717 gekauft und 1721 Johann Christoph Knöffel mit dem Bau eines neuen Schlosses beauftragt. Es entstand eine repräsentative, dreiflügelige Anlage. Nach der Flucht von Knochs kam sie unter den Hammer und gehört heute dem Freistaat Sachsen. Besonders die **prächtig ausgestatteten Räume der Beletage** sind sehenswert. Seidentapeten und Chinoiserien schmücken das Chinesische Zimmer; im Goldenen Zimmer sind Porträts und Landschaften der Oberlausitz zu sehen. Der Blaue Salon und das Jagdzimmer warten mit Meißener Porzellan auf, das sog. Teufelszimmer entführt in die Welt der Etrusker. Im Erdgeschoss informiert eine Ausstellung über die Geschichte des Schlosses, eine andere ist dem in Rammenau geborenen Philosophen **Johann Gottlieb Fichte** (1762 – 1814) gewidmet.

Sommer tgl. 10 – 18, Winter Mi. – Mo.10 – 16 Uhr | Eintritt: 5 €
www.barockschloss-rammenau.com

KOHRENER LAND

Höhe: 150 – 200 m ü. d. M.

Bereits zu Beginn des 20. Jh.s war der an lauschigen Wäldern, saftigen Wiesen und stillen Gewässern reiche Landstrich bei Leipziger Familien als Ausflugsziel beliebt. Nur am Vatertag sind die Männer unter sich – mit Bollerwagen voller Bier.

Das Kohrener Land liegt südlich von Leipzig am Übergang von der Leipziger Tieflandbucht zum mittelsächsischen Hügelland. Trotz der Nähe zur sächsischen Metropole und ihrem hochindustrialisierten Umland lässt sich hier viel stille Natur genießen. Kohren-Sahlis, das 1934 aus der Vereinigung der Ortschaft Kohren mit dem Dorf Sahlis hervorgegangene Zentrum der Region, ist als Töpferstadt bekannt. Seit 2017 ist es ein Ortsteil der Gesamtgemeinde Frohburg.

Wohin im Kohrener Land?

In der Töpferstadt

Kohren-Sahlis

Der Ort entwickelte sich seit dem 10. Jh. im Schutz einer sorbischen Burg und erhielt 1453 das Stadtrecht. Für Jahrhunderte bildete Kohren das **Zentrum der Töpferkunst in Sachsen**. Die in der Stadt ansässigen Töpfer stellten vor allem honiggelbe Schüsseln und Töpfe sowie Ofenkacheln her. Eine der Werkstätten, das Töpferhaus Arnold, hat sich auf blau-weiße Keramik spezialisiert.

1928 schuf der Frohburger Kunstkeramiker Kurt Feuerriegel den **Töpferbrunnen** auf dem Markt, das unbestrittene Wahrzeichen der Stadt. Auf der achteckigen, mit Kachelbildern reich geschmückten Brunnensäule steht eine dralle Töpferfrau.

Das **Töpfermuseum** befindet sich in einem Fachwerkhaus von 1763 in der Brunnenstr. 18. Bis 1957 gingen hier Töpfer ihrer Arbeit nach. Werkstatt und Wohnstube sind erhalten. Die Ausstellung zeigt Werkzeuge sowie Keramiken aus Kohren und informiert über die 1656 gegründete Töpferinnung. Von der Burg sind zwei imposante Bergfriede aus 4 m dickem Bruchsteinmauerwerk erhalten. Sie ragen aus dem dichten Grün, das die Burgruine überwuchert.

Die **Hofmannsche Sammlung** zeigt ein buntes Sammelsurium aus Möbeln, Kermaik, Zinn und Fotos.

Museum: April – Okt. Di. – So. 13 – 17 Uhr, Nov. – März nach Voranmeldung unter Tel. 034344 6 15 47 | Eintritt: 4 €

Töpferhaus Arnold: Burggasse 2 | Tel. 034344 6 13 25 |Mo. – Fr. 9 – 18, Sa./So. 10 – 12 u. 13 – 16 Uhr | www.toepferhaus-arnold.de

Hofmannsche Sammlung: Kohrener Markt 8 | Mai – Okt. Di., Sa. u. So. 13 – 17 Uhr | Eintritt: 4 €

Romantisch und verspielt

Gut Rüdigsdorf

Das Anwesen Ortsteil Rüdgisdorf lohnt auf jeden Fall einen Abstecher. Wilhelm Crusius (1790 – 1858), ein Agrarökonom, der seiner Zeit immer ein wenig voraus war, betrieb dort ein landwirtschaftliches Mustergut. Ab 1823 ließ er ein klassizistisches Herrenhaus und ab 1829 eine Orangerie errichten, die ein spätromantisches Kleinod birgt: Den westlichen **Schwindpavillon** malten der Maler Moritz von Schwind und sein Studienfreund Leopold Schulz mit Wandgemälden zur antiken Sage von »Amor und Psyche« aus. Die Fresken an der eigentlich flachen Decke täuschen durch die Verwendung perspektivischer Techniken ein Gewölbe vor. Das Herrenhaus ist nicht zugänglich, der Pavillon kann besichtigt werden.

Schwind-Pavillon: Mai – Okt. Mi., Do., Sa., So. 13 – 17 Uhr | Eintritt: 4 €

KOHRENER LAND ERLEBEN

TOURISMUSVEREIN BORNA UND KOHRENER LAND

Markt 2, 04552 Borna
Tel. 03433 87 31 95
www.tourismusverein-borna-kohrenerland.de

KUR- UND FREIZEITBAD RIFF

Während der eine Teil der Familie kurt, sich Packungen machen lässt oder bei einer Massage entspannt, tobt der andere durch die Blaue Lagune mit Rutschen und Sprungtürmen, schwimmt im Strömungskanal oder schwitzt in einer der sechs Saunen. Die Gastronomie mit Restaurant, Selbstbedienungstheke und Saunabar sorgt dafür, dass man den ganzen Tag bleiben kann.
Am Riff 3, Bad Lausick
Tel. 034345 71 50
www.freizeitbad-riff.de

HUDELBURG €€

Das Lokal serviert leckere Fleisch- und Geflügelgerichte in mittelalterlichem Ambiente. Spezialität sind die mehrgängigen Gesinde-, Bauern- und Ritter-Gelage.
Kirschallee 1, Bad Lausick
Tel. 034345 54 51 81
Do. ab 17, Fr. ab 15, Sa., So. ab 12 Uhr
www.hudelburg.de

JAGDHÜTTE KOHREN €

Die urige Ausflugsgaststätte mitten im Grünen organisiert auch Kremser- bzw. Kutschfahrten und Wanderungen. Meist dreht sich dann am Spieß ein Wildschwein. Eine Spezialität ist Wildbratwurst mit Kartoffelsalat.
Töpferstr. 1c, Kohren-Sahlis
Tel. 034344 63 21
Ostern. – Okt. Sa., So. 12 – 18 Uhr
www.jagdhuette-kohren.de

HOTEL BURG GNANDSTEIN €€€

Wer es romantisch liebt, quartiert sich auf der Burg ein. Mit etwas Glück ergattern Sie dort ein Zimmer mit Himmelbett! Aber auch die anderen der insgesamt 8 Zimmer sind hell, behaglich und komfortabel. Das Restaurant serviert regionale und internationale Küche.
Burgstr. 3, Kohren-Sahlis
Tel. 034344 6 12 20
www.gnandstein.de

Es klappert die Mühle …

Lindenteich

An dem kleinen See südlich von Gut Rüdigsdorf lässt sich eine 600 Jahre alte, voll funktionsfähige Wassermühle samt Backhaus und Müllerstube besichtigen. Die Gaststätte Lindenvorwerk bietet von Tretbooten bis zu Minigolf und Abenteuerspielplatz Freizeitspaß für die ganze Familie. Der Irrgarten der Sinne gegenüber lockt mit einem Heckenlabyrinth.
Gaststätte Lindenvorwerk: Mo. – Do. 11 – 18, Fr., Sa. 11 – 20, So. 11 – 19 Uhr | www.lindenvorwerk.de
Mühle: April – Okt. So. 11 – 17 Uhr | Führung: 3 €
Irrgarten der Sinne: April – Okt. tgl. 10 – 18 Uhr

Kunstkeramik und Spielzeug

Frohburg

Der Name des idyllischen Landstädtchens 6 km nördlich von Kohren-Sahlis ist seit nun mehr fast 100 Jahren mit dem von Kurt Feuerriegel verbunden. Der bekannte Kunstkeramiker, der den Kohrener Töpferbrunnen schuf, ließ sich 1910 in Frohburg nieder und gründete dort die »Werkstätte sächsischer Kunsttöpfereien«. Seine **der Volkskunst nahen Keramiken** waren in ganz Europa populär und machten auch seine Wahlheimat über die Region hinaus bekannt. Im Museum von Schloss Frohburg sind 800 seiner Arbeiten, darunter ein reich geschmückter **Keramikkamin**, zu sehen. Das Spielzeugmuseum dort zeigt u. a. Kaufmannsläden, Puppenstuben, Dampfmaschinen und Miniatureisenbahnen.

Di. – Fr. 8.30 – 12 u. 13 – 16, Mai – Okt. auch Sa. 14 – 17, So. 11 – 17 Uhr | Eintritt: 3 €, Kinder 2,50 € | www.museum-schloss-frohburg.de

Eine Burg wie aus dem Bilderbuch

Wer sich für den Alltag von Burgherren und -fräuleins, von Rittern und Gesinde interessiert, dem sei ein Ausflug zu dieser Burganlage im Frohburger Ortsteil Gnandstein empfohlen. Auf Führungen erfährt man viel über das Leben der früheren Bewohner und ihren Alltag.
Stolz und erhaben thront die Burg auf einem von der Wyhra umflossenen Felsen. Sie entstand wohl in der Mitte des 12. Jh.s zum Schutz der nahen Handelsstraßen und ist die **älteste, besterhaltene Burganlage Sachsens**. Nach einem Ausbau im 13. Jh. galt sie als uneinnehmbar, sodass Adlige noch bis ins 16. Jh. hinein in Kriegszeiten ihre Reichtümer dort einlagerten. Der um 1225/30 errichtete romanische Palas gilt als kunsthistorisch besonders bedeutend. Der **Fest- oder Rittersaal** im dritten Obergeschoss ist – einmalig in Sachsen – in seiner ursprünglichen Form erhalten. Der mächtige, 33 m hohe Bergfried entstand in der Mitte des 13. Jahrhunderts. Die gegen Ende des 15. Jh.s im Nordflügel errichtete **spätgotische Kapelle** birgt die kostbarsten Schätze der Burg: einen Bartholomäus-, einen Annen- und einen Marienaltar des Zwickauer Riemenschneider-Schülers Peter Breuer (1502/1503). Das sternförmige Zellengewölbe, die Kohrener Fußbodenfliesen und das Gestühl des Kirchleins stammen aus dem 16. Jahrhundert. Im Dreißigjährigen Krieg setzten Schweden die Festung in Brand. Vor allen Dingen der gotische Palas im Süden der Burg sowie die Kemenate wurden schwer beschädigt und ab 1680 wiederaufgebaut.
Bis zur ihrer Enteignung 1945 gehörte die Burg den Einsiedels, einer alten sächsischen Adelsdynastie. Nach der Wende ging das zwischen 1994 und 2004 umfassend sanierte alte Gemäuer in das Eigentum des Freistaats Sachsen über. Das 1932 noch von dem letzten Burgherrn Hanns von Einsiedel (1878 – 1958) gegründete **Museum** stellt seine Schätze in über die ganze Anlage verteilten Räumen aus: Die Ausstellung im zweiten Obergeschoss des gotischen Palas zeigt Gemälde, Porzellan sowie andere Objekte aus der Sammlung von Mar-

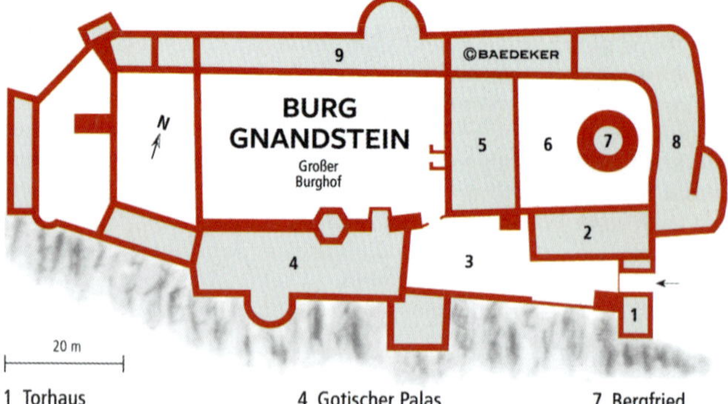

1 Torhaus
2 Romanischer Palas
3 Torzwinger
4 Gotischer Palas
5 Kemenate
6 Innerer Burghof
7 Bergfried
8 Zwinger
9 Kapellenflügel

garete Große und im Knappensaal sind historische Bauernmöbel zu sehen. Die Waffenkammer mit Hieb-, Stich- und Feuerwaffen erreichen Sie nur über den um 1490 am Palas angebrachten Wendelstein. In der Kemenate im Osten des Burghofs sind die kunsthandwerklichen Sammlungen sowie eine Keramik-Ausstellung untergebracht.

April – Juli u. Sept. – Mitte Okt. Di. – Fr. 10 – 17, Sa., So. 10 – 18 Uhr; Aug. u. 2. Oktoberhälfte auch Mo. 10 – 17 Uhr | Eintritt: 5 €, Kinder 1 € | www.burg-museum-gnandstein.de

★★ LEIPZIG

Kreisfreie Stadt | **Einw.:** 624 689 | **Höhe:** 118 m ü. d. M.

Glitzernde Passagen, Messehäuser, die Palästen gleichen und stattliche barocke Bürgerbauten – in der Sachsenmetropole ist die glanzvolle Vergangenheit allgegenwärtig. Gleichwohl sind die Leipziger der Zukunft zugewandt. Junge Kreative knüpfen an den Ruf der Stadt als Zentrum von Kunst und Wissenschaft an.

Stadt der Märkte und Messen

Leipzig geht auf eine Kaufmannssiedlung zurück, die zu Beginn des 11. Jh.s am Kreuzungspunkt der Via Regia von Paris nach Nowgorod und der Via Imperii von Bergen nach Rom entstanden. »Urbs Lipzi«, das 1165 von Markgraf Otto dem Reichen von Meißen (1125 – 1190) das Stadt- und Marktrecht erhalten hatte, entwickelte sich zu einem wichtigen Handelsplatz. Die Stadt wuchs spätestens ab 1190 um die

mehrmals jährlich stattfindenden Märkte herum, zu denen Kaufleute aus nah und fern anreisten. Markgraf Dietrich von Landsberg (1242 – 1285) sicherte ihnen 1268 umfassenden Geleitschutz zu und festigte damit die Rolle des Orts als Handelszentrum. Mit der Erhebung des Markts zur **Reichsmesse** durch Kaiser Maximilian I. 1497 erhielt Leipzig eine gewisse Monopolstellung als Messeort.
Von den Belagerungen und Plünderungen im Schmalkaldischen und im Dreißigjährigen Krieg erholte sich die Stadt schnell. Im 18. Jh. war Leipzig eine prosperierende Metropole und ein **Zentrum von Wissenschaft wie Kunst**. Seit 1723 wirkte der große Johann Sebastian Bach dort, und um 1730 leitete der Leipziger Professor Johann Christoph Gottsched (1700 – 1766) zusammen mit Friederike Caroline Neuber (▶ Interessante Menschen) eine Reform des deutschsprachigen Theaters in die Wege. Auch die Besetzung durch preußische Truppen 1756 – 1763 scheint dem regen Leipziger Kulturleben keinen Abbruch getan zu haben. Den jungen Johann Wolfgang Goethe, der 1765 zum Studium gekommen war, setzten Weltläufigkeit und Modernität der Bürgergesellschaft in Erstaunen.
1813 fand vor der Toren Leipzigs die bis dahin vermutlich größte Schlacht der Weltgeschichte statt, die mit der Niederlage Napoleons endete. Die Stadt nahm Tausende Verwundete und Gestrandete auf und drohte im Chaos zu versinken. Doch erholte sie sich alsbald. Mit der Industrialisierung nahm die Wirtschaft erneut Aufschwung. Gegen Ende des 19. Jh.s ging von Leipzig eine **Revolution des Messewesens** aus: Die Stadt führte die Mustermesse ein, mit der sich der Verkauf von Waren vor Ort erübrigte.
1989 schrieben Leipziger Bürger einmal mehr Geschichte, als sie mit den berühmten **Montagsdemonstrationen** einen bald die gesamte DDR erfassenden Protest gegen das SED-Regime entfachten, der schließlich zu dessen Ende führte
Seit jeher gilt Leipzig als Stadt des Buchs. Vom 17. Jh. bis in die Zeit des Zweiten Weltkriegs fand hier die international wichtigste Buchmesse statt. Viele **renommierte Verlage wie Baedeker**, Göschen, Dietrich, Brockhaus, Reclam und Teubner waren in Leipzig ansässig. Nach 1945 änderte sich zwar vieles, und die Frankfurter stieg zur weltweit bedeutendsten Buchmesse auf. Doch fanden auch zu DDR-Zeiten wichtige Bücherschauen in Leipzig statt; die Leipziger Buchmesse ist heute die zweitwichtigste in Deutschland.

Rund um den Markt

Die Keimzelle der Stadt

Markt

Seit den Anfängen Leipzigs bildet der Platz das pulsierende Herz der Stadt. Historischen Quellen ist zu entnehmen, dass Händler hier bereits im 12. Jh. Märkte abhielten, aus denen sich spätestens seit dem

LEIPZIG ERLEBEN

LEIPZIG INFORMATION
Katharinenstr. 8
04109 Leipzig
Tel. 0341 71 04-260
www.leipzig.travel

MUSIK
Klassische Musik auf höchstem Niveau bietet das Gewandhausorchester, moderne Inszenierungen und Ballett das Opernhaus.
Jazz erklingt im April beim Jazz-Nachwuchsfestival und beim (unregelmäßig stattfindenden) Kneipenfestival »Honky-Tonk« sowie im September/Oktober bei den Jazztagen. Im August lockt »Klassik Airleben« mit Konzerten auf einer Freiluftbühne die Leipziger ins Rosental.
www.gewandhausorchester.de
www.oper-leipzig.de

THEATER
Die Theaterwelt reicht vom Schauspiel Leipzig bis zur freien Theaterszene im LOFFT am Lindenauer Markt. Spitzzüngiges Kabarett bieten die »Pfeffermühle« und die »academixer«.
www.schauspiel-leipzig.de
www.kabarett-leipziger-pfeffermuehle.de
www.academixer.com

RB LEIPZIG
Der Fußball-Bundesligist spielt in der Red Bull Arena, das viele Leipziger immer noch das Zentralstadion nennen.
www.dierotenbullen.com

❶ FALCO €€€€
Im 27. Stockwerk des Westin-Hotels kommz in trendigem Ambiente französische Küche auf den Tisch. Das war dem Michelin zwei Sterne wert.
Gerberstr. 15
Tel. 0341 9 88 27 27
Di. – Sa. 19 – 22 Uhr
www.falco-leipzig.de

❷ STADTPFEIFFER €€€€
Im Sterne-Restaurant des Gewandhauses stehen erlesene Gaumenfreuden wie Enten- und Gänseleber, gegrillter Hummer oder Salzwiesenlamm auf der Speisekarte.
Augustusplatz 8
Tel. 0341 2 17 89 20
Mi. – Sa. ab 18 Uhr
www.stadtpfeiffer.de

❸ AUERBACHS KELLER €€€
Um diese durch Goethe berühmt gewordene Leipziger Traditionsgaststätte kommt man schwerlich herum. Im »Großen Keller« serviert dass flinke Personal gutbürgerliche sächsische Gerichte, in den »Historischen Weinstuben« feinere Küche.
Mädlerpassage, Tel. 0341 21 61 00
Do. – Mo. ab 12, Di. u. Mi. ab 17 Uhr
www.auerbachs-keller-leipzig.de

❹ APELS GARTEN €€
Im Traditionsrestaurant geht es sächsisch-gemütlich zu. Auf der Karte stehen Spezialitäten wie Kartoffelsuppe, Gänsebraten und Quarkkeulchen, aber auch Internationales.
Kolonnadenstr. 2
Tel. 0341 9 60 77 77
Mo. – Sa. 11 – 21/22, So. 11 – 15 Uhr
www.apels-garten.de

❺ BARTHELS HOF €€

Das Restaurant befindet sich im gleichnamigen und einzigen noch erhaltenen Durchgangshof aus der Renaissance. Sächsischen Mutzbraten vom Schwein oder Sauerbraten vom Rind mit Klößen und andere regionale Spezialitäten genießen Sie hier in stilvoller Umgebung. Eine süße, mit Marzipan und Marmelade gefüllte Leipziger Lerche rundet jede Mahlzeit ab.
Hainstr. 1
Tel. 0341 14 13 10
Tgl. 11.30 – 22 Uhr
www.barthels-hof.de

❻ ZUM ARABISCHEN COFFE BAUM €€

Leipzigs ältestes Kaffeehaus, das schon August der Starke, Lessing Gottsched, Goethe und Robert Schumann besuchten, wird nach einem Pächterwechsel umgebaut und **erst wieder Mitte 2024** öffnen. Ob die Einteilung in ein französisches, ein Wiener und ein arabisches Café und ein Restaurant bleibt?
Kleine Fleischergasse 4
www.coffe-baum.de

❼ BAYERISCHER BAHNHOF €

Im ältesten erhaltenen Kopfbahnhof der Welt fließt obergäriges Gosen-Bier aus dem Zapfhahn. Die Brauerei mit den großen Kupferkesseln ist das Herzstück der urigen Kneipenlandschaft. Der Biergarten gehört zu den größten und beliebtesten.
Bayerischer Platz 1
Tel. 0341 1 24 57 60
Tgl. 12 – 22, Sa. u. So. ab 11 Uhr
www.bayerischer-bahnhof.de

❽ GASTTSTÄTTE KOLLEKTIV €

»Iss' wie früher« heißt hier das Motto: DDR-Nostalgie an der angesagten Kneipenmeile in der Südvorstadt, also Soljanka, Würzfleisch und Wurstgulasch.
Karl-Liebknecht-Str. 72
Tel. 0341 3 06 70 04
www.gaststaette-kollektiv.de
Tgl. 11 – 24

❶ FÜRSTENHOF €€€€

Das Patrizierpalais am Stadtring bietet 90 elegante Zimmer/Suiten mit Marmorbädern. Im luxuriösen Spa mit Pool können sich die Gäste mit Massagen und anderen Anwendungen verwöhnen lassen. Bis 2024 wg. Umbau und Modernisierung geschlossen.
Tröndlinring 8

❷ GALERIEHOTEL LEIPZIGER HOF €€€

Die 73 behaglichen Zimmer dieses Boutique-Hotels warten mit Werken Leipziger Künstler auf. Dem Haus sind eine Galerie und Kunstsammlung mit 500 Bildern der »(Neuen) Leipziger Schule« angeschlossen. Das Restaurant mit Biergarten ist auch bei den Leipzigern beliebt.
Hedwigstr. 1 – 3
Tel. 0341 6 97 40
www.leipziger-hof.de

❸ MOTEL ONE €€

Das trendige Haus bietet seinen Gästen modernsten Komfort zu sehr günstigen Preisen und liegt absolut zentral an der Nikolaikirche.
Nikolaistr. 21
Tel. 0341 3 37 43 70
www.motel-one.com

❹ HOTEL PLAGWITZER HOF €€

Das Haus in einem Gründerzeitbau im In-Viertel Plagwitz, ca. liegt 20 Gehminuten von der Altstadt entfernt. Die 29 einfachen Hotelzimmer haben ein Bad und bieten den üblichen Komfort. In der Pension (9 Zi.) gibt's ein Etagenbad. Die Atmosphäre ist familiär, das Frühstücksbuffet reichhaltig.

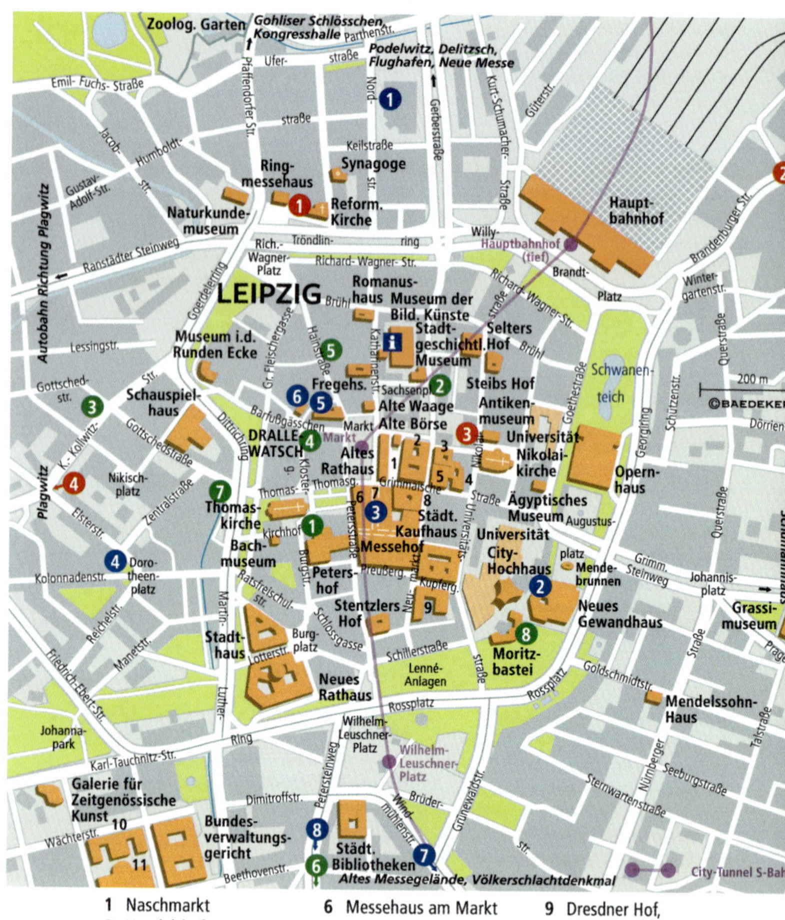

1 Naschmarkt
2 Handelshof
3 Specks Hof
4 Hansahaus
5 Reichshof
6 Messehaus am Markt und Königshaus
7 Mädlerpassage mit Auerbachs Keller
8 Zentral-Messepalast
9 Dresdner Hof, Kabarett »academixer«
10 Hochschule für Grafik und Buchkunst
11 Universitätsbibliothek

Restaurants
1 Falco
2 Stadtpfeiffer
3 Auerbachs Keller
4 Apels Garten
5 Barthels Hof
6 Zum Arabischen Coffe Baum
7 Bayerischer Bahnhof
8 Gaststätte Kollektiv

Hotels
1 Fürstenhof
2 Galeriehotel Leipziger Hof
3 Motel One
4 Hotel Plagwitzer Hof

Bars
1 Café Kandler
2 Bar Apart
3 Vodkaria
4 Zill's Tunnel
5 Darkflower
6 Ilses Erika
7 Bar Cabana
8 Moritzbastei

Gießerstr. 28
Tel. 0341 4 92 86 06
www.plagwitzer-hof.de

DRALLEWATSCH

»Drallewatsch« bedeutet so viel wie »etwas erleben«, »um die Häuser ziehen« – der passende Name für die Partyzone, die vom Richard-Wagner-Platz durch die beiden Fleischergässchen und über den Thomaskirchhof bis hinunter zum Burgplatz führt.

❶ CAFÉ KANDLER

Das hochgelobte Tee- und Kaffeehaus ist für seine süßen Spezialitäten wie Leipziger Lerchen, Bachtaler und Christstollen bekannt.
Thomaskirchhof 11
Tel. 0341 2 13 21 81
Tgl. 10–18, Sa. u. So. ab 9 Uhr
www.cafekandler.de

❷ BAR APART

In der Szenebar treffen sich Schwule, Lesben und Heteros zu Veranstaltungen und Themenpartys.
Reichsstr. 16
Tel. 0341 9 62 80 46
Mo. – So. ab 18 Uhr
www.apart.bar

❸ VODKARIA

Die Bar ist Treffpunkt von Bankern und Punks gleichermaßen. Sage und schreibe 600 Wodkasorten und als Grundlage Kulinaria aus dem klassischen Wodkagürtel Polen – Russland – Skandinavien stehen auf der Karte.
Gottschedstr. 15
Tel. 0341 4 42 88 68
Tgl. ab 17 Uhr, www.vodkaria.de

❹ ZILL'S TUNNEL

Die urige Traditionsgaststätte kredenzt seit 1841 Bier und Wein aus Sachsen. Wer Hunger verspürt, schaut in die Karte und entdeckt bodenständig Deftiges.
Barfußgässchen 9
Tel. 0341 9 60 20 78
Tgl. 11.30 – 22 Uhr
www.zillstunnel.de

❺ DARKFLOWER

Harte Beats von den Regionalgrößen präsentiert, neonbuntes Licht und eine Menge Szeneleute in langen, schwarzen Mänteln; Halloween ist immer!
Hainstr. 12-14
Tel. 0177 7 39 59 26
Fr. u. Sa. ab 22 Uhr
https://darkflower.club

❻ TANZCAFÉ ILSES ERIKA

Der Club ist in Leipzig Kult und punktet mit Live-Konzerten, Tanzcafé und mit Disco.
Bernhard-Göring-Str. 152
Tel. 0341 3 06 51 11
www.ilseserika.de

❼ BAR CABANA

Die Bar auf der Dachterrasse des Innside-Hotels bietet Supercocktails, tolle Sonnenuntergänge und leckere Snacks für den kleinen und größeren Hunger.
Gottschedstr. 1
Tel. 0341 3 93 76 70
Im Sommer ab 16 Uhr
www.barcabana-leipzig.de

❽ MORITZBASTEI

Der einstige Studentenclub gehört noch immer zu den angesagten Treffpunkten. Auf dem Programm stehen Livemusik, Theater, Ausstellungen und Diskussionsrunden in heimeligen Gewölbekellern, im Sommer auch Open Air.
Universitätsstr. 9
Tel. 0341 70 25 90
Mo. 10 – 15, Di. – Fr. ab 10, Sa. u. So. ab 11.30 Uhr, jeweils open-end
www.moritzbastei.de

14. Jh. die berühmten Leipziger Messen entwickelten. Noch heute finden hier **regelmäßig Wochenmärkte** und in der Adventszeit der traditionsreiche **Weihnachtsmarkt** statt. 1924 wurde unter dem Markt die bis dahin weltweit einzige unterirdische Messehalle errichtet. Sie musste allerdings dem City-Tunnel weichen

Altes Rathaus

Symbol selbstbewusster Bürger

Der langgestreckte Bau, der fast die ganze Ostseite des Markts einnimmt, ist ein viel fotografiertes Wahrzeichen der Stadt. Der kurfürstliche sächsische Baumeister Hieronymus Lotter (1497 – 1580), seit 1555 Bürgermeister von Leipzig, ließ ihn 1556 an Stelle eines weitgehend abgetragenen älteren Rathauses errichten. Lotter selbst, der später den Bau von Schloss Augustusburg bei Chemnitz leitete, darüber aber beim Kurfürsten wegen der hohen Kosten in Ungnade fiel, berichtet, dass das neue Rathaus in nur neun Monaten bezugsfertig war. Es zählt zu den **schönsten Zeugnissen bürgerlicher Renaissancearchitektur** in Europa. Der asymmetrisch angefügte hohe Turm, der 1744 eine barocke Haube erhielt, und die stattlichen Dachaufbauten (Zwerchgiebel) sind sein Markenzeichen.

In der zweiten Hälfte des 19. Jh.s beschloss der Rat einen Neubau am Ort der 1897 abgerissenen Pleißenburg. Das nunmehrige alte Rathaus ließen die Stadtväter komplett sanieren. Dabei wurden die hölzernen Laubengänge des Erdgeschosses, in denen einst Händler ihre Waren ausgebreitet hatten, durch die markanten steinernen Kolonnaden ersetzt. 1909 ist das **stadtgeschichtliche Museum** eingezogen. Im riesigen Festsaal, der einst als Tanzboden und Gerichtssaal diente, sind drei kostbare Renaissancekamine beachtenswert.

Die **Alte Waage** an der Nordseite des Marktes ließ Hieronymus Lotter 1555 errichten. Nach der Zerstörung des Hauses im Zweiten Weltkrieg wurde allerdings nur die Renaissance-Fassade rekonstruiert. Sie verbirgt ein modernes Bürogebäude.

Museum: Di. – So. und Fei. 10 – 18 Uhr | Eintritt: 6 €
www.stadtgeschichtliches-museum-leipzig.de

Naschmarkt mit

Alter Börse

Ein echtes Schmuckstück

Den schmalen Platz an der Rückseite des Alten Rathauses ließen Leipzigs Stadtväter gleichzeitig mit diesem 1556 als Markt für Obst und süße Früchte anlegen. An seiner Nordseite fällt ein Gebäude auf: Die Alte Börse ist eines der **ältesten barocken Bauten der Stadt**. Ratsbaumeister Christian Richter schuf das Kleinod nach Plänen von Johann Georg Starcke für Leipzigs Kaufleute, die es als Treffpunkt nutzten. Eine doppelläufige Prunktreppe führt hinauf in den Börsensaal. Nach der Eröffnung der Neuen Börse 1886 fanden dort Ratsversammlungen statt. Heute bietet der im Zweiten Weltkrieg zerstörte und in den 1950er-Jahren wieder neu errichtete Bau den Rahmen für Lesungen, Konzerte und Empfänge. Das **Goethedenkmal** davor

Im Alten Rathaus von Leipzig tagt der Rat der Stadt schon lange nicht mehr.

zeigt den Dichter als Studenten an der Leipziger Uni. Der Naschmarkt ist durch einen Durchgang im Rathaus mit dem Markt verbunden.

Ein letzter Gruß von Bonaparte

Königshaus

Haus Nr. 17 an der Südseite des Marktplatzes verdankt seinen Namen gekrönten Häuptern, die dort als Gäste der Wettiner nächtigten. 1698 hielt sich Zar Peter der Große und während des Siebenjährigen Krieges Preußenkönig Friedrich II. im Königshaus auf. 1706/1707 ließ der Besitzer Dietrich Apel den ursprünglichen Renaissancebau barock modernisieren. Nach der Niederlage in der Völkerschlacht bei Leipzig traf sich Napoleon mit seinen sächsischen Verbündeten dort. Vor seiner Flucht nach Paris soll er der auf dem Markt wartenden Menge ein »Adieu, mes braves saxons!« zugerufen haben.

Stadt in der Stadt

Barthels Hof

Der stattliche Gebäudekomplex in der Nordwestecke des Marktplatzes ist der einzig erhaltene von den einst mehr als 40 Durchgangshöfen Leipzigs. Bis zur Entwicklung der Mustermesse stellten die Kaufleute ihre Waren aus. Die **Durchgangshöfe** boten aber nicht nur Verkaufsflächen, sondern auch Lager und Wohnräume. In den Erdgeschossen der mehrstöckigen Häuser schlossen die Händler Geschäfte ab, in den Stockwerken darüber fanden sie Unterkunft, und das Dachgeschoss diente als Warensspeicher. Die Höfe waren nach zwei Seiten

offen, sodass die Planwagen zum Be- und Entladen von einer Seite ein- und auf der anderen Seite wieder hinausfahren konnten.
Barthels Hof, der die **Hainstraße** mit der Kleinen Fleischergasse verbindet, ließ der Leipziger Kaufmann Gottfried Barthel zwischen 1747 und 1750 errichten. Der Architekt Georg Werner integrierte dabei das bereits 1523 errichtete Haus an der Ecke Markt/Hainstraße in den barocken Neubau. Mit dem Aufkommen der Mustermessen verlor Barthels Hof wie die anderen Durchgangshöfe seine Funktion. 1928 zog dort der MDR ein; 1946 – 1965 war darin das Messeamt untergebracht, danach die Stadtbibliothek. Nach der Wende kaufte der Baulöwe Jürgen Schneider Barthels Hof und hinterließ ihn nach seiner Pleite als Ruine. Eine von den Gläubigerbanken gegründete GmbH übernahm die Sanierung. Heute sind in den Erdgeschossen Läden, Cafés und andere Lokale untergekommen. Die oberen Etagen belegen Kanzleien, Arztpraxen und Agenturen.

Geschenk des Orients

★ Kaffehaus Zum Arabischen Coffe Baum«

Die Sandsteinplastik über dem Eingang dieser Leipziger Institution in der Kleinen Fleischergasse 4 neben Barthels Hof zeigt einen überlebensgroßen Mann mit Turban, der einem Putto eine Schale Kaffee reicht, was als Hommage an den Orient und an August den Starken, gedeutet wird, der ja ein Faible für die türkische Kultur hatte und im Coffe Baum seinen ersten Mokka genossen haben soll. Das Kaffeehaus erhielt bereits 1694 eine Lizenz für den Ausschank von Kaffee und ist damit **eines der ältesten in Europa**. Auch Goethe, Lessing, Schumann, Liszt und Wagner kehrten hier gerne auf ein Tässchen ein. Das Gebäude stammt vermutlich aus dem 16. Jh. und wurde zu Beginn des 18. Jh.s umgebaut. Wegen maroder Bausubstanz und veralteter Sanitäranlagen musste das Café 2021 schließen. Das betrifft auch die Ausstellung zur Geschichte des Kaffees im dritten Stock.

Kaffeemuseum: wg. Sanierung bis **Mitte 2024** geschlossen

Im Dienst gegen das Volk

Museum Runde Ecke

Das Museum Runde Ecke setzt sich mit den **Machenschaften der Stasi in Leipzig** auseinander. Es ist aus der friedlichen Revolution von 1989 entstanden und hat das ehemalige **Stasiquartier** am Dittrichring übernommen. Nur ein paar Schritte weiter nördlich steht eine von Stephan Balkenhol (*1957) geschaffene **Richard-Wagner-Skulptur**. Der Bildhauer zog dem jungen Komponisten Arbeitskleidung an und postierte ihn vor seinem riesengroßen »Schatten«, einer schwarzen Bronzeplatte mit den Umrissen des gealterten Wagner. Die Skulptur steht auf einem monumentalen Sockel, den Max Klinger für ein nie fertiggestelltes Wagner-Denkmal fertigte.

Tgl. 10 – 18 Uhr | Eintritt: frei, Audioguide: 5 €|
www.runde-ecke-leipzig.de

Südwestliche Innenstadt

Thomaskirche

Hier wirkte Johann Sebastian Bach

Das Gotteshaus ist durch Johann Sebastian Bach (▶ Interessante Menschen), der dort von 1723 bis zu seinem Tod 1750 als Organist und Kantor des Thomanerchores tätig war, weltberühmt geworden. Bach-Fans pilgern zu der Stätte seines Wirkens und zu seinem Grab im Chor. Die sterblichen Überreste des Komponisten wurden 1950 aus der völlig zerstörten Johanniskirche hierher überführt.

Wenn er nicht gerade auf Tournee ist oder Schulferien sind, bringt der **Thomanerchor** freitags um 18 und samstags um 15 Uhr Motetten Bachs in der Kirche zur Aufführung. Der seit 1212 bestehende Knabenchor ist ebenfalls eine Ikone der Musik und steht seit 2014 auf der Liste des immatriellen UNESCO-Kulturerbes Deutschlands. Die Thomaskirche besitzt zwar keine Orgel aus der Zeit von Bach, doch installierte die Firma Gerhard Woehl im Jahr 2000 an der nördlichen Seitenempore eine Orgel nach dem Vorbild barocker Instrumente.

Das Gotteshaus entstand 1212 – 1222 im romanischen Stil als Kirche des Augustiner-Chorherrenstifts. Aus der Zeit des Umbaus zu einer dreischiffigen Hallenkiche im 15. Jh. stammt das ungewöhnlich steile Dach, das das Erscheinungsbild bis heute prägt. Der Turm erhielt

Stolz darf sein, wer im Thomanerchor singt.

1537 einen achteckigen Oberbau und 1702 seine barocke Haube. Unter der Leitung von Constantin Lipsius erfolgte 1885 – 1889 ein Umbau des Westwerks im neugotischen Stil. Innen beeindruckt die Kirche durch die von Hieronymus Lotter 1570 für Konzerte eingebauten **Renaissanceemporen**. Zahlreiche Grabmale bezeugen die Gießerei- und Bildhauerkunst des 15. bis 17. Jahrhunderts.

Im Thomaskirchhof 16 im Süden der Kirche zeigen heute das Bacharchiv und ein dem Komponisten gewidmetes Museum Notenblätter, Möbel, Instrumente und Handschriften aus Bachs Leipziger Zeit. Der mit der Familie Bach befreundete Gold- und Silberwarenfabrikant Georg Heinrich Bose ließ den Renaissancebau 1709 – 1711 zum Wohnhaus umbauen. Das Bachdenkmal davor schuf der Leipziger Bildhauer Carl Seffner im Jahr 1908.

Bachmuseum: Di. – So. 10 – 18 Uhr | Eintritt: 10 € | www.bach-leipzig.de

Leipzigs Neuschwanstein

Neues Rathaus

Nicht wenige Leipzig-Besucher, die erstmals in der Sachsenmetropole weilen, glauben südlich der Thomaskirche die Zinnen und Türme einer mittelalterlichen Burg zu erspähen. Tatsächlich aber entstand der mächtige Bau erst an der Wende vom 19. zum 20. Jh. an der Stelle der im 13. Jh. unter Markgraf Dietrich errichteten Pleißenburg. Von dieser blieb nur ein Turmstumpf, auf dem sich der 114 m hohe Rathausturm erhebt. Mit seinen fast **600 Räumen** ist das Neue Rathaus fast so groß wie der Buckingham Palace. In dem Entwurf des Leipziger Architekten und Stadtbaurat Hugo Licht geben sich Renaissance, Barock und Jugendstil ein Stelldichein. »Unser Neuschwanstein« nennen die Leipziger den Bau. Unter dem reichen Fassadenschmuck ragen fünf allegorische Figuren, die Handwerk, Musik, Wissenschaft, Buchdruck und Justiz symbolisieren, heraus. Sie stammen ebenso wie das **Bildnis des geschröpften Steuerzahlers** und der **Rattenfängerbrunnen** vor dem Eingang zum Ratskeller von Georg Wrba (1872 – 1939). Ein Bogengang verbindet das Neue Rathaus mit dem 1912 vollendeten Stadthaus. »Beamtenlaufbahn« nennen die Leipziger ihn.

Aus Mangel an Beweisen

Ehemaliges Reichsgericht (Bundesverwaltungsgericht)

Von Ferne erinnert das schlossartige Gebäude auf der anderen Seite des Innenstadtrings an den Reichstag in Berlin. In der Tat entstand es in etwa zeitgleich mit diesem in den letzten Dekaden des 19. Jh.s als Sitz des obersten Gerichts im Deutschen Reich. 1933 fand dort der **»Reichstagsbrandprozess«** statt, der für vier der Angeklagten mit einem Freispruch aus Mangel an Beweisen endete. Nur der Hauptangeklagte Marinus von der Lubbe, der sich zu der Tat bekannt hatte, wurde zum Tode verurteilt. Die Freisprüche empörten Hitler und führten schließlich zur Gründung des berüchtigten Volksgerichtshofs im März 1934. Seit 2002 hat das Bundesverwaltungsgericht in dem Gebäude seinen Sitz. Eine kleine Ausstellung informiert über die wechselhafte Geschichte des Gebäudes.

Mo. – Fr. 8 – 16 Uhr | Eintritt frei | Führungen (ab 12 Personen u. nur nach Anmeldung): Mo – Fr. ab 16, Sa./So. ab 9 Uhr, 5 €
www.bverwg.de

Ein Haus für die Avantgarde

Galerie für Zeitgenössische Kunst

Einige Gehminuten südlich des Stadtzentrums, in der Karl-Tauchnitz-Str. 11, lädt die Leipziger Galerie für Zeitgenössische Kunst ein.

Di. – Fr. 14 – 19, Sa., So. 12 – 18 Uhr | Eintritt: 6 € | www.gfzk.de

Passagen und Messehäuser

Zeugen der Umbrüche im Messewesen

Stadt der Mustermesse

Bis weit in das 19. Jh. boten die Kaufleute ihre Ware in den Durchgangshöfen direkt zum Verkauf an. Als mit Beginn der industriellen Massenproduktion das Angebot geradezu explodierte, begannen die Händler, ihren Kunden Muster vorzulegen und nur noch Bestellungen aufzunehmen. 1895 führte Leipzig als **erste Stadt weltweit die Mustermesse** ein. An die Stelle der alten Durchgangshäuser traten nun Geschäftspassagen und um Lichthöfe angelegte Mustermessehäuser, in denen das Warenangebot begutachtet werden konnte. Von den einst 35 Messehäusern existieren heute noch 15. An der Ostseite des Naschmarkts etwa steht der 1908/1909 errichtete **Handelshof**, heute ein Luxushotel. **Specks Hof** östlich davon entlang des Schuhmachergässchens wurde in mehreren Bauphasen zwischen 1909 und 1929 errichtet. Das **Riquethaus** Ecke Schuhmachergässchen/Reichsstraße Hof beherbergt eines der wenigen traditionellen Kaffeehäuser Leipzigs. Der markante Jugendstilbau besticht durch einen pagodenartigen Dachaufsatz und kupferne Elefantenköpfe, die einst das Logo des Handelshauses Riquet zierten. Specks Hof schließen sich im Süden der **Reichshof** von 1896 und das **Hansahaus** an. Bei der Sanierung des letzteren konnte nur der große Jugendstil-Lichthof gerettet werden.
Der **Zentralmessepalast** Ecke Neumarkt/Grimmaische Straße entstand 1912 – 1914 und wurde 1926 durch das Messehaus Monopol erweitert. Dieses Gebäude wurde vollständig entkernt und 1996 bis 1998 neu aufgebaut. Die denkmalgeschützten Fassaden, Hommage an die Renaissance, erinnern an die erste Blütezeit der Messestadt.
Hinter der Glasfront des Hauses Grimmaische Str. 6 zeigt das **Zeitgeschichtliche Forum**, eine Dependance des Bonner Hauses der Geschichte, die Ausstellung »Unsere Geschichte. Diktatur und Demokratie nach 1945«. Den Eingang bewacht die Plastik »Der Jahrhundertschritt« von Wolfgang Mattheuer.

Zeitgeschichtliches Forum: Di. – Fr. 9 – 18, Sa., So. 10 – 18 Uhr
Eintritt: frei | www.hdg.de

Ritt auf dem Fass

Auerbachs Hof und Mädlerpassage

Keine andere Stadt in Europa hat so viele Einkaufspassagen auf so engem Raum. Sie verbinden die Straßenzüge der Leipziger Innenstadt und laden bei fast jedem Wetter zum Bummeln ein. Auch sie sind mit dem Wandel der Waren- zur Mustermesse an Stelle der alten Durchgangshöfe entstanden.
Auerbachs Hof etwa musste 1912 der eleganten Mädlerpassage weichen. Das einzige, was von dem großen Gebäudekomplex erhalten blieb, ist die Gastätte **Auerbachs Keller**, die durch Goethe, der eine Szene seines »Faust« dort ansiedelte, Kultstatus erlangt hat. Als junger Student verkehrte der Dichter regelmäßig in dem Lokal und wurde dort wohl auch wieder auf die ihm schon seit Kindertagen bekannte Geschichte um den Alchimisten Johann Georg Faust (1480 – 1541) aufmerksam. Faust selbst soll Gast in Auerbachs Keller gewesen sein. Sein sagenhafter Fassritt kehrt im Drama in der Bemerkung eines der Studenten in der Szene »Auerbachs Keller« wieder. Wahrscheinlich ließ sich Goethe von zwei Gemälden von Andreas Bretschneider aus dem Jahr 1625 inspirieren. Sie zeigen Faust auf einem Fass reitend sowie mit zechenden Studenten und sind heute im Goethezimmer zu sehen. In der Mädlerpassage weisen Skulpturen von Mathieu Molitor – Mephisto und Faust sowie die »zechenden Studenten« – den Weg hinab in den Keller.
Die **Mädlerpassage**, die die Grimmaische Straße mit dem Neumarkt verbindet, ist ein Kleinod des Jugendstils. Sie besticht durch ihre feine Fassadengliederung und reichen Bauschmuck. Über weitere Passagen ist sie mit den **Ladenstraßen im Messehof** und der Königshaus-Passage verbunden.

Phalanx der Messehäuser

Petersstraße, Neumarkt

Der Westausgang der Messehofpassagen führt auf die **Petersstraße**. Hier stehen architektonisch interessante historische Messehäuser. Gleich gegenüber den Messehofpassagen ragen die sieben Stockwerke des zwischen 1927 und 1929 errichteten **Petershofs** (Nr. 20) auf. Einige Schritte weiter südlich folgen das **Messehaus Drei Könige** (Nr. 32 – 34 von 1915/16) und an der Ecke Petersstraße/Peterskirchhof **Stentzlers Hof** (Nr. 39 – 41), der zwischen 1914 und 1916 erbaut wurde und mit reichem Figurenschmuck glänzt.
Der Peterskirchhof, eine schmale Gasse, führt zum **Dresdner Hof** am Neumarkt. Das 1913 eingeweihte Messehaus war dank exzellenter Gastronomie und Serviceeinrichtungen eines der attraktivsten der Stadt. Im Keller tritt das Kabarett »academixer« auf. Das **Städtische Kaufhaus** neben dem Dresdner Hof ließ die Stadt Leipzig zwischen 1893 und 1901 als erstes Messemusterhaus errichten.

In der Mädlerpassage nimmt man sich Zeit für eine Pause.

Nördliche Innenstadt

Museum der Bildenden Künste

Bilderschätze

Das Museum steht seit 2004 auf dem Areal des einstigen **Sachsenplatzes**, der erst Ende der 1960er-Jahre an Stelle eines im Krieg völlig zerstörten Wohnquartiers angelegt wurde. Obwohl der Name seit 2002 offiziell gestrichen ist, verwenden ihn die Leipziger immer noch. Das Architekturbüro Hufnagel/Pütz/Rafaelian entwarf einen massiven, quaderförmigen Bau mit Glashaut, der nicht nur auf Zustimmung stieß. Innen überrascht das etwas klobige Gebäude mit Terrassen, Loggien und immer wieder mit Aussichten auf die Leipziger Stadtlandschaft. Das Museum besitzt **über 4600 Werke der europäischen Malerei** vom 15. bis zum 20. Jahrhundert. Zu den größten Schätzen gehören Werke von Frans Hals, Lucas Cranach d. Ä., Caspar David Friedrich, Max Liebermann und die berühmte Beethoven-Skulptur von Max Klinger.

Im Gebäude Böttgergäßchen sind Abteilungen des **Stadtgeschichtlichen Museums** untergekommen, darunter die ständige Ausstellung »Kinder machen Messe«.

Museum der Bildenden Künste: Di., Do. – So. u. Fei. 10 – 18, Mi. 12 – 20 Uhr | Eintritt: 10 € | www.mdbk.de

Stadtgeschichtliches Museum: Di. – So. u. Fei. 10 – 18 Uhr | Eintritt: 3 €; Kinder frei | www.stadtgeschichtliches-museum-leipzig.de

Der tiefe Fall eines Bürgermeisters

Romanushaus

Im Westen des Museumsareals führt die Katharinenstraße vom Markt kommend zum Brühl. Das Romanushaus an der Ecke gilt als **ein Höhepunkt des Leipziger Barock** und ist doch auch Symbol für Amtsmissbrauch und Korruption. Der von August dem Starken eingesetzte Bürgermeister Franz Conrad Romanus finanzierte den Bau durch gefälschte Ratsschuldscheine und kam dafür 1705 hinter Schloss und Riegel. Den ganzen Rest seines Lebens, insgesamt 41 Jahre, verbrachte er auf der Festung Königstein.

Sachsens Tierwelt en miniature

Naturkundemuseum

Wer sich für die Flora und Fauna Sachsens in Vergangenheit wie Gegenwart interessiert, wird hier fündig. Die Lebensräume vieler Tiere sind in Dioramen nachgestellt. Außerdem nennt das Museum eine Sammlung von Dermoplastiken des Tierpräparators Herman H. ter Meer sein eigen.

Lortzingstr. 1 | Di. – So.. 9 – 18 Uhr | Eintritt: 2 €
www.naturkundemuseum.leipzig.de

Um des lieben Friedens willen

Hauptbahnhof

Der 1915 eröffnete Hauptbahnhof nordöstlich des Innenstadtrings bietet ein Kuriosum: Wartesäle, Schalterhallen, Aufgänge und Bahnhofsuhren – alles gibt es gleich doppelt und ist Resultat des **sächsisch-preußischen Eisenbahnkriegs**. Zu Kaisers Zeiten bedienten sowohl die Preußische als auch die Sächsische Staatsbahn die nach Leipzig führenden Bahnlinien. Da keine der beiden den Bahnhofsbetrieb der anderen überlassen wollte, baute man zwei Bahnhöfe in einem: die Gleise 1 – 13 preußisch, die Gleise 14 – 26 sächsisch. Erst 1934 unterstellte die Reichsbahn den Bahnhof der Regionaldirektion Halle. Mit 83 640 m² ist der Leipziger Hauptbahnhof flächenmäßig der größte Kopfbahnhof Europas. Allein die Hauptfassade hat eine Länge von fast 300 m. In den 1990er-Jahren ließ ihn die Bahn zu einem **Shoppingzentrum** umbauen. Züge verkehren aber noch.

Östliche Innenstadt

»Schwerter zu Pflugscharen«

Nikolaikirche

In dem Gotteshaus östlich von Specks Hof wurde Geschichte geschrieben. Seit 1982 fanden dort jeden Montag Friedensgebete statt, die unter dem Motto »Schwerter zu Pflugscharen« zur Abrüstung im Westen wie im Osten aufriefen. Im September 1989 erwuchsen daraus die **legendären Montagsdemonstrationen**, die zwei Monate später zum Fall der Berliner Mauer und schließlich zum Untergang der DDR führten. Seit 1999 erinnert neben der Kirche die Friedenssäule an diese ereignisreiche Zeit.

Die Nikolaikirche ist das **älteste Gotteshaus Leipzigs**. Aus der Frühzeit der ursprünglich romanischen Pfeilerbasilika aus dem 12. Jh. ist der mächtige Unterbau des Westwerks erhalten. Der gotische Chor stammt aus dem 14. Jh. und das dreischiffige Langhaus aus der ersten Hälfte des 16. Jahrhunderts. Hieronymus Lotter veranlasste 1555 die Aufstockung des Mittelturms, der 1731 seine barocke Haube erhielt.

Vor allem innen ist die Kirche wirklich sehenswert. Johann Carl Friedrich Dauthe gestaltete den Innenraum zwischen 1784 und 1797 völlig neu und schuf ein **klassizistisches Kleinod in Rosé, Lindgrün und Weiß**. Aus den gotischen Achteckpfeilern formte er zarte kannelierte Säulen, die in Palmenkapitelle auslaufen, und die Felder des gotischen Netzgewölbes erhielten Rosetten aus Stuck. Adam Friedrich Oeser besorgte die Ausmalung, insbesondere des Chores. Die Kanzel in der südlichen Turmhalle, von der Luther gepredigt haben soll, stammt noch aus dem 16. Jahrhundert. Die **Nikolaischule** an der Nordseite war die älteste Schule Leipzigs, die u. a. Gotthold Wilhelm Leibniz, Johann Gottfried Seume und Richard Wagner besuchten. Das jetzige Gebäude entstand Mitte des 18. Jahrhunderts. Im ersten Obergeschoss zeigt die Universität ihre **Antikensammlung**.

Museum: Mi. – Fr. 11 – 16, Sa. u. So. 12 – 17 Uhr | Eintritt: 3 €
www.uni-leipzig.de

Die Palmenkapitelle der Nikolaikirche scheinen in den Himmel zu wachsen.

Augustusplatz

Ein Platz mit wechselvoller Geschichte
Der weitläufige Platz wurde ab 1785 vor dem 1831 abgerissenen Grimmaischen Tor angelegt. Die prachtvollen Bürgerbauten, die ihn säumten wie das Neue Theater an seiner Nord- und das Bildermuseum an der Südseite gingen im Bombenhagel unter. An ihrer Stelle entstanden eher nüchterne Bauten wie das zwischen 1956 und 1960 errichtete **Opernhaus**, das einige Elemente des Vorgängerbaus zitiert, oder das 142 m hohe **City-Hochhaus** von 1975, das einem aufgeschlagenen Buch nachgebildet und ein Wahrzeichen Leipzigs ist. Die Aussichtsplattform im 31. Stock bietet schöne Aussichten.
Das **Neue Gewandhaus** an der Südseite entstand nach einem Entwurf von Rudolf Skoda zwischen 1977 und 1981 als letzter Neubau am damaligen Karl-Marx-Platz. Die eigenwillige Architektur wirkt für DDR-Verhältnisse geradezu kühn. Dank der Akustik gilt der große Konzertsaal als einer der besten weltweit. Wenn das Foyer erleuchtet ist, wird hinter der Glasfassade das vierteilige, 712 m² große Gemälde »Gesang vom Leben« von Sighard Gille (*1941) sichtbar, das wohl größte seiner Art in Europa. Der **neobarocke Mendebrunnen** (1886) stand schon auf dem alten Augustusplatz, gestiftet von der Kaufmannswitwe Pauline Mende zu Ehren ihres Mannes.
Bis 2007 stand an der Westseite des Augustusplatzes das 1975 eröffnete Hauptgebäude der Leipziger Universität, dem das Alte Augusteum und die Paulinerkirche weichen mussten. Beide hatten den Krieg mehr oder weniger unbeschadet überstanden und wurden 1968 gesprengt. Heute erinnert das erst 2017 eröffnete **Paulinum** mit Spitzdach, gotischem Spitzbogenfenster und Rosette an die alte Kirche. Es gehört wie das benachbarte neue **Augusteum**, 2012 eröffnet, zum Campus der Leipziger Uni. Im Innenhof steht als einziges erhaltenes Relikt des Alten Augusteums das **Schinkeltor** von 1836.

Moritzbastei

Treff mit Tradition
1974 stießen Studenten der Karl-Marx-Universität auf der Suche nach Clubräumen hinter dem Gewandhaus auf die verschüttete Moritzbastei, Teil der Leipziger Stadtbefestigung. In jahrelanger Arbeit legten Tausende von Freiwilligen die Gewölbe frei, und am 5. Februar 1982 feierte der größte Studentenclub Europas Eröffnung. Obwohl das Studentenwerk die Bastei an einen anderen Betreiber übergeben hat, ist sie immer noch eine erste Adresse, wenn es um Kleinkunst, Kabarett, Musik oder einfach nur um einen gelungenen Abend geht.
www.moritzbastei.de

Ägyptisches Museum

Von den Pharaonen zu den Fatimiden
Mit über 7000 Einzelobjekten ist das Ägyptische Museum das größte seiner Art in Deutschland. Es besitzt u. a. eine außergewöhnliche Sammlung nubischer Keramik und Kleinkunst.
Mi. – Fr. 13 – 17, Sa. u. So. 10 – 17 Uhr | Eintritt: 5 € | www.uni-leipzig.de

Der Mendebrunnen stand schon auf dem alten Augustusplatz.
Heute überragt ihn das City-Hochhaus.

Drei Museen in einem

Der riesige Museumskomplex östlich des Augustusplatzes beherbergt gleich drei international bedeutende Sammlungen: Das **Museum für Angewandte Kunst** präsentiert eine Mustersammlung europäischen und außereuropäischen Kunsthandwerks von der Antike bis zur Gegenwart, das **Museum für Völkerkunde** besitzt mehr als 200 000 Artefakte aus Asien, Afrika, Amerika und Australien, die vorwiegend zwischen 1870 und 1930 zusammengetragen wurden, und im **Museum für Musikinstrumente** schließlich sind ca. 800 europäische Musikinstrumente vom 16. bis zum 20. Jh. zu sehen.
Das Museum ist nach dem Leipziger Kaufmann Franz Dominic Grassi (1801 – 1880) benannt, der seiner Heimatstadt mehr als zwei Millionen Mark vererbte und dadurch den Bau wie den des zweiten Gewandhauses in der Südwestvorstadt möglich machte. Die zwischen

RUHEPLATZ

Der Alte Johannisfriedhof östlich des Grassimuseums liegt hinter hohen Ziegelmauern versteckt. Sobald sie ihn durch eine der beiden Pforten betreten, lassen Sie den Trubel der Großstadt hinter sich und sind von Stille umgeben.

1927 und 1929 errichteten Gebäude sind um vier Innenhöfe gruppiert; der Entwurf des Leipziger Architekturbüros Zweck & Voigt verbindet dabei expressionistische und Art déco-Stilelemente.

Di. – So. u. Fei. 10 – 18 Uhr | Eintritt: Kunst/Völkerkunde/Musikinstrumente je 8 €, Kombikarte 15 € | www.grassi-leipzig.de | www.grassimuseum.de

Zu Hause bei Komponisten

Mendelssohnhaus, Schumannhaus

Von 1845 bis zu seinem Tod am 4. November 1847 lebte **Felix Mendelssohn Bartholdy** mit seiner Familie in der Beletage des spätklassizistischen Hauses in der Goldschmidtstr. 12. Die Felix-Mendelssohn-Bartoldy-Stiftung hat in ihm zu Ehren ein kleines Museum eingerichtet. Der gebürtige Hamburger war Leipzig sehr verbunden und 1835 – 1841 am Gewandhaus als Kapellmeister tätig. Im Salon der im Stil des Spätbiedermeier eingerichteten Wohnung gibt es sonntags stimmungsvolle Musik-Matinées.

Zu den Freunden der Mendelssohn-Bartholdys zählten **Robert und Clara Schumann**, die von 1840 bis 1844 in Leipzig lebten. 1841 dirigierte Mendelssohn-Bartholdy die Uraufführung von Schumanns »Frühlingssinfonie« im Gewandhaus. Der Schumann-Verein hat in der Wohnung der Schumanns in der Inselstraße 18 ebenfalls ein Museum eingerichtet. Auch dort finden regelmäßig Konzerte statt.

Mendelssohnhaus: Goldschmidtstr. 12 | tgl. 10 – 18 Uhr | Eintritt: 10 €, Konzert: 18 € | www.mendelssohn-stiftung.de

Schumannhaus: Mo. – Fr. 14 bis 18, Sa., So. 10 – 18 Uhr | Eintritt: 7 €, Konzert: ab 30 € | www.schumannhaus.de

Lustigkeit kennt keine Grenze

Clown-Museum

Geschichte und Geschichten der größten Clowns der Welt (wie Popow, Grock und Charlie Rivel) werden mit Plakaten, Figuren, Filmen, Kostümen und vielem mehr erzählt. Außerdem gibt es Workshops und Sonderausstellungen.

Breite Str. 22 | Di. – Fr. 11 – 17, So. 13 – 17 Uhr | Eintritt: ab 4,50 €, Kind 2,50 € | www.clown-museum.de

Leipzigs Süden

Denkmal der Verkehrsgeschichte

Bayerischer-Bahnhof

Von 1842 bis zur Fertigstellung des Hauptbahnhofs im Jahr 1912 rollten von hier aus die Züge ins fränkische Hof. Erst 2001 wurde er endgültig geschlossen.

Der Evolution auf der Spur

Botanischer Garten der Universität

Der Botanische Garten der Uni Leipzig will die ganze Vielfalt des pflanzlichen Lebens auf unserem Planeten sichtbar machen. In der **systematischen Abteilung** lassen sich die verwandschaftlichen Beziehungen zwischen Pflanzen studieren, die **geografische Abteilung** versammelt die Vegationszonen der Erde auf engstem Raum, im **Duft- und Tastgarten** können auch Sehbehinderte die Vielfalt des pflanzlichen Lebens bestaunen und der **Apothekergarten** zeigt Pflanzen für Medizin und Naturheilkunde. Der Garten ist aus dem 1542 gegründeten Kräutergarten der Universität entstanden.

Freiland: Ganzjährig tgl. 9 – 16 Uhr (je nach Saison), Apotheker-/Duft-/Tastgarten Nov. – Feb. geschlossen | Eintritt: frei | Gewächshäuser: April – Sept. Di. – Fr. 13 – 18, Sa., So. 10 – 18, März/Okt. jeweils bis 16 Uhr | Eintritt: 5 € | www.lw.uni-leipzig.de/botanischer-garten

Erinnerung an die Völkerschlacht

Russische Gedächtniskirche

Weithin sichtbar ragt der mit einer vergoldeten Zwiebelkuppel bekrönte Turm dieses Gotteshauses auf. Es wurde 1912/1913 anlässlich der Hundertjahrfeier der Leipziger Völkerschlacht **zu Ehren der 22 000 russischen Gefallenen** errichtet und hat die Moskauer Himmelfahrtskirche von 1532 zum Vorbild. Die Unterkirche birgt vier Sarkophage mit Gebeinen getöteter Soldaten und gilt als das eigentliche Mahnmal. In der Oberkirche zieht die **von Donkosaken gestiftete Ikonenwand** die Blicke auf sich. Sie zeigt auf Zedernholz gemalte Heiligenporträts. Außerdem sind Ikonen und Fahnen der russischen Befreiungsarmee zu sehen.

April – Nov. tgl. 10 – 14, Dez. – Jan. bis 16 Uhr | www.russische-kirche-l.de

Alle deutschsprachigen Medien

Deutsche Nationalbibliothek

Seit der Wiedervereinigung widmet sich die Bibliothek gemeinsam mit dem Schwesterhaus in Frankfurt/Main der Sammlung und Archivierung aller deutschsprachigen Medienwerke. Sie ist aus der 1912 gegründeten Deutschen Bücherei hervorgegangen und befindet sich in einem beeindruckenden, 120 m langen Neorenaissancebau des Architekten Oskar Pusch. Der Bibliothek angegliedert ist das **Deutsche Buch- und Schriftmuseum**, das die Geschichte des deutschen Buch- und Verlagswesens anhand der 500-jährigen Tradition der Buchstadt Leipzig beleuchtet.

Museum: Di. – So. 10 – 18, Do. bis 20 Uhr | Eintritt: frei | www.dnb.de

MusterMesse

Altes Messegelände

Bis heute markiert ein 27 m hohes Doppel-M den östlichen Eingang zum alten Messegelände. Der Grafiker Erich Gruner (1881 – 1966) entwarf das weltbekannte Logo 1917 und hob damit den Markenkern der Leipziger Messe hervor: MM als Kürzel für Mustermesse.
Seit dem Umzug der Messe 1996 kümmert sich eine Vermarktungsgesellschaft um die Neunutzung und den Erhalt.
www.alte-messe-leipzig.de

Der Koloss von Leipzig

Völkerschlachtdenkmal

Das gewaltige Bauwerk, das südlich der alten Messe 91 m in den Himmel ragt, ist in mancherlei Hinsicht mehr Tempel denn Denkmal. Monströs ist es allemal. Über der **Krypta** mit acht 5,5 m hohen Masken sterbender Krieger erhebt sich die 60 m hohe **Ruhmeshalle**, in der vier 10 m hohe Statuen Glaubensstärke, Tapferkeit, Volkskraft und Opferbereitschaft symbolisieren. In der Kuppel darüber finden sich 324 heimkehrende Krieger. Außen an der Kuppel halten zwölf über 12 m hohe Kriegerfiguren Wache, am Eingang empfängt ein 12 m hoher Erzengel Michael. 500 Stufen (und ein Aufzug) führen zur Plattform hinauf.
Das Völkerschlachtdenkmal ist das **größte Kriegerdenkmal Europas** und ein Wahrzeichen Leipzigs. Es entstand auf Initiative des Deutschen Patriotenbunds an der Wende des 19. zum 20. Jh. und konnte nach 15 Jahren Bauzeit zum 100. Jahrestag der Schlacht eingeweiht werden. Der Bau von Bruno Schmitz (1858 – 1916), der auch für das Kyffhäuser-Denkmal verantwortlich zeichnete, verschlang 6 Mio. Goldmark, 120 000 Tonnen Beton und 26 000 Granitquader. Die Leipziger Völkerschlacht gilt – bis zum Ausbruch des I. Weltkriegs – als bislang **größte Schlacht der Welt** (► Baedeker Wissen, S. 207 / 208). Die verbündeten Armeen von Russland, Österreich, Preußen und Schweden mit insgesamt 365 000 Mann schlugen die 190 000 Mann starke Armee Napoleons und die auf seiner Seite kämpfende Rheinbundarmee, darunter auch sächsische Truppen. Der Rückzug Napoleons endete im Chaos und kostete noch einmal Tausenden das Leben. Unterhalb des Denkmals informiert das **Forum 1813** über die lange Vorgeschichte der Schlacht, ihren Verlauf (u. a. mit einem 15 qm großen Diorama) und das Leiden wie das Sterben.
In Leipzig-Markkleeberg steht das **Torhaus Dölitz**, der Rest eines Renaissanceschlosses, das in der Völkerschlacht heftig umkämpft war. Die Schlacht lebt hier in einem Zinnfigurenmuseum mit detailgenauen Dioramen wieder auf.
Völkerschlachtdenkmal/Forum 1813: April – Okt. tgl. 10 – 18, Nov. – März 10 – 16 Uhr | Eintritt: 10 € | Führungen: Do. 14 Uhr, 2 € zusätzlich | www.stiftung-voelkerschlachtdenkmal-leipzig.de
Torhaus: Mi., Sa., So. 10 – 17 Uhr | Eintritt: 5 € | www.torhaus-doelitz.eu

Oase des Friedens

Südfriedhof

Auf dem Hauptfriedhof Leipzigs ruhen die Toten im Schatten u. a. von alten Linden und Trauereschen. Mehrere Thomaskantore, Gewandhauskapellmeister und Gelehrte wie Christian Fürchtegott Gellert sowie die Reisebuchverleger Fritz (1844–1925) und Hans Baedeker (1874–1959) sind hier begraben. Vorbild der zentralen neoromanischen Kapellenanlage war die Abtei Maria Laach in der Eifel.

Die Welt in 360°-Panoramen

Asisi-Panometer

Seit einigen Jahren sorgt der Berliner Architekt Yadegar Asisi in europäischen Städten mit seinen Panometern für Furore. In zu diesem Zweck umgebauten historischen Gasometern zeigt er 360°-Panoramen von u. a. historischen Stadtlandschaften. Das Panometer in Leipzig-Connewitz zeigt im Wechsel Panoramen wie »Titanic« oder »Carolas Garten«; in dem der Besucher auf einem winzigen Blütenkelch von unten auf die Welt hochblickt. Seit März 2024 ist auch »Die Kathedrale von Monet« im Repertoire: Notre-Dame de Rouen im impressionistischen Stil.«

Richard-Lehmann-Str. 114 | Mo. – Fr. 10 – 16, Sa., So. bis 17 Uhr
Eintritt: 11,50 € | www.asisi.de

Weiter außerhalb

Ein Platz für Tiere

Zoo Leipzig

Der 1878 gegründete Leipziger Zoo nordwestlich des Hauptbahnhofs im Rosental hat sich dem Motto **»Zoo der Zukunft«** verschrieben.

Per Boot geht es im Leipziger Zoo durch Gondwanaland.

VÖLKERSCHLACHT BEI LEIPZIG

Nach der verheerenden Niederlage der Grande Armée in Russland im Jahr zuvor ergriffen die europäischen Mächte 1813 die Chance, Napoleons Herrschaft zu brechen. In der drei Tage dauernden Völkerschlacht bei Leipzig errangen die vereinigten Armeen von Russland, Österreich, Preußen und Schweden den entscheidenden Sieg. Danach rückten sie gegen Frankreich vor und erzwangen schließlich Napolens Abdankung am 6. April 1814.

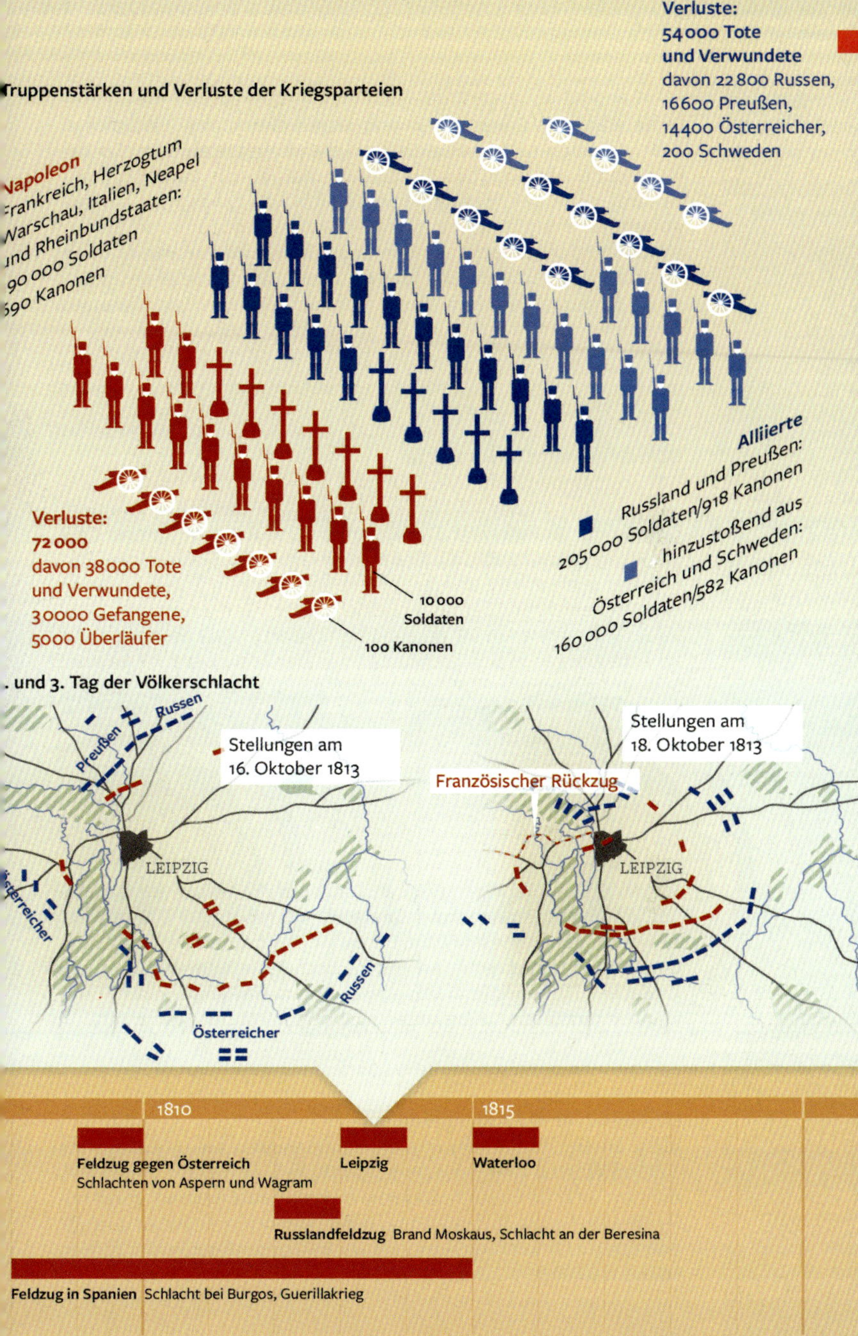
Truppenstärken und Verluste der Kriegsparteien
Verluste:
54000 Tote
und Verwundete
davon 22800 Russen,
16600 Preußen,
14400 Österreicher,
200 Schweden
Napoleon
Frankreich, Herzogtum
Warschau, Italien, Neapel
und Rheinbundstaaten:
90 000 Soldaten
690 Kanonen
Verluste:
72000
davon 38000 Tote
und Verwundete,
30000 Gefangene,
5000 Überläufer
10000
Soldaten
100 Kanonen
Alliierte
Russland und Preußen:
205000 Soldaten/918 Kanonen
hinzustoßend aus
Österreich und Schweden:
160 000 Soldaten/582 Kanonen
. und 3. Tag der Völkerschlacht
Russen
Preußen
Stellungen am
16. Oktober 1813
LEIPZIG
Österreicher
Russen
Österreicher
Stellungen am
18. Oktober 1813
Französischer Rückzug
LEIPZIG
1810
1815
Feldzug gegen Österreich
Schlachten von Aspern und Wagram
Leipzig
Waterloo
Russlandfeldzug Brand Moskaus, Schlacht an der Beresina
Feldzug in Spanien Schlacht bei Burgos, Guerillakrieg

Seine ständigen Bewohner sind in artgerechten, ihren natürlichen Lebensräumen nachempfundenen Gehegen untergebracht. So bewohnen die afrikanischen Spitzmaulnashörner z. B. zusammen mit Geparden eine der Serengeti nachempfundene Landschaft. In **Pongoland** tummeln sich Orang-Utans, Gorillas, Bonobos und Schimpansen. Besonders stolz ist der Zoo auf **»Gondwanaland«**, eine mehr als zwei Fußballfelder große Halle, in der Pflanzen des tropischen Regenwaldes einen dichten Dschungel bilden und Tiere aus Amazonien, Zentralafrika und Südostasiens zu Hause sind.
Tgl. Nov. – März 9 – 17, April, Okt. 9 – 18, Mai – Sept. 9 – 19 Uhr
Eintritt: Sommer 22 €, Winter 18 €, Kinder bis 14 Jahre 11 €
www.zoo-leipzig.de

Götterfunke im Villenviertel

Gohlis

Das Schlösschen im heutigen Ortsteil Gohlis nördlich des Stadtzentrums ist das einzige verbliebene bürgerliche **Landhaus aus dem Leipzig der Rokokozeit**. Der Kaufmann und Ratsherr Johann Caspar Richter beauftragte die Dreiflügelanlage 1755. Nach seinem Tod engagierte die Witwe und ihr zweiter Mann Johann Gottlieb Böhme den Zeichenlehrer Goethes, Friedrich Oeser, für die Ausmalung der Villa. Heute finden in ihr regelmäßig Konzerte und Lesungen statt. Im nahegelegenen Schillerhäuschen in der Menckestr. 42 wohnte Schiller im Sommer 1785 und arbeitete u. a. an der ersten Fassung seiner Ode »An die Freude«.
Gohliser Schlösschen: Führungen (nur nach Voranmeldung) 8 €
www.gohliser-schloss.de
Schillerhäuschen: März Di. – So. 10 – 16 Uhr | Eintritt: 3 €
www.stadtgeschichtliches-museum-leipzig.de

Kunst in Hallen

Plagwitz

Mit der Baumwollspinnerei an der Nonnenstraße besitzt der Stadtteil das größte Industriedenkmal Deutschlands (über 100 000 qm Geschossfläche). Heute sind darin Büros, Wohnlofts, Galerien und Künstlerateliers untergebracht. An der Zschocherschen Straße 26 haben Kinder und Jugendliche im Museum Unikatum ein Refugium der Fantasie mit interaktiven Ausstellungen zu unterschiedlichsten Themen.
Unikatum: Mo. – Fr. 14 – 18, Sa., So. 10 – 18 Uhr | Eintritt (ab 2 Jahre): 7 € | www.kindermuseum-unikatum.de

Ein Raum für die Avantgarde

Neue Messe

Allen, die sich für Gegenwartskunst interessieren, sei ein Ausflug zur 1996 eröffneten Neuen Messe im Nordosten von Leipzig empfohlen. Auf dem Gelände finden sich **Werke international bekannter Künstler** wie u. a. Angela Bulloch, Jenny Holzer, Martin Kippenberger oder Sol LeWitt. Der Entwurf von Gerkan, Marg & Partner bietet in fünf großen Hallen 100 000 m² Ausstellungsfläche sowie ein Kongresszentrum.

6X

EINFACH UNBEZAHLBAR

Erlebnisse, die für Geld nicht zu bekommen sind

1. AM WASSER

Wo einst Krater die Landschaft verschandelten, spiegelt sich im Wasser nun der Himmel – das **Neuseenland** südlich von Leipzig war einst Tagebaugebiet, heute ist es ein Hotspot für Wassersportler und Sonnenanbeter.
(► **S. 212**)

2. SPEKTAKEL

In der Walpurgisnacht am 30. April erleuchten in vielen Städten Sachsens Flammen den nachtschwarzen Himmel und vertreiben böse Wintergeister. Und am **Kloster Nimbschen** tanzen die Hexen.
(► **S. 173**)

3. WALDERLEBEN

In **Hinterhermsdorf** im Kirnitzschtal erfahren Sie auf den vier Themenwegen der »Waldhusche« alles über den Wald, seine Entstehung, seine Nutzung und Gefährdung durch den Menschen.
(► **S. 267**)

4. DIXIELAND

Zum Dixieland-Festival, das alljährlich an einem Maiwochenende stattfindet, ist halb **Dresden** auf den Beinen. Die Bands ziehen dann durch die Straßen der Altstadt und spielen an an verschiedenen Orten auf. (► **S. 101**)

5. O-SCHATZ

In **Oschatz** lässt sich die zweitgrößte Kaffeekannensammlung der Welt bestaunen. Sie besteht 18179 Kannen und befindet sich im O-Schatz-Park, einem Familienpark mit vielen kostenlosen Attraktionen.
(► **S. 242**)

6. GANZ GROSSE KUNST

Auf dem Gelände der **Neuen Messe Leipzig** finden sich Kunstwerke von namhaften Künstlern der Gegenwar. Zumindest die im Außenbereich u. a. Martin Kippenberger und Isa Genzken sind frei zugänglich. (► **S. 210**)

Unweit der Neuen Messe steht das **BMW-Werk** mit einem von der aus dem Irak stammenden Stararchitektin Zaha Hadid (1950 – 2016) entworfenen Zentralgebäude. Die Fabrik baut u.a. Elektrofahrzeuge.
Messe: www.leipziger-messe.de
BMW: Werksführungen n. V.: ab 11,90 € | www.bmw-werk-leipzig.de

Von der Krater- zur Seenlandschaft

Neuseenland

Wo einst Riesenbagger riesige Löcher in die Landschaft fraßen, glitzern heute Seen, auf denen Segelboote ihre Bahnen ziehen. In den letzten 30 Jahren hat sich das Braunkohlerevier südlich von Leipzig in ein attraktives Naherholungsgebiet verwandelt. Nicht nur Wasserratten, auch Radler und Wanderer kommen dort auf ihre Kosten (► Baedeker Wissen, S. 20ff.).
https://leipziger-neuseenland.org

Sächsisches Disneyland

Belantis

Von Buddels Kinderjahrmarkt bis zur Familien-Achterbahn, vom Waldlehrpfad bis zum Streichelzoo: Der Freizeitpark bei Krautnaundorf südwestlich von Leipzig bietet mit rund 60 tollen Attraktionen in acht verschiedenen Themenwelten jede Menge Spaß im Gebiet des ehemaligen Braunkohletagebaus Zwenkau.
April – Okt. tgl. 10 – 17/19 Uhr Uhr (teils Mo., Di. geschl.)
Eintritt (ab 11 Jahre): 44,90 € | www.belantis.de

★ LÖBAU

Landkreis: Görlitz | **Einw.:** 14 352 | **Höhe:** 267 m ü. d. M.

Barocke Bürgerbauten, ein Denkmal des Industriezeitalters und eine Ikone moderner Architektur – die alte Tuchmacherstadt hat einige Highlights zu bieten. Rund um den 449 m hohen Löbauer Berg breitet sich die herrliche Landschaft der Oberlausitz mit ihren hübschen Dörfern und den typischen Umgebindehäusern aus.

Löbau blickt auf eine lange, nicht immer glückliche Geschichte zurück. Obwohl sie 1346 Gründungsort des mächtigen Oberlausitzer Sechsstädtebundes war und dessen Mitglieder sie zu ihrem Treffpunkt erkoren, stand sie im Schatten ihrer mächtigen Schwestern ► Bautzen und ► Görlitz. Einen Namen hat sie sich jedoch mit der Fertigung von Klavieren aus der Fabrik von August Förster gemacht, die seit 1859 in Löbau ansässig ist.

Wohin in Löbau?

Die Visitenkarte der Stadt

Alter Markt

Der Platz im Zentrum des alten Löbau zählt sicherlich zu den schönsten der Oberlausitz. Nach einer umfassenden Sanierung zeigen sich die barocken und klassizistischen Bürgerhäuser rundum in neuem Glanz. An seiner Nordseite springt das **barocke Rathaus** ins Auge. Es wurde wie die anderen Bauten nach dem großen Stadtbrand von 1710 errichtet. Beim Bau des burgartigen Turms fanden Teile des spätgotischen Vorgängerbaus Verwendung. Seinen Zinnenkranz erhielt er allerdings erst gegen Ende des 19. Jahrhunderts. Über dem Eingang leuchten das sächsisch-böhmische und das Löbauer Stadtwappen. An der im Südwesten auf den Markt mündenden Badergasse sind einige **schlichte Giebelhäuser** aus der Zeit vor dem Stadtbrand erhalten.

Von der Klosterkirche zum Kulturzentrum

Johanniskirche

Das 1336 erstmals erwähnte Gotteshaus, ein gotischer, einschiffiger Kirchenbau östlich vom Markt, war Kirche der Löbauer Franziskanerklosters. Nachdem die Reformation in der Oberlausitz Einzug gehalten und die Mönche die Stadt verlassen hatten, diente es über Jahrhunderte als evangelische Pfarrkirche und in DDR-Zeiten als Lager. Heute veranstaltet das **Kulturzentrum des Sechsstädtebunds und der Euroregion Neiße** im modernisierten Kirchenraum Konzerte, Theateraufführungen und Messen.
www.joki-loebau.de

LÖBAU ERLEBEN

LÖBAU-INFORMATION

Altmarkt 1
02708 Löbau
Tel. 03585 45 01 40
www.loebau.de

HONIGBRUNNEN €€

Ein bisschen regional, ein bisschen international, von der Roulade zur Lausitzer Entenleber, von der Rinderzunge zum Schweinebäckchen – das Restaurant auf dem Lausitzer Berg bietet einen Strauß von Leckerbissen in elegant-entspannter Atmosphäre. Auch Unterkünfte gibt es.
Löbauer Berg 4
Tel. 03585 41 39 130
tgl. 11 – 20 Uhr
www.honigbrunnen.de

TURMGASTSTÄTTE LÖBAUER BERG €

In der traditionsreichen Gaststube am eisernen Aussichtsturm servieren Ines Koch und ihr Team gutbürgerliche Küche. Auch Unterkünfte.
Löbauer Berg 2
Tel. 03585 83 25 90
Tgl. ab 10 Uhr
www.loebauer-berg.de

Städtebund für 500 Jahre

Stadtmuseum

Das Museum in der Johannisstraße widmet sich seit 130 Jahren der Geschichte von Stadt und Sechstädtebund und dem Handwerk in der Region. Größter Schatz ist der **Pokal des Sechsstädtebunds**, ein 50 cm hoher Glaskelch, der vermutlich auf den Bundesversammlungen die Runde machte.

Di. – Fr. 10 – 17, Sa., So. 13 – 17 Uhr| Eintritt: 2 €

Leitbau der Moderne

Haus Schminke

Mit dem 1933 an der Kirschallee Nr. 1 vollendeten Haus des Fabrikanten Schminke besitzt Löbau ein herausragendes architektonisches Zeugnis der klassischen Moderne. **Hans Scharoun** (1893 – 1972) entwarf den lichtdurchfluteten, geschwungenen Bau im Jahr 1930. Er gilt als ein Leitbau der Moderne und hält Vergleichen mit Corbusiers Villa Savoye oder van der Rohes Haus Tugendhat durchaus stand.

Do. – So. 12 – 17 Uhr | Führungen April – Okt. Sa., So. 13 und 15 Uhr
Eintritt: 7 €, Führung 10 € | www.stiftung-hausschminke.eu

Reines Gusseisen

★ König-Friedrich-August-Turm

Im Osten der Stadt ragt auf dem Löbauer Berg als weithin sichtbare Landmarke Europas einziger noch erhaltener gusseiserner Aussichtsturm auf. Er wurde auf eine Initiative Löbauer Bürger erbaut und ist nach dem sächsischen König Friedrich August II. benannt, der im Jahr der Erbauung des Turms 1854 nach einem Unfall starb. Die luftige Konstruktion besteht aus 176 im Bernsdorfer Hüttenwerk gegossenen Eisenplatten (insgesamt etwa 1000 Kleinteile) und ist als technisches Denkmal anerkannt. Über 118 Stufen geht es auf die Plattform in 28 m Höhe, die schöne Ausblicke über das Land bietet.

Mai – Sept. Mo. – Fr. 9 – 20, Sa., So. bis 22; Okt. – April Mo. – Fr. 10 – 18, Sa., So. bis 20 Uhr | Eintritt: 2 €

Rund um Löbau

Ziemlich groß für ein Dorf

Cunewalde

Die mit exakt 2632 Sitzplätzen größte Dorfkirche Deutschlands steht in Cunewalde 10 km westlich von Löbau. Sie entstand zwischen 1780 und 1793 und verdankt sich u. a. Spenden der armen Landbevölkerung. Dreigeschossige Emporen umlaufen den Innenraum. Die reich verzierte Kanzel stammt noch aus dem Vorgängerbau. Der 61 m hohe Kirchturm überragt den alten Dorfkern mit den Umgebindehäusern.

Dörfliche Schmuckstücke

Obercunnersdorf

In dem Dorf etwa 10 Kilometer südlich von Löbau lassen sich die für die Oberlausitz so typischen Umgebindehäuser aufs schönste studie-

Zu einem Umgebundehaus gehört auch ein richtig schöner Garten. Obercunnersdorf geizt damit nicht.

ren: Nicht weniger als 240 dieser stattlichen Bauten sind erhalten. **Umgebindehäuser** sind vermutlich im 15. Jh. aus einer Verbindung zwischen slawischem Blockhaus und fränkischem Fachwerkbau entstanden. Die Erbauer umgaben die Blockstube mit hölzernen Stützen, die die Last von Obergeschoss und Dach trugen. Die Häuser von Obercunnersdorf entzücken oft durch graue Schieferverkleidungen, in die weiß eingelegte Muster eingearbeitet sind. Fast alle sind von im Sommer blühenden Vorgärten umgeben. Die wohl interessantesten finden sich an der Haupt- und der Bahnhofstraße. Im **Heimatmuseum Schunkelhaus** in der Hauptstraße 64 kann man eine Blockstube besichtigen. Auch die Kirche, ein Saalbau des 17. Jh.s mit kunstvoll bemalten Doppelemporen, kann sich sehen lassen.

Schunkelhaus: Mai – Okt. Mo. – Fr. 10 – 17, Sa. 10 – 14; Nov. – April Mo. – Fr. 10 – 15 Uhr | www.gemeinde-kottmar.de

An der Quelle der Spree

Kottmar

Die bis auf eine Höhe von 586 m breit ansteigende, dicht bewaldete Bergkuppe ca. 10 km südlich von Löbau ist im Sommer ein beliebtes Wander- und im Winter ein Skigebiet. Am Südwesthang entspringt, in dichtem Wald versteckt, einer der drei Quellfüsse der Spree, die Walddorfer Spree. Einer Steintafel ist zu entnehmen, dass die Entfernung bis zum Berliner Zentrum 353 Flusskilometer beträgt. Kottmannsdorf ist ein guter Ausgangspunkt für einen Ausflug zur Kuppe. Es liegt im Nordwesten des Kottmar und wartet mit einer sehenswerten Bockswindmühle von 1843 auf.

Mühle: Mai – Okt. Sa./So. 14 – 16, Juni – Aug. bis 17 Uhr | Eintritt: 3 €
www.kottmarsdorf.de

 Herrnhut

Von Sachsen in die Welt

Die Brüdergemeine

Das Landstädtchen Herrnhut ist Ursprungsort der Herrnhuter Brüdergemeine, einer überkonfessionellen, durch Protestantismus und Pietismus geprägten Bewegung, die in Afrika, Europa sowie in Amerika präsent ist und mittlerweile weltweit mehr als eine Million Mitglieder hat. Ihre Anfänge gehen auf den Dichter **Nikolaus Ludwig Graf von Zinzendorf** (1700 – 1760) zurück, der 1722 aus ihrer Heimat vertriebenen böhmischen Protestanten auf seinem Gut Grund und Boden für eine Siedlung zur Verfügung stellte und ihnen ein Zuhause unter des »Herrn Hut« gab. Unter seiner Leitung bildete sich eine christlichen Idealen verpflichtete Gemeinschaft, die eine asketische Lebensführung pflegte und auf persönlichen Besitz verzichtete. Schon bald nach der offiziellen Gründung 1727 zogen Mitglieder hinaus in die Welt zur Missionsarbeit. Die seit 1731 jährlich herausgegebenen Losungen für den Alltag erscheinen heute in 50 Sprachen. Beliebt sind die vielzackigen **Weihnachtssterne**. Das Herrnhuter-Sterne-Stammhaus verschickt sie in alle Welt.

www.herrnhut.ebu.de

In der guten Stube der Herrnhuter

Gemeinhaus

Der 1757 eingeweihte, schlichte Barockbau in der Herrnhuter Ortsmitte ist bis heute das Zentrum der Brudergemeine. Im **großen Kirchensaal** finden Versammlungen, gemeinschaftliche Feiern und Andachten statt. Gemäß den Idealen der Herrnhuter ist er ganz in Weiß gehalten und kommt ganz ohne sakrale Kunst oder anderen Schmuck aus. Heute wie zur Zeit Zinzendorfs sitzen Männer und Frauen getrennt. Vor dem Gemeindehaus öffnet sich der Zinzendorfplatz mit einem **Denkmal des Gründers**. Den Platz umstanden bis 1945 Chorhäuser, in denen ledige Mitglieder der Gemeine lebten. Nur das Witwenhaus ist erhalten geblieben.

Herrnhuter Wohnkultur

Heimatmuseum

Wer mehr über die Geschichte der Brüdergemeine und auch ihre Lebensweise erfahren möchte, wird hier fündig. Das **Biedermeierzimmer** des Museums lässt bürgerliche Wohnkultur des 19. Jh.s lebendig werden. Außerdem zeigt die Ausstellung historisches Spielzeug

und Einrichtungsgegenstände aus Oberlausitzer Umgebindehäusern. Das vielleicht kostbarste Stück der Sammlung ist aber eine **astronomische Uhr** mit einem Gehäuse des Kunsttischlers David Roentgen.
Comeniusstr. 6 | Di. – Fr. 9 – 17, Sa., So. 10 – 12 u. 13– 17 Uhr
Eintritt: 2 € | www.herrnhut.de

Bis in den Tod getrennt

Gottesacker

Auch auf ihrem 1730 angelegten Friedhof gibt es einen Frauen- und einen Männerbereich. Familiengräber sucht man vergeblich, die Toten sind in schlichten Gräbern in der Reihenfolge ihres Todes bestattet. Einzig Graf Zinzendorf ist an erhöhter Stelle in der Familiengruft beigesetzt. Links vom Hauptweg liegt der Erbauer von Herrnhut, Christian David begraben. Auch Abraham Roentgen und sein Sohn David, einer der berühmtesten Ebenisten (Kunsttischler) seiner Zeit, der sich 1785 nach Herrnhut aufs Altenteil zurückgezogen hatte, fanden auf dem Friedhof ihre letzte Ruhe.

Missionare und Sammler

Völkerkundemuseum

Von Kultgegenständen der Südsee über afrikanische Masken bis hin zu einer mongolischen Tempeljurte: Das 1878 gegründete Museum zeigt in seiner neu konzipierten Dauerausstellung Artefakte, die die Herrnhuter Missionare von ihren Reisen mitgebracht hatten.
Goethestr. 1 | Wiedereröffnung nach Neukonzeption für 2025 geplant | www.voelkerkunde-herrnhut.skd.museum

★★ MEISSEN

Landkreis: Meißen | **Einw.:** 29 552 | **Höhe:** 109 m ü. d. M.

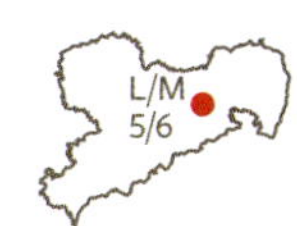

Meißen – wer denkt da nicht zuerst an das weltberühmte Porzellan mit den gekreuzten blauen Schwertern? Doch hat die Elbestadt mehr zu bieten als erlesenes Tafelgeschirr und zarte Figurinen. In der Altstadt künden ansehnliche Bürgerhäuser von einer langen Geschichte, und ein Spaziergang auf den Burgberg führt zu den Ursprüngen Sachsens.

Meißen wuchs um die von Heinrich I. 929 auf dem Burgberg errichtete Festung. Bereits um 1000 erhielt die Siedlung das Marktrecht. Als die Marktgrafschaft Meißen in ihren erblichen Besitz gelangte, erkoren die Wettiner Burg und Stadt zu ihrer ständigen Residenz. Der 1260 begonnene Bau des Doms bescherte der Stadt einen lange anhaltenden wirtschaftlichen Aufschwung. Im 15. Jh. führte Arnold von

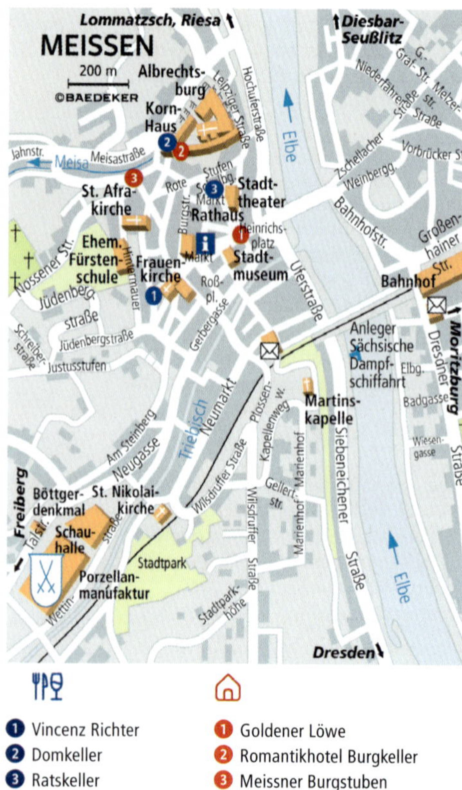

Westfalen, ein bedeutender Baumeister des ausgehenden Mittelalters, die spätgotische Profanbaukunst in Meißen zu höchster Blüte. Mit der Verlegung der Residenz nach Dresden infolge der sächsischen Teilung von 1485 und der Auflösung des Bistums während der Reformation sank Meißens Stern zunächst. Doch Wirtschaft und Kultur lebten während der Renaissance wieder auf. 1637, während des Dreißigjährigen Kriegs, eroberten die Schweden Meißen und plünderten es aus. Nachdem August der Starke auf der Albrechtsburg die erste europäische Porzellanmanufaktur eingerichtet hatte, erholte sich die Stadt aber wieder. Mit der Gründung einer Eisenhütte (1834) im Triebischtal begann die Industrialisierung. In diese Zeit fällt auch die Verlegung der Porzellan-Manufaktur von der Albrechtsburg in das Triebischtal.

In der Altstadt

Marktplatz

Schaufenster der Stadt

An der 1560 eröffneten **Marktapotheke** an der Südseite etwa fällt der zweigeschossige Erker aus dem Jahr 1717 auf. Das spätgotische **Bennohaus** an der Westseite (Markt 9) bietet innen ein Zellgewölbe von Arnold von Westfalen. In den Neorenaissancebau an der Ostseite das sog. Hirschhaus (Markt 2), fügten die Erbauer ein Renaissanceportal des 17. Jh.s ein. Das um 1472 erbaute **Rathaus** an der Nordseite ist ein Unikum, denn das Dach ist mit einer Höhe von 18 m ungleich höher als die Fassade, die nur 11 m misst. Die Architekten zollten damit der Hanglage Tribut: Die zum Markt weisende Schauseite weist drei, die rückseitige Front nur zwei Stockwerke auf.

MEISSEN ERLEBEN

TOURIST-INFORMATION

Markt 3, 01662 Meißen
Tel. 03521 46 74 00
www.stadt-meissen.de

WEINFEST

Jedes Jahr Ende September steht ganz Meißen Kopf. Auf dem Weinfest fließt der Rebensaft im gesamten Stadtgebiet in Strömen, dazu gibt es ein buntes musikalisches Rahmenprogramm.
www.meissner-weinfest.de

❶ VINCENZ RICHTER €€

Das Restaurant im Tuchmacher-Zunfthaus aus dem 16. Jh. ist eine Institution. Internationale und sächsische Speisen gelangen auf Meißener Porzellan auf die Tische, die Weine kommen vom eigenen Weingut.
An der Frauenkirche 12
Tel. 03521 45 32 85
Di. – Do. 17 – 22, Fr. u. Sa. 12 – 22 Uhr
www.restaurant.vincenz-richter.de

❷ DOMKELLER €

In Meißens ältestem Gasthaus auf dem Burgberg serviert man solide sächsische Hausmannskost. Der Blick von der Terrasse auf Altstadt und Elbe ist umwerfend.
Domplatz 9
Tel. 03521 45 76 76
Tgl. 11.30 – 22/23 Uhr
www.domkeller.com

❸ RATSKELLER €

Sachsen lieben es gemütlich, und der Ratskeller im Gewölbe des spätgotischen Rathauses ist bestens geeignet für einen Abend mit mediterran beeinflusster, leckerer Regionalküche in entspannter Atmosphäre.
Markt 1
Tel. 03521 45 93 93
Mo. – Sa. 11.30 – 23, So. 11.30 – 22 Uhr
https://mueller-restaurants.de

❶ GOLDENER LÖWE €€€

Das familiengeführte Haus in der Nähe bietet 36 stilvoll eingerichtete Komfortzimmer und Suiten.
Heinrichsplatz 6
Tel. 03521 4 11 10
www.goldener-loewe-meissen.com

❷ ROMANTIKHOTEL BURGKELLER €€€

Vom Burgberg aus blickt das Hotel auf den Dom und die Dächer der Altstadt. Im Restaurant essen Sie Fisch von der Moritzburger Teichwirtschaft und Wild aus den heimischen Wäldern. Der Biergarten unter Kastanien ist wunderschön!
Domplatz 11
01662 Meißen
Tel. 03521 414 00
www.hotel-burgkeller-meissen.de

❸ MEISSNER BURGSTUBEN €€

Das Haus nahe des Burgtors bietet sechsbehagliche Gästezimmer und eine familiäre Atmosphäre, Mittagstisch im Café.
Freiheit 3
Tel. 03521 45 36 85
www.meissner-burgstuben.de

Die zarten Töne von Porzellan

Frauenkirche

In die Südwestecke des Markts ragt der Chor der Frauenkirche empor. Alle drei Stunden erklingt in ihrem Turm das weltweit älteste **Glockenspiel aus Porzellan**. Bereits im 18. Jh. hatten Modulleure der Porzellanmanufaktur nach dem geeigneten Material und der richtigen Glockenform für reinen Klang gesucht. Aber erst Emil Paul Börner gelang es 1927, die perfekten Glocken zu gießen. Nun soll auch die 1937 gebaute Jehmlich-Orgel als weltweit erstes Instrument zusätzliche Pfeifen aus weißem Gold erhalten.

Die Frauenkirche entstand zwischen 1447 und 1455 auf den Fundamenten eines abgebrannten Vorgängerbaus. Wertvollstes Ausstattungsstück ist der gotische Altar (1480) eines unbekannten Meisters. Die **Aussichtsplattform** auf dem Turm bietet einen schönen Blick. Vom kleinen Kirchhof an der Turmseite des Gottes fällt der Blick auf die prächtige Renaissancefassade des **Bahrmannschen Brauhauses** (1569) schräg gegenüber.

Glockenspiel: tgl. 6.30, 8.30, 11.30, 14.30, 17.30, 20.30 Uhr
Turmbesteigung: Mo.– Sa. 10 – 17, So. 12 – 17 Uhr | Eintritt: 3 €

Durch hübsche Gassen geht es hinauf zum Burgberg.

Nicht alltägliche Ausstellungsräume

Stadtmuseum

Das Stadtmuseum im sog. Neogotischen Haus sowie der Kirche und dem Kreuzgang des 1539 aufgehobenen Franziskanerklosters am Heinrichsplatz informiert über Meißens Geschichte unter besonderer Berücksichtigung der Porzellanherstellung. In der Kirche haben Exponate wie ein 11 m langes **Elbfischerboot** und eine **Weinpresse** Platz, im Kreuzgang sind Grabmale aus vier Jahrhunderten zu sehen. Das Standbild auf dem Brunnen am Heinrichsplatz zeigt König Heinrich I.

Di. – So. 10 – 18 Uhr | Eintritt: 3 € | www.stadt-meissen.de

Ein traditionsreicher Klavierbauer

Thürmer Pianoforte-Museum

Die Ausstellung in der ehemaligen Pianofortefabrik der Firma Thürmer gibt Einblicke in die Historie des Unternehmens und die Geschichte des Pianofortes. Die Firma Thürmer wurde 1834 in Meißen gegründet und zog 1874 in den heutigen Museumsbau in der Martinstr. 12. Die Fabrik wurde 1956 in einen volkseigenen Betrieb umgewandelt. Der Ur-Ur-Enkel des Firmengründers führt die Familientradition seit 1971 in Westdeutschland fort.

Mo. – Fr. 8 – 18, Sa. 10 – 15, So. 10 – 14 Uhr | Eintritt: 4 €
www.ferdthuermer.de

Steuerfrei

Afraberg

Das Viertel südwestlich des Burgbergs ist nach dem zu Beginn des 13. Jh.s gegründeten Augustiner-Chorherrenstift **St. Afra** benannt. Seit Beginn des 13. Jh. siedelten im Schatten von Kloster und Burgberg weltliche und geistliche Dienstleute im Ritterstand, die von Steuern und Abgaben befreit waren. Bis ins 19. Jh. genossen die Bewohner des Afrabergs ihre Sonderrechte. Eine sich durch das Viertel schlängelnde Gasse mit Namen »Freiheit« erinnert an das Privileg. Auch die ansehnlichen Bauten am Afraberg wie der im 13. Jh. erstmals erwähnte **Jahnaische Hof** (Freiheit 3) oder das **Prälatenhaus** (Rote Stufen 3) aus dem beginnenden 16. Jh. zeugen vom Wohlstand der einstigen Besitzer. Nach der Aufhebung des Klosters im Zuge der Reformation richtete Kurfürst Moritz 1543 in den Konventsgebäuden die erste **Fürsten- und Landesschule Sachsens** ein. In der zweiten Hälfte des 19. Jh.s wurde die dreiflügelige Anlage abgerissen und durch einen Neubau ersetzt. Zu DDR-Zeiten war in dem Palais eine landwirtschaftliche Hochschule untergebracht. Seit 2001 bildet das sächsische Landesgymnasium darin Hochbegabte aus.
Die spätgotische **Klosterkirche St. Afra**, seit der Reformation lutherische Pfarrkiche, glänzt mit einem um 1660 von Valentin Otte geschnitzten Altar und einer Kanzel desselben Künstlers, die Jonas mit dem Wal zeigt. An die Kirche angebaut ist die **Begräbniskapelle der Familie von Schleinitz**, eines sächsischen Rittergeschlechts.

Porzellanmanufaktur Meißen

Mekka für die Fans des »Weißen Goldes«
Alljährlich pilgern Hunderttausende in die weltberühmte Porzellanmanufaktur im Triebischtal. In der 1916 eröffneten und seit 2008 als **»Museum of Meissen Art«** firmierenden Schauhalle der Manufaktur ist alles versammelt, was dem Meißener Porzellan seit 1710 zu Weltgeltung verhalf. Dort kann man die Entwicklung des Porzellan-Designs von 1710, dem Gründungsjahr der Manufaktur, bis in die Gegenwart nachvollziehen. Im Lauf der Zeit sind in Meißen mehr als 20 000 Muster-Porzellane entstanden, von denen ca. 3000 in ständigem Wechsel zu sehen sind. Besonders prächtig ist die im ersten Obergeschoss jedes Jahr neu gedeckte Tafel für zwölf Personen. In der **Schauwerkstatt** wird der ganze Herstellungsprozess von der Formung und Modellierung über die Bossierung bis zur Bemalung vorgeführt (▶ Das ist ..., S. 20ff. und ▶ Baedeker Wissen S. 224)).
Die Manufaktur zog 1863 von der Albrechtsburg in die Talstraße 9, ca. 10 Gehminuten südlich des Markplatzes, um. Gegenüber ehrt eine Büste Johann Friedrich Böttger (1682 – 1719), der zusammen mit Ehrenfried Walther von Tschirnhaus (1651 – 1708) als Erfinder des europäischen Porzellans gilt.
Tgl. März – Dez. 9 – 18, sonst. bis 17 Uhr | Eintritt: 17 €
www.meissen.com

Burgberg

Übersicht

Die Wiege Sachsens
Als Heinrich von Eilenburg, der 1089 als erster Wettiner die Markgrafschaft Meißen zum Lehen erhalten hatte, auf den Burgberg zog, residierten dort bereits ein Bischof und ein Burggraf. Bis in das 15. Jh. blieb das so. Markgraf, Kirchenmann und der Statthalter des Königs teilten sich das Areal und errichteten eigene Bauten. Erst 1426 gelang es dem Wettiner Friedrich I. den Burggrafen zu verdrängen. Seine Enkel Ernst und Albrecht begannen dann mit dem Bau der Albrechtsburg. Ab 1490 entstand an der Westseite des Burgbergs das **Kornhaus**. Bei seinem Bau fanden Mauern der abgegangenen Burggrafen-Residenz Verwendung. Die **Domherrenhöfe**, die das Areal im Süden begrenzen, entstanden zu Beginn des 16. Jh.s. Nr. 5 beherbergte die Domdechantei (1526) und Nr. 7 die Probstei. Der Domkeller in Nr. 9 ist die älteste Gaststätte Meißens. Im gegen Ende des 15. Jh.s errichteten Bischofsschloss lebten bis zur Reformation die Meißener Bischöfe.
Man erreicht den Burgberg vom Marktplatz aus über die Burgstraße und den Hohlweg, der zu der im 13. Jh. erbauten **Schlossbrücke** führt. Von dort geht es durch das Vorder- und das Mitteltor direkt auf den Domplatz. Den Sommer über bietet sich eine Fahrt mit dem **City-Bus** an, der jede halbe Stunde am Marktplatz startet.

Vom Leerstand zum Museum

Der spätgotische Palast gilt als **frühester Schlossbau** auf deutschem Boden. Er sollte, erstmals in der Geschichte, mehr der Repräsentation fürstlicher Macht denn der Verteidigung dienen. Die Söhne von Kurfürst Friedrich II. (1412 – 1464), Ernst und Albrecht, die seit 1464 über Sachsen herrschten, beauftragten Arnold von Westfalen (1425 – 1481) im Jahr 1471, ihnen anstelle der mittelalterlichen Markgrafenburg eine neue Residenz zu errichten, die beide nutzen wollten. Doch dazu kam es nicht, denn noch vor der Fertigstellung des Neubaus gerieten die Brüder in Streit und teilten ihr Herrschaftsgebiet auf. Ernst erhielt die Gebiete im Westen Sachsens, seine Nachfolger regierten von Wittenberg und später von Weimar aus. Albrecht bekam die Markgrafschaft Meißen und wählte Dresden zur Residenz. Auch nach der Vollendung des Baus, den Jacob Haylmann (1475 – 1524) nach dem Tod Arnold von Westfalens fortführte, blieb er meistens ungenutzt. Erst August der Starke richtete dort 1710 die **erste Porzellanmanufaktur Europas** ein.
Arnold von Westfalen setzte mit dem Bau der Albrechtsburg neue Maßstäbe in der Architektur. Die im ganzen Schloss eingesetzten Zellengewölbe, die den Räumen jede Schwere nehmen, nahmen sich Baumeister in ganz Europa zum Vorbild. Bemerkenswert ist auch

Albrechtsburg und Dom beherrschen das Stadtbild von Meißen.

BAEDEKER WISSEN

DAS WEISSE GOLD

Mit der Erfindung des europäischen Porzellans durch Johann Friedrich Böttger und Ehrenfried Walther von Tschirnhaus waren Europas Fürstenhöfe nicht mehr auf teure Importe aus China für das begehrte Luxusgut angewiesen. Nun konnten sie es in eigenen Manufakturen herstellen lassen. Die erste war die Meissener, gegründet am 23. Januar 1710 von August dem Starken.

▶ Bestandteile

Quarz
Das harte Mineral beeinflusst die Festigkeit des Porzellans. Es ist einer der am häufigsten vorkommenden Stoffe.

Feldspat
»Der Stein welcher kein Erz enthält« tritt sehr häufig auf und ist das wichtigste gesteinsbildende Mineral der Erdkruste.

Kaolin
Die »Porzellanerde« ist ein feines, eisenarmes, weißes Gestein.

	Quarz	Feldspat	Kaolin
Hartporzellan	25%	25%	50%
Weichporzellan	45%	30%	25%

Weichporzellan
Wird bei »weichen« (geringen) Temperaturen gebrannt. Dadurch ist es anfälliger für Temperaturschwankungen und Stöße.

Hartporzellan
Hart bedeutet »heiß«, also hohe Brenntemperaturen. Der große Kaolinanteil bewirkt eine hohe Schlagbiegefestigkeit. **Meissener ist ein Hartporzellan.**

▶ Bedeutende Manufakturen in Deutschland

KPM Berlin
Fürstenberg
Meissener Porzellan
Höchst
Frankenthal
Ludwigsburg
Nymphenburg

▶ Chinesisches Porzellan

Keramikartiges »Grünes Porzellan« ist in China seit über 4200 Jahren bekannt. Während der Han-Dynastie (23–200 n. Chr.) entstand in Südchina das erste weiße Porzellan. Es kam im 17. Jh. an den europäischen Höfen in Mode. Material und Glasur wird bei China-Porzellan gewöhnlich nur in einem Vorgang gebrannt. Die fertige Form wird luftgetrocknet, glasiert, abermals getrocknet und gebrannt.

ine Schnecke gab den Namen

ie in vielen tropischen Gewässern lebende Kaurischnecke besitzt ein porzellanähnliches Gehäuse. ls Marco Polo im 14. Jh. zum ersten Mal Porzellan aus China nach Europa brachte, nannte man das eue Material wie diese Schnecke »porcellana«, da man annahm, dass Porzellan aus den zerstampf-en Gehäusen hergestellt wurde.

/ie entsteht Porzellan?

ie vier Schritte in den Meissener Schauwerkstätten:

Drehen und Formen
eller, Tassen, Schalen und Vasen werden uf Drehscheiben geformt und igurenteile angefertigt.

2. »Bossieren« (Figurenfertigung)
Einzelne Figurenteile werden mit Schlicker zusammmengesetzt und »verputzt«. Am Arbeitsplatz steht ein Modell der fertigen Figur, an dem sich der Bossierer orientiert.

. Unterglasurmalerei
ie Farbe wird vor dem zweiten Brand mit insel oder Aerograph auf das unglasierte orzellan aufgetragen und bei **1400°C** ebrannt.

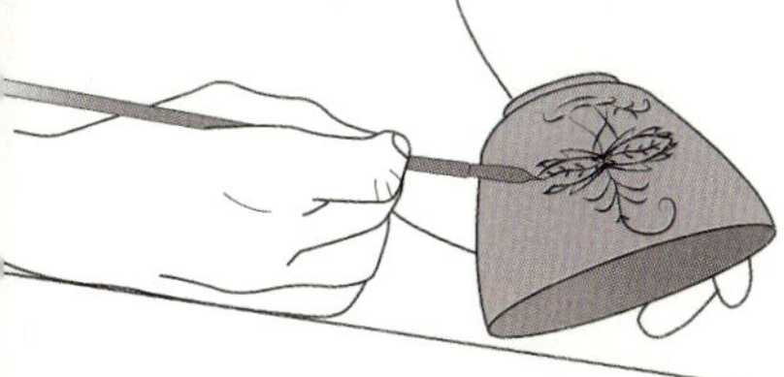

4. Aufglasurmalerei
Durch Beimischung von weichem Fluss (glasähnlichen Schmelzfarben) haften die Farben auf der bereits hartglasierten Keramik. Der Fluss schmilzt schon bei **720 – 850°C**.

lassifikation
s wird zwischen heiß- (cí) und kaltgebranntem (táo) nterschieden. Auch dickere und undurch-chtige Keramiken zählen zu Porzellan.

Nördliches Porzellan«
ohleöfen, hohe Brenntemperatur
rößerer Anteil an Kaolin

Südliches Pozellan«
olzöfen, niedrige Brenntemperatur
rößerer Anteil an Feldspat

Ming-Vase

Meissener Vase

1 Mitteltor
2 Burgkellerei (Schotterei)
3 Domkeller (Glöcknerei)
4 Scholasterei
5 Dompropstei
6 Domdechantei
7 Großer Wendelstein
8 Fürstenkapelle
9 Georgskapelle
10 Johanniskapelle
11 Kreuzgang
12 Sakristei
13 Maria-Magdalenen-Kapelle
14 Liebenstein

der **große Wendelstein**, eine ganz aus Stein gearbeitete Wendeltreppe, die an der Außenseite des Schlosses um drei Säulen herum vom Hof in die Obergeschosse führt. 1864 veranlasste König Johann von Sachsen den Auszug der Porzellansammlung und sorgte für die Umwandlung der Burg in ein Museum. Zwischen 1873 und 1882 erfolgte die Ausmalung und Möblierung der meisten Räume in historistischer Manier, finanziert u.a. durch französische Reparationszahlungen. Die Illustrationen singen das Hohelied der Wettiner und ihrer Geschichte. Die Ausstellung heute informiert über die Dynastie, die Burg und die Prozellanmanufaktur.

Tgl. April – Okt. tgl. 10 – 18, sonst bis 17 Uhr | Eintritt: 12 €
www.albrechtsburg-meissen.de

Dom

Sakrale Kunst vom Feinsten

Die Kunstschätze des Doms zählen zum Feinsten, was sächsische Kirchen zu bieten haben. Die vier überlebensgroßen Skulpturen im Chor etwa stammen **aus der Werkstatt des Naumburger Meisters**, einem der bedeutendsten Steinbildhauer des Mittelalters. An der Nordwand stehen das Stifterpaar, Kaiser Otto I. und seine Gemahlin Adelheid, ihnen gegenüber sind der Evangelist Johannes und der hl. Donatus zu sehen. Alle vier bestechen durch ihre Lebendigkeit und Farbigkeit. Auch die Skulpturen in der Johanneskapelle werden dem Naumburger Meister zugeschrieben.

Das **Atelier von Lucas Cranachs d. Ä.** lieferte das Gemälde am Laienaltar, der Meister selbst schuf 1534 das Triptychon für die Georgskapelle. Kruzifix und Kandelaber formte Johann Joachim Kändler 1760 aus Meißener Porzellan. In der Georgskapelle sind Herzog Georg der Bärtige und seine Frau Barbara begraben.

Der Dom entstand ab 1260 als Kathedrale des Bistums Meißen an Stelle einer romanischen Basilika und wurde 1401 geweiht. Doch schon 1413 beschädigte ein Blitzschlag die Türme des Westwerks. Zwischen 1470 und 1477 setzte Arnold von Westfalen ihnen neue Geschosse auf; ihre Helme und die neugotischen Obergeschosse erhielten sie erst zwi-

schen 1903 und 1908. Bereits 1425 hatte Friedrich der Streitbare die **Fürstenkapelle** als Grablege der Wettiner vor das Westportal setzen lassen. Dort fand er auch seine letzte Ruhestätte. Der Dom war bis 1581 Kathedrale des Bistums Meißen, danach wurde er lutherisch.
Tgl. Mai – Okt. 9 – 18, Nov. – März 10 – 16, April 10 – 18 Uhr | Eintritt: 6 €
Turmführung: 8 €, Orgelmusik: 8 € | www.dom-zu-meissen.de

MITTWEIDA

Landkreis: Mittelsachsen | **Einw.:** 14 396 | **Höhe:** 263 m ü. d. M.

Eine ansehnliche Altstadt und schöne Parks – das beschauliche Landstädtchen im malerischen Tal der Zschopau gibt sich betont unspektakulär und ist vielleicht gerade deshalb so liebenswert.

Mittweida liegt im mittelsächsischen Bergland und ist das wirtschaftliche Zentrum der Region. Die im Ort ansässige Fachhochschule für angewandte Wissenschaft, mit mehr als 7000 eingeschriebenen Studierenden die größte in Sachsen, ist aus einem 1867 gegründeten Techikum hervorgegangen, das erfolgreiche Autobauer wie August Horch (1868 – 1951) und Friedrich Opel (1875 – 1938) zu seinen Absolventen zählte. Im kleinen Zentrum rund um den Marktplatz finden sich Bauten aller Epochen. Von der Stadtmauer aus dem 15. Jh. ist ein 800 m langes Teilstück im Westen der Stadt erhalten.

MITTWEIDA ERLEBEN

MITTWEIDA-INFORMATION
Markt 32, 09648 Mittweida
Tel. 03727 96 70
www.mittweida.de

MORITZBURG €
Das familiengeführte Restaurant serviert seit über 100 Jahren in behaglicher Atmosphäre Spezialitäten der regionalen Küche und bietet außerdem einige Gästezimmer. MIt Biergarten.
Rößgenerstr. 50, Tel. 03727 31 77
Mi. – Mo. ab 11.30 UIhr
www.gaststaette-pension-moritzburg.de

DEUTSCHES HAUS €€
Die seit 1828 existierende Herberge direkt gegenüber vom Rathaus bietet 23 moderne, helle Zimmer.
Rochlitzer Str. 5
Tel. 03727 96 14 58
https://deutsches-haus.travdo-hotels.de

Wohin in Mittweida und Umgebung?

Import aus Meißen

Unser Lieben Frauen

Kein Geringerer als Arnold von Westfalen, der Erbauer der Meißener Albrechtsburg, wirkte am Bau dieser Kirche mit, die auf einer Anhöhe südöstlich des Marktes aufragt. Die dreischiffige Hallenkirche besticht durch ihre Netzgewölbedecke und die schönen Fenstermaßwerke im Chor. Bemerkenswert ist auch der **Schnitzaltar** (1661) mit Figuren, gedrehten Säulen und Beschlagwerk-Ornamenten von Valentin Otte und Johann Richter aus Meißen. Die **Sandsteinkanzel** des Dresdners Abraham Conrad Buchau (1667) trägt eine Replik von Michelangelos Mosesfigur.

Von Mittweida in den Weltraum

Raumfahrtmuseum

Wer wissen will, wie man in der Schwerelosigkeit schläft, isst und trinkt oder auch mal einen Raumanzug anprobieren möchte, ist in Mittweida richtig. Das dortige Raumfahrtmuseum bietet entsprechende Kurse an. Außerdem wartet es mit mehr als **100 Modellen von Raketen**, Raumkapseln und einer Nachbildung der ISS auf. Alle Modelle hat der Betreiber des Museums, Tasillo Römisch, selbst zusammengebaut. Mit einer kleinen Ausstellung erinnert er auch an den DDR-Kosmonauten Sigmund Jähn, den ersten Deutschen im All.

Nur n. V.: Tel. 03727 9 08 11 | www.space-service-intl.com

Bootstour unter Tage

Bergwerk Alte Hoffnung Erbstolln

In das Schaubergwerk bei Schönborn-Dreiwerden-Seifersbach rund 5 km südlich von Mittweida im Zschopautal gelangen die Besucher nur per Boot. Genialerweise nutzten Bergwerksingenieure im 19. Jh. das **Wasser der Zschopau zur Entwässerung** der Stollen. Es wurde durch einen eigens dafür angelegten Kanal geleitet und trieb eine Turbine an, die die Pumpen in Bewegung setzte. Im **Turbinenraum** erfährt man Wissenswertes über die ausgefallene Technik. Nach der Stilllegung des Bergwerks verzichtete man natürlich auf ein weiteres Abpumpen des Wassers. Die Stollen können nicht besichtigt werden.

Führungen: Anmeldung unter Tel. 03727 9 18 45, 2 – 3 mal pro Monat an Wochenenden | Eintritt: 9,50 € | www.schaubergwerk.de

Burg Kriebstein

Sachsens schönste Burg

Geschichte

10 km nordwestlich von Mittweida thront auf einem Felssporn hoch über der Zschopau stolz und erhaben die »schönste Burg Sachsens«. Mit ihrem 45 m hohen und von sechs Türmchen bekrönten Wohnturm und den stattlichen Anbauten scheint sie fast romantischer Fantasie entsprungen zu sein. Tatsächlich aber ließ ein gewisser Dietrich von

OBEN: So wie Kriebstein stellt man sich eine Ritterburg vor.

UNTEN: Wer sein eheliches Gelübde vor entsprechender Kulisse ablegen möchte, kann dies in der Säulenhalle machen.

EINE BURG WIE AUS DEM BILDERBUCH

Nördlich von Mittweida erhebt sich die Burg Kriebstein auf einem steilen Felsen über der Zschopau. Sie verkörpert den Typ der Bergspornburg, d. h., die Anlage liegt auf dem äußersten Ausläufer eines von drei Seiten von der Zschopau umflossenen Bergsporns. Ihre noch spätmittelalterlichen Erkertürmchen und der Dachreiter bestimmen das reizvolle Bild der Burg mit der unverwechselbaren Dachsilhouette.

April – Okt. 10 – 17/18, Mitte bis Ende Feb. Do. – So. 10 – 16 Uhr | Eintritt: 8 €, (Kinder 1€)

Die Burgkapelle (1410) und das Kriebsteinzimmer, eine ausgemalte Bohlenstube, sind die schönsten Räume.

1 Burgkapelle
Die komplette Ausmalung der Burgkapelle gehört zu den besterhaltenen spätmittelalterlichen Bildprogrammen Deutschlands. Sie entstand im 15. Jh. und belegt die ausgeprägte Marienverehrung dieser Zeit.

2 Museum
Man kann fast die gesamte Burganlage besichtigen. Im eigentlichen Museumsteil findet man eine Vielfalt an Einrichtungsgegenständen sowie »Hausrat« und Kunst früherer Bewunderer der Burganlage.

3 Küchenbau
Unmittelbar an den Wohnturm fügt sich im Mittelpunkt der Burg der spätgotische Küchenbau an.

4 Palas
Das 45 m hohe, gotische Hauptgebäude der mittelalterlichen Burg krönen insgesamt sechs Türmchen.

5 Torhaus
Nicht willkommene Besucher früherer Zeiten mussten hier wieder umdrehen, sonst »regnete« es im Zweifel heißes Pech aufs Haupt.

3
4
1
2

Beerwalde, seines Zeichens Hofmeister des Landgrafen Balthasar von Wettin, Burg Kriebstein zwischen 1386 und 1407 als Wohn- und Herrschaftssitz für sich und seine Familie errichten. Nach seinem Tod ging sie zunächst in den Besitz seiner Witwe und dann in den seiner Tochter über. 1465 erwarb der sächsische Hofmarschall Hugo III. von Schleinitz die Burg und beauftragte Arnold von Westfalen mit An- und Umbauten. Der gute Erhaltungszustand ist der Familie von Arnim zu danken, die die Gemäuer 1825 erwarb und eine umfassende Restaurierung anstieß. Unter ihnen erfuhren die Räumlichkeiten zwischen 1866 und 1868 eine Umgestaltung im **neogotischen Stil**. Bereits 1930 gaben sie Teile der Burg für Besichtigungen frei. Nach der Enteignung der Familie eröffnete dort ein volkseigenes Museum. 1993 ging die Burg in den Besitz des Freistaates Sachsen über.

Der Schatz im Kamin

Burgmuseum

1986 geriet Burg Kriebstein als Fundort eines wertvollen Schatzes in die Schlagzeilen. Der Leiter des Burgmuseums, Bernd Wippert, entdeckte damals in einem zugemauerten Kamin Kostbarkeiten aus Gold, Silber und Porzellan, die Heinrich Graf Lehndorff (1909 – 1944), ein am Attentat auf Hitler vom 20. Juli 1944 Beteiligter, versteckt hatte. Nach seiner Hinrichtung im September 1944 geriet der Schatz in Vergessenheit. Erst 2010 erhielten die Erben ihren Besitz zurück, einen Teil überließen sie aber dem Burgmuseum, der im **Schatzgewölbe** zu sehen ist. Die Besichtigung führt auch durch die gotische Halle, den Rittersaal und in die Kapelle und gewährt Einblicke in die **Wohnkultur des sächsischen Landadels** von der Spätgotik bis ins 19. Jahrhundert. Die in den Fels gehauene Kapelle aus dem 14. Jh. birgt spätgotische Wandmalereien und einen um 1520 entstandenen Flügelaltar. Highlight ist aber das **Kriebsteinzimmer** im dritten Obergeschoss des Wohnturms, eine vollständig ausgemalte und reich mit Rankenwerk dekorierte Bohlenstube aus dem 15. Jahrhundert.
2 km südlich der Burg liegt die zwischen 1927 und 1929 erbaute **Kriebstein-Talsperre**, ein beliebtes Ausflugsziel.

★★ MORITZBURG

Landkreis: Meißen | **Einw.:** 8361 | **Höhe:** 200 m ü. d. M.

Schon von weitem sichtbar, erhebt sich das vielleicht schönste Schloss Sachsens auf einer Insel im See. Die Jagdgesellschaften August des Starken trafen sich dort nach dem Halali zu üppigen Gelagen und rauschenden Festen. Noch heute durchweht ein Hauch barocker Heiterkeit und Lebensfreude die Räume.

Die Anfänge von Schloss Moritzburg gehen auf ein Jagdhaus zurück, das Herzog Moritz 1542 in dem wildreichen Friedewald rund 17 km nördlich von Dresden errichten ließ. Der Umbau zu einem Schloss begann bereits unter Kurfürst Johann Georg II. August dem Starken gingen die Erweiterungen offensichtlich nicht weit genug. 1723 gab er deshalb das prunkvolle Schloss in Auftrag. Der Friedewald ist heute ein Naturschutzgebiet.

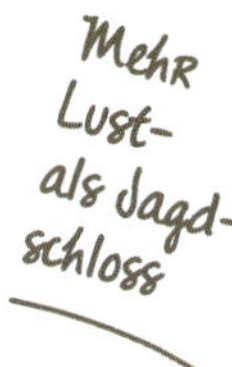

Schloss Moritzburg

Schloss/Barockausstellung: Ende März – Anf. Nov. tgl. 10 – 18, Ende Nov. – Ende Feb. 9.30 – 17.30 Uhr, Jan./Feb. Mo. geschl. | Eintritt: 12 €
Führungen: April – Okt. Sa. 11 u. 13, So. 13 Uhr, 4 € zusätzl.
Fasanenschlösschen: Mai – Okt. Di. – So. 11, 12, 13.30 u. 14.30 Uhr
Führung: 8 € | Kombiticket mit Schloss 15 €
www.schloss-moritzburg.de

Ein Gesamtkunstwerk

Geschichte

Ein »Tempel der Diana« sollte das Jagdhaus seiner Vorfahren im Friedewald nach dem Willen August des Starken werden. 1723 beauftragte er deshalb Landbaumeister Matthäus Daniel Pöppelmann mit dem Umbau des Anwesens. Unter Mitwirkung von u. a. Zacharias Longuelune und Johann Christoph Knöffel schuf Pöppelmann ein Gesamtkunstwerk aus Architektur und Natur, das **wie ein Solitär** in die Teich- und Waldlandschaft der Umgebung eingebettet ist und in schönstem barocken Gelb erstrahlt. Die Architekten bezogen das alte Jagdhaus mit ein und bauten es zu einer annähernd quadratischen Anlage mit markanten Rundtürmen in jeder Ecke aus. Der Schlossteich, der sie umgibt, kam 1730 hinzu. Schloss Moritzburg erhebt sich auf einer Terrasse mit umlaufender Balustrade, die Sandsteinfiguren aus der Werkstatt Balthasar Permosers schmücken.
Bis 1945 wohnte der Sohn des letzten sächsischen Königs Prinz Ernst Heinrich (1896 – 1971) mit Familie auf Schloss Moritzburg. Vor der Flucht vor der Roten Armee vergrub er mit seinen Söhnen und dem Förster kostbaren Hausrat und wertvolle Kunstgegenstände in einem Waldstück hinter dem Schloss. Doch der Förster gab das Versteck nach Drohungen preis. Die Besatzer konnten einen Großteil des Schatzes heben und in die Sowjetunion bringen. Den Rest, darunter das Tafelsilber August des Starken, fand ein junges Paar aus Dresden 1996 auf dem Schlossgelände. Nach langem Hin und Her gelangte er wieder in den Besitz des Hauses Wettin und kam unter den Hammer.

Verschwenderische Prachtentfaltung

Barockausstellung

Obwohl ein Teil der Einrichtung verloren ging, sind die 200 Räume und vier Prunksäle mit kostbarstem Mobiliar, Stuckdecken, Tapeten und Kunstwerken, verschwenderisch ausgestattet. Für das **Prunk-**

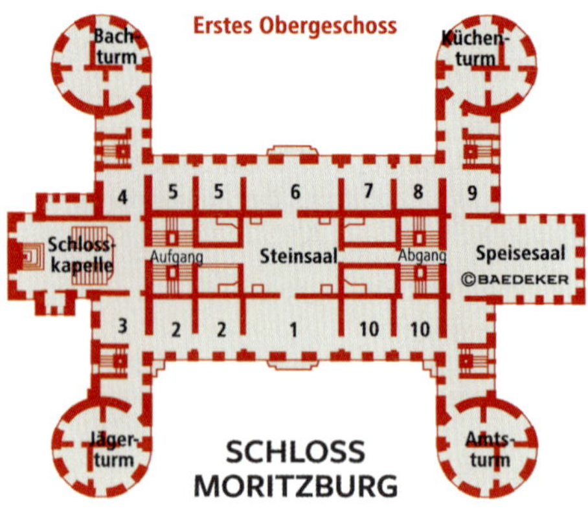

N

20 m

1 Monströsensaal
2 Kurfürstenzimmer
3 Kupferzimmer
4 Zimmer mit Damenbildnissen
5 Gästezimmer
6 Billardsaal (Speisesaal)
7 Moritzgalerie
8 Lackmöbelzimmer
9 Schrankzimmer
10 Augustzimmer

bett August des Starken im Federzimmer mussten abertausende Enten, Hühner und Fasane ihre Federn lassen. Der ornamentale Dekor des Baldachins besteht ebenso wie die Wandbehänge aus Millionen von Vogelfedern. Der Kurfürst hatte es 1723 für das Japanische Palais in ► Dresden erworben. 1830 kam es nach Moritzburg. Vom Eingang geht es links die Treppe hoch in den mit Elch-, Rentier- und Rothirschgeweihen geschmückten **Steinsaal**. Im sich südlich anschließenden Audienz- oder Monströsensaal sind die Wände mit **Ledertapeten** verkleidet, die Lorenzo Rossi mit Dianamotiven bemalte. Seinen zweiten Namen verdankt der Saal den 39 hier ausgestellten missgebildeten Geweihen. Die Augustzimmer links daneben schmücken kostbare Ledertapeten, in die farbige Ornamente eingearbeitet sind. Über das Kurfürsten- und das Kupferzimmer gelangt man in die **Schlosskapelle** mit einem Deckengemälde von Johann Finck und einem marmornen Schmerzensmann von Balthasar Permoser. In den sich anschließenden Räumen hängen u. a. **Porträts der Mätressen August des Starken** aus der Werkstatt Louis de Silvestres. Durch den mit Ledertapeten geschmückten Billardsaal geht es in die Moritzgalerie mit Porträts sächsischer Kurfürsten. Der Raum gleich dahinter ist mit **ostasiatischen Lackmöbeln** ausgestattet. Hier steht auch eine der 18 **Dragonervasen**, die August der Starke im Tausch gegen 600 sächsische Reiter vom Preußenkönig erhielt. Durch das Schrankzimmer gelangt man in den größten Raum des Schlosses, den Speisesaal. Die barocke Festtafel ist mit einem 66-teiligen Service aus Meißener Porzellan aus der Serie »Roter Drache« gedeckt.

Auf zur Hengstparade

Sächsisches Landgestüt

In den 1733 von Johann Christoph Knöffel erbauten Stallungen von Schloss Moritzburg an der Schlossallee befindet sich seit 1828 das sächsische Landgestüt, das Hengste für die Aufzucht von Warm-

MORITZBURG ERLEBEN

TOURIST-INFORMATION

Schlossallee 3 b
01468 Moritzburg
Tel. 035207 85 40
www.kulturlandschaft-moritzburg.de

ANFAHRT

Schöner als mit Bus oder Auto ist eine Tour mit dem »Lößnitzdackel« (▶ Das ist ... S. 12ff.).
www.loessnitzgrundbahn.de

MORITZBURG-FESTIVAL

Kammerkonzerte im Schloss und in der Moritzburger Kirche im August.
www.moritzburgfestival.de

MORITZBURGER FISCHZUG

Wenn Ende Oktober der Schlossteich abgelassen und abgefischt wird, finden sich Tausende ein. Mit Rahmenprogramm und Markt.

DREI HASELNÜSSE FÜR ASCHENBRÖDEL

Der tschechsche Weihnachtskultfilm wurde in Moritzburg gedreht und im Winter gibt's im Schloss dazu eine Ausstellung. Das Musical der Sächsischen Landesbühnen wird im Sommer im Freien aufgeführt.
www.landesbuehnen-sachsen.de

RESTAURANT IM BAROCKSCHLOSS €€€

Noblesse oblige: In stilvoller Umgebung, die Damasttapeten stets im Blick, schlemmen Sie in dem Edelrestaurant wie zu August des Starken Zeiten. Der Wildschützentopf oder ein Wels aus den Teichen der Umgebung sind die Klassiker.
Im Schloss
Tel. 035207 99 36 16
Di. – So. ab 11 Uhr
www.moritzburger-schlossrestaurant.de

ADAMS GASTHOF €€

Der historische Gasthof von 1675 serviert bodenständige Regionalküche, im Sommer auch auf der Terrasse am winzigen Teich.
Markt 9, Tel. 035207 9 97 75
Di. – So. 11 – 22 Uhr
www.adamsgasthof.com

CHURFÜRSTLICHE WALDSCHÄNKE €€

Ob im Churfürstenzimmer mit historischem Kachelofen oder im Prinzenzimmer mit Original-Ledertapeten aus dem 18. Jh.: In der Waldschänke kommen Bigorre-Schwein, argentinisches Rumpsteak, Fisch aus den Moritzburger Teichen und Wild auf den Tisch. Dazu erlesene Meißener Weine.
Große Fasanenstraße
Tel. 035207 86 00
Di. – Do. 17 – 22, Fr., Sa. 11.30 – 20, So. 11.30 – 17 Uhr
www.waldschaenke-moritzburg.de

PENSION ALTE POSTHALTEREI €

Die familiengeführte Pension in der historischen Poststation von 1835 bietet neun moderne, komfortable Zimmer und eine angenehme Atmosphäre. Ein besonderer Service ist der Fahrradverleih.
Bahnhofstr. 1
Tel. 035207 8 11 03
http://p-alteposthalterei.de

Einst bliesen die Piqueure zur Jagd. Heutzutage sind die Moritzburger Teiche ein herrliches Revier für Spaziergänger.

und Kaltblütern züchtet. Jedes Jahr im Herbst lädt es zum Schaulaufen der Pferde auf dem Hengstparadeplatz ein. Einen Höhepunkt der Veranstaltung bildet die Einfahrt verschiedener Kutschen in die Arena.

Führungen nach Anmeldung | www.saechsische-gestuetsverwaltung.de

Erinnerungsort

Käthe-Kollwitz-Gedenkstätte

Im Juli 1944 lud Ernst Heinrich von Sachsen die von den Nazis mit einem Berufsverbot belegte Malerin und Bildhauerin Käthe Kollwitz (1867 – 1945) nach Moritzburg ein und bot ihr im Rüdenhof am Ufer der Schlossteichs Unterschlupf. Sie starb dort kurz von Ende des Kriegs am 22. April 1945. Die Käthe-Kollwitz-Stiftung hat in dem Haus eine Gedenkstätte eingerichtet.

April – Okt. Di. – Fr. 11 – 17, Sa., So. 10 – 17, Nov. – März Mi. – Fr. 11 – 16, Sa., So. 10 – 16 Uhr | Eintritt: 5 € | www.kollwitz-moritzburg.net

Spielwiese der Kurfürsten

Schloss- und Waldpark

Nicht zuletzt die Lage in einem Wald- und Seengebiet macht den besonderen Reiz von Schloss Moritzburg aus. August der Starke und seine Architekten verwandelten einen Teil des Terrains in eine Spielwiese für den Fürsten und sein Gefolge. So ließ der Kurfürst ein seit dem 16. Jh. bestehendes **Wildgehege** nordöstlich des Schlosses zu einer »Menagerie aller seltenen Arten von Hochwild« ausbauen. Ob

dort allerdings zur Gaudi seines Hofs tatsächlich Bären und Wölfe gehalten wurden, ist ungewiss. Heute leben in den großen Gehegen Rudel von Muffel-, Rot-, Dam- und Schwarzwild, in Kleingehegen u. a. Marder und Füchse.
Der **barocke Lustgarten**, den August auf dem »Festland« nördlich des Schlosses anlegen ließ, blieb unvollendet. Die Fertigstellung der 1728 begonnenen Fasanerie am Großteich östlich des Schlosses erlebte er nicht mehr. Kurfürst Friedrich August III. ließ dort zwischen 1770 und 1776 das **Fasanenschlösschen** in chinoisen Formen errichten. Das zierliche Palais, ein Entwurf von Johann Daniel Schade und Johann Gottlieb Hauptmann gilt als Kleinod des Rokoko.
Vom Fasanenschlösschen führt ein Weg hinunter zur Mole am Großteich. An ihrem Ende steht **der einzige Leuchtturm Sachsens**. Friedrich August III. ließ sich von dort aus gerne über den See schippern. Das Ensemble aus Leuchtturm und Mole diente auch als Kulisse für die bei Hofe beliebten Inszenierungen von Seeschlachten, in denen eigens zu diesem Zweck gebaute Fregatten aufeinander stießen.
Schloss- und Waldpark: April – Sept. tgl. 6 – 22, Nov. – März bis 19 Uhr
Wildgehege: März – Okt. tgl. 9 – 18, Nov. – Feb. Sa., So. bis 16 Uhr
Eintritt: 5 € | www.smul.sachsen.de

★ OBERWIESENTHAL

Landkreis: Erzgebirgekreis | **Einw.:** 2045 | **Höhe:** 850 – 1050 m ü. d. M.

Wenn ein Ort schneesicher ist, dann Oberwiesenthal im Erzgebirge. Die höchstgelegene Stadt Deutschlands ist ein Mekka des Wintersports, das bereits zu DDR-Zeiten zahlreiche Olympiasieger und Weltmeister hervorgebracht hat. Die Pisten und Loipen rundherum bieten aber auch normalsterblichen Skifahrern fantastische Möglichkeiten.

Wie anderswo im Erzgebirge kurbelten auch in Oberwiesenthal Kupfer-, Erz- sowie Silberfunde im 16. Jh. die Wirtschaft an und bescherten dem Ort eine lange Blütezeit. Mit dem Versiegen der Vorkommen im 19. Jh. aber ging es langsam bergab. Doch als im ausgehenden 19. Jh. beim Bau der Erzgebirgsbahn ein norwegischer Ingenieur mit Schneeschuhen auftauchte, wendete sich das Blatt. Die Oberwiesenthaler entdeckten Wintersport als neue Einkommensquelle und begannen mit dem Aufbau einer touristischen Infrastruktur. 1906 gründete sich der Skiclub Oberwiesenthal, und fünf Jahre später fanden die Deutschen Skimeisterschaften am Fichtelberg statt.

OBERWIESENTHAL ERLEBEN

GÄSTEINFORMATION
Karlsbader Str. 3
09484 Kurort Oberwiesenthal
Tel. 037348 15 50 50
www.oberwiesenthal.de

ANFAHRT
Romantischer als mit dem Auto ist eine Fahrt mit der Fichtelbergbahn ab Cranzahl (► Das ist ... S. 12ff.).
www.fichtelbergbahn.de

ZUM ALTEN BRAUHAUS €€
Das Restaurant serviert gutbürgerliche Küche von Würzfleisch bis Roulade und Haxe. Im Sommer bietet die Terrasse eine gute Sicht auf den Fichtelberg.
Brauhausstr. 2
Tel. 037348 86 88
Tgl. 11.30 – 22 Uhr
www.hotel-zum-alten-brauhaus.de

ZUR SCHACHTELBUD €€
In der typisch erzgebirgischen Gaststätte kommt deftige regionale Küche auf den Tisch. Im Winter trifft man sich hier zu vorweihnachtlichen Hutzenabenden mit viel Gesang.
Karlsbader Str. 24
Tel. 037348 86 91
Mo., Mi. 15.30 – 22, Do. – So. 12 – 22 Uhr
www.schachtelbud.de

RELAXHOTEL SACHSENBAUDE €€€€ – €€€
Höher geht es nicht in Sachsen: Einsam auf 1200 m wartet das Hotel mit 31 Zimmern und Suiten. Schwimmbad, Fitnessraum, Sauna und Dampfbad sind die Grundausstattung, gebucht werden dazu die unterschiedlichsten Beauty- und Massageprogramme oder Aromatherapie. Dass das alles mitten in der Natur geschieht, fordert ur Wanderung oder zum Skilanglauf heraus!
Fichtelbergstr. 4
Tel. 03748 13 90
www.sachsenbaude.de

HOTEL FICHTELBERGHAUS €€€
Das Hotel am Gipfelplateau des Fichtelbergs bietet jeden Komfort und einen kleinen Wellnessbereich mit Sauna, Solarium sowie Massageangeboten. Das Restaurant versteht sich auf die erzgebirgische Küche.
Fichtelbergstr. 8
Tel. 037348 12 30
www.fichtelberghaus.de

Wohin in Oberwiesenthal?

Erinnerung an das Postkutschenzeitalter

Ortszentrum

Auf dem beschaulichen Platz im Herzen der Stadt zieht die **Kursächsische Distanzsäule** von 1730 alle Blicke auf sich. Im oberen Teil des 4,5 m hohen Obelisken aus Granit prangen die Wappen Kursachsens und des Königreichs Polen. Es war der sächsische Kurfürst und polnische König August der Starke, der die Aufstellung solcher Postsäulen

veranlasste. 1713 beauftragte er den Kartografen Adam Friedrich Zürner mit der Vermessung der Poststraßen, die die Städte und Dörfer seines Landes miteinander verbanden. Im unteren Teil der Säule sind die Entfernungen zwischen Oberwiesenthal und anderen Ortschaften angegeben. Eine Stunde entspricht dabei in etwa 4,5 km. Im Sommer startet von der Postsäule eine Kutsche zu Besichtigungstouren durch das Städtchen.
In der neugotischen **Martin-Luther-Kirche** östlich des Markts lockt in der Adventszeit eine Krippe de Erzgebirgskünstlers Christian Karl Friedrich Hertelt mit 75 Figuren viele Urlauber an.
www.kutschfahrt-oberwiesenthal.de

Fluch und Segen des Schnees

Wiesenthaler K3

Die multimediale Ausstellung **»Gipfelstürmer – ein Thal erobert die Welt«** zeichnet die Entwicklung des Orts von einem in der kalten Jahreszeit meist eingeschneiten Bergdorf zum international anerkannten Wintersportzentrum nach. Damit eng verbunden sind die Erfolgsgeschichten Oberwiesenthaler Sportler wie des Olympiasiegers im Skispringen Jens Weißflog. Außerdem erinnert das Museum an den Volksliedddichter und -sänger Anton Günther (1878 – 1937) und zeigt Werke des in Oberwiesenthal geborenen Bildhauers und Regisseurs William Wauer (1866 – 1962), der mit Max Reinhardt und Herwarth Walden zusammenarbeitete.
Mo. – Sa. 9.30 – 12, 13 – 17 Uhr | Eintritt: 7 €| www.oberwiesenthal.de

Aussichtsberg und Wintersportparadies

Fichtelberg

Sachsens höchster Berg ragt am Nordrand von Oberwiesenthal 1214 m hoch. Wer sich das zutraut, kann ihn auf Schusters Rappen erklimmen: Der **Fremdensteig** führt über 380 Höhenmeter in rund zwei Stunden hinauf. Für Eilige pendelt ein Bus zwischen der Sachsenbaude und dem Gipfelplateau. Die vielleicht reizvollste Art des Gipfelsturms ist aber immer noch eine Fahrt mit der **ältesten Seilschwebebahn Deutschlands**. Sie wurde 1924 erbaut und überwindet in nur vier Minuten auf der 1175 m langen Strecke 303 Höhenmeter. Egal, ob Sie sich zu Fuß, motorisiert oder mit der Seilbahn auf den Weg machen: Oben angekommen, können Sie fantastische Fernsichten über das Land genießen.
Das 1889 auf dem Gipfelplateau eröffnete **Fichtelberghaus** brannte 1963 bis auf die Grundmauern nieder. An seiner Stelle entstand ein Neubau mit **Aussichtsturm**. Sobald der erste Schnee gefallen ist, verwandelt sich der Fichtelberg – von Schneekanonen unterstützt – in ein Wintersportparadies. Eine **Viersesselbahn** und vier **Schlepplifte** bringen die Skifahrer hinauf. Mehrere Pisten unterschiedlicher Schwierigkeit führen ins Tal und nicht weniger als 75 km gespurte Loipen um den Berg herum. Im **Snowpark** zeigen Snowboarder ihre Kunst, und in der Eisarena drehen Eiskunstläufer ihre Pirouetten. Die 550 m lange,

Winterwunderland am Fichtelberg

kurvige **Rodelbahn** an der Talstation der Schwebebahn bietet im Sommer wie im Winter allen Altersgruppen jede Menge Spaß.
Die zwischen 1972 und 1974 erbaute Große Fichtelbergschanze ist fast schon Legende und ausschließlich für Profis gedacht. Dort finden regelmäßig internationale Wettkämpfe statt.

Seilbahn: Tgl. 9 – 17 Uhr (bei Sturm und Gewitter Einschränkungen) Berg- & Talfahrt: 15 € | www.fichtelberg-ski.de
Snowpark: www.facebook.com/SnowparkOberwiesenthalFichtelberg
Rodelbahn: wochentags ab 11, Wochenende ab 10 Uhr (bei guter Witterung) | ab 3,50 € | www.sommerrodelspass.de

OSCHATZ

Landkreis: Hochsachsen | **Einw.:** 14 120 | **Höhe:** 130 m ü. d. M.

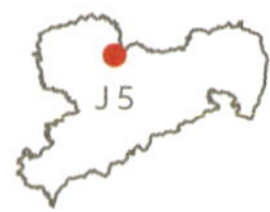

Ein Semperbau, eine tausendjährige Linde und das größte Jagdschloss Europas – das sind nur drei von mehreren Gründen, das Landstädtchen im Herzen Sachsens zu besuchen.

Dank seiner Lage am Rand eines weitläufigen Wald- und Heidegebiets ist Oschatz ein beliebter Ausgangspunkt für Rad- und Wandertouren. Im Landschaftsschutzgebiet Dahlener Heide wechseln lichte Wälder und Heideflächen einander ab. Der Wermsdorfer Forst westlich von Oschatz war einst Jagdrevier der sächsischen Kurfürsten. Heute sind auf den für Parforcejagden angelegten Wegen Wanderer unterwegs. Die südliche Umgebung von Oschatz lernen Sie am besten auf einer **Tour mit dem »Wilden Robert«** kennen. Die 750 -mm-Schmalspurbahn verkehrt seit 1884 zwischen Oschatz und Kemmlitz.
www.wilder-robert.de

Radeln und Wandern

Wohin in Oschatz und Umgebung?

Bibliophile Kostbarkeiten

Neumarkt mit Rathaus

Niemand anders als Gottfried Semper entwarf den Neubau des bei einem Brand 1842 zerstörten Oschatzer Rathauses am Markt. Er besticht durch einen auffälligen Staffelgiebel, eine prächtige Freitreppe und den schlanken Torturm. Die **Ratsstube** ist mit prunkvoll bemalten, geschnitzten Holzdecken ausgestattet. Man kann sie im Rahmen von Stadtführungen besichtigen. Das **Ratsarchiv** in den Gewölben des Turms hütet einen ganz besonderen Schatz: Es bewahrt Pergamentabschriften des 1225 von Eike von Repkow verfassten **Sachsenspiegels** sowie Briefe von Luther und Melanchthon auf. Der Eisenkäfig im Durchgang diente einst als eine Art Pranger. Angeblich sollen zänkische Frauen in ihn gesperrt worden sein.
An der Ostseite des Marktplatzes springt der von Georg Richter aus Leipzig 1589 geschaffene **Brunnen aus Sandstein** ins Auge. Er besteht aus vier toskanischen Säulen, die auf einem viereckigen Wasserbecken stehen und ein Gebälk stützen, auf dem ein stehender Löwe mit dem Oschatzer Wappen in der Tatze thront.

Wohnung im Kirchturm

St. Ägidien

Hinter dem Rathaus ragen die schlanken Türme der ev.-lutherischen Pfarrkirche auf. Bis 1970 lebte die Familie des Türmers im südlichen Turm. Über 199 Stufen geht es über den Glockenboden hinauf in die sich auf zwei Etagen verteilenden, engen, aber heimeligen Räume, von denen sich schöne Ausblicke über die Stadt ergeben.
Die neugotische St. Ägidien-Kirche enstand zwischen 1846 und 1849 als Ersatz des beim Stadtbrand von 1842 zerstörten Vorgängerbaus.
Ostern – Okt. Di. – Fr.14 – 17, Sa., So. 13 – 17 Uhr | Eintritt. 2 €
www.rettet-st-aegidien.de

An der alten Stadtbefestigung

Waagen- und Stadtmuseum

Am Ostrand der Oschatzer Altstadt ragt ein runder Wachturm auf. Er stammt vermutlich aus der Mitte des 14. Jh.s, war Teil der bis auf das

12. Jh. zurückgehenden Stadtfestigung und gehört zu vier historischen Bauten, in denen heute das Oschatzer Stadtmuseum untergebracht ist. In der mit dem Turm verbundenen, im 16. Jh. errichteten **Amtsfronfeste** hatte der Amtsfron, u.a. für Vollstreckungen des sächsischen Landrechts zuständig, seinen Sitz. Heute stehen dort alte Bauernmöbel und Ausrüstungen traditioneller Handwerker. Im einstigen Burschenheim zeigt das wohl einzige deutsche Waagenmuseum anhand von mehr als 100 Waagen die Entwicklung des Messinstruments. In der sich anschließenden **Ratsfronfeste**, in der der Fron des Stadtgerichts amtierte, informiert das Museum über die Oschatzer Geschichte.

Di. – Do. 10 – 12.30 u. 13 – 17, Fr. – So. 13.30 – 17 Uhr
Eintritt: Erw. 5 € | www.oschatz-erleben.com

Kaffeekannen und Postkarten

O-Schatz-Park

Auf dem Gelände der sächsischen Landesgartenschau von 2006 in den Döllnitzauen ist ein Freizeitpark für die ganze Familie mit vielen Attraktionen entstanden. In der Halle im Zentrum des Parks staunt man über die zweitgrößte **Kaffeekannensammlung** der Welt und im ehemaligen Südbahnhof am Parkrand das einzige **Eisenbahn-Postkarten-Museum** Deutschlands.

Kaffekannensammlung: Tgl. 9 – 18, im Winter bis 16 Uhr
Postkarten-Museum: So. 10 – 12, 13 – 17 Uhr | Eintritt: beide frei

Mittelalterlicher Gerichtsplatz

Collm

Das 250-Seelen-Dorf etwa 6 km westlich von Oschatz ist ein geschichtsträchtiger Ort. Im Südosten des Friedhofs an der Dorfkirche steht eine bereits im Sachsenspiegel erwähnte **1000-jährige Linde**, unter der die Markgrafen von Meißen zwischen 1185 und 1257 Gericht gehalten haben sollen. Die alte Dame bringt es mittlerweile auf eine Höhe von 18 und einen Stammumfang von 11 m. Im benachbarten Gotteshaus aus romanischer Zeit hängt die **älteste Kirchenglocke Sachsens**. Im Westen des Dorfs ragt der Collmberg 316 m auf. Der 1854 errichtete Albertturm gewährt tolle Ausblicke.

Eiche aus Gusseisen

Riesa

Für Fans von Jörg Immendorff (1945 – 2007) ist ein Abstecher in die »Sportstadt« Riesa, ca. 16 km östlich von Oschatz, lohnend. Der Künstler schuf dort die 25 m hohe und damit größte gusseiserne Skulptur Europas, »Elbquelle« genannt. Immendorff ließ sich nach eigenem Bekunden von den Eichen-Bildern Caspar David Friedrichs inspirieren. Auch das altehrwürdige Riesaer Rathaus kann sich sehen lassen: An seiner Fassade klettert wuchernder Blauregen empor.

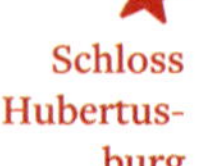

Schloss Hubertusburg

Das größte Jagdschloss Europas …

… steht in **Wermsdorf** rund 12 km westlich von Oschatz. Weil ihm das Jagdhaus Kurfürst Johann Georgs I. wohl zu wenig repräsentativ

OSCHATZ ERLEBEN

OSCHATZ-INFORMATION

Neumarkt 2
04758 Oschatz
Tel. 03435 97 02 42
www.oschatz-erleben.com

KLOSTERKLAUSE €€

Der traditionsreiche Gasthof serviert in urigem Ambiente gutbürgerliche Küche. Wenn das Wetter passt, ist der Biergarten immer gut besucht.
Frongasse 6
Tel. 03435 62 12 40
Di. – Fr. 11.30 – 14, 18 – 22, Sa. 18 – 22, So. 11.30 – 14 Uhr

GASTHAUS ZUM SCHWAN €€€

Das Hotel am Neumarkt bietet 42 behagliche, komfortable Zimmer. Das Restaurant ist auf die sächsische Küche spezialisiert.
Sporerstr. 2
Tel. 03435 97 53 00
www.hotel-gasthaus-zum-schwan.travdo-hotels.de

und zu klein erschien, ließ August der Starke nur 400 m davon entfernt einen Neubau errichten. Sein Sohn und Nachfolger Friedrich August II. setzte noch eins drauf und beauftragte Oberlandbaumeister Johann Christoph Knöffel mit dem Umbau zu einer dreigeschossigen Vierflügelanlage mit ovalem Mittelrisalit und hoher Turmhaube. Für die Innenausstattung konnten u. a. die Maler Louis de Silvestre und Adam Friedrich Oeser gewonnen werden. Doch die Pracht hielt nicht lange. Auf Befehl Friedrich des Großen, der offenbar die Verwüstung von Schloss Charlottenburg durch die Sachsen rächen wollte, plünderten preußische Soldaten die Residenz während des Siebenjährigen Kriegs und nahmen alles mit, was nicht niet- und nagelfest war. Einzig die **Schlosskapelle** blieb verschont und lässt die einstige Pracht des Schlosses erahnen. Von der Königsloge kann man einen Blick in den dreigeschossigen Saalbau werfen. Das 400 m² große Deckengemälde von Johann Baptist Grone zeigt die Bekehrung des hl. Hubertus. Bemerkenswert sind auch die marmorne Rokokokanzel und der Hochaltar des italienischen Bildhauers Lorenzo Mattielli.
Am 15. Februar 1763 schlossen Preußen, Österreich und Sachsen auf Schloss Hubertusburg den **Friedensvertrag**, der den Siebenjährigen Krieg in Deutschland beendete. Nach der Völkerschlacht von Leipzig 1813 diente Hubertusburg als Lazarett, danach u. a. als psychiatrische Anstalt und als Staatsgefängnis. Heute besetzt einen der Flügel eine Abteilung des Sächsischen Staatsarchivs.

Führungen: So. 14 Uhr, n.V. Tel. Tel. 034364 811 32 | 8 €
www.hubertusburg-wermsdorf.de
Kapelle: Besichtigung n. V. mit der Pfarrgemeinde | Tel. 034364 5 23 90

PIRNA

Landkreis: Sächsische Schweiz-Osterzgebirge | Einw. 40 156 | **Höhe:** 120 m ü. d. M.

Die kleine Schwester Dresdens glänzt mit italienischer Piazza-Atmosphäre und renaissancezeitlichen wie barocken Bürgerbauten. Ihr Reichtum rührte einst vom Handel und vom Sandsteinabbau her, heute lebt sie von ihrer aufpolierten Schönheit und der wildromantischen Landschaft der nahen ▸ Sächsischen Schweiz.

Dresdens kleine Schwester

An der Elbfurt unterhalb des Burgbergs gründeten fränkische und thüringische Kaufleute eine Niederlassung, die 1233 erstmals in eine Urkunde des Bischofs von Meißen gelangte und um 1291 das Stadtrecht erhielt. Gut 100 Jahre, von 1294 – 1405, gehörte Pirna zu Böhmen. In dieser Zeit und bis 1639 entwickelte es sich zur wichtigsten Siedlung im oberelbischen Gebiet und überstand u. a. die Belagerung durch die Hussiten 1429/1430 mühelos. Dann allerdings begann das »Pirnsche Elend«: Schwedische Truppen plünderten die Stadt 1639. Ihrer Zerstörung entging sie nur durch den Apotheker Theophilus Jacobäer, der sich nach Dresden durchschlug und die sächsische Prinzessin Magdalena Sibylle, eine Freundin der schwedischen Königin Kristina, um Hilfe bat. Die Prinzessin schrieb an den schwedischen Feldherrn und tatsächlich zog dieser daraufhin mit seinen Truppen weiter. 1706 kamen die Schweden aber erneut, 1756 die Preußen und 1813 die Franzosen. Mit der Ansiedlung von Industrie, der Eröffnung der Elbdampfschifffahrt 1837 und dem Anschluss an den Eisenbahnverkehr 1848 blühte Pirna wieder auf.

Wohin in Pirna?

Markt

Von Spätgotik und Renaissance geprägt

Mitten auf dem Platz steht das ursprünglich spätgotische Rathaus, das sich nach mehreren Umbauten von renaissancezeitlichen Formen geprägt zeigt. Der barocke Turmaufsatz an der Ostseite entstand 1718. Interessant ist das **Pirnaer Wappen**, das unter der Turmuhr prangt. Der Löwe rechts des Birnbaums schlägt zu jeder vollen Stunde mit der Tatze gegen den Stamm, der rechte sogar jede Viertelstunde. Auch die Sonnenuhr über dem Eingang an der Südseite des Rathauses wird von zwei Löwen bewacht.

Canaletto fand nicht nur Dresden malenswert, sondern auch Pirna. Seinen Namen trägt das hochgiebelige Haus am Marktplatz.

PIRNA ERLEBEN

TOURIST SERVICE
Am Markt 7 (Canaletto-Haus)
01796 Pirna
Tel. 03501 55 64 46
www.pirna.de

❶ REFUGIUM €€
Schnecken, Lachsrosetten, Rostbratwürste, Schmalzbrot, Schweinshaxe – die Küche hat keine Berührungsängste, die Atmosphäre unter den rauen Gewölben urgemütlich.
Kirchplatz 1
Tel. 03501 46 02 38
Di. – Fr. 14 – 22, Sa. 17 – 23 Uhr
www.refugium-pirna.de

❷ ZUM GIESSER €€
Hier gibt's Schnitzel, Haxen, Gulasch mit Schwarzbiersauce oder auch einfach nur einen Obazdn zum selbstgebrauten Bier.
Basteistr. 60
Tel. 03501 46 46 46
Tgl. 11.30 – 22 Uhr
www.brauhaus-pirna.de

❶ PIRN'SCHER HOF €€€ – €€
Das familiengeführte Hotel residiert in einem 300 Jahre alten Haus am Marktplatz. Die 24 Zimmer sind modern, hell und behaglich.
Am Markt 4
Tel. 03501 4 43 80
www.pirnscher-hof.de

Rund um den Markt stehen einige bemerkenswerte Bürgerhäuser. Nr. 17 an der Nordseite war von 1578 – 2002 Sitz der Löwenapotheke. Die Gedenktafel zwischen dem ersten und dem zweiten Stock erinnert an den Apotheker Theophilus Jacobäer. Am Haus der Touristeninformation in der Südostecke der Markts (Nr. 7) fällt der hohe, spitze Giebel auf. Es entstand vermutlich um 1520 und ist als **Canalettohaus** bekannt. Der berühmte Maler verewigte es auf seinem Bild »Der Marktplatz von Pirna«. An der Südseite des Platzes sind das **Handelshaus** (Nr. 9) mit spätgotischem Kern, barocker Fassade und dem Wappen des Bürgermeisters Volkamer über dem Eingang sowie das **Stadthaus** (Nr.12), zwischen 1472 und 1686 Sitz der kurfürstlich-sächsischen Eisenkammer, bemerkenswert.

St. Marien

Martin Luther als Evangelist
Von außen wirkt das in der ersten Hälfte des 16. Jh.s errichtete spätgotische Gotteshaus hinter dem Canalettohaus schlicht. Doch der dreischiffige Innenraum überrascht durch eine wunderbar verspielte und kunstvoll ausgemalte Gewölbedecke, die von insgesamt zwölf schlanken Ackteckssäulen getragen wird. Das Mittelschiff überspannt ein feines **Rautennetz**, das in den Seitenschiffen in **Sternengewölbe** und im Chor in Fischblasenformen übergeht. Die Sternengewölbe der Seitenschiffe lösen sich an ihrem östlichen Ende in von der Decke

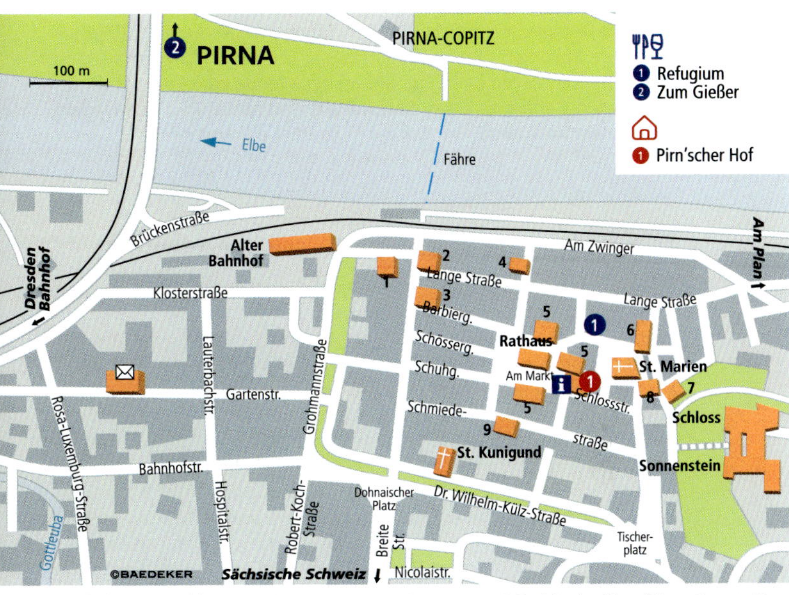

1 Klosterhof (St. Heinrich)
2 Eckkaufhaus (Lange Str. 1)
3 Engelserker-Haus (Barbiergasse 10 L)
4 Haus Lange Str. 10
5 Bürgerhäuser am Markt
6 Blechschmidthaus (Niedere Burgstr. 1)
7 Teufelserker-Haus (Obere Burgstr. 1)
8 Alte Knabenschule mit Erlpeterbrunnen
9 Tetzel-Haus (Schmiedestr. 19)

hängende Schleifen- und Hobelspannrippen auf. Das Bildprogramm der zwischen 1544 und 1546 entstandenen **Gewölbemalereien** liest sich wie ein Manifest der Reformation. Der Theologe und Freund Luthers, Anton Lauterbach, 1539 von Wittenberg nach Pirna gerufen, beeinflusste es maßgeblich. So dienten die **Illustrationen in der Lutherbibel als Vorlage** für die Szenen aus dem Alten und Neuen Testament im Gewölbe. Den Chor ließ Lauterbach mit Porträts der vier Evangelisten ausmalen, wobei Lukas und Markus die Züge von Luther und Melanchthon tragen. Der 10 m hohe manieristische Altar aus Pirnaer Sandstein ist eine Arbeit der Gebrüder Schwenke aus dem frühen 17. Jh.; die figurengeschmückte Kanzel entstand um 1525. Schon Goethe lobte die Sockelverzierung des von Hans Walther II. geschaffenen Taufsteins: 26 Figuren stellen den Tag eines Kindes dar.

Mai – Okt. Mo. – Sa. 11 – 17, So. 15 – 17, Nov. – April Mo. – Sa. 11 – 15, So. 14 – 16 Uhr

Stadt der Erker und Portale

Bürgerhäuser

Das Haus Niedere Burgstr. 1 nahe der Marienkirche besitzt ein prächtiges Renaissanceportal, das ein Porträt **Wolf Blechschmidts**, den Erbauer des Hauses, schmückt. Nicht zu übersehen ist auch der überaus prächtige Eckerker Obere Burgstraße 1: Die zur Kirche grinsenden Teufelsfratzen lösten beim Bau des an der Wende vom 16. zum 17. Jh. errichteten Gebäudes einen Skandal aus und gaben ihm den Namen **»Teufelserkerhaus«**. Der untere Sims trägt die Inschrift

»
Ich wolds so haben, was fragst tu darnach.
«

Unweit davon steht an der Alten Knabenschule von 1583 (Obere Burgstr. 14) der **Erlpeterbrunnen** mit der freundlichen Aufforderung: »Wer nicht Geld hat in seiner Tasche. Der trinkt mit mir aus meiner Flasche.« Das **Tetzelhaus** in der Schmiedestraße 19 stammt aus dem späten 14. Jh. und gilt als ältestes noch erhaltenes Gebäude Pirnas. Der Ablassprediger und Widersacher Martin Luthers, Johannes Tetzel (um 1465 – 1519), hat hier das Licht der Welt erblickt. Im Haus Lange Str. 10, ein ursprünglich spätgotischer Bau, der um 1710 eine barocke Fassade erhielt, verbrachten der Sohn August des Starken, der spätere Kurfürst Friedrich August II. und seine Frau Erzherzogin Maria Josepha von Österreich die Hochzeitsnacht. Das **Engelserkerhaus** von 1624 in der Barbiergasse 10 gleich um die Ecke setzt dem Teufelserkerhaus einen von Engelsfiguren getragenen Eckerker entgegen.

Preisgekrönt

Stadtmuseum

Das Museum im Kapitelsaal des im 14. Jh. gegründeten und 1539 aufgelösten Dominikanerklosters St. Heinrich lohnt schon wegen des modernen Konzepts, das mit 300 Exponaten die Stadtgeschichte von den Anfängen bis zum Beginn des 19. Jh.s dokumentiert. Das Bundesbauministerium zeichnete es für die gelungene Verbindung von Alt und Neu aus.

Di. – So. 10 – 17 Uhr | Eintritt: 6 € | www.pirna.de

Ort des Schreckens

Schloss Sonnenstein

Ein steiler Aufstieg führt hinauf zur Festung. Große Teile hat der Siebenjährigen Krieg zerstört, so dass von der mittelalterlichen Bausubstanz nur wenig erhalten blieb. 1813 ließ der sächsische Minister von Nostitz und Jänckendorf psychisch kranke Menschen dort unterbringen. Im Rahmen des **Euthanasieprogramms »Aktion T 4«** brachten die Nazis auf Sonnenstein fast 14 000 Menschen mit Behinderung in einer dafür eingerichteten Gaskammer um. Im Sommer 1941 starben dort rund 1000 Häftlinge aus Konzentrationslagern. Die Gedenkstätte Pirna-Sonnenstein erinnert an die Verbrechen.

Mo. – Fr. 9 –16, Sa., So. 11 – 17| Führung Sa. 14 Uhr | Eintritt: frei
www.stsg.de

Ostalgie

DDR-Museum

Die privat zusammengetragene Ausstellung zeichnet das Leben im Arbeiter- und Bauernstaat nach. Man kann einen Blick in ein Klassenzimmer werfen, eine komplett eingerichtete Wohnung in Augenschein nehmen und sehen, was es alles im Konsum gab. Auch was der Abschnittsbevollmächtigte tat, wird geklärt.

April - Okt. Di. - Do. 10 - 14, Sa., So. 10 - 16 Uhr | Eintritt: 10 €
www.ddr-museum-pirna.de

Das Kamelienschloss

Schloss und Park Zuschendorf

Hauptattraktion des im 16. Jh. anstelle einer mittelalterlichen Burg errichteten und Ende des 20. Jh.s neu aufgebauten Schlosses am südlichen Stadtrand von Pirna ist eine **wunderbare Kameliensammlung**, die aus Ablegern der weltberühmten Kamelie von ► Schloss Pillnitz hervorgegangen ist. Außerdem lassen sich prächtig blühende Azaleen, Rhododendren sowie Efeu- und Bonsai-Züchtungen bestaunen. Auch die restaurierte Schlosskirche mit einem Flügelaltar des Cranach-Schülers Heinrich Gödings ist sehenswert.

März - Mitte Okt. Di. - So. 10 - 17 Uhr | Eintritt: 6 €
https://kamelienschloss.de

Rund um Pirna

Zweimal Richard Wagner

Graupa

Im Sommer 1846 zog sich Richard Wagner auf ein Gehöft in Graupa nur wenige Kilometer nördlich von Pirna zurück, um am »Lohengrin« zu arbeiten. Seit 1907 ehrt dort eine »**Lohengrinhaus**« genannte Gedenkstätte den Komponisten (Richard-Wagner-Str. 6). Im **Jagdschloss Graupa** macht eine moderne Museumspräsentation Wagners Werk direkt erlebbar. Der im Schlosspark angelegte Kulturpfad zeigt Lebensstationen des Komponisten. Das mutmaßlich weltgrößte **Wagner-Denkmal** steht im Liebethaler Grund östlich von Graupa: Die 4 m hohe Statue zeigt Wagner als Gralsritter.

Lohengrinhaus: Mo., Mi. - Fr. 12 - 18, Sa., So. 11 - 18 Uhr
Jagdschloss: Mo., Mi. - Fr. 11 - 18, Sa., So. 10 - 18 Uhr | Im Winter jeweils bis 17 Uhr | Eintritt: 8 € (beide Museen zusammen)

Augusts Traum vom sächsischen Versailles

Barockgarten Großsedlitz

Wie andere Projekte der Zeit ist der barocke Garten wenige Kilometer westlich von Pirna unvollendet geblieben. Dem Bauherrn August dem Starken, der die Anlage 1723 dem Grafen Wackerbarth abgekauft und Zachaias Longuelune, Johann Christoph Knöffel und Matthäus Daniel Pöppelmann mit der Erweiterung beauftragt hatte, ging das Geld aus. Nach seinen Vorstellungen sollte in Großsedlitz offenbar ein sächsisches Versailles entstehen und das ganze Areal einmal

96 ha umfassen. Am Ende war der Garten »nur« 18 ha groß, doch auch die können sich sehen lassen.
Die Anlage gilt als Meisterwerk barocker Gartenkunst, das durch perfekte Symmetrie besticht. Die schnurgeraden Wege sind auf drei Hauptachsen bezogen, die die **Sicht auf die weite Landschaft** freigeben. Exakt geschnittene Hecken bilden umzirkelte Räume, in denen Skulpturen wie in einem Museum stehen. Die obere Orangerie und ihr Parterre gelten als frühes Werk Johann Christoph Knöffels und stammen noch aus der Zeit des Grafen Wackerbarth. Das Friedensschlösschen an ihrer Westseite entstand zwischen 1872 und 1874. Mit dem Bau der 1727 fertiggestellten Unteren Orangerie konnte August zumindest seinen Traum von einem Festsaal im Freien

LUST UND LEIDENSCHAFT

Ein Spaziergang durch den Garten von Großsedlitz entführt in eine heiter-melancholische Welt. Wie lebendig doch die Sandsteinfiguren auch nach bald 300 Jahren noch sind! Schauen Sie sich die Liebespaare in den Bosketten an: Leidenschaft, Schmerz und Sehnsucht sind ihnen eingemeißelt.

realisieren. In ihrem Parterre fand 1727 das Stiftungsfest des von ihm begründeten polnischen Weißer-Adler-Ordens statt. Auf der gegenüberliegenden Seite wird es von der **»Stillen Musik«** Pöppelmanns begrenzt, einem von einer ausladenen geschwungenen Doppeltreppe eingerahmten Wasserspiel.
Von den 360 Skulpturen, die einst den Barockgarten schmückten, sind nur 52 erhalten. Die meisten fielen der Zerstörungswut preußischer Soldaten zum Opfer. Zu den Schöpfern dieser Plastiken zählen Johann Christian Kirchner mit den **»Vier Jahreszeiten«**, Johann Benjamin Thomae mit antiken Liebespaaren und François Coudray mit zwei Sphingen.
April – Mitte Okt. tgl. 10 – 18, 2. Oktoberhälfte bis 17 Uhr
Eintritt: 6 € | www.barockgarten-grosssedlitz.de

Ein Schloss steht Kopf

Das gibt es wohl sonst nirgendwo! Der riesige Palast, der südlich von Dohna auf einem Felssporn über der Müglitz thront, wuchs in seiner rund 800 – jährigen Baugeschichte von oben nach unten: Der wohl aus dem 12. Jh. stammende Turm und seine Anbauten ragen fünf Stockwerke über dem klassizistischen Wintergarten vom Ende des 18. Jh.s auf. Die Grafen von Bünau, die seit 1406 über Weesenstein herrschten, ließen im 16. Jh. einen Renaissancebau unterhalb der alten Anlage an den Felsen bauen. Von diesem später barockisierten Unterschloss geht es über eine Treppe hinauf in die Kellergewölbe, in denen eine Ausstellung über die Geschichte des Schlosses informiert.
Im Unterschloss sind – neben wertvollem Mobiliar – die **Tapeten und Wandbespannungen** bemerkenswert. Die Ledertapete im Festsaal – geprägt, bedruckt, bemalt, vergoldet und versilbert – entstand um 1750 in Frankreich. Eine um 1725 in China gefertigte Tapete aus Bambus und Papyrus schmückt das Vogeltapetenzimmer. Äußerst wertvoll sind auch die Bildtapete des Teezimmers mit chinesischen Genreszenen sowie die 1820 in der Pariser Werkstatt Dufour hergestellten Tapeten »Olympische Feste« und »Amor und Psyche«. 1772 mussten die während des Siebenjährigen Krieges verarmten Bünaus ihren Besitz verkaufen. Das Schloss ging an die Familie von Uckermann, die **Wintergarten** und Schlossbrücke errichten ließ. 1830 kaufte König Anton von Sachsen das Schloss. Sein Neffe König Johann (1801 – 1873) erkor es zu seinem Lieblingsplatz. Der Monarch war unter dem Pseudonym »Philaletes« ein in Fachkreisen hoch geschätzter Danteforscher und -übersetzer.
Die **Schlosskapelle** an der Südseite des oberen Burghofs entstand zwischen 1738 und 1741 an Stelle eines gotischen Vorgängerbaus nach einem Entwurf von Johann George Schmidt, einem Schüler von George Bähr. Herausragend ist der Altar mit Figuren des Permoser-Schülers Johann Benjamin Thomae.
April – Okt. tgl. 10 – 18, Nov. – März Di. – So. 10 – 16 Uhr
Eintritt: 8 € | www.schloss-weesenstein.de

Auf Schloss Weesenstein zog sich König Johann zurück, um als »Philaletes« zu forschen und zu schreiben.

Zauberschloss

Schloss Kuckuckstein

Seine Gestalt verdankt die ursprünglich wohl aus dem 12. Jh. stammende Burg, die über Liebstadt rund 16 km südlich von Pirna thront, der Familie von Carlowitz, die sie 1775 erwarb und von 1795 – 1802 im Geist der Romantik umbauen ließ. In den 1980er-Jahren bildete es die Kulisse für die in der DDR erfolgreiche Fernsehshow »Zauber auf Schloss Kuckuckstein«. Seit Herbst 2018 befindet sich Schloss Kuckuckstein in Privatbesitz.

So. 11 – 17 Uhr | https://schloss-kuckuckstein.de

Wem die Stunde schlägt

Glashütte

Wer sich für das Uhrmacherhandwerk interessiert, wird im **Uhrenmuseum von Glashütte** fündig. Die Sammlung umfasst rund 500 Zeitmesser aller Art, von der Taschenuhr mit Selbstaufzug bis zum Marinechronometer aus den Manufakturen der Stadt. Seit Adolph Lange dort 1845 eine Uhrenfabrik gründete, entwickelte sich Glashütte zum Zentrum der Uhrenindustrie im Erzgebirge. Zu DDR-Zeiten waren alle Betriebe im »Glashütter Uhrenbetrieb GUB« zusammengefasst. Nach der Abwicklung des Unternehmens durch die

Treuhand siedelten sich wieder Hersteller hochpreisiger Uhren und Chronometer in Glashütte an. Bereits im Dezember 1990 hat Walter Lange (1924–2017), der Urenkel des Firmengründers, die Uhrenfabrik A. Lange & Söhne neu gegründet.
Mi.–So. 10–17 Uhr | Eintritt: 7 €
www.uhrenmuseum-glashuette.com

Kleines Dorf mit großem Schloss

Lauenstein

Das malerische 500-Seelen-Dorf am Oberlauf der Müglitz wartet mit einem stattlichen **Renaissanceschloss** auf. Es ist aus einer mittelalterlichen Burg entstanden, die die Herren von Bünau bis ins 17. Jh. zu dem noch heute bestehenden Anwesen ausbauen ließen. Wesentliche Teile der Ausstattung sind erhalten. Der **Wappensaal** beeindruckt mit einer kunstvollen Stuckdecke. Das Museum widmet sich in mehreren Abteilungen dem Osterzgebirge (u. a. dem Postwesen und der Jagd). In der **Lauensteiner Stadtkirche** sind zwei herausragende Werke des Manierismus zu sehen: Der Pirnaer Bildhauer Michael Schwenke schuf Taufstein, Kanzel und den monumentalen viergeschossigen Hauptaltar aus Sandstein. Die sich dem Chorraum anschließende Grabkapelle der Bünaus birgt ein grandioses Familienepitaph von Lorenz Hornung mit dem Jüngsten Gericht als zentralem Motiv.
Schloss: Di.–So. 10–16.30 Uhr | Eintritt: 4 € | www.schloss-lauenstein.de

★ PLAUEN

Landkreis: Vogtlandkreis | **Einw.:** 65 387 | **Höhe:** 525 m ü. d. M.

Plauen? »Vater und Sohn«? Erich Ohser, der Zeichner hinreißender Bildergeschichten, hatte als Pseudonym den Namen seiner Heimatstadt angenommen: E. O. Plauen. Und außerdem? Plauener Spitze? Ja, das feine Stoffgespinst machte die vogtländische Metropole über die Region hinaus bekannt. Die Lage im idyllischen Tal der Weißen Elster und ihrer Nebenflüsse ist ein weiterer Grund für einen Besuch.

Als Zentrum der Textilindustrie war die Stadt ab dem 16. Jh. wohlhabend und angesehen. In der Spitzenproduktion waren die Plauener Betriebe durch die Einführung neuer Technologien wie der Ätzspitze oder der Schiffchenstickmaschine ihrer Zeit immer einen Schritt voraus. In den letzten Monaten des Zweiten Weltkriegs wurde die Stadt zu drei Vierteln zerstört. Heute ist Plauen wieder ein Zentrum der Stoffindustrie und die Spitze weiterhin eines seiner Markenzeichen.

PLAUEN ERLEBEN

TOURIST-INFORMATION
Unterer Graben 1, 08523 Plauen
Tel. 03741 2 91 10 27
www.plauen.de

❶ HEINRICHS €€
Die Gewölbegaststätte im Rathaus bietet eine große Auswahl an Gerichten mit mediterranem Einschlag.
Altmarkt 1a, Tel. 03741 14 92 99
Fr. 16.30 – 22.30, Sa., Mo, Di. 12 – 22/22.30, So. 12 – 21 Uhr
www.heinrichs-plauen.de

❷ MATSCH €€
In Plauens ältestem, seit 1503 bestehendem Gasthaus kommen regionale Speisen auf den Tisch. Eine Spezialität sind vogtländische Bambes, mit verschiedenen Leckereien gefüllte Reibekuchen. Im Sommer hat ein netter Biergarten geöffnet, und im Kaffeehaus gibt es selbstgebackene Kuchen.
Nobelstr. 3 – 5, Tel. 03741 20 48 07
Tgl. 7 – 23 Uhr
www.matsch-plauen.jimdo.com

❸ ALTES HANDELSHAUS €€
Im Gasthof kommen unter einer barocken Gewölbedecke vogtländische Spezialitäten auf den Tisch. Die Romantikpension wartet mit opulent eingerichteten Zimmern im historisierenden Stil auf.
Straßberger Str. 17
Tel. 03741 14 96 99
Tgl. 8 – 11/14, 17 – 21/22.30 Uhr
www.altes-handelshaus.de

❶ HOTEL ALEXANDRA €€€
Das Haus direkt in der Fußgängerzone bietet 70 behagliche Zimmer und 2 Suiten, Restaurant, Bar und ein Café mit Sommerterrasse.
Bahnhofstr. 17, Tel. 03741 7 19 51
www.hotel-alexandra-plauen.de

❷ AM KLOSTERMARKT €€
Das familiengeführte Hotel garni wartet mit hellen, rustikal eingerichteten Zimmern und einem reichhaltigen Frühstück auf.
Am Klostermarkt 4
Tel. 03741 2 89 96 56
www.hotel-am-klostermarkt.de

Wohin in Plauen?

Altes Rathaus

… die Katzen, erheben ihre Tatzen
Für viele ist das Rathaus am Altmarkt das schönste in ganz Sachsen. Der spätgotische Unterbau mit den markanten Vorhangbogenfenstern entstand zwischen 1503 und 1508. Nach einem Stadtbrand im Jahr 1548, der Teile des Gebäudes zerstörte, wurde der prächtige Renaissancegiebel aufgesetzt. Die Uhr aus der Werkstatt von Georg Puhkaw, die dort prangt, ist ein echtes Kunstwerk. Das größere ihrer **gleich zwei Ziffernblätter** zeigt die Stunden an. Die beiden männlichen Figuren, die es flankieren, rühren sich zu jeder vollen Stunde: Der eine bewegt dann seinen Stab, der andere den Bart. Die beiden Löwen darüber heben ihre Tatzen und geben den Takt vor. Jede Vier-

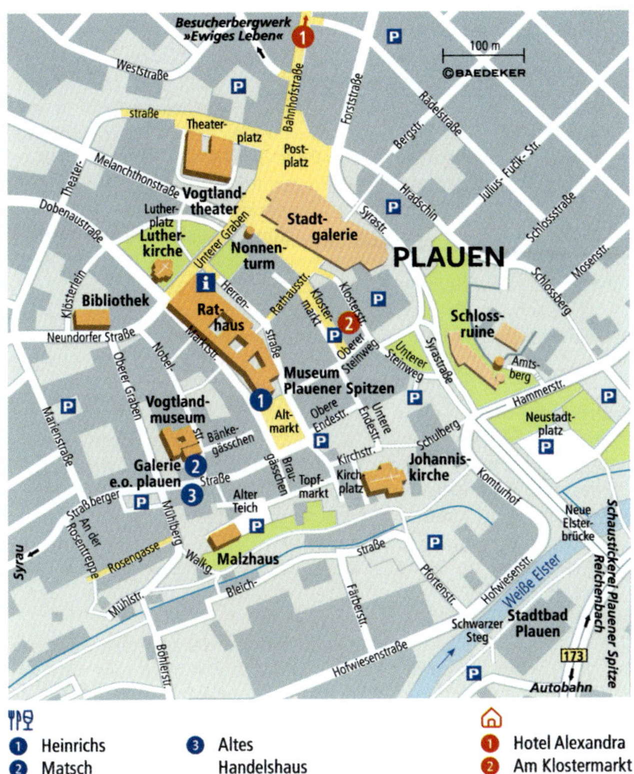

telstunde schlagen sie gegen eine Glocke. Die Kugel zwischen ihnen ist eine **Mondphasenuhr**. Da die Stundenuhr nur einen Zeiger hat, wurde unter ihr ein kleineres Zifferblatt mit einem Minutenzeiger angebracht. Die Sonnenuhr darunter stammt von 1784.
Seit 2007 schmückt der moderne **König-Albert-Brunnen**, ein Entwurf des Bildhauers Norbert Marten, den Altmarkt. Mehrere, höchst lebendig wirkende Bronzefiguren stehen an dem rechteckigen Brunnenbecken.
www.plauen.de

Ein Geschenk Leipzigs

Lutherkirche

Das zwischen 1693 und 1722 errichtete Gotteshaus ist einer der ältesten barocken Zentralbauten Sachsens. Der spätgotische Flügelaltar, 1490 – 1495 von einem Erfurter Meister gefertigt, stand ursprünglich in der ▶Leipziger Thomaskirche und kam 1722 zur Kirchenweihe an seinen jetzigen Standort.

Vogtlandmuseum

Lebensart, Kunst und Geschichte

Wer erwartet, in dem Museum zur Regionalgeschichte des Vogtlandes vornehmlich Zeugnisse bäuerlicher Kultur und traditionelle Handwerkskunst zu sehen, wird vielleicht enttäuscht sein. In drei klassizistischen Bürgerhäusern, die sich die reichen Baumwollhändler Kranz und Baumgärtner gegen Ende des 18. Jh.s errichten ließen, wartet es mit einigen prunkvoll ausgestatteten Räumen auf. Wände und Decken des **Festsaal**s im Mitteltrakt schmücken kunstvolle Stuckornamente. Im **Stilzimmer** nehmen Nachbildungen antiker Statuen und Mobiliar des Empire den Blick gefangen. Das vogtländische Landleben zeichnen die Bauernstuben mit Möbeln des 17. bis 19. Jh.s nach. Ein Teil der Ausstellung ist der Geschichte der Region, ein weiterer der vogtländische Malerei vorbehalten.

Nobelstr. 9 – 13 | Di. – So. 11 – 17 Uhr | Eintritt: 5 € | www.plauen.de

Spitzenmuseum

Fabrik der Fäden

Das einzige Spitzenmuseum Deutschlands (nahe des Vogtlandmuseums) entführt in die Welt der hauchzarten Stoffe, zeigt kostbare, spitzenbesetzte Roben, Kleider aus Tüll und Spitzendecken, Musterbücher von 1900 und Stickmaschinen. Interaktiv erfährt man in der ehemaligen Manufaktur der Gösselschen Fabrik von 1778 alles Wissenswerte.

Bleichstr. 1 | Tgl. 10 – 18 Uhr | Eintritt: 14 € | www.fabrik-der-faeden.de

St. Johannis

Sächsische Solidartität

Die Hauptkirche Plauens, eine spätgotische Hallenkirche, entstand auf den Fundamenten des beim Stadtbrand von 1548 teils untergegangenen Vorgängerbaus. Während des Zweiten Weltkriegs wurde das Gotteshaus schwer beschädigt und ab 1951 wieder instandgesetzt. Die verloren gegangene Ausstattung ersetzten Stücke aus anderen Kirchen. Die reich verzierte **barocke Kanzel** von Caspar Gottlob von Rodewitz stammt ursprünglich aus der Görlitzer Nikolaikirche. Ein stehender Engel trägt den Kanzelkorb und musizierende Putten bevölkern den Schalldeckel. Die **spätgotischen Schnitzwerke** des Altars kamen fast alle aus der Kirche von Neustädtel, einem Ortsteil von Schneeberg im Erzgebirge. Das Vogtlandmuseum stiftete ein Kruzifix und Apostelfiguren.

Die erste Johanniskirche wurde bereits 1122 geweiht. Von der zwischen 1224 und 1250 errichteten romanischen Basilika sind die Vogtskapelle und die 52 m hohen Türme erhalten. Die letzteren erhielten 1544 ihre barocken Hauben.

Alte Elsterbrücke

Eine steinalte Brücke

Ein Stück weiter östlich führt eine 1244 erstmals erwähnte Steinbrücke über die Weiße Elster – der zweitälteste Steinbogenübergang im Freistaat (nach Meißens Burgbrücke).Die Postmeilensäule an ihrem südlichen Aufgang ließ August der Starke im 18. Jh. aufstellen.

In solchen Musterbüchern boten die Plauener ihre Spitzen und Stickereien an.

Spitzentechnologie

Schaustickerei

Das Museum in einem 1996 stillgelegten Stickereibetrieb im Ortsteil Reusa hält die Plauener Spitzenstickerei lebendig und steht seit 1995 auf der Liste der **sächsischen Kulturdenkmäler**. Auf dem Rundgang durch die Werkshalle wird schnell klar, dass die Plauener Klöppler an der Spitze des technischen Fortschritts marschierten. Stickmaschinen stellten die begehrten Spitzen her, die dann von Hand zurechtgeschnitten und u. a. zu Decken zusammengenäht wurden. In der Schaustickerei lässt sich der ganze Produktionsprozess verfolgen, und im Museumsshop können Sie Erzeugnisse aus der Schaustickerei erstehen.

Obstgartenweg 1 | Mo. – Sa. 10 – 17; Maschinenvorführngen 11, 13, 15 Uhr | Eintritt: 6 € | www.schaustickerei-plauen.de

Beizstoff

Besucherbergwerk »Ewiges Leben«

In diesem Bergwerk im Zentrum Plauens bauten Bergleute zwischen 1542 und 1826 Alaunschiefer ab. Bis zur Entwicklung synthetischer Verfahren wurden daraus **Alaunsalze** für Gerbereien, Färbereien und Druckereien gewonnen. Auf einem Rundgang durch die Stollen erfahren sie alles Wissenswerte über den Stoff und die mühevolle Arbeit der Bergleute unter Tage.

Reichstr. | Besichtigung n. V. unter Tel. 03741 52 94 26 | Eintritt: 5 €
www.alaunbergwerk-plauen.de

Vater und Sohn

Galerie e.o. plauen

Wer sich für Comics begeistert, kommt um das Haus Nobelstr. 7 nicht herum. Hier zeigt die Galerie »e. o. plauen« Blätter des Plauener Zeichners **Erich Ohser** (1903 – 1944) dessen entzückende Bildgeschichten »Vater und Sohn« weltweit Anhänger fanden. Nachdem ihn die Nazis wegen Hitler- und Goebbels-Karikaturen mit Berufsverbot belegt hatten, nahm er das Pseudonym E.O. Plauen an, eine Kombination aus seinen Inititialen und seiner Heimatstadt. Ab 1940 arbeitete er als Karikaturist für die Wochenzeitschrift »Das Reich«. 1944 denunzierte ihn ein Nachbar als Gegner der Nazis. Die Verhaftung erfolgte prompt.

Kurz vor Beginn des Prozesses am berüchtigten Volksgerichtshof erhängte sich Ohser in seiner Zelle. **Sein Grab** befindet sich auf dem Hauptfriedhof von Plauen.

Di. – So. u. Fei. 11 – 17 Uhr | Eintritt: 5 € | https://e.o.plauen.de

Rund um Plauen

Drachenhöhle Syrau

Märchenhafte Unterwelt

Ein Ausflug in die einzige Tropfsteinhöhle Sachsens entführt in eine Wunderwelt aus Stalagmiten und Stalaktiten, Sintervorhängen und Seen. Scheinwerfer lassen die in Jahrtausenden entstandenen Gebilde glitzern und leuchten. Nach der Entdeckung der Höhle 1928 kam das Gerücht auf, dass dort ein Drache hause. Am Ende jeder Führung tritt er in einer **Lasershow** auf. Eine Viertelstunde Fußmarsch entfernt steht die letzte erhaltene vogtländische Windmühle.

Höhlenführungen: April – Okt. tgl. 9.30 – 17 Uhr | Eintritt: 10 € (mit Lasershow) | www.syrau.de/drachenhoehle
Mühle: Ostern – Sept. 11 – 16 Uhr | Eintritt: 4 €
www.syrau.de/windmuehle

Talsperre Pöhl

Am Vogtländischen Meer

Dem Stausee der zwischen 1958 und 1964 erbauten Talsperre 10 km nordwestlich von Plauen musste das Dorf Pöhl weichen. Die Grundmauern der geschliffenen oder gesprengten Häuser sind bei Niedrigwasser noch zu sehen. Rund um den See hat sich ein **Feriengebiet** entwickelt. Von Frühjahr bis in den Herbst schippern Ausflugsschiffe über den See. Vom Julius-Mosen-Turm auf dem Eisenberg nahe der 312 m langen Staumauer blickt man weit ins Land.

www.talsperre-poehl.de

★★ SÄCHSISCHE SCHWEIZ

Höhe: bis 723 m ü. d. M.

Sehnsuchtslandschaft der Romantiker, Touristenziel Nr. 1, ein Paradies für Kletterer und Wanderer – das alles ist die Sächsische Schweiz. Ein urwüchsiger Naturpark, durch den sich die Elbe schlängelt und bizarre Felsen über dichte Wäldern ragen.

Romantisches Konstrukt

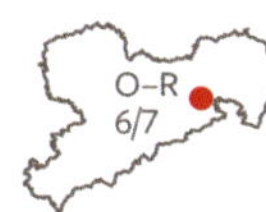

Die Sächsische Schweiz verdankt ihren Namen den Schweizern **Anton Graff und Adrian Zingg**, die ab 1766 an der Dresdner Kunstakademie wirkten und Briefe, in denen sie ihre Wandererlebnisse schilderten, mit »Grüßen aus der Sächsischen Schweiz« schlossen. Zu Beginn des 19. Jh.s entdeckten Maler der Romantik die Region. Caspar David Friedrich Anregung kombinierte mehrere Ansichten der Landschaft zu seinem berühmten Gemälde »Der Wanderer über dem Nebelmeer«. Den Künstlern folgten die ersten Urlauber. Dampfschiff und Eisenbahn begünstigten die touristische Erschließung.

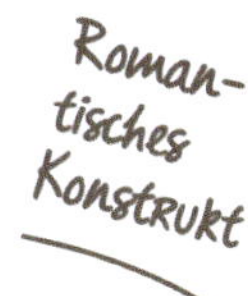

Die Sächische Schweiz, ein Wanderparadies. Man spürt es.

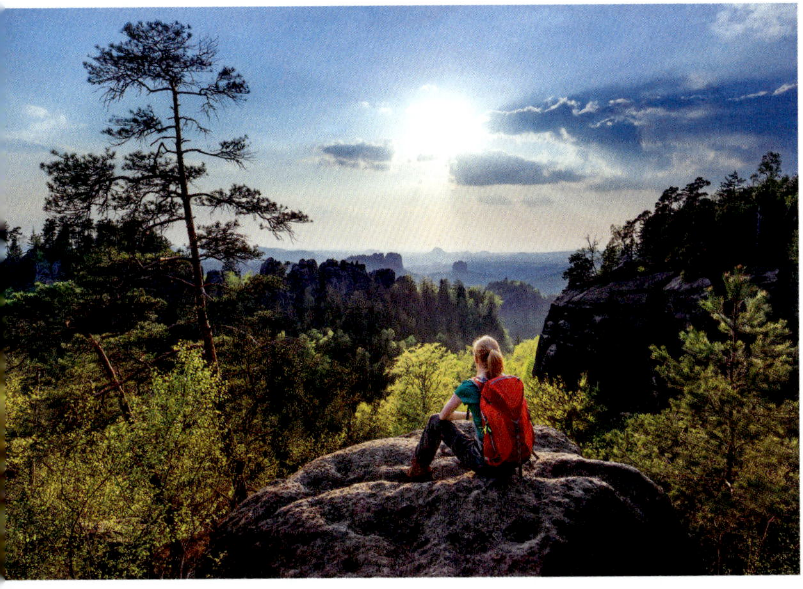

SÄCHSISCHE SCHWEIZ ERLEBEN

NATIONALPARK-ZENTRUM SÄCHSISCHE SCHWEIZ

Dresdner Str. 2B
01814 Bad Schandau
Tel. 035022 5 02 40
www.nationalpark-saechsische-schweiz.de
April – Okt. Di. – So. 9 – 18,
Nov. – März Di. – So 9 – 17 Uhr
Eintritt: 4 €

Infostellen in der Waldhusche: Beizehaus und Blockscheune jew. April – Okt. ab 10 Uhr

TOURISMUSVERBAND SÄCHSISCHE SCHWEIZ E. V.

Bahnhofstr. 21
01796 Pirna
Tel. 03501 47 01 47
www.saechsische-schweiz.de

BAD SCHANDAUER KUR- UND TOURISMUS GMBH

Markt 12, 01814 Bad Schandau
Tel. 035022 9 00 30
www.bad-schandau.de

KÖNIGSTEIN

Pirnaer Str. 2, 01824 Königstein
Tel. 035021 6 82 61
www.koenigstein-sachsen.de

KURORT RATHEN

Haus des Gastes
Füllhölzelweg 1
01824 Kurort Rathen
Tel. 035024 7 04 22
www.kurort-rathen.de

TOSKANA-THERME

Wie ein Schneckenhaus gebaut ist die Wellnesslandschaft direkt an der Elbe. Große Erlebnisschwimmbecken innen und außen mit Whirlpool, Kneippbach und Warmbecken, verschiedene Saunen, therapeutische Massagen und ein »Aqua Wellness Bodywork« sorgen für Entspannung. Im »Liquid-Sound-Tempel« schweben Sie zu Klang- und Farbspielen in körperwarmem Salzwasser.
www.toskanaworld.net

ZUM FRANZ €€

Traditionelle sächsisch-böhmische Leckerbissen von Rouladen über Sülze und Sauerbraten bis zur Forelle. Die Atmosphäre in dem Restaurant direkt am Markt (mit Freisitz) ist familiär und entspannt.
Marktplatz 10, Bad Schandau
Tel. 035028 51 94 99
Di. – Sa. ab 17 Uhr
https://restaurant-zumfranz.de

BRAND BAUDE €€

Nach einer Wanderung von Hohnstein hinauf auf das 170 m über dem Polenztal gelegenen Felsplateau Brand erwartet Sie in dem Berggasthof Hausmannskost mit Selbstbedienung und ein weiter Blick.
Brandstraße 27, Hohnstein
Tel. 035975 84 425, Tgl. 11 – 17 Uhr
www.brand-baude.de

FORELLENRÄUCHEREI €

Der urgemütliche Ausflugsimbiss am Amselgrundbach offeriert täglich frisch geräucherte Forellen aus dem hauseigenen Teich. Für Leute, die Fisch nicht mögen, stehen andere leckere Imbisse auf der Speisekarte.
Amselgrund 6, Kurort Rathen
Tel. 0172 35 91 416
Do. – So. 11 – 17/19 Uhr
www.forellenräucherei-rathen.de

MANUFAKTUR HOTEL €€€
Das Haus liegt direkt an der Elbe in der Nähe der Anlegestelle der Weißen Flotte und unweit des Bahnhofs Wehlen. Die 30 Zimmer sind nicht gerade modern, aber doch behaglich eingerichtet.
Markt 9, 01829 Stadt Wehlen
Tel. 035024 79 110
www.manufakturhotel.de

BERGHOTEL BASTEI €€€
Abseits der Besucherkarawane, die zum grandiosen Blick auf die Elbe hinauf zieht, thront herrlich isoliert das Berghotel. Wo können Erholungsbedürftige die Basteiaussicht besser genießen als von der Panoramasauna aus? Hat man genug gestaunt und geschwitzt, geht es in die Wellnessoase.
Bastei, Lohmen
Tel. 035024 77 90
www.bastei-berghotel.de

PENSION POLENZTAL €€
Das Hotel liegt malerisch halb im Wald versteckt unterhalb der Burg Hohnstein. Die 27 Zimmer sind hell und freundlich. Für kleine Gäste gibt es einen Spielplatz und im Sommer eine Liegewiese.
Polenztal 2, Hohnstein
Tel. 035975 8 08 26
www.polenztal.de

Ausflug in die Erdgeschichte

Entstehung

Die Sächsische Schweiz erstreckt sich als Teil des Elbsandsteingebirges beidseits der Elbe südlich von ►**Pirna** und ist der Rest einer in der Kreidezeit vor rund 140 Mio. Jahren entstandenen Sandsteintafel. Damals bedeckte ein flaches Meer die Region, auf dessen Grund sich angeschwemmte Sedimente ansammelten. Im Laufe von rund 8 Mio. Jahren, in denen der Meeresboden zunächst immer weiter absank, wuchs eine rund 600 m dicke Sedimentschicht heran. Als sich dann vor rund 90 Mio. Jahren der Boden wieder hob, floss das Meer ab und ließ die mächtige Sandsteinplatte zurück. Tektonische Verschiebungen zerbrachen sie. Die Elbe und ihre Nebenflüsse gruben sich in das weiche Gestein und schufen Täler wie Schluchten. Schließlich frästen Wind und Wetter **bizarre Felstürme**, Kamine und Spalten aus den Tafelbergen.

Vielfältige Tier- und Pflanzenwelt

Nationalpark

In den Tälern und Schluchten herrscht dichter Fichtenwald vor, an den Hängen und auf den Höhen gedeihen Buchen, Birken, Kiefern und Tannen. Vielerorts bedecken dicke Moose die Sandsteinfelsen und Farne den Waldboden. In dem Wäldern sind Rotwild, Wildschweine, aber auch wieder angesiedeltes Gamswild zuhause. Mit etwas Glück lässt sich ein Uhu vernehmen. Manchmal bekommt man einen Wanderfalken, Schwarzstorch oder Kolkraben zu Gesicht. Auch Luchse und sogar Wölfe sind unterwegs. Seit 1990 ist ein 93 km² großes Gebiet als Nationalpark ausgewiesen. Der Westteil erstreckt sich zwischen Stadt Wehlen und Prossen einschließlich Bastei und Hohnstein, der Ostteil reicht von den Schrammsteinen bis zur deutsch-tschechischen Grenze.

Wohin in der Sächsischen Schweiz?

Die Sächsische Schweiz en miniature

Stadt und Dorf Wehlen

Stadt Wehlen erstreckt sich beiderseits der Elbe und ist mit gerade mal 1700 Einwohnern eine der kleinsten Gemeinden Sachsens. Vom entzückenden kleinen Marktplatz führt die Lohemer Straße in Serpentinen hinauf zum Heimatmuseum mit Pflanzengarten.

Wer sich und seine Kinder auf das Naturerlebnis »Sächsische Schweiz« vorab einstimmen möchte, dem sei der **Freizeitpark »Kleine Sächsische Schweiz«** im Dorf Wehlen empfohlen. Dort findet sich auf einer Fläche von 8000 m² ein Nachbau der Felsenlandschaft aus echtem Elbsandstein.

Heimatmuseum: Mai – Okt. tgl. 8 – 18 Uhr | www.wehlen-online.de
Freizeitpark: Ostern – Okt. tgl. 10 – 18 Uhr | Eintritt: 12 €, Kinder 8 €
www.kleine-saechsische-schweiz.de

Einfallstor zur Bastei

Rathen

Mit der Eröffnung der Elbe-Dampfschifffahrt 1837 und der Bahnlinie Dresden–Schmilka 1850 entwickelte sich der malerische Luftkurort, beiderseits der Elbe zu einem touristischen Zentrum. Die nahe Bastei ist die Hauptattraktion der Region und lockt alljährlich bis zu 1,5 Mio. Besucher an.

Die Bastei ist der touristische Hotspot der Sächsischen Schweiz.
Aber manchmal ist auch hier wenig los.

Wer nicht mit einem der in **Niederrathen** am rechten Elbufer unterhalb der berühmten Felsen vor Anker gehenden Dampfer der Weißen Flotte kommt, nimmt den Umweg über **Oberrathen** auf der anderen Flussseite. Dort setzen **Gierseilfähren** von früh morgens bis nach Mitternacht viertelstündlich nach Niederrathen über. Eilige nehmen die Linienbusse von Pirna mit Haltestellen an den – meist belegten – Parkplätzen der Bastei

Der Balkon der Sächsischen Schweiz

★★ Bastei

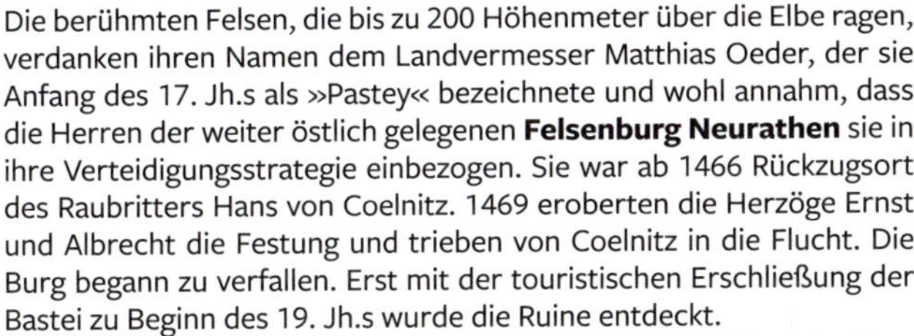

Die berühmten Felsen, die bis zu 200 Höhenmeter über die Elbe ragen, verdanken ihren Namen dem Landvermesser Matthias Oeder, der sie Anfang des 17. Jh.s als »Pastey« bezeichnete und wohl annahm, dass die Herren der weiter östlich gelegenen **Felsenburg Neurathen** sie in ihre Verteidigungsstrategie einbezogen. Sie war ab 1466 Rückzugsort des Raubritters Hans von Coelnitz. 1469 eroberten die Herzöge Ernst und Albrecht die Festung und trieben von Coelnitz in die Flucht. Die Burg begann zu verfallen. Erst mit der touristischen Erschließung der Bastei zu Beginn des 19. Jh.s wurde die Ruine entdeckt.
Die viel fotografierte **steinerne Basteibrücke** (1851) über die 40 m tiefe, »Marterdelle» genannte Schlucht führt auf das Burgareal. Die Brücke ist ein einziger großer Aussichtsbalkon und gewährt grandiose Fernblicke über das Elbtal und die Tafelberge der Sächsischen Schweiz. Von der Burgruine zeigt sich die Brücke zwischen den Felsen in schönstem Licht. In einer ein Stück weiter nördlich gelegenen Schlucht, den **»Schwedenlöcher«**, fanden die Rathener im Dreißigjährigen Krieg Schutz vor den Schweden.

Ideale Theaterkulisse

Felsenbühne Rathen

Die Felslandschaft der Sächsischen Schweiz bietet sich als Kulisse für Dramen aller Art geradezu an. Eine Radierung von Ludwig Richter - mit dem Motiv des unterhalb der Bastei sich hinziehenden **Wehlgrund** – hat Carl Maria von Weber zur berühmten Wolfsschluchtszene im »Freischütz« inspiriert. Die Oper gehört heute zum Repertoire der 1936 errichteten Freilichtbühne am Ende des Tals, mit rund 2000 Sitzplätzen ist sie die größte Sachsens. Zum Programm gehören auch klassische Dramen, Kindertheater und **Karl-May-Inszenierungen**. Von Niederrathen führt ein Wanderweg durch den Amselgrund den Grünbach entlang zum Wehlgrund. Am Ende des Amselgrundes liegt der durch die Stauung des Grünbachs entstandende **Amselsee**. Auf einer Bootsfahrt nimmt man die Felsentürme aus einer anderen Perspektive wahr.
www.landesbuehnen-sachsen.de/felsenbuehne-rathen

Adlernest über dem Polenztal

Burg Hohnstein

Die Burg »klebt« oberhalb des gleichnamigen Städtchens an einem Fels hoch über dem Polenztal. Durch den Burgeingang mit dem kurfürstlichen Wappen geht's in den Unteren Burghof. Links erhebt sich das Untere Schloss mit dem Museum zur Geschichte der Burg. Ein in den Stein gehauener langer Wehrgang führt unter dem Oberen Schloss hindurch in den Oberen Burghof. Nach einem Spaziergang im Burggarten kann man sich im Café erfrischen. Eine Gedenkstätte erinnert an das Konzentrationslager, das die Nazis auf der Burg bereits 1933 einrichteten.

April – Okt. tgl. 10 – 17 Uhr | Eintritt frei | www.burg-hohnstein.info

Besuch bei Zwergen und Riesen

SteinReich Erlebniswelt

Der Erlebnispark an der Basteistraße entführt in den Welt der Sagen, Märchen und Mythen. U. a. im Zwergwerk, im Steinwald, in der Lochmühle und den Schmugglergängen kann man den alten Geschichten nachgehen. Die Ausstellung im angeschlossenen Museum lädt zu einer Überprüfung ihres Wahrheitsgehalts und liefert die historischen Fakten. Für Kinder eine aufregende Sache!

Wiedereröffnung nach Verkauf voraussichtlich 2024

Festung Königstein

Tgl. April – Okt. 9 – 18, Nov. – März 9 – 17 Uhr | Eintritt: 15 € (Sommer) bzw. 12 € (Winter) | www.festung-koenigstein.de

Uneinnehmbar?

Anlage

Die gigantische Trutzburg nimmt das 9,5 ha große und 240 m hohe Felsplateau über dem Städtchen Königstein ein. Die Festungsmauern mit einem Umfang von 2,2 km und einer Höhe von bis zu 42 m sollten uneinnehmbar sein. In Zeiten des Krieges zog sich der Dresdner Hof hierher zurück. Doch im März 1848 gelang dem Schornsteinfeger Sebastian Abratzky aus Mahlis bei Oschatz schier Unglaubliches: Er kletterte in eineinhalb Stunden hoch und stieg über die Brustwehr. Dort nahm ihn allerdings die Wache in Empfang und setzte ihn fest. Unter der Bedingung, Stillschweigen zu bewahren, ließ der Kommandant Abratzky allerdings schon bald wieder frei.

Werk von Jahrhunderten

Geschichte

Die Anlage geht auf eine Burg des 13. Jh.s zurück, die 1459 in den Besitz der Wettiner gelangte. Der Ausbau begann mit Kurfürst Christian I., der durch Paul Buchner die Befestigungen erweitern und die Christiansburg (Friedrichsburg), das Zeughaus und das Garnisonshaus errichten ließ.

Unter seinem Sohn und Nachfolger Johann Georg I. kamen Georgen- und Magdalenenburg hinzu. Bereits zwischen 1563 und 1569 war ein 152,5 m tiefer Brunnen gebohrt worden, der die Wasserversorgung der Besatzung sicherstellte. Nach dem Dreißigjährigen Krieg wurde die Festung weiter verstärkt.

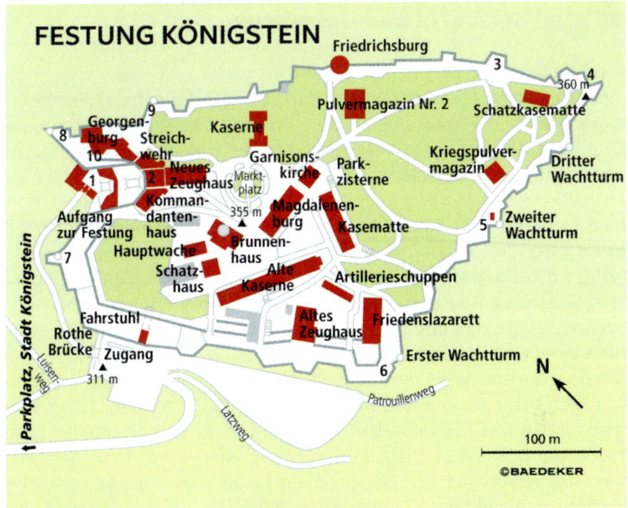

1 Eingang mit Ravelin und Zugbrücke
2 Torhaus
3 Standort der zerstörten Blitzeiche
4 Ostspitze der Festung (Königsnase)
5 Pestkasematte
6 Südspitze der Festung (Zobels Ecke)
7 Das Horn mit Seigerturm
8 Georgenbastion
9 Hungerturm (Rösschen)
10 Abstieg von der Festung

Vom Gefängnis zum Museum

Nutzung

Seit ihren Anfängen unter Christian I. nutzten die Wettiner Königstein immer auch als Gefängnis. Der berühmteste Gefangene war wohl **Johann Friedrich Böttger**, den August der Starke von Februar bis Mai 1702 und dann 1706 in Festungshaft nahm, damit er Gold mache. Später saßen so bekannte Persönlichkeiten wie Michail Bakunin (1849/1850), **August Bebel** (1874), Frank Wedekind (1899) und der Maler Thomas Theodor Heine (1899) ein.

In den Weltkriegen diente sie als Kriegsgefangenenlager. Im April 1942 gelang dem französischen **General Henri Giraud** die Flucht, indem er die Bindfäden, die um die Lebensmittelpakete seiner Frau gewickelt waren, zu einem durch einen Kupferdraht verstärktes Seil flocht und sich daran von den Festungsmauern abließ. In Bad Schandau übergab ihm ein Kontaktmann Zivilkleidung und Geld.

Heute sind auf dem Festungsareal, auf das auch ein Aufzug führt, mehrere Museen untergebracht: darunter in den beiden Zeughäusern Ausstellungen des **Militärhistorischen Museums Dresden** zum Festungsbau und zur sächsischen Militärgeschichte. In Torhaus und Streichwehr findet sich die interessante Mulimediaschau **In lapide regis** (= auf dem Stein des Königs) zur Geschichte der Festung.

 Bad Schandau und Umgebung

Kurbad an der Elbe

Durch den Ort

Der Aufstieg Bad Schandaus zum Kurort begann bereits 1730, als Johann Christian Häntzschel in den Wiesen des Krinitzschtals eine Quelle entdeckte, deren Wasser rötlich gefärbt war und eigentümlich roch. Der Pirnaer Amtsarzt Cadner stellte fest, dass es stark eisenhaltig war und verordnete seinen Patienten Badekuren. Schon bald kamen erste Gäste. 1799 ließ der Kaufmann Samuel Gottfried Hering, der die Wiesen erworben hatte, ein **Badehaus** errichten. Die Anlage des **Kurparks** im Krinitzschtal erfolgte 1873. Seit 1920 darf sich Schandau Bad und seit 1936 Kneippkurort nennen. Nach der Wende wurde das unter Denkmalschutz stehende historische Kurhaus in einen **Klinikneubau** integriert.
Mit der touristischen Erschließung der Sächsischen Schweiz entdeckten auch mehr und mehr Sommerfrischler Bad Schandau. Dabei verdankt sich die Attraktivität des Orts sicherlich auch der reizvollen Lage rechts der Elbe auf einem schmalen Uferstreifen vor dicht bewaldeten Sandsteinfelsen. An der Uferpromenade bezeugen gründerzeitliche Hotelbauten die lange Tradition des Kurbads. An der Ostseite des Marktplatzes fällt der voluminöse Turm der **St.-Johannis-Kirche** aus dem 18. Jh. auf. Im Inneren ist die mit kunstvollen Reliefs geschmückte, von einer Mosesfigur getragene Sandsteinkanzel (1705) aus einem einzigen Block gehauen. Den Sandstein-Altar (1572) schuf Hans Walther II. ursprünglich für die Dresdner Kreuzkirche. Die Entwicklung von Elbschifffahrt und Tourismus bildet einer Schwerpunkt der Ausstellung im Bad Schandauer **Stadtmuseum**.

Stadtmuseum: Mai – Okt. Di. – Fr. 14 – 17, Sa., So. 10 – 17, Nov. – April Di. – So. 14 – 17 Uhr | Eintritt: 3,50 € | www.bad-schandau.de

Mit dem Aufzug aufs Plateau

Ostrau

1904 ließ Hotelbesitzer Rudolf Sendig, ein großer Förderer der Stadt, östlich des Stadtzentrums einen 50 m hohen, freistehenden Gitterturm für einen Aufzug errichten, der zur »Ostrauer Scheibe« hinauffährt. Die Brücke vom Turm hinüber zur Hochfläche gewährt schöne Ausblicke über das Elbtal. Ein Bummel durch Ostrau führt an Villen und gepflegten Gärten vorbei.

Historischer Aufzug: April u. Okt. tgl. 9 – 18, Mai – Sept. bis 20, Nov. bis 17, Dez. 10 – 17 Uhr | Hin- und Rückfahrt 2,80 €

Spektakel für Touristen

Kirnitzschtal

Östlich des Bad Schandauer Stadtzentrums mündet die Kirnitzsch in die Elbe. Das Flüsschen schlängelt sich durch ein romantisches Tal, begleitet von der 8,3 km langen und solarbetriebenen Kirnitzschtalbahn. Die etwa halbstündige Fahrt endet am **Lichtenhainer Wasserfall**, der jede halbe Stunde wie bestellt tosend und rauschend in

Hotelbesitzer Rudolf Sendig spendierte seiner Stadt 1906 einen Turm mit Aufzug.

die Tiefe stürzt. 1830 waren pfiffige Bürger auf die Idee gekommen, den Bach, der in dünnen Fäden die Felsen herunterrann, zu stauen und Touristen durch die regelmäßige Öffnung der Wehrmauer ein spektakuläres Erlebnis zu bieten. Bis heute ist der Wirt der nahen Gaststätte für die Öffnung des Wehrs zuständig. Der Wasserfall bietet sich als Ausgangspunkt für Wanderungen zum **»Kuhstall«** (Felsentor) oder zur **»Himmelsleiter«** und zum **Wildenstein** (336 m ü. d. M.) an.
Er ist auch eine Station auf dem **Flößersteig**, einem 13 km langen, ausgewiesenen Wanderweg, der von Bad Schandau zur 400 Jahre alten **Neumannmühle** führt.
Neumannmühle: Mai – Okt. Di. – So. 11 – 17 Uhr | Eintritt: 3 €
www.neumann-muehle.de

Bilderbuchdorf, Kahnfahrten, Waldabenteuer

Hinterhermsdorf

Das 650-Seelen-Dorf liegt fernab allen Trubels an der deutsch-tschechischen Grenze in einer märchenhaften Waldlandschaft. Dank seiner **Umgebindehäuser** wurde es 2001 zum schönsten Dorf Sach-

sens gekürt. **Hinterhermsdorf** ist die erste Nationalparkgemeinde der Sächsischen Schweiz und Ausgangspunkt für Wanderungen zur **Oberen Schleuse** östlich des Orts, ein um 1580 errichtetes Wehr, das die Kirnitzsch auf eine Länge von 700 m staut. Auf dem See sammelten die Waldarbeiter einst die geschlagenen Bäume, öffneten schließlich die Schleuse und trifteten die Stämme mit der geballten Kraft des Wasserschwalls flussabwärts. Heute lassen sich auf dem See 20-minütige Kahnfahrten unternehmen.
Südlich von Hinterhermsdorf liegt das 66 ha große Areal der Waldhusche. Auf vier Rundgängen erfährt man viel Wissenswertes über den Wald, seine Entstehung und seine Nutzung durch den Menschen. Mit der Blockscheune und dem Beizehaus finden sich auch zwei Informationsstellen des Nationalparks Sächsische Schweiz.
www.hinterhermsdorf.de

Revier der Kletterer

Schrammsteine

Die stark zerklüftete, bewaldete Felsenlandschaft östlich von Bad Schandau zieht sich an ihrer Südseite elbaufwärts auf einer Länge von 3 km hin, im Norden reicht sie bis zum Kirnitzschtal. Ein guter Einstieg in das Wander- und Klettergebiet liegt an der Haltestelle Ostrauer Brücke der Kirnitzschtalbahn.

Gipfelsturm

Zschirnsteine

Bad Schandau ist auch Ausgangspunkt für eine Wanderung zum Großen Zschirnstein, dem mit 561 m höchsten Berg der Sächsischen Schweiz. Die Tour führt von Kleingießhübel auf der anderen Elbseite in die urtümliche Waldlandschaft um den Kleinen Zschirnstein.

Blütenträume

Sebnitz

Der Ort 13 km nordöstlich von Bad Schandau an der Grenze zu Tschechien war an der Wende vom 19. zum 20. Jh. als Stadt der **Kunstblumen** weit bekannt. Farbenfrohe Seidenblüten gingen von hier in alle Welt und schmückten Hüte wie Damenkleider. Nicht weniger als 15 000 Menschen waren in der Hochzeit des Gewerbes mit der Herstellung beschäftigt. Heute erinnert noch die **Schauwerkstatt** »Deutsche Kunstblume Sebnitz« an die Tradition.
In den **Städtischen Sammlungen** können Sie sich über die Geschichte des »Blümelns« infomieren. Das Afrikahaus des Museums zeigt Kunst u. a. aus Namibia, Südafrika und Gabun sowie Dokumentationen über den Afrikaforscher Heinrich Barth und über Albert Schweitzers Urwaldklinik in Lambarene.
Schauwerkstatt: Neustädter Weg 10 | Di. – So. 10 – 17 Uhr
Eintritt: 7 € | www.deutsche-kunstblume-sebnitz.de
Städtische Sammlungen: Hertigswalder Str. 12 – 14 | Bis 2024 wg. Sanierung geschl. | www.staedtische-sammlungen-sebnitz.de

Gefängnis einer Mätresse
Die Anfänge der mächtigen Burg hoch über dem gleichnamigen Städtchen im Osten der Sächsischen Schweiz gehen wohl auf das 13. Jh. zurück. 1559 gelangte sie in den Besitz der Wettiner, die sie ausbauten und als Gefängnis nutzten. Berühmteste Gefangene war die Mätresse August des Starken, die **Gräfin Constantia von Cosel** (1680 – 1765). Der Kurfürst hatte sie 1713 zunächst auf Schloss Pillnitz und 1716 dann auf der Burg Stolpen unter Arrest gestellt, weil sie seine Verbindung mit einer polnischen Gräfin bekämpfte und hintertrieb. Die Cosel lebte dort 49 Jahre bis zu ihrem Tod. Zunächst bewohnte sie das Zeughaus und ab 1743 den **Johannis- oder Coselturm**. Dort zeichnet die Ausstellung »Lebenslänglich Stolpen. Wir beleuchten hier den Mythos Cosel« das Leben dieser eigenwilligen Frau nach. 1881 fand man ihr Grab in der Kapelle der Burg.
Die fast ausschließlich aus örtlichem Basalt errichtete Burg umfasst vier hintereinander liegende Höfe. Durch das Torhaus gelangt man in den Vorhof, den Kornhaus, Hauptwache und Marsstall abschließen. Interessant ist das **Modell der alten Wasserkunst** im Marstall, die ab 1561 die Burg mit Wasser versorgte. Die Ausstellung in der sich anschließenden **Folterkammer** befasst sich mit mittelalterlichen Rechtssystemen und zeigt einige Folterwerkzeuge. Über den zweiten Vorhof gelangt man zum Zwinger. Links des Wehrgangs ragt der Coselturm auf, rechts der **Schösserturm**, der eine Sammlung von Tür- und Truhenschlössern birgt. Hinter dem Zwinger liegt der Kanonenhof mit dem Seigerturm in der Nordwestecke, der über ein handgeschmiedetes Uhrwerk von 1562 verfügt. Der Kapellenhof besitzt mit dem **82 m tiefen Burgbrunnen** den tiefsten Basaltbrunnen der Welt. Hinter ihm stand die große Burgkapelle, von der nur die unterirdischen Gänge und Räume erhalten sind. Am Ende des Hofs folgt der **Siebenspitzturm mit einer Kräuterküche**.

April – Okt. tgl. 10 – 18, Winter Di. – So. 8 – 16 Uhr | Eintritt: 8 € | www.burg-stolpen.de

BURG STOLPEN

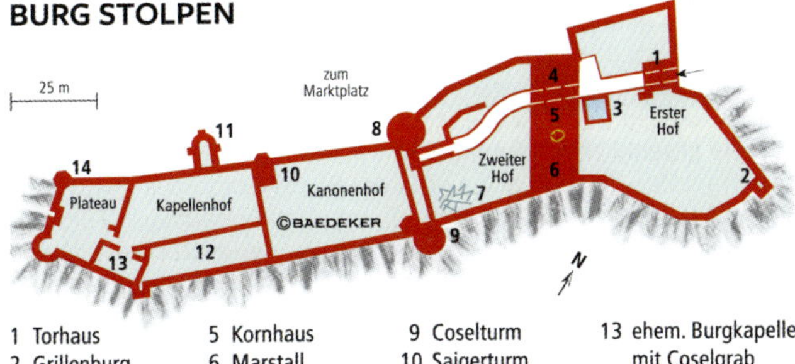

1 Torhaus
2 Grillenburg
3 Zisterne
4 Hauptwache
5 Kornhaus
6 Marstall
7 Basaltsäulen
8 Schösserturm
9 Coselturm
10 Saigerturm
11 Wendelstein
12 ehem. Zeughaus
13 ehem. Burgkapelle mit Coselgrab
14 Siebenspitzenturm

SCHNEEBERG

Landkreis: Erzgebirgskreis | **Einw.:** 13 994 | **Höhe:** 470 m ü. d. M.

Im Advent, wenn sich die 8 m hohe Pyramide auf dem Weihnachtsmarkt dreht und es nach Glühwein und gebrannten Mandeln duftet, geht es in der Erzgebirgsstadt besonders stimmungsvoll zu. Dank der Lage inmitten einer reizvollen Berglandschaft ist Schneeberg aber in jeder Jahreszeit eine Reise wert.

Silber, Kobalt, Uran

In Schneeberg erhob sich das »Bergkgeschrey« recht spät, dafür aber umso lauter: 1470 entdeckten Schürfer reiche Silbererzvorkommen und noch im selben Jahr entstand die Stadt. Bereits 1481 erhielt sie die Privilegien einer freien Bergstadt. Vier Jahre davor hatten Bergleute der St.-Georgen-Zeche untertage einen 2 x 2 x 1 m großen Block Silbererz entdeckt, den »Silbertisch«. Die Nachricht von dem Fund verbreitete sich wie ein Lauffeuer im Land. Selbst Herzog Albrecht ließ es sich nicht nehmen, in den Stollen einzufahren und an dem Tisch zu speisen. Die Schneeberger Silbererzvorkommen waren zwar sehr ergiebig, doch schon um 1540 waren alle Lagerstätten leergeräumt. Als Ersatz boten sich andere Mineralien, insbesondere Wismut und Kobalt, an. Nach dem Zweiten Weltkrieg war Schneeberg zusammen mit dem benachbarten Aue das Zentrum der berühmt-berüchtigten, weil gesundheitsschädlichen Uranerzförderung der **SDAG Wismut** (Sowjetisch-Deutsche Aktiengesellschaft), die erst Ende 1990 eingestellt wurde.

Wohin in Schneeberg?

In der Barockstadt

Markt

Am 13. August 1719 wurde Schneeberg von einem gewaltigen Stadtbrand heimgesucht. Die Flammen zerstörten fast den ganzen Ortskern. Doch gleich nachdem sich der erste Schrecken gelegt hatte, begannen die Bürger mit dem Wiederaufbau. Rund um den Markt und den sich anschließenden **Fürstenplatz** entstand ein Ensemble ansehnlicher Bauten, dem Schneeberg den Beinamen »Barockstadt des Erzgebirges« verdankt. Das Freitag-Haus (Markt 6), das Schmeilhaus (Fürstenplatz 1) und das Fürstenhaus (Fürstenplatz 4) sind besonders sehenswert. Das **neogotische Rathaus** zwischen Markt und Fürstenplatz fällt da etwas aus dem Rahmen. Es entstand 1851/1852, nachdem der barocke Vorgängerbau durch Brandstiftung zerstört worden war. Den Eingang schmückt das 1911 angebrachte Sandsteinrelief »Sage von der Fündigwerdung Schneebergs«.

SCHNEEBERG ERLEBEN

TOURIST-INFORMATION
Markt 1, 08289 Schneeberg
Tel. 03772 2 03 14
www.bergstadt-schneeberg.de

LICHTELFEST
Am zweiten Adventswochenende geht's in Schneeberg besonders weihnachtlich zu. Dann spielt das Bergkorps auf, erklingen Posaunen vom Rathausturm und Kurrende (Sternsinger) treten auf dem Markt auf. Höhepunkt des Lichtelfestes ist die Bergparade am Sonntag: Bergleute ziehen in historischer Tracht durch die Stadt.
www.bergstadt-schneeberg.de

RESTAURANT IM BERGHOTEL STEIGER €€
Das Restaurant des Berghotels serviert erzgebirgische Leckerbissen und auch vegetarische Gerichte.
Am Mühlberg 2a
Tel. 03772 3 94 90
Mo. – Fr. ab 17, Sa., So. ab 12 Uhr ab 11.30 Uhr
www.berghotel-steiger.de

GOLDNE SONNE €€
Die Gaststätte des Kulturzentrums serviert hinter der barocken Fassade Klassiker der gutbürgerlichen Küche und erzgebirgische Hausmannskost.
Fürstenplatz 5, Tel. 03772 37 09 17
Di., Do. – So. 11/12 – 14, Do. – Sa. auch abends ab 18 Uhr
www.goldne-sonne.de

HOTEL BÜTTNER €€€
Das familiäre Hotel (12 Zi.) in einem wunderbaren Barockbau am Schneeberger Markt wartet mit einer heimeligen Atmosphäre auf.
Markt 3, Tel. 03772 35 30
www.hotel-buettner.de

Rivalität unter Vettern
Es war Friedrich der Weise, Sohn und Nachfolger des Kurfürsten Ernst von Sachsen, der den Bau des Gotteshauses initiierte. Größer und schöner als die Kirche im benachbarten, zum Herrschaftsbereich seines Vetters Georg dem Bärtigen gehörenden ▶ Annaberg sollte es werden. Das ist zwar nicht ganz gelungen, doch auch der Schneeberger »Bergmannsdom« kann sich sehen lassen. Hans Meltwitz und später Fabian Lobwasser schufen eine dreischiffige, großräumige Hallenkirche im Stil der Spätgotik. Weithin sichtbar erhebt sie sich auf dem 470 m Schneeberg. 1540 fand die Einweihung des bürgerfinanzierten Baus statt. Während des Zweiten Weltkriegs wurde die Kirche fast vollständig zerstört. Der Wiederaufbau zog sich 50 Jahre hin. Heute besticht sie durch ihre enorme Raumwirkung. Größter Schatz ist ein **Flügelaltar Lucas Cranachs d. Ä.** von 1539 mit symbolischen Darstellungen des evangelischen Glaubensbekenntnisses.

Von Lucas Cranach d. Ä stammt der Altar in St. Wolfgang.

Weihnachtsschmuck und »Buckelberge«

Museum für bergmännische Volkskunst

Von der Weihnachtspyramide bis zum Nussknacker, vom Räuchermännchen bis zum Kinderspielzeug: Das Museum macht die ganze Bandbreite und den Facettenreichtum erzgebirgischer Holzschnitzkunst sichtbar. Geradezu anrührend sind die sog. »Buckelberge«, mit denen invalide Bergleute über Land zogen, um auf ihr Los aufmerksam zu machen und ihre karge Rente aus der Knappschaftskasse etwas aufzubessern. In den auf dem Rücken zu tragenden Schaukästen sind Modelle von Schachtanlagen mit Bergleuten zu sehen.

Neben Holzschnitzkunst zeigt das Museum **Scherenschnitte**, **Klöppelspitzen** und schöne Beispiele Schneeberger Zinngusskunst im schönsten Barockbau der Stadt: das 1725 errichtete Bortenreuther-Haus punktet mit einer durch Pilaster stark gegliederten und mit Ornamenten reich geschmückten Fassade.

Obere Zobelgasse 1 | Di. – So. 10 – 17 Uhr | Eintritt: 3 €
www.museum-schneeberg.de

Von Silber zu Kobalt

Bergbaulehrpfad

Als die Silbererzvorkommen im 16. Jh. zu Neige gingen, sattelten die Schneeberger auf die Gewinnung von Kobalt um. Das Metall war Ausgangsstoff für die Herstellung eines Farbpigments für Kobaltblau und überall in Europa begehrt. Schnell entwickelte sich Schneeberg zu einem Zentrum der Kobaltförderung. Im **Siebenschlehener Pochwerk** im Schneeberger Stadtteil Neustädtel können Sie die Aufbereitung der Kobalterze miterleben. Es wurde 1753 an der Stelle einer seit 1620 bestehenden Anlage errichtet und steht heute unter Denkmalschutz. Das Pochwerk ist die erste Station des **Bergbaulehrpfads Schneeberg-Neustädtel**, der auf einer Länge von mehr als 10 km zu historisch interessanten Orten, darunter mehreren **Fundgruben**, führt. An jeder Station sind Informationstafeln aufgestellt. Dabei kommen Sie auch am **Filzteich** mit der ersten, zwischen 1483 und 1485 errichteten Talsperre Sachsens vorbei. Einst diente der Stausee der Wasserversorgung der umliegenden Gruben und Betriebe. Heute ist er ein beliebtes Naherholungsgebiet.

Pochwerk: April – Okt. Do. – Sa. 10 – 16 Uhr | Führung: 3 €
www.museum-schneeberg.de

Rund um Schneeberg

Künstliches Naturspektakel

Eibenstock

Vom 16. bis weit in das 19. Jh. war der kleine Ort 24 km westlich von Schneeberg ein Zentrum des Zinnabbaus. Heute ist er dank des in den 1970er-Jahren angelegten Stausees und des **Landschaftsschutzgebiets um den Auersberg** (1019 m ü. d. M.) ein beliebter Ferienort. Im **Stickereimuseum** geht es um die in Eibenstock seit 1775 heimische Kunst der Tambourierstickerei.

Im Ortsteil Blauenthal stürzt der **höchste Wasserfall Sachsens** über schwere Granitblöcke rund 30 m in die Tiefe. Er wird von einem Kanal gespeist, den der Fabrikbesitzer Toelle nach dem Ersten Weltkrieg für seine Holzschleiferei anlegen ließ. Da er auch Hotelier und Geschäftsmann war, lenkte er das Wasser sonn- und feiertags zur Freude seiner Gäste auf die Felsen um. Seit der Stilllegung des Betriebs springt es ununterbrochen über die Felsen. An kalten Wintertagen versuchen sich Eiskletterer am gefrorenen Wasserfall.

Di. – Fr. 10 – 17, Sa., So. 11 – 16 Uhr | Eintritt: 6 €
www.stickereimuseum.de

Loipen und Skipisten

Carlsfeld

Das 700-Seelen-Dorf liegt 850 m hoch. In schneereichen Wintern tummeln sich die Skilangläufer auf gespurten Loipen rund um den Ort. Die Piste am 942 m hohen Hirschkopf können auch Anfänger hinuntersausen. Im Ortszentrum lohnt die zwischen 1684 und 1688 errichtete **Dreifaltigkeitskirche** eine Besichtigung. Sie ist der älteste barocke Zentralbau Sachsens. Innen wandelt sich der achteckige Kirchenbau zum quadratischen Raum mit dreigeschossigen Emporen. Schönstes Ausstattungsstück ist der Kanzelaltar von Johann Heinrich Böhme d. J. (1688).

Strahlende Vergangenheit, glänzende Zukunft

Bad Schlema

Unter dem Titel »ZeitFenster« erinnern seit Oktober 2018 sechs im Stadtgebiet vaufgestellte Schautafeln mit historischen Fotos daran, dass das Erzgebirgsstädtchen vor dem Zweiten Weltkrieg ein bekannter Kurort war. Ab 1918 lockten **Radonquellen** alljährlich Tausende von Menschen, die sich durch Radonkuren Heilung versprachen. Ein richtiges Heilbad mit Kurpark und Kurzentrum für die Anwendungen entstand. Als mit der Gründung der unter sowjetischem Kommando stehenden **Wismut AG** 1946 der Uranabbau begann, war damit für Jahre Schluss. Der alte Ortskern mit dem Kurzentrum musste dem Bergbau weichen. Schlema wurde vom Rest der Welt abgeschirmt. Mit der Stillegung des Uranabbaus 1991 begann die **Revitalisierung des Orts**. Neue Radonquellen wurden erschlossen. 1998 konnte Schlema die Eröffnung eines neuen Kurhauses feiern und seit 2004 darf es sich wieder »Radonheilbad« nennen. Heute erinnern fast nur noch das **Museum Uranbergbau** im Kulturhaus »Aktivist« sowie das **Besucherbergwerk »Markus-Semmler«** an die Wismut SDAG und die Geschichte des Uranbergbaus. Der neue Kurpark lockt mit einem Damwildgehege, einem erzgebirgischen Heilpflanzengarten und einer Aussichtsplattform im Zentrum.

Museum: Mo. – Do. 9 – 17, Sa. u. So. 10 – 16 Uhr | Eintritt: 5 €
www.uranerzbergbau.de

Schaubergwerk: Führungen: Sa., So., Fei. 10 u. 13 Uhr | Eintritt: 20 €
www.besucherbergwerke-westerzgebirge.de

SCHWARZENBERG

Landkreis: Erzgebirgskreis | **Einw.:** 15 991 | **Höhe:** 400 – 755 m ü. d. M.

Schon von weitem sichtbar grüßen Schloss und Kirche die Reisenden. Wie zum Schutz Schwarzenbergs stehen sie einträchtig nebeneinander auf einem Felsriegel und wachen über das Städtchen, das sich nicht ohne Grund »Perle des Erzgebirges« nennt.

Perle des Erzgebirges

Schwarzenberg liegt am Zusammenfluss von Salzwasser und Mittweida in einem weiten Talkessel des westlichen Erzgebirges. Die im 13. Jh. erstmals erwähnte Stadt entwickelte sich um die Burg aus dem 12. Jh., die der sächsische Kurfürst Johann Friedrich (1503 bis 1554) zusammen mit der Herrschaft Schwarzenberg 1533 käuflich erwarb. Durch die Entdeckung von Eisenerz- und Zinnlagerstätten stieg Schwarzenberg zu einer erzgebirgischen Bergstadt auf und erhielt ein Bergamt. Der Dreißigjährige Krieg und mehrere Stadtbrände setzten dem Ort zu. Doch mit dem Anschluss an das sächsi-

SCHWARZENBERG ERLEBEN

TOURIST-INFORMATION
Oberes Tor 5
08340 Schwarzenberg
Tel. 03774 2 25 40
www.schwarzenberg.de

DE GUTE STUB €€€
»Moderne trifft Tradition«, heißt es im Restaurant des Ratskellers. Da gibt es dann schon mal BBQ-Ochsenbacken und Omas gebratene Blutwurst.
Markt 1, Tel. 03774 176 21 30
Tgl. ab 11.30 – 22 Uhr, So. bis 14 Uhr
www.ratskeller-schwarzenberg.de

EPHRAIMHAUS €
Preiswert und gut: Die Gaststätte serviert handfeste Fleischgerichte wie Schnitzel, Gulasch oder Pökelfleisch.
Bauernweg 18, Pöhla
Tel. 03774 86 855
Do. – Mo. 11 – 22 Uhr

HOHER HAHN €€€
Das zu den Sonnenhotels gehörende Haus in einem denkmalgeschützten Gebäude am Stadtrand bietet einen Innenpool sowie klassische Wellness-Anwendungen. Einige der 41 Gästezimmer verfügen über einen Balkon bzw. eine Terrasse. Das Restaurant serviert erzgebirgische Küche. Trotz der Randlage sind Sie in 15 Gehminuten in der Stadt.
Gemeindestr. 92, Bermsgrün
Tel. 03774 13 10
www.sonnenhotels.de

sche Eisenbahnnetz und der Ansiedlung von Industriebetrieben im 19. Jh. blühte die Stadt wieder auf. Am Ende des Zweiten Weltkriegs blieb Schwarzenberg von den Siegermächten zunächst unbesetzt. Dass die Bürger deshalb die **»Freie Republik Schwarzenberg«** ausgerufen hätten, ist jedoch nicht richtig. Die Legende geht auf den Roman »Schwarzenberg« von Stefan Heym zurück. Allerdings hatte sich ein »antifaschistischer Aktionsausschuss« gebildet, den die am 26. Juni 1945 schließlich einrückende Sowjetarmee bestätigte.

Wohin in Schwarzenberg und Umgebung?

Auf dem Weg zum Schlossberg

Glockenspiel

Vom Marktplatz im Zentrum der Schwarzenberger Altstadt führen die Obere und die Untere Schlossstraße hinauf zu Kirche und Schloss. Etwa auf halbem Wege, an der Einmündung der Unteren in die Obere Schlossstraße, erklingen jeden Tag um 9, 11, 14 und 17 Uhr 37 Glocken aus Meißener Porzellan, die in einem restaurierten, historischen Trafohäuschen hängen. Wem der Aufstieg zu beschwerlich ist, nimmt den Aufzug vom Parkplatz am Hammerweg.

St.-Georgen-Kirche

Himmlische Heerscharen

Von außen nimmt sich die zwischen 1690 und 1699 nach Plänen von Johann Georg Roth errichtete barocke Saalkirche eher bescheiden aus. Doch innen besticht sie durch ihre enorme Raumwirkung und ihre Helle. Dank der hohen Rechteckfenster über und unter der umlaufenden Empore ist der Raum tagsüber von Licht erfüllt. Die 18 m breite und 34 m lange Holzdecke kommt ganz ohne tragende Pfeiler aus. Goldene Strahlen durchbrechen ihren **kunstvoll geschnitzten Wolkenhimmel**. Die drei kleinen Engelchen, die ihm zu entschweben scheinen, tragen ein Spruchband mit der Aufschrift »Gloria in excelsis Deo«. Bemerkenswert sind außerdem der Altar (1699), die Kanzel (1704) und das Chorgitter (1721). Die Fürstenloge gegenüber der Kanzel zieren die Wappen August des Starken.

Schloss

Eisen, Zinn und Klöppelspitzen

Das Schloss geht auf eine in der Mitte des 12. Jh.s erbaute Burg zurück. Ab 1433 entstand unter Einbeziehung von Resten des alten Bergfrieds ein neues Anwesen, das der sächsische Kurfürst August von 1555 – 1558 zum **Jagdschloss** umbauen ließ. Seit 1954 informiert in ihm das Schwarzenberger Stadtmuseum Perla Castrum auf drei Etagen und im Turm auch interaktiv über die kunsthandwerkliche und industrielle Zinn- und Eisenverarbeitung und die Spitzenklöppelei.

Di. – So. 10 – 17 Uhr | Eintritt: 6 € | www.schwarzenberg.de

Eisenbahnmuseum

Dampf, Diesel, Gleiskraftrad

Für Eisenbahnfans ein Muss! In einem stillgelegten Bahnbetriebswerk mit Lokschuppen und Drehscheibe (1890) zeigt der Verein sächsischer Eisenbahnfreunde **Dampf- und Dieselloks**, historische Waggons und Trabant-Umbauten für den Schienenverkehr.

April – Mitte Dez. nach Voranmeldung unter Tel. 0160 97 46 46 86
Eintritt: 4 € | www.vse-eisenbahnmuseum-schwarzenberg.de

Hammerbrücke

Trockene Füße, trockener Kopf

Im Ortsteil Neuwelt führt eine der wenigen noch erhaltenen gedeckten Holzbrücken über das Flüsschen Schwarzwasser. Seit über 300 Jahren schützen Dachschindeln die 21,5 m lange Holzkastenbrücke aus dem Jahr 1732 vor der Witterung; seit 1966 steht sie unter Denkmalschutz.

Waschleithe

Schaubergwerk und Mini-Erzgebirge

Das zur Gemeinde Grünhain-Beierfeld gehörende 500-Seelen-Dorf 5 km nordöstlich von Schwarzenberg ist Standort des ältesten Schaubergwerks Sachsens. Die **Grube »Herkules-Frisch-Glück«** war bereits zwischen 1926 und 1939 für Besucher geöffnet. Nach einer langen, durch den Krieg und seine Folgen bedingten Schließung ging es 1966 wieder los. Heute gibt es spannende Führungen und Erlebnisse

Außen schlicht, innen ein Raumerlebnis: die St.-Georgen-Kirche

für die ganze Familie sowohl unter als auch über Tage. Die nahe gelegene **Schauanlage »Heimatecke«** am Seifenbach« zeigt rund 100 Gebäude und Anlagen des Erzgebirges im Maßstab 1:40.

Schaubergwerk: Führungen: Di. – So. 13, 14 u. 15 Uhr | Führung: 8 € www.beierfeld.de

Heimatecke: Ostern – Okt. tgl. 10 – 18 Uhr | Eintritt: 4,50 €, Kinder 3 € | www.heimatecke.de

Königlich-Sächsische Eisenbahn

Sächsisches Schmalspurbahn-Museum

Am 30. Juni 1889 fuhr erstmals ein Zug der Königlich Sächsischen Eisenbahn in den Bahnhof Oberrittersgrün 8 km südlich von Schwarzenberg ein. Bis 1971 verkehrten Schienenfahrzeuge mit der 750 mm-Spurweite zwischen Rittersgrün und dem Schwarzenberger Ortsteil Grünstädtel. Auf dem Gelände des Bahnhofs Oberrittersgrün können Eisenbahnfreunde Deutschlands einziges Schmalspurbahnmuseum besuchen und historische Dampf- und Dieselloks, Güter- und Personenwaggons bestaunen. Der Wartesaal und Diensträume aus der Zeit der Königlich-Sächsischen Eisenbahn umweht ein Hauch von Nostalgie (▶ Das ist ..., S. 12ff.).

Di. – So. 10 – 16 Uhr | Eintritt: 5 € | www.schmalspurmuseum.de

SEIFFEN

Landkreis: Erzgebirgskreis | **Einw.:** 2027 | **Höhe:** 650 m ü. d. M.

Nussknacker und Engelsfiguren stehen im erzgebirgischen Spielzeugdorf zu jeder Jahreszeit an fast allen Ecken. Sie haben Seiffen weltberühmt gemacht und sind nach wie vor ein Verkaufsschlager.

Seiffen verdankt seinen Namen den Zinnseifnern, die seit dem 13. Jh. Zinnkörner aus dem Verwitterungsschutt des Seiffenbaches auswuschen. In der zweiten Hälfte des 15. Jh.s begann der organisierte Zinnbergbau, der im 16. Jh. richtig in Schwung kam. Um 1750 dann setzte der Niedergang ein. Die Erträge aus dem Zinnabbau gingen zurück und mehr und mehr Bergleute sattelten auf die Drechselei um. Ab 1760 boten Seiffener Handwerker im großen Stil Spielzeug auf den Messen in Nürnberg und Leipzig an. Als der Bergbau 1849 endgültig zum Erliegen kam, verdienten die meisten Einwohner mit der Herstellung von Räuchermännern & Co. ihr Geld.

Wohin in Seiffen und Umgebung?

Erzgebirgisches Spielzeugmuseum

Bergleute und Spielzeugmacher
Die Ausstellung rollt die ganze Geschichte der Seiffener Spielwarenherstellung auf und zeigt, wie Bergleute Spielzeugmacher wurden und wie ihre Produkte die Welt eroberten. Die **Arche Noah** war ab 1850 ein richtiger Exportschlager. Auch wenn heute der erzgebirgische **Weihnachtsschmuck** das eigentliche Standbein ist (die ausgestellte Weihnachtspyramide ist 6 m hoch), früher war es Spielzeug. Im Dachgeschoss geht es um den Bergbau. Gewichtig ist auch das Thema Licht und dessen Wertschätzung durch die Bergleute: Ab Mitte des 19. Jh. wurde die bergmännische Lichterweihnacht im ganzen Land populär.
Tgl. 10 – 17 Uhr | Eintritt: 9 €, Kinder 1,50 €
www.spielzeugmuseum-seiffen.de

Schauwerkstatt

Von der Holzscheibe zum Engel
In der Schauwerkstatt der Seiffener Volkskunst können sie Reifendrehern, Drechslern, Schnitzern und Malern bei ihrer Arbeit über die Schulter schauen. Die Werkstatt hat insgesamt 500 Holzfiguren im Programm, zu erstehen im angeschlossenen Laden.
Mo. – Fr. 10 – 16, Laden: tgl. 10 – 17 Uhr | www.schauwerkstatt.de

Dorfkirche

Erinnerung an den Bergbau
Die kleine Kirche im Zentrum Seiffens, ein barocker und anmutiger Zentralbau, wirkt von außen fast wie eine Kapelle, doch finden in dem

SEIFFEN ERLEBEN

TOURISTINFORMATION SEIFFEN

Hauptstr. 73
09548 Kurort Seiffen
Tel. 037362 84 38
https://seiffen.de

SEIFFENER PYRAMIDENHAUS

Hier können Sie Kunsthandwerk vom Nussknacker bis zur Weihnachtspyramide aus Seiffen erstehen.
Am Rathaus 2, Tgl. 10 – 17 Uhr
www.pyramidenhaus.de

BUNTES HAUS €€€

Das Hotelrestaurant serviert erzgebirgische Klassiker von Roulade bis Rostbrätl, aber auch saisonale Gerichte der gehobenen Küche. In der Weihnachtszeit gibt es das traditionelle sächsische »Neunerlei«.
Hauptstr. 94
Tel. 037362 77 60
Tgl. 11.30 – 22 Uhr
www.buntes-haus.com

HOLZWURM €€

Die uirg-rustikale Einrichtung gibt auch denTakt für die Küche vor: deftig, erzgebirgisch (drei Gänge »Arme Laite Assen«) und der DDR-Klassiker »Steak au four«.
Hauptstr. 71 A
Tel. 037362 72 77
Tgl. ab 11 Uhr
www.holzwurm-seiffen.de

HOTEL SAIGERHÜTTE €€€

Das Hotel an der denkmalgeschützten Saigerhütte bietet 31 komfortable, behagliche Zimmer. Im Sommer lädt ein Garten zum Relaxen ein. Das Restaurant serviert regionale und internationale Speisen.
In der Hütte 4/5, Olbernhau
Tel. 037360 78 70
www.saigerhuette.de

achteckigen Gebäude dank umlaufender Emporen rund 500 Gläubige Platz. Der Entwurf stammt von Christian Reuther, einem Schüler George Bährs. Als sie 1779 geweiht wurde, waren die meisten Seiffener noch im Bergbau beschäftigt. Ein Bergmann auf der Wetterfahne erinnert daran.

Holzschnitzkunst in Serie

Erzgebirgisches Freilichtmuseum

In Seiffen kam um 1800 die **Kunst der Reifendrehens** auf, die es gestattet, kleine Holzfiguren in Serie herzustellen. Am Anfang steht dabei ein dicker Holzreifen, in den der Drechsler ringförmige Vertiefungen und Kerben einarbeitet, so dass im Querschnitt die Kontur der gewünschten Figur erscheint. Anschließend kann er den Reifen in viele einzelne Stücke zerschneiden und diese dann weiter bearbeiten. In Seiffen beherrschen noch acht Handwerksmeister die Kunst. Im Erzgebirgischen Freilichtmuseum am östlichen Ortsausgang führen

DAS SPIELZEUGLAND IM ERZGEBIRGE

Nicht nur Silber- und Erzbergbau bescherten den Menschen im Erzgebirge Einkommensquellen. Eine, die bis heute für Beschäftigung sorgt, ist die Herstellung von Spielzeug aus Holz. In Seiffen hat man dafür eine besondere und einmalige Technik entwickelt: das Reifendrehen.

Gern stellt man sich vor, dass der Bergmann in der Freizeit und in Mußestunden geschnitzt hat. Diese romantische Vermutung findet sich vor allem im westlichen Teil des Erzgebirges bestätigt, in dem der **»Bergbau auf edles Metall«**, nämlich Silber, zahlreiche Privilegien mit sich brachte und den Bergleuten eine relativ gesicherte Existenz ermöglichte. Sie konnten in den wenigen Mußestunden zum Schnitzmesser greifen.

Nicht Muße, sondern Broterwerb

Ganz anders die Entwicklung im Raum Seiffen. Historische Quellen lassen darauf schließen, dass dort um 1650 eine **bescheidene Holzdrechselei** unabhängig vom Bergbau existiert hat. Bereits im Seiffener Kirchenbuch von 1644 wird Georg Frohs als Drechsler genannt. Unter der oftmals verwendeten Bezeichnung **»Teller- und Spindeldreher«** lassen sich wohl ausschließlich »zum nützlichen Gebrauch« bestimmte Produkte verstehen, also Teller, Knöpfe, Spindeln, Feder- und Nadelbüchsen, die in einer über den örtlichen Bedarf hinausgehenden Menge hergestellt wurden und deshalb in den Handel gingen. In Phasen bergbaulichen Niedergangs begannen bald auch Bergleute im Nebenerwerb zu drechseln. Im 17. Jh. entstand eine interessante Wechselbeziehung zwischen dem Bergbau und der Holzdrechselei: Immer dann, wenn der Zinnbergbau ins Stocken geriet, nahm die Zahl der Drechsler zu. Dabei entsprang der oftmalige Berufswechsel in diesem Teil des Erzgebirges nicht einem Bedürfnis, sondern wirtschaftlicher Not.
Das »bergmännische« Selbstverständnis der Seiffener und die außergewöhnliche traditionsreiche Bergbaukultur trugen wesentlich zu der einmaligen technischen und gestalterischen Qualität des Seiffener Spielzeugs bei. Günstig auf die Kreativität der Spielzeugmacher dürfte sich auch die bei Seiffen gelegene, um 1830 geschlossene **Glashütte Heidelbach** ausgewirkt haben. Dort waren nämlich namhafte Glasgestalter tätig.

Abstraktion und Naivität

Zeitgenossen bemängelten, dass die frühen Seiffener Spielwaren mitunter plump und in der Ausführung unbeholfen gewirkt hätten. Aber gerade diese wohl ungewollte Naivität erwies sich als ausgesprochener Vorteil für den Spielwert. Heute erscheinen die Seiffener Holzfiguren, deren klaren Linien durch die **Drechseltechnik** noch gefördert wurden, als Vorläufer kindgerechten Spielzeugs. In den Seiffener Preislisten um das Jahr 1800 finden sich überwiegend gedrechselte Spielwaren, auch in Form miniaturisierter Hausgeräte.

Fast identisch, aber keine Massenware: Bärchen aus der Schauwerkstatt Richard Glaesser

Kleinmusikinstrumente und Dutzende verschiedenartige Kegelspiele gingen zum Beispiel nach Frankreich. Dekorative Elemente der Drechseltechnik sind beispielsweise das Brandreifen, Zinnreifen oder Ränderieren. Die hölzerne **Docke** zum Klappern ist zu einem Wahrzeichen Seiffener Spielzeugs geworden. Die einfache Dockenform bestimmte im Biedermeier auch den gedrechselten Lichterengel und wurde zum grundsätzlichen Gestaltungselement weihnachtlicher Volkskunst der Seiffener Region.

Spezialität Reifendrehen

Unzählige Variationen von Bewegungsspielzeugen ergänzten im gesamten 19. Jh. das Angebot. Mit der Entwicklung des auf der Welt einmaligen Reifendrehens – ein zu einem Reifen geformtes Fichtenholz wird zunächst gedrechselt und dann in zahlreiche identische Figuren gespalten – machte die »Füll- und Schachtelware« den kleinen Bergort auch in Übersee bekannt. Mit Beginn des 20. Jh.s kam schließlich Miniaturspielzeug in das Sortiment.

Drechsler das **Reifendrehen im Wasserkraftwerk** von 1760 vor. Weitere interessante Bauten auf dem Gelände sind u. a. ein Bergmanns- und ein Flößerhaus, eine Spankorbmacher- und eine Spielzeugmacherwerkstatt, ein Wasserkraftsägewerk und ein Kohlenmeiler.
April – Okt. tgl. 10 – 17, im Winter bis 16 Uhr | Eintritt: 9 €, Kinder 1,50 €, mit Spielzeugmuseum 13 € | www.spielzeugmuseum-seiffen.de

500 Jahre Technikgeschichte

Die kleine Gemeinde 10 km westlich von Seiffen besitzt ein europaweit einzigartiges Denkmal der Technikgeschichte: In der **Saigerhütte Grünthal** wurde ab 1537 Kupfererz verhüttet und das darin enthaltene Silber »gesaigert«, d. h. herausgelöst. Nach der Übernahme durch Kurfürst August 1567 entstand rund um die Hütte ein Gemeinwesen mit Arbeiterhäusern, Schule und eigener Gerichtsbarkeit. **Vier Kupferhämmer** verarbeiteten Kupfer zu Blechen, Kesseln und Platten. Die Saigerhütte hielt lange beim technischen Fortschritt mit, doch 1853 kam das Aus. Mit zwei Walzwerke ging die Kupferverarbeitung aber weiter. Nach dem Zweiten Weltkrieg demontierten die Sowjets zwar Teile der Anlagen, ab 1947 nahm der **VEB Blechwalzwerk Olbernhau** den Betrieb auf. 1990 wurde das Unternehmen liquidiert. Führungen erklären das Saigern, die Kupferverarbeitung und die Geschichte des Unternehmens.

Die Kunst beim Reifendrehen besteht darin, den Reifen vor dem Spalten in die richtige Form zu drechseln.

Das im Zentrum des Städtchens liegende **Museum Olbernhau** hat die Holz- und Metallverarbeitung im Erzgebirge zum Thema.
Saigerhütte: Jeden 1. So./Monat 10 Uhr | Führung: 4 €
Museum: Di. – So. 10 – 18 Uhr, Winter bis 16 Uhr | Eintritt 8 € | www.olbernhau.de

Harter Kiefer, kräftige Zunge

Nussknackermuseum Neuhausen

Das Museum nennt rund **6000 Nussknacker** aus 30 Ländern sein eigen. Der kleinste misst gerade mal 5 mm, der größte rekordverdächtige 10 m. Vor dem Museum steht die größte Spieldose der Welt.
Mo. – Fr. 10 – 17, Sa. u. So. bis 16 Uhr | Eintritt: 6 €
www.nussknackermuseum-neuhausen.de

★★ TORGAU

Landkreis: Nordsachsen | **Einw.:** 20 198 | **Höhe:** 83 m ü. d. M.

Die Elbestadt ist wahrlich ein geschichtsträchtiger Ort. Martin Luther und Philipp Melanchthon legten hier 1530 mit den Torgauer Artikeln das Fundament für den Augsburger Religionsfrieden. 1945 reichten sich amerikanische und sowjetische Soldaten an der Elbe bei Torgau die Hand.

Die Anfänge des 973 erstmals erwähnten Städtchens liegen fast gänzlich im Dunkeln. Als aber Kurfürst Ernst von Sachsen es nach der Leipziger Teilung von 1485 zur Residenz erkor, rückte es in das Zentrum von Politik und Religion. In dessen Sohn und Nachfolger Friedrich dem Weisen fand **Martin Luther** einen mächtigen Beschützer. Der Reformator hielt sich nachweislich 40 Mal in Torgau auf. Ihm wird der Spruch

» Wittenberg ist die Mutter und Torgau die Amme der Reformation. «

zugeschrieben. Als 1546 der protestantische Schmalkaldische Bund in der Schlacht von Mühlberg östlich von Torgau gegen Kaiser Karl V. unterlag, verlor der Neffe und Nachfolger Friedrich des Weisen, Johann Friedrich, die sächsische Kurwürde. Torgau kam zu den Albertinern, bei denen es bald keine Rolle mehr spielte. Infolge der Beschlüsse auf dem Wiener Kongress fiel die Stadt 1815 an Preußen. Weltgeschichte schrieb Torgau im April 1945.

Wohin in Torgau?

In der Stadt der Bierbrauer

Markt

Der **Torgauer Museumspfad** verbindet die Sehenswürdigkeietn und Museen der Stadt.

An dem vom Dresdner Baumeister Valten Wegern zwischen 1563 und 1579 errichteten **Rathaus** am Marktplatz fällt ein Runderker auf, dessen Brüstungsfelder zahlreiche Skulpturen schmücken. Die im 13. Jh. errichtete Nicolaikirche versteckt sich im Rathaushof.

Am Markt und in seinen Nebengassen stehen stattliche Bürgerhäuser der Spätgotik und der Renaissance dicht an dicht. Die Mohrenapotheke von 1503 (Markt 4) ist eine der ältesten Apotheke Sachsens, und in der Bäckerstr. 2 besteht das **älteste deutsche Spielzeuggeschäft** seit 1685. In vielen anderen dieser Häuser wurde bereits vor 500 Jahren »bestes Torgisch-Bier gebraut, das von schwarzer Coleur und aromatischem Geschmacke war«, denn wohlhabende Torgauer Bürger hatten das nicht jedermann zugestandene Recht zu brauen. Luther ließ sich zu seiner Hochzeit ein Fass Torgauer liefern. Mehr darüber im **Braumuseum** in der Fischerstraße.

Braumuseum: Auf Anfrage über die Tourismusinfo | Eintritt: 3 €

Vom Kloster zur Schule

Alltagskirche

Die Alltagskirche ist das einzige, was von dem 1529 aufgehobenen Franziskanerkloster übrig blieb. Die Konventsgebäude mussten 1834 dem Johann-Walter-Gymnasium weichen, die Kirche ist heute Schulaula. Die Torgauer feierten in ihr nach der Verjagung der Mönche wochentags die Messe und gaben ihr so den heutigen Namen.

Katharina von Bora in Torgau

Katharina-Luther-Stube

In der Katharinenstraße steht das Sterbehaus von **Katharina von Bora** (1499 – 1552), der Ehefrau Martin Luthers. Sie gehörte zu den zwölf Nonnen aus dem Kloster Nimbschen (► S. 173) bei Grimma, die sich, von den Ideen der Reformation beeindruckt, an Luther um Hilfe wandten. Der fand Torgauer Bürger, die ihnen 1523 die Flucht ermöglichten. Zwei Jahre danach heirateten Katharina und Luther in Wittenberg. Als dort 1552 die Pest ausbrach, zog sie mit den Kindern nach Torgau und starb dort an den Folgen eines Unfalls. Sie ist in der Marienkirche beigesetzt. Im Haus ist eine Gedenkstätte eingerichtet.

Auf Anfrage über die Tourismusinfo | Eintritt: 3 €

Arzt und Naturkundler

Kentmannhaus

Das Renaissancehaus Schlossstr. 25 ließ der Stadtphysikus **Johannes Kentmann** 1567 errichten. Der Universalgelehrte (1518 – 1574) war als Verfasser eines Kräuterbuchs (das »Kreutterbuch«, 1563), eines Werks über Elbefische und eines Mineralienkatalogs weit über Torgau hinaus bekannt.

TORGAU ERLEBEN

TORGAU-INFORMATIONS-CENTER
Markt 1
04860 Torgau
Tel. 03421 70 140
www.tic-torgau.de

❶ RATSKELLER NILOT €€
Mediterran angehauchtes Steak-Restaurant der gehobenen Klasse für anspruchsvolle Fleischliebhaber (mit vegetarischem Angebot für Begleitpersonen); stilvoll-elegante Atmosphäre und gute Weinkarte.
Markt 1
Tel. 03421 7 76 31 88
Mi. – Mo. 11 – 22 Uhr
www.ratskellernilot.de

❷ HERR KÄTHE €€
Im gemütlichen Gastraum mit Galerie kommen fantasievolle Gerichte wie etwa die Petesilien-Rucola-Suppe oder ein feuriges Hühnchen-Curry auf den Tisch.
Katharinenstr. 4
Tel. 03421 77 86 65
Tgl. ab 11.30 Uhr
www.herrkaethe-torgau.de

❶ CENTRAL-HOTEL €€
Wie der Name schon sagt: Das familiengeführte Hotel liegt zentral am Stadtpark und in der Nähe zu den großen Sehenswürdigkeiten. Die 38 Zimmer bieten den üblichen Komfort.
Friedrichplatz 8
Tel. 03421 7 32 80
www.central-hotel-torgau.de

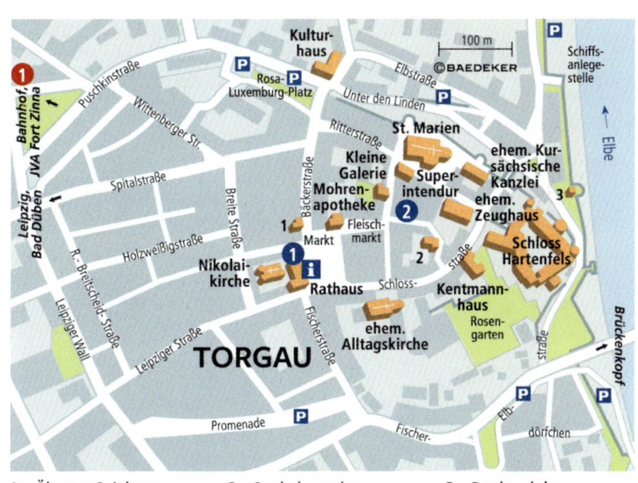

1 Ältestes Spielzeuggeschäft Deutschlands
2 Sterbehaus der Katharina von Bora
3 Denkmal der Begegnung an der Elbe

❶ Ratskeller Nilot
❷ Herr Käthe

❶ Central-Hotel

Leibniz berät den Zaren

Kursächsische Kanzlei mit Stadtmuseum

1523 erwarb Kurfürst Friedrich der Weise die unterhalb des Schlosses gelegenen Wirtschaftsgebäude von Kloster Nimbschen und ließ sie zu einem Verwaltungszentrum ausbauen. 1711 logierte Zar Peter I. dort und traf u. a. Gottfried Wilhelm Leibniz, der ihm empfahl, in St. Petersburg eine Akademie zu gründen. Heute beherbergt die einstige Kanzlei das Stadtmuseum.

Mai -Okt. Di. - So. 10 - 18, April und Nov. bis 17 Uhr
Eintritt: 5 € | www.museum-torgau.de

Die Grablege Katharina von Boras

St. Marien

Die spätgotische Hallenkirche besticht durch ein bemerkenswertes Kreuzrippengewölbe, eine reich verzierte Kanzel (1582) von Georg Wittenberger und einen Hochaltar (1698) von Giovanni Simonetti. Größter Schatz ist das 1507 von **Lucas Cranach d. Ä.** geschaffene Gemälde »Die vierzehn Nothelfer« in der Sakristei. Im nördlichen Nebenchor liegt **Katharina von Bora** begraben. Der Grabstein von 1617 zeigt sie mit einer Lutherbibel in Händen.

Schloss Hartenfels

Dauer- u. Sonderausstellungen/Hausmannsturm: April - Okt. Di. - So. 10 - 18, Nov. - März bis 16 Uhr | Eintritt: 5 €, Hausmannsturm frei | **Schlosskapelle:** April - Okt. Di. - So. 10 - 13, 14 - 17 Uhr
Eintritt: frei | **Lapidarium:** April - Okt. Di. - So. 10 - 17 Uhr
Eintritt: 4 € | www.schloss-hartenfels.de | **DIZ:** April - Okt. tgl. 10 - 18, Nov. - März bis 16 Uhr | Eintritt: frei | www.stsg.de

Die Bären sind los

Geschichtliches

Am Elbufer wacht **das älteste Renaissanceschloss Deutschlands**. Von seinem Vorgängerbau - eine Burg des 10. Jh.s - ist noch der Bergfried in der Nordecke erhalten. Friedrich der Weise und seine Nachfolger ließen die Anlage im späten 15. und frühen 16. Jh. zur Hauptresidenz der ernestinischen Wettiner ausbauen. Nach dem Schmalkaldischen Krieg gelangte sie in den Besitz der Albertiner. Im Siebenjährigen Krieg nutzte man das Schloss als Zuchthaus und 1815 zog preußisches Militär ein. Danach war es lange Verwaltungssitz des preußischen Kreises Torgau.

Die unregelmäßige Vierflügelanlage zeigt mit ihrer Nordostspitze auf die Elbe. Die Schlossbrücke führt durch das Hauptportal in den Hof und überspannt dabei den Bärengraben; in ihm leben zwei Braunbären (Bea und Benno). Eine Stadtspezialität trägt den Namen des Bärengrabens: der Torgauer Kräuterlikör.

Der Große Wendelstein zeigt die ganze Kunstfertigkeit der Baumeistter der frühen Renaissance.

Eine Oper für die Prinzessin

Albrechtbau

Rechts liegt der älteste Schlossflügel, der ab 1470 errichtete Albrechtbau, ein palasartiges Gebäude mit vier Ecktürmchen. Am 13. April 1627 fand im Theatersaal des zweiten Obergeschosses die Uraufführung der **ersten Oper in deutscher Sprache**, »Dafne« von Heinrich Schütz, statt. Anlass war die Hochzeit der Tochter Kurfürst Johann Georgs I. Heute beherbergt der Albrechtbau die Dauerausstellung **»Torgau - Residenz der Renaissance und Reformation«**.

Ein Treppenhaus als Kunstwerk

Großer Wendelstein

Der an den Albrechtbau anschließende Johann-Friedrich-Bau (1533 – 1536) ist eine der kostbarsten Schöpfungen der deutschen Frührenaissance. Exakt in seiner Mitte ragt der Große Wendelstein auf, ein offenes Treppenhaus, in dem sich eine freistehende Wendeltreppe in die Obergeschosse windet. Er führt bis zur vollen Dachhöhe und endet in einem Rippengewölbe mit Schlussstein, der das Porträt seines Erbauers Konrad Krebs mit der Jahreszahl 1536 trägt. Der Wächterturm zwischen Albrecht- und Johann-Friedrich-Bau, Hausmannsturm genannt, erlaubt weite Blicke über Stadt und Land.

Von Luther geweiht

Schlosskirchenflügel

Der Flügel im Norden der Anlage verdankt seinen Namen der alten Martinskapelle, die beim Bau mit einbezogen wurde. Im östlichen Teil wohnten die sächsischen Kurfürsten. Stefan Hermsdorf brachte 1544 in der Mitte den über und über mit Pflanzenornamenten bedeckten, zweigeschossigen **Schönen Erker** an. Die Reliefs zwischen dem ersten und dem zweiten Geschoss zeigen Schlachten und Porträts von Lukretia und Judith.

Die von Nikolaus Gromann erbaute **Schlosskirche** (1543/1544) ist der erste protestantische Kirchenneubau überhaupt. Martin Luther persönlich hat sie am 5. Oktober 1544 geweiht. Die dreigeschossige Saalkirche besitzt umlaufende Emporen. Vier Engel tragen eine schlichte Altarplatte. Sie ersetzt einen 1945 zerstörten Altaraufsatz, der 1662 aus der Dresdener Schlosskirche umgesetzt worden war. Die **reich verzierte Kanzel** (1554) von Simon Schröter d. Ä. ist protestantisches Programm: Jesus im Tempel, Jesus mit der Ehebrecherin und bei der Vertreibung der Händler und Wechsler. Porträtmedaillons von Luther und Kurfürst Johann Friedrich mit seinen Söhnen zieren die zur Weihe angebrachte bronzene Widmungstafel.

Blicke in die Geschichte

Ausstellungen im Schloss

In den kurfürstlichen Gemächern erzählt die Ausstellung **»Standfest.Bibelfest.Trinkfest.«** das Leben von Johann Friedrich, des letzten Ernestiner Kurfürsten. Schätze aus der Rüstkammer der Staatlichen Kunstsammlungen ▶ Dresden zeigt im Albrechtsbau die Schau »Torgau. Residenz der Renaissance und Reformation«. Das Lapidarium in der Unteren Hofstube, dem ältesten Teil der Burg, versammelt **»steinerne Zeugen«** der Baugeschichte. Das **Dokumentations- und Informationszentrum** (DIZ) Torgau im Kapellenflügel widmet sich mit einer Dauerausstellung der Geschichte der Torgauer Wehrmachtsgefängnisse Fort Zinna und Brückenkopf.

An der Elbe

Handschlag vor Beginn des Kalten Krieges

Denkmal der Begegnung

Das Denkmal am Elbufer erinnert an das Zusammentreffen sowjetischer und amerikanischer Soldaten am 25. April 1945. Auf der 1994 abgerissenen Brücke – nur ein Pfeiler blieb stehen – reichten sich Soldaten der 1. US-Armee und der 1. Ukrainischen Front die Hand. Das war nicht die erste Begegnung: Die fand am selben Tag einige Stunden zuvor im südlich gelegenen Strehla zwischen dem US-Soldaten Joe Polwsky und dem Russen Alexander Gordejew statt. Und auch das berühmte »Handschlag-Foto« ist nicht wahrheitsgetreu, denn es wurde am 26. April nachgestellt. Dennoch treffen sich am Denkmal alljährlich am **»Elbe Day«** (25. April) Weltkriegsveteranen. Joe Polowsky fand seinem Wunsch gemäß auf dem Torgauer Friedhof die letzte Ruhe.

Düstere Kapitel der Torgauer Geschichte

Torgauer Gefängnisse

Am gegenüberliegenden Elbufer sind die mächtigen Überreste von **Fort Zinna** zu sehen. Die unter Napoleon erbaute Anlage war bis 1889 von den Preußen besetzt, dann wurde sie teils geschleift und ab 1936 von der Wehrmacht zum größten deutschen Militärgefängnis ausgebaut. Als im August 1943 das Reichskriegsgericht von Berlin herkam, wurde Torgau zum zentralen Ort der Wehrmachtsjustiz: 60 000 Häftlinge durchliefen das Fort und das Gefängnis »Brückenkopf. Nach dem Zweiten Weltkrieg führte die sowjetische NKWD im Fort Zinna ihre Speziallager Nr. 8 und Nr. 10 fort; danach übernahm die DDR die Gefängniss u. a. für den Jugendstrafvollzug. Auch heute ist die Anlage weiterhin Justizvollzugsanstalt.

★ VOGTLAND

Höhe: 450 – 650 m ü. d. M.

Wiesen und Wälder bedecken das sanft geschwungene Hügelland. In seinen stillen Tälern verstecken sich kleine Dörfer und Städte. Der Landstrich im Südwesten Sachsens liegt etwas abseits der großen Welt und ist vielleicht gerade deshalb eine Reise wert.

VOGTLAND ERLEBEN

TOURISMUSVERBAND VOGTLAND E.V.

Göltzschtalstr. 16
08209 Auerbach
Tel. 03744 18 88 60
www.vogtland-tourismus.de

BERGGASTHOF HEITERER BLICK €€

In der zünftigen Gaststube des Traditionshauses kommen Klassiker der gutbürgerlichen Küche und vogtländische Gerichte wie hausgemachte Sülze mit Bratkartoffeln auf den Tisch. Im Sommer genießt man das im Biergarten.
Oberer Berg 54
Markneukirchen
Tel. 037422 26 95
Do. – Mo. 12 – 22/23 Uhr
www.heiterer-blick.de

ZUR ALTEN SCHULE €€

Im urgemütlichen Gastraum wärmt unter Holzbalken der offene Kamin und auf den Tisch kommen Carpaccio oder Blutwurst, Maishuhn oder Hirschrücken; dazu gibt's ausgezeichnete Weinempfehlungen.
Schulgasse 4
Klingenthal
Tel. 037467 2 68 72
Fr. – Di. 17 – 21/22, Sa. u. So. auch 11.30 – 14 Uhr
https://zur-alten-schule-klingenthal.de

PARKHOTEL HELENE €€

Das kleine Hotel liegt zentral am Kurpark von Bad Elster. Sauna, Solarium und Kosmetikstudio bieten Entspannung, die 25 Zimmer sind behaglich eingerichtet.
Parkstr. 33
Bad Elster
Tel. 037437 5 00
www.parkhotel-helene.de

WALDHOTEL VOGTLAND €€

Das Haus empfiehlt sich schon allein wegen seiner reizvollen Umgebung. Die 43 Zimmer sind zweckmäßig eingerichtet. Im Wellnessbereich können Sie zwischen einer finnischen und einer Kräutersauna sowie einem Dampfbad wählen. Das Restaurant serviert vogtländische Spezialitäten.
Floßgrabenweg 1
Klingenthal-Mülleithen
Tel. 037465 45 60
www.waldhotel-vogtland.de

Verstecktes Idyll

Das Vogtland erstreckt sich zwischen den Flüssen Göltzsch und Weiße Elster. Vom thüringischen Greiz im Norden bis Bad Brambach im Süden steigt die wellige Hochfläche von 450 auf 650 m ü. d. M. an. An der Grenze zur Tschechischen Republik verläuft das 800 m hohe Elstergebirge, das seinen Namen von der Weißen Elster hat. Nordöstlich schließt sich das Erzgebirge ans.
Seinen Namen verdankt der Landstrich den zuerst von Kaiser Friedrich I. Barbarossa (1122 – 1190) eingesetzten Vögten, die bis in das 16. Jh. in der Region das Sagen hatten, ihren Besitz 1566 aber an den sächsischen Kurfürsten August verloren.

Wohin in Auerbach und Umgebung?

Die Pechstadt

Auerbach

Wo das Erzgebirge allmählich ansteigt, liegt im lieblichen Tal der Göltzsch 27 km östlich von ▶ Plauen das Städtchen Auerbach. Bis in das 19. Jh. bescherten **Pechsiederei und Zinnbergbau** den Bewohnern einigen Wohlstand. Doch als die Zinnlagerstätten erschöpft waren und die industrielle Produktion um 1850 die Pechhüttenbetreibeраus dem Markt drängte, war es damit vorbei. Die Schäden, die der Stadtbrand von 1834 anrichtete, ließen sich nicht mehr so ohne weiteres beheben. Heute ist der 47 m hohe **Schlossturm** das Wahrzeichen der Stadt. Ein Auerbacher Unternehmer ließ ihn in der Mitte des 19. Jh.s auf den Resten des Bergfrieds der durch ein Feuer zerstörten Burg Auerbach errichten. Über 179 Stufen geht es auf die Aussichtsplattform in 43 m Höhe mit schönem Blick über die Stadt und das Göltzschtal. In der im 15. Jh. errichteten Nicolaikirche ist ein **Kulturzentrum** untergebracht.

Turm: Anmeldung bei der Touristinfo (Tel. 03744 8 14 50)
Mo. – Fr. 9 – 16 Uhr

Zu den Sternen

Rodewisch

Die **Schulsternwarte** und das **Planetarium Sigmund Jähn** des Göltzschtal-Städtchens genossen schon in der DDR einen guten Ruf. Im Ort wartet die barocke **Stadtkirche St. Peter** mit einem Baumstammkruzifix (um 1680) auf. 1939 legten Archäologen auf der Schlossinsel im Ortsteil Obergöltzsch die Grundmauern vom **»Festen Hus«** frei, das auf die Anfänge der deutschen Besiedlung dieser Region im 12. Jh. zurückgeht. Das benachbarte **Museum Göltzsch** zeigt, was sonst noch auf dem Areal gefunden wurde – vor allem Hausrat und Werkzeuge. Die 27 m² große Modelleisenbahnanlage ist ein weiteres Highlight.

www.sternwarte-rodewisch.de
Museum: Derzeit geschlossen | www.rodewisch.de

Wem das Moosmännchen Reichtum schenkt

Falkenstein

In dem Städtchen knapp 5 km südlich von Auerbach und in den umliegenden Wäldern ist das Moosmännchen daheim. Angeblich belohnt es gute Menschen, die ihm ein Stück Brot geschenkt haben, mit einer Handvoll Laub, das sich zu Hause in Gold verwandelt. Das **Falkensteiner Heimatmuseum** im 1859 erbauten Schloss rühmt sich der größten Sammlung hölzerner Moosmänner, zeigt die aus Holz geschnitzten Heimatberge und ein vogtländisches Bauernzimmer. Gleich daneben ragt als Rest der verfallenen Burg Falkenstein der **Schlossfelsen mit einer Aussichtsplattform** auf.

Sa., So. 14 – 17 Uhr | Eintritt: 2,50 €
www.museum-falkenstein.de

Wohin in Reichenbach und Umgebung?

Geburtsort einer Theaterprinzipalin

Reichenbach

In der mit 22 000 Einwohnern zweitgrößte Stadt des Vogtlandes (26 km nördlich von Plauen an der Grenze zu Thüringen) erblickte am 16. März 1697 **Friederike Caroline Neuber** das Licht der Welt. Das Museum In ihrem Geburtshaus am Johannisplatz 3 beleuchtet das bewegte Leben der großen Bühnenreformerin.

Neuberin-Museum: Di. – Fr. 10 – 16, So. 13 – 16 Uhr | Eintritt: 3 €
www.reichenbach-vogtland.de

Multifunktional

Burg Mylau

Die größte und besterhaltene Burganlage des sächsischen Vogtlandes erhebt sich über den Reichenbachschen Ortsteil Mylau. Sie wurde vermutlich zuerst gegen Ende des 12. Jh.s errichtet und sollte die Erschließung der Region durch fränkische Siedler sichern. 1367 weilte Kaiser Karl IV. auf der Burg und verlieh Mylau, das sich an ihrem Fuß entwickelt hatte, das Stadtrecht. In der Burg war Anfang des 19. Jh..s eine Spinnerei eingerichtet, dann zog das Rathaus ein. Heute ist sie Begegnungsstätte und Museum zur Ortsgeschichte mit Abteilungen u. a. zu Naturkunde, zu adeligem und bürgerlichem Leben.

Di. – Do., Sa. u. So. 11 – 17, Winter bis 16 Uhr | Eintritt:12 €
www.burgmylau.de

Das Wahrzeichen des Vogtlands

Göltzschtal-brücke

Rund 1 km westlich von Mylau überspannt die **größte Ziegelsteinbrücke der Welt** das Göltzschtal. Der 574 m lange und 78 m hohe Viadukt besteht aus 98 Bögen. Für den Bau in den Jahren 1846 bis 1851 benötigte man gut 26 Mio. Ziegel und sie halten immer noch: täglich rattern die Züge auf den zwei Gleisen zwischen Leipzig und Hof.

 Musikwinkel

Gitarre, Zither & Co.

Mark-neukirchen

Das südöstliche Vogtland an der tschechischen Grenze ist als »Musikwinkel« bekannt. Seit dem 17. Jh. ist hier der von Exilanten aus dem nahen Egerland mitgebrachte **Musikinstrumentenbau** zu Hause. Die vogtländischen Instrumentenbauer genießen Weltruf und stellen ihre Kunstfertigkeit alljährlich im Mai bei den vogtländischen Musiktagen unter Beweis. In Markneukirchen hat der Instrumentenbau die längste Tradition. Hier gründeten 1677 zwölf Meister die erste Innung. Die 1000 Stücke umfassende Sammlung des **Musikinstrumentenmuseums im Paulus-Schlössel** gehört zu den größten der Welt und zeigt u. a. das 1937 gebaute, fast 2 m hohe Piano-Akkorde-

Keine Sorge: Die vor über 170 Jahren verbauten 26 Mio. Ziegel halten immer noch.

on der englischen Tanztruppe »Doorleys«. Seit 2014 steht der Musikwinkel im Verzeichnis des immateriellen Kulturerbes der UNESCO.
Musikinstrumentenmuseum: April – Okt. Di. – So. 10 – 17, Nov – März bis 16 Uhr | Eintritt: 6,50 € | www.museum-markneukirchen.de

Musik und Wintersport

Klingenthal

Der zweite Hauptort des Musikwinkels liegt 17 km nordöstlich von Markneukirchen am Fuß des Aschbergs (935 m ü. d. M.). Er ist Zentrum des **Mundharmonika- und Akkordeonbaus**, aber auch beliebter Wintersportort. Das **Musik- und Wintersportmuseum** widmet sich beiden Traditionen. Die 1737 geweihte **Stadtkirche zum Friedensfürsten** ist nach der Dresdner Frauenkirche der größte Zentralbau Sachsens. Ihre Orgel von Johann Gotthilf Bärmig zählt zu den klangschönsten des Vogtlands. Hauptattraktion von Klingenthal ist die 2006 eröffnete **Vogtland-Arena** am Schwarzberg mit Skisprungschanze und einer Aussichtsplattform im 32 m hohen Anlaufturm. Im Teilort Zwota zeigt das **Harmonikamuseum** über 1000 Instrumente.
Musik- und Wintersportmuseum: Di. – Fr. 10. – 16, Sa. 13. – 16 Uhr
Eintritt: 5 € | www.klingenthal.de
Harmonikamuseum: Di. – Do. 10. – 16, 1. Sa. im Monat 14. – 17 Uhr
www.harmonikamuseum-zwota.de

Der erste Deutsche im All

Morgenröthe-Rautenkranz

Prominentester Sohn des Orts ca. 18 km nördlich von Klingenthal ist **Sigmund Jähn** (1937 – 2019). Der damalige Oberst der Nationalen Volksarmee hat als erster Deutscher im All Geschichte geschrieben: Jähn flog im August 1978 mit dem sowjetischen Kosmonauten Walerij Bykowski in der Sojus 31 zur Raumstation Saljut 6 und umkreiste in ihr 125 mal die Erde. Um die Raumfahrt und Weltraumforschung geht es in der **Deutschen Raumfahrtausstellung** im alten Bahnhof.

Di. – So 10 – 17 Uhr | Eintritt: 9 €
www.deutsche-raumfahrtausstellung.de

 Bäderwinkel

Perlmutt aus dem Fluss

Adorf

Der Bäderwinkel ragt als südwestlichster Zipfel Sachsens ins Staatsgebiet Tschechiens. Die Kurorte Bad Elster und Bad Brambach gaben dem Landstrich den Namen. Adorf, das Eingangstor zum Bäderwinkel war Hochburg der Flussperlenfischerei und der Perlmuttverarbeitung. Heute erinnert nur noch das **Heimatmuseum** an das Handwerk; die Flussmuscheln, die das Perlmutt lieferten, sind aus den vogtländischen Gewässern verschwunden. Die Ausstellung zeigt einzigartige Stücke aus Perlmutt.

Febr. – Nov. Di. – Fr. 9 – 12 u. 13 – 17, Sa. 10 – 12 u. 13 – 16, So. 13 – 16 Uhr | Eintritt: 3 € | www.perlmuttermuseum.de

Ein bisschen mondän darf noch sein: Albertbad in Bad Elster.

Vogtländisches Weltbad

Bad Elster

Bis heute durchweht das Flair eines mondänen Heilbades den größten Kurort Sachsens 6 km südlich von Adorf. Der 1888 angelegte, weitläufige Kurpark, das 1895 im Stil der Neorenaissance erbaute Kurhaus, das 1914 vollendete Theater und nicht zuletzt das 1910 im Jugendstil errichtete **Albertbad** mit der prunkvollen Eingangshalle zeugen von der glanzvollen Vergangenheit. Der Aufstieg Elsters begann 1789 mit der Erschließung der **Moritzquelle**. Nachdem König Friedrich August II. den Ort 1848 zum Königlich-Sächsischen Staatsbad erhoben hatte, zog es immer mehr illustre Kurgäste an. Selbst die Mitglieder des sächsischen Königshauses ließen es sich gut gehen. 1875 dann erhielt man den begeherten Zusatz »Bad«. Das **Bademuseum** in der 1929 über der Moritzquelle errichteten Wandelhalle zeichnet Bad Elsters Weg »vom Weberdorf zum Weltbad« nach.

Museum: Mi. - Fr. 14 - 17.30, Sa., So. 9.30 - 12, 14 - 17.30 Uhr
Eintritt: 3,50 € | www.saechsisches-bademuseum.de

Landleben

Landwüst

Wer mehr über den Alltag der vogtländischen Landbevölkerung von Anfang des 19. Jh.s bis in die erste Hälfte des 20. Jh.s. wissen möchte, dem sei ein Abstecher nach Landwüst, 10 km südöstlich von Bad Elster, empfohlen. Die 25 Gehöfte des dortigen **Freilichtmuseums** wurden aus allen Teilen des Vogtlands herbeigeschafft.

April - Nov. Di. - So. 10 - 17, Dez. - März Sa., So. 10 - 16 Uhr | Eintritt: 8 €, Kinder: 6 € | https://museum-landwuest.de

Sprudelnde und strahlende Quellen

Bad Brambach

Bereits seit 1860 wird im Kurort im südlichsten Zipfel des Bäderwinkels das Wasser in Flaschen abgefüllt. Die 1911 im Ort entdeckte Wettinquelle ist eine der stärksten Radonquellen der Welt und seit 1914 die Heilwirkung anerkannt. Heute wartet auf die Gäste ein vielseitiges Kur- und Wellnessangebot.

www.badbrambach.de

WURZEN

Landkreis: Leipzig | **Einw.:** 16 614 | **Höhe:** 120 m ü. d. M.

Wo im Osten der Leipziger Tieflandsbucht die Landschaft allmählich hügeliger und waldreicher wird, liegt die Renaissancestadt Wurzen. Sie ist Geburtsort von Hans Bötticher, besser bekannt unter dem Pseudonym Joachim Ringelnatz.

WURZEN ERLEBEN

TOURIST-INFORMATION
Markt 5, 04808 Wurzen
Tel. 03425 8 56 04 00
www.wurzen.de

IL CAVALIERE €€
Das Kavaliershaus des Macherner Schlosses wartet mit gediegenem Ambiente und einer guten Küche auf: Pasta, Pizza und andere italienische Klassiker, aber auch Hirschgulasch oder Tafelspitz.
Schloss Machern
Tel. 034292 80 90
Mi. – Fr. ab 17, Sa., So. ab 12, Winter Do., Fr. ab 18, Sa., So. ab 12 Uhr
www.kavalierhaus-schlossmachern.de

SCHLOSSHOTEL €€€
Hier nächtigen Sie im Schloss der Meißener Bischöfe. Die 15 Zimmer bieten modernen Komfort in historischem Ambiente. Das hoteleigene Restaurant serviert unter einer spätgotischen Gewölbedecke.
Amtshof 2, Tel. 03425 85 35 90
www.schloss-wurzen.de

Ringelnatz-Stadt

Wurzen entwickelte sich seit dem späten 10. Jh. im Schutz einer Burg am Schnittpunkt zweier wichtiger Handelsstraßen. Im 15. und 16. Jh. erkoren die Bischöfe von Meißen die Stadt zeitweise zur ihrer Residenz. Nach der Auflösung des Bistums 1581 fiel Wurzen an das albertinische Sachsen und kam unter kurfürstliche Verwaltung. Ab 1839 profitierte die Stadt von der Eisenbahnverbindung zwischen Leipzig und Dresden. Die ab 1847 errichtete Stadtmühle ist heute noch in Betrieb, hinzu kamen Textil-, Kartonagen- und Metallwarenfabriken.

Wohin in Wurzen und Umgebung?

Spätexpressionistische Sakralkunst

Dom St. Marien

Das Gotteshaus überrascht durch einen frappierenden Mix aus spätgotischer Architektur und expressionistischen Bronzeplastiken, die Georg Wrba im Zuge einer kompletten Erneuerung der baufällig gewordenen Innenausstattung 1931/1932 schuf. Im Ostchor rahmt eine **Kreuzigungsgruppe** aus drei 7 m hohen Skulpturen den schlichten Altartisch. Ein **nackter Mann** hockt an der linken Seite des Altarraums und hält das Lesepult über seinen Kopf. Das von Bronzejünglingen flankierte Gitter des Westchores ziert ein Porträt Martin Luthers.
Die Anfänge des Doms gehen auf eine 1114 geweihte Pfeilerbasilika zurück, die vom 13. bis Anfang des 16. Jh.s zur gotischen Hallenkirche mit zwei Chören umgebaut wurde. Von der spätgotischen Ausstattung sind u. a. zwei 1503 geschaffene Sandsteinskulpturen erhal-

ten. Das benachbarte **Schloss** aus dem 15. Jh. war zeitweise Residenz der Bischöfe von Meißen. Obwohl im Dom bereits seit 1542 evangelische Gottesdienste stattfanden, bewohnte es der letzte Bischof Johann IX. von Haugwitz noch bis zu seiner Abdankung 1581. Danach ging es in den Besitz der albertinischen Kurfürsten über.
Ostern - Reformationstag Mo. - Sa. 8-18, So. 11 - 18, Nov. - Ostern tgl. 10 - Einbruch der Dunkelheit | www.dom-zu-wurzen.de

Ringelnatz zum Ersten ...

Marktplatz

Den Marktplatz unterhalb des Doms säumen einige barocke Bürgerhäuser, u. a. die Häuser Nr. 6 (1676) und Nr. 11 (1720). Das **Alte Rathaus** von 1519 brannte fünf Mal ab und wurde unverdrossen jedes Mal wieder aufgebaut, zuletzt 1803 im klassizistischen Stil. Der 1983 aufgestellte Marktbrunnen in der Südostecke ehrt den in Wurzen geborenen Hans Bötticher (**Joachim Ringelnatz**, 1883 - 1934). Das Geburtshaus in der Crostigallstr. 14 ist heute eine Begegnungsstätte mit Exponaten zu seinem Schaffen, Vortragprogramm und Lesungen.
Ringelnatzhaus: Do., Fr., So. 14 - 17 Uhr | Eintritt: frei
https://ringelnatz-verein.de

... und zum Zweiten

Kulturhistorisches Museum

Das **altehrwürdigen Kaufmannshaus** mit dem Museum umschließt einen malerischen Arkadenhof. Das Gebäude entstand ursprünglich wohl um 1556, musste aber nach einem schweren Stadtbrand 1632 rundum erneuert werden. Die Ausstellungen des Museums beleuchten die wechselvolle **Geschichte der Stadt** und beschäftigen sich mit Leben und Werk von Joachim Ringelnatz.
Domgasse 2 | Mi. - So. 10 - 16 Uhr | Eintritt: 4 € | www.kultur-wurzen.de

Romantischer Geist

Landschaftspark Machern

1782 beauftragte Graf Heinrich August von Lindena den preußischen Gartenbauinspektor Ephraim Wolfgang Glasewald, am Schloss seiner Vorfahren einen **Landschaftspark im englischen Stil** anzulegen. Offensichtlich von romantischem Geist beseelt, ließ er ihn mit verspielten Bauten bestücken, etwa der künstlichen Ruine einer Ritterburg, einem steinernen Mausoleum in Form einer ägyptischen Pyramide, dem Agnestempel und dem klassizistischen Tempel der Hygieia. Das Schloss stammt aus dem 16. Jh., zeigt sich heute in neuem Glanz und wird als Eventlocation für Feiern aller Art geführt; sein Kavalierhaus ist Hotel und Restaurant. Der Park liegt 9 km westlich von Wurzen.
www.schlossmachern.com

Bunker im Bungalow

Stasi-Bunker

Der Bunker versteckt sich in einem Wald im Lübschützer Teichgebiet, 30 km südlich von Machern. Oben getarnt als Ferienanlage mit Wochenendhäuschen, verbirgt sich unter der Erdoberfläche eine im

Originalzustand konservierte, weitläufige Bunkeranlage, im Falle eines Kriegs die »Ausweichführungsstelle« für Mitarbeiter der Bezirksverwaltung der Stasi. Die »Runde Ecke Leipzig« (▶ S. 194) bietet Führungen an.

Führungen jedes letzte Wochenende im Monat zwischen 13 u. 16 Uhr | Führung: 5 € | www.runde-ecke-leipzig.de

ZITTAU

Landkreis: Görlitz | **Einw.:** 25 909 | **Höhe:** 242 m ü. d. M.

»Zito« sagen Slawen zu »Land, wo Roggen gedeiht«. Die Stadt auf der fruchtbaren Krume im östlichsten Zipfel Deutschlands glänzt mit einer kulturhistorisch interessanten Altstadt.

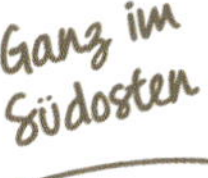

Die ersten Siedler kamen im 13. Jh. in die Zittauer Gegend und entwickelten ihre Stadt unter dem Schutz der böhmischen Könige zu einem wichtigen Handelsplatz an der Grenze zu Brandenburg. 1346 trat Zittau dem Oberlausitzer Sechsstädtebund zum Schutz des Landfriedens in der Region bei. Als die Oberlausitz 1635 an Kursachsen fiel und die Grenze zu Böhmen geschlossen wurde, geriet der Handel in eine Krise. In der ersten Hälfte des 18. Jh.s war davon nichts mehr zu spüren, und Zittau wurde nach Leipzig die wichtigste Handelsstadt Sachsens. Der Siebenjährige Krieg aber machte alles wieder zunichte. Am 23. Juli 1757 beschossen österreichische Truppen die Stadt. Die auf dem Wiener Kongress neu gezogene preußisch-sächsische Grenze hemmte die wirtschaftliche Entwicklung Zittaus. Mit dem Anschluss an das Eisenbahnetz und der Industrialisierung kam es zu einem neuerlichen Aufschwung. Doch nach dem Zweiten Weltkrieg versank Zittau in einen Dornröschenschlaf. Nach der Wende ist es daraus erwacht und hat die schöne Altstadt aufpoliert.

Wohin in Zittau und Umgebung?

Markt

Die gute Stube Zittaus

Das mächtige, zwischen 1840 und 1845 nach einem Entwurf von Karl Friedrich Schinkel errichtete **Rathaus** an der Ostseite des Marktplatzes gleicht einem italienischen Renaissancepalast. Auf der Säule des **Roland- oder Marsbrunnens** von 1585 auf der gegenüberliegenden Seite steht ein Krieger mit stolz geschwellter Brust und einer Lanze in der Hand. Bemerkenswert sind außerdem der um 1710 errichtete, ehemalige Gasthof zur Sonne (Nr. 9), das Haus der Stadtapotheke von 1760 (Nr. 10) und das Noacksche Haus von 1689 (Nr. 6). Das Dornspachhaus Ecke Markt/Bautzener Straße mit einem Arkadenhof ließ Bürgermeister Nikolaus von Dornspach 1553 errichten.

Architektonischer Zwitter

St. Johannis

Die ursprüngliche zwischen 1485 und 1531 errichtete spätgotische Hallenkirche brannte 1757 während des Siebenjährigen Kriegs fast gänzlich nieder. Der 1766 begonnene Wiederaufbau zog sich dann lange hin. 1834 übernahm Carl August Schramm, ein Schüler Schinkels, die Bauleitung und vollendete die Kirche nach Entwürfen seines Lehrers im klassizistischen Stil. Dabei ließ er den noch erhaltenen gotischen **Nordturm** stehen und verpasste ihm eine achteckige Spitze. Dem Südturm hingegen gab er reine klassizistische Formen. Wer es schafft, über 266 Stufen hinaufzuklettern, wird mit einem sagenhaften Ausblick über die Stadt und das Zittauer Land belohnt.

Stadtgeschichte im Klosterbau

Kultur-historisches Museum

In dem altehrwürdigen Franziskanerkloster nordöstlich der Johanniskirche hat eines der **ältesten städtischen Museen Euopas** einen angemessenen Platz gefunden. Nach der Auflösung des 1268 gegründeten Klosters in der Reformation übernahm die Stadt die Konventsgebäude. Auf den Grundmauern des Refektoriums im Westflügel der alten Anlage ließ Bürgermeister Heinrich von Heffter 1662 einen stattlichen Renaissancebau errichten, der als schönstes architektonisches Zeugnis dieser Zeit in Zittau gilt. 1928 zog das Stadtmuseum u. a. mit einer Sammlung von Zittauer Fayencen ein. Im Obergeschoss des Heffterbaus befinden sich die Räume der modernen Schausammlung und im Stockwerk darüber die kostbare **Raritätensammlung der Ratsbibliothek**. Im Ostflügel sind u. a. Kunst der Renaissance und des Barock sowie mittelalterliche Sakralkunst zu sehen. Die Ausstellung im Dormitorium erzählt Lebensgeschichten Zittauer Bürger. In der spätgotischen **Klosterkirche St. Peter und Paul**, die den Klosterhof im Süden begrenzt, sind der Altar und Kanzel von 1668 besonders sehenswert.

Di. - So. 10 - 17 Uhr | Eintritt: 5 €, Kombikarte mit Kreuzkirche 8 €

Platz der drei Brunnen

Neustadt

Auf dem weitläufigen Platz östlich des Klosters fällt zunächst das **Salzhaus** (Marstall) auf. Der mächtige, ab 1511 errichtete Bau mit beeindruckendem Mansarddach misst in der Grundfläche 53 x 25 m und ist 30 m hoch. Im Laufe seiner Geschichte diente er als Lager- und als Zeughaus sowie als Pferdestall. Im zweiten Stock hat die Christian-Weise-Bibliothek ihren Sitz.

Im Nordteil des Platzes fallen zwei prachtvolle Brunnen auf: Den **Schwanenbrunnen** (1710) schmückt ein flügelschlagender Schwan, und auf dem **Herkulesbrunnen** (1708) in der Mitte des Platzes sieht

ZITTAU ERLEBEN

TOURIST-INFORMATION

Markt 1
02763 Zittau
Tel. 03583 75 22 00
www.zittau.de

❶ DORNSPACHHAUS €

In diesem Wirtshaus stehen deftige böhmische, schlesische und Oberlausitzer Gerichte auf der Speisekarte. Der Schanktisch im mittelalterlichen Ritterkeller besteht aus über 700 Jahre alten Sandsteinblöcken.
Bautzener Str. 2
Tel. 03583 79 58 83
Tgl. 11.30 – 21.30 Uhr, Winter 14 – 17.30 Uhr Mittagspause
www.dornspachhaus.de

❷ KULTUHR €

In der urigen Kneipe in der Fleischerbastei haben Sie die Auswahl zwischen sächsischen, irischen und bayerischen Bieren. Auf der Karte stehen Lausitzer und böhmische Spezialitäten.
Karl-Liebknecht-Ring 9
Tel. 03583 70 04 79
So. – Fr. 11.30 – 14, 17 – 24, Sa. 17 – 24 Uhr
www.fleischerbastei.de

❶ SCHLOSSHOTEL ALTHÖRNITZ €€€

Das Schlosshotel liegt inmitten einer weitläufigen Parkanlage. Seine 75 behaglichen und modernen Zimmer verteilen sich auf das 1654 erbaute Renaissanceschloss und einen modernen Anbau. Wellnessbereich mit Sauna und Beautyfarm.
Zittauer Str. 9
Bertsdorf-Hörnitz
Tel. 03583 55 00
www.schlosshotel-althoernitz.com

❷ RIEDEL €€

Das Haus bietet als besonderen Service Ausflüge mit der Pferdekutsche oder der Bimmelbahn. Die 40 Zimmer sind behaglich, und das Restaurant serviert Oberlausitzer Hausmannskost. Mit Biergarten
Friedensstr. 23
Tel. 03583 68 60
www.hotel-riedel.de

man den antiken Heros, wie er den Höllenhund Cerberos schlägt. Südlich des Salzhauses steht der **Samariterinnerbrunnen** (1679) mit einer Frauenfigur auf der Brunnensäule.

Riesige Bilderbibel
Die säkularisierte Kirche an der Frauenstraße birgt ein Kunstwerk von Weltrang: Hinter Glas lässt sich dort das 6,8 m breite und 8,2 m hohe **Große Zittauer Fastentuch** bestaunen. Es wurde 1472 von einem unbekannten Meister geschaffen und war bis 1672 während der Fastenzeit vor den Altarraum von St. Johannis gehängt. Seine 90 Bildfenster zeigen von der Schöpfungsgeschichte bis zum Jüngsten Gericht Szenen aus dem Alten und Neuen Testament. Das **Kleine**

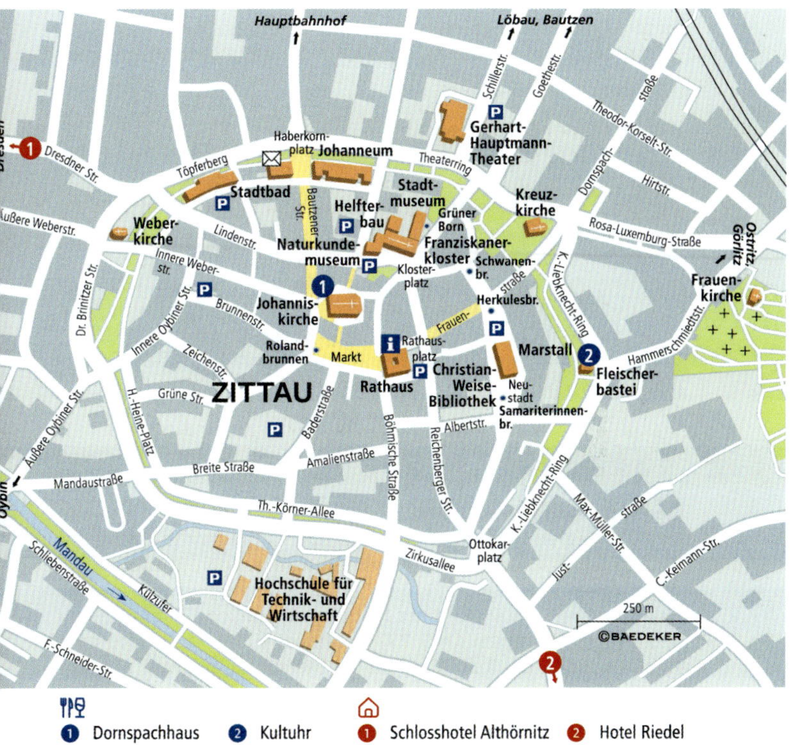

Zittauer Fastentuch, das immerhin noch (3,4 x 4,15 m misst), ist im Kulturhistorischen Museum im Franziskanerkloster ausgestellt (► S. 209).

Der gegen Ende des 14. Jh.s errichtete Bau gilt als **größter Einstützenraum Deutschlands**. Ein einziger, zwölfeckiger Pfeiler trägt die Sterngewölbedecke. Die Stadt Zittau erwarb die Kirche 1990 extra für das Große Fastentuch.

April – Okt. tgl. 10 – 17 Nov. –März Sa. u. So. 10 – 17 Uhr
Eintritt: 5 €, Kombikarte mit Kulturhistorischem Museum 8 €

Blumenuhr mit Glockenspiel

Fleischerbastei

Zittauers Stadtväter ließen die Stadtbefestigung bis 1824 schleifen und durch Grünanlagen, den »grünen Ring« ersetzen. Einzig die Fleischerbastei östlich der Neustadt ist geblieben. Dort wurde 1907 eine Blumenuhr angelegt. Ihre Zeiger stammen aus einer alten Turmuhr, das Ziffernblatt besteht aus jahreszeitlich wechselnden Blumenrabatten. Gleich daneben erklingt zu jeder vollen Stunde ein Glockenspiel aus Meißener Porzellan, das 1966 Zittauer Handwerker gestiftet haben.

Hochburg der Damastweberei

Groß-schönau

In dem Städtchen 12 km westlich von Zittau blickt die Kunst der Damastweberei auf eine bis ins 17. Jh. reichende Geschichte zurück. In der Blütezeit des Handwerks ratterten nicht weniger als 800 Webstühle in dem beschaulichen Ort. Die meisten Weber gingen in den **Umgebindehäusern**, die noch heute das Ortsbild prägen, ihrer Arbeit nach. Später kamen die Villen der Textilfabrikanten und 1856 die Frotteeweberei hinzu. In dem Palais des Unternehmers Christian David Wäntig ist das **Damast- und Frotteemuseum** untergebracht. Der **Textillehrpfad** führt zu Schauplätzen der Webkunst.

Museum: Mai - Okt. Di. - Fr. 10 - 17, Sa., So. 14 - 17,
Winter Di. - Fr. 10 - 16, Sa./So. 14 - 17 Uhr | Eintritt: 7 €
www.ddfm.de

Der sächsische Robin Hood

Seifhenners-dorf

Im 3000-Seelen-Dorf 20 km westlich von Zittau an der Grenze zu Tschechien erinnert das **Karasekmuseum** an den Räuberhauptmann Johannes Karasek (1764 - 1809). Er war als eine Art Robin Hood bekannt. 1800 wurde er festgesetzt, zunächst zum Tod verurteilt und in Bautzen (► S. 73) eingesperrt. Der sächsische Kurfürst wandelte das Urteil in eine lebenslange Haftstrafe um, die Karasek in der Festung Dresden verbüßte, wo er 1809 starb. Eine Abteilung beschäftigt sich mit dem **Alltag in der DDR**, ein **Umgebindehaus** und original eingerichtete Webstuben sind ebenfalls zu besichtigen.

Di. - Fr. 9 - 12, 13 - 16.30, So. 13 - 16.30 Uhr | Eintritt: 4 € |
www.karaseks-revier.de

Zittauer Gebirge

Auf Schmalspur durch die Wälder

Landschafts-bild

In dem Sandsteingebirge südlich von Zittau prägen malerische Fichten- und Buchenwälder, wilde Klammen, vulkanische Kegel und bizarre Sandsteinformationen die Landschaft. Das Gebiet ist ein ideales Wanderrevier, aber auch Mountainbiker und Kletterer finden ideale Bedingungen vor. Höchste Erhebungen sind die Lausche (793 m ü. d. M.) und der Hochwald (749 m ü. d. M.). Von Zittau aus durchfährt die **Zittauer Schmalspurbahn** das Gebirge bis nach Oybin.

www.zittauer-schmalspurbahn.de

Alles beherrschend in Oybin: der Kegelberg

Oybin

Malerische Klosterruine

Der Hauptort des Zittauer Gebirges liegt am Fuß des gleichnamigen kegelförmigen Sandsteinmassivs (513 m ü. d. M.). Schon 1258 soll es auf dem Plateau eine Geleitburg zum Schutz der Straße und der Reisenden gegeben haben. Von der ab 1311 entstandenen Leipaburg sind noch Ruinen erhalten. In der zweiten Hälfte des 14. Jh.s errichteten **Cölestinermönche aus Avignon** auf dem Berg ein Kloster. Nachdem die Reformation sie vertrieben hatte, begannen die Gebäude zu verfallen. Im 19. Jh. entdeckten Romantiker die Ruinen: Caspar David Friedrich und Carl Gustav Carus verewigten die Idylle in ihren Bildern. Heute informieren Ausstellungen über die Geschichte von Burg und Kloster. Von Mai bis September gibt es alle 14 Tage einen abendlichen Mönchszug. Von der Burg verbindet ein Ringweg die schönsten Aussichtspunkte des Plateaus.

tgl. April – Okt. tgl. 9 – 18, Nov. – März tgl. 10 – 16, Uhr | Eintritt: 8 €
www.burgundkloster-oybin.com

ZWICKAU

Landkreis: Zwickau | **Einw.:** 91 141 | **Höhe:** 263 m ü. d. M.

»Perle in des Churfürsten Landen« – so nannte Friedrich der Weise (1463 – 1525) die Stadt an der Mulde. Bis heute künden im Zentrum von Robert Schumanns Geburtsstadt stattliche Patrizierhäuser vom Wohlstand. Außerdem: Die Stadt gilt als eine der Wiegen des Automobilbaus.

Wo der Trabi herkommt

Zwickau war bereits um 1200 ein wichtiger Fernhandelsstützpunkt an der Handelsstraße Altenburg-Prag. Vor allem im 15. und 16. Jh. profitierte es von der Erschließung der Silbervorkommen im Erzgebirge. Zwickauer Tuchmacher und Bierbrauer trugen nicht unwesentlich zur wirtschaftlichen Blüte bei. Im 19. Jh. trieb der Steinkohlebergbau und ab 1904 der Automobilbau die wirtschaftliche Entwicklung voran. Zwickau wurde ein Zentrum des Automobilbaus in Deutschland.Von hier kamen Horchs, Fahrzeuge der Auto Union –und natürlich Trabis.

Wohin in Zwickau?

Statussymbol

Rathaus

Der Prachtbau des Rathauses nimmt fast die ganze Südseite des Neumarkts im Herzen der Altstadt ein. Seine Anfänge liegen im Jahr 1403, 1862 wurde er im neogotischen Stil umgebaut. Das **Stadtwappen** über dem Eingang weist auf die einstige Bedeutung der Stadt hin, denn keine andere Stadt im Kurfürstentum Sachsen durfte zwei Helme im Wappen führen. Über dem linken ist der hl. Mauritius zu sehen, seit 1212 Schutzpatron. Die Fähnchen über dem rechten Helm symbolisieren die sieben Kurfürstentümer im Heiligen Römischen Reich. Innen haben die spätgotische Jakobskapelle und spätere Ratstrinkstube (1473 – 1477), heute Rats- und Empfangssaal, die Zeiten überdauert.

Vom Handelshaus zum Theaterbau

Gewandhaus

Das Gebäude links neben dem Rathaus entstand 1522 – 1525 im spätgotischen Stil. In seinem, in seinem imponierenden, geschwungenen Staffelgiebel kündigt sich schon die Renaissance an. Im Obergeschoss wurde mit »Zwickisch Tuch« gehandelt, im Erdgeschoss waren ursprünglich Stadtwaage, Fleisch- und Brotbänke untergebracht. Seit 1823 ist es die Spielstätte des Stadttheaters.

Vom Glanz vergangener Zeiten

Bürgerhäuser

Am Markt und in seiner unmittelbaren Umgebung stehen ansehnliche Patrizierhäuser. Tuchhandel und Bergbau haben viel Geld in die

Kassen der Bürger gespült und man schämte sich nicht, es zu zeigen. Das Eckhaus gegenüber dem Rathaus (Nr. 17/18) stammt aus dem Jahr 1500 und war ab 1561 Sitz der **Löwenapotheke**. Im westlichen Teil des Hauptmarktes ließ der Zwickauer Kaufmann und Berghauptmann Martin Römer, der durch den Silberbergbau reichster Privatmann Sachsens geworden war, 1479 ein prächtiges Patrizierhaus errichten. Schlendert man von dort die Münzstraße hinunter, so gelangt man zum **»Schiffchen«**, einem eigenwilligen Eckbau auf dreieckigem Grundriss, dessen spitzer Winkel sich wie der Bug eines Schiffes auf den Kornmarkt richtet. Das spätgotische Haus entstand ursprünglich gegen Ende des 15. Jh.s. und wurde nach dem Abriss 1968 unter Berücksichtigung der alten Bausubstanz originalgetreu rekonstruiert. Am Neuberinplatz östlich des Neumarkts ließ der nicht minder reiche Bruder Martin Römers, Nicol Römer, 1480 ein Bürgerhaus mit einem imposanten fünfgeschossigen Staffelgiebel errichten. Es ist nach dem Kolonialwarenhändler Dünnebier benannt, der dort gegen Ende des 19. Jh.s eine Kaffeerösterei betrieb.

Schwimmen im Jugendstil-Ambiente? Auf ins Johannisbad!

Robert-Schumann-Haus

Lieder für die Ewigkeit

Hauptmarkt Nr. 5 ist der orginalgetreue Nachbau des 1955 abgerissenen Geburtshauses von Robert Schumann. 1956 zogen die Forschungs- und Gedenkstätte Robert Schumann und das Robert-Schumann-Archiv ein. Eine Ausstellung widmet sich Leben und Werk des Komponisten und seiner Frau, der Pianistin Clara Schumann-Wieck.

Di. – Fr. 10 – 17, Sa., So. 13 – 17 Uhr | Eintritt: 6 € | www.schumann-zwickau.de

Dom St. Marien

Ein Sozialrevolutionär

Östlich des Hauptmarkts ragt der Turm des spätgotischen Doms auf. Die dreischiffige Hallenkirche ersetzte 1453 den niedergebrannten Vorgängerbau; der Skulpturenschmuck wurde allerdings erst 1885 – 1891 angebracht. Zu den wertvollsten Kunstschätzen gehört der **spätgotische Marienaltar** (1479) von Michael Wolgemut. Das 5 m hohe, geschnitzte Heilige Grab (1507) schuf der Bildhauer Michael Heuffner. Beachtenswert sind auch die Pietà von Peter Breuer, eine **Renaissancekanze**l von 1538 und die spätgotische Wendeltreppe am nördlichen Seitenschiff. Im Dom predigte 1520 der Theologe und Revolutionär **Thomas Müntzer** (1489 – 1525). 1521 wechselte er zur St. Katharinenkirche aus dem 14. Jh. nordöstlich vom Hauptmarkt. Noch im selben Jahr verwies ihn der Magistrat als Aufrührer der Stadt, und

ZWICKAU ERLEBEN

TOURIST-INFORMATION
Hauptstr. 6
08056 Zwickau
Tel. 0375 2 71 32 40
www.zwickautourist.de

AUGUST HORCH MUSEUMSFEST
Alljährlich im Juli läd das Horch-Museum zum Fest und zieht auch viele Trabantfahrer an, deren Trabitreffen bis 2022 in der Stadt ein fester Traditionstermin war.
https://horch-klassik.mc-zwickau.de

JOHANNISBAD
Das Bad ist ein architektonisches Kleinod. Schwimmhalle und Saunabereich vereinen Elemente des Jugendstils und der Neogotik.
Johannisstr.
www.johannisbad.de

1 ARTICHOKE €€€€
Im Gourmetrestaurant des Hotels Schloss Wolfsbrunn dinieren Sie im Jugendstil-Ambiente. Die Küche basiert auf erzgebirgischen Spezialitäten.
Stein 8, Hartenstein
Tel. 037605 7 60
Mo. – Do. 17 – 22, Fr. – So. 12 – 22 Uhr
www.das-wolfsbrunn.de

2 BRAUHAUS ZWICKAU €€
Gutbürgerliche Regionalküche mit internationalen Anklängen und anJahreszeiten angepasste Angebote; Traditionsstuben und Neubau.
Peter-Breuer-Str. 12 – 20
Tel. 0375 3 03 20 32
Mo. 15 – 23, Di. – Sa. 11 – 23.30 Uhr
www.brauhaus-zwickau.de

1 HOTEL MERKUR GARNI €€
Das familiengeführte Hotel liegt zentral in Bahnhofsnähe und bietet 25 zweckmäßig eingerichtete Zimmer.
Bahnhofstr. 58, Tel. 0375 2 11 95 60
www.merkur-hotel-zwickau.de

bald wandte sich auch Luther von Müntzer ab, da dieser nicht nur gegen den Papst, sondern auch gegen die feudale Ordnung predigte.
Mi. – So. 12 – 17 Uhr | Eintritt: 5 € | www.stadtkirchgemeinde.de

Blick in die Vergangenheit

Priesterhäuser

Die Häusergruppe schräg gegenüber der Westseite des Doms geht auf das 13. Jh. zurück. In ihrer jetzigen Form entstand sie aber wohl erst um 1500. Über Jahrhunderte bot sie Priestern und Bediensteten der Kirche Unterkunft. 1880 kaufte die Stadt die Häuser und heute zeigt fächert das Stadtmuseum die Wirtschafts- und Kulturgeschichte Zwickaus auf.
Di. – So. 11.30 – 17 Uhr | Eintritt: 6 €
www.priesterhaeuser-zwickau.de

6X ERSTAUNLICHES

Hätten Sie das gewusst?

1. KARL MARX

Einst war Karl Marx in der DDR allgegenwärtig, heute ist er fast vergessen. Nur in Chemnitz steht noch sein »Nischel« (»Kopf«) genannter Bronzekopf. Er kommt auf eine Höhe von 7,10 m. (► **S. 84**)

2. GLÜCKSSPIEL

Eines der größten Monumente Europas kam nur durch Crowdfunding zustande. Das 1913 eingeweihte **Völkerschlachtdenkmal** in Leipzig finanzierte sich aus Glücksspiel und Spenden. (► **S. 206**)

3. TIEFE

Schacht 371 in Aue bei Schneeberg war mit 1800 m das tiefste Bergwerk Deutschlands. Die dort abgebaute Pechblende bildete die Grundlage für die Versorgung der sowjetischen Atomindustrie mit Uran.

4. WINZIGE WELTEN

Ein Verkaufsschlager der Spielzeugmacher **Seiffens** sind die Miniaturwelten in Zündholzschachteln – Puppenstuben, Krippen und Märchenbilder für die Vitrine. (► **S. 279**)

5. GRÖSSER

Wie blickt man in die Welt von einem Blütenstempel aus? Im **Panorama-Gasometer von Leipzig** rücken Blumen und Bienen in »Carolas Garten« ganz nahe und in hundertfacher Vergrößerung. (► **S. 207**)

6. WELTREKORD

Im Horch-Museum von **Zwickau** stehen die legendären Silberpfeile am Start – aber nicht von Mercedes-Benz, sondern vom härtesten Konkurrenten Auto-Union. (► **S. 309**)

Kunst aus 700 Jahren

Städtische Kunstsammlungen

Das Kunstmuseum der Stadt in einem 1914 eröffneten Kuppelbau nordwestlich der Altstadt spannt mit seinen Ausstellungen den Bogen von der mittelalterlichen Sakralkunst über die Kunst der Renaissance und des Barock bis hin zur Moderne und Gegenwartskunst. Unter dem Motto **»Schätze der Erde«** zeigt die geowissenschaftliche Abteilung Mineralien, Fossilien und Gesteine. Das zum Haus gehörende **Max-Pechstein-Museum** ehrt den berühmten Sohn der Stadt mit einer Ausstellung.

Di – So. 11.30 – 17 Uhr | Eintritt: 6 €
www.kunstsammlungen-zwickau.de

Mekka für Autonarren

★ August-Horch–Museum

In den Fabrikhallen des alten Zwickauer Audi-Werks kommen Oldtimer-Fans auf ihre Kosten. Dort lassen sich auf Hochglanz polierte **Horch-, DKW- und Wanderer-Limousinen** aus der Anfangszeit der Automobil-Ära bestaunen. Eine ganze Phalanx von **Silberpfeilen** paradiert vor nachgebauten Zuschauertribünen, und auch Fahrzeuge aus DDR-Produktion sowie neueste Modelle aus dem Autoland Sachsen sind zu sehen. Die Ausstellung im restaurierten Kontorgebäude veranschaulicht anhand von Original-Maschinen und einem Motorenprüfstand die frühe Automobilproduktion. In der Villa des Unternehmensgründers August Horch (1868 – 1951) zeichnet eine Ausstellung das Leben des Autopioniers nach.

Di. – So. 9.30 – 17 Uhr | Eintritt: 13 € | www.horch-museum.de

Rund um Zwickau

Landwirtschaftstechnik und ländliche Räume

Schloss Blankenhain

In und um Schloss Blankenhain lässt sich die Entwicklung von Landwirtschaft und Handwerk im 20. Jh. studieren. Die Ausstellung im Kuhstall des Ritterguts zeichnet die Technisierung in der Landwirtschaft seit Beginn des 20. Jh.s nach. Im Obergeschoss des Stalls können Sie verschiedene **Handwerksbetriebe**, von der Dorfschmiede bis zum Sägewerk, besichtigen. Insgesamt gehören zu dem Museum 80 Gebäude: **Bäckerei** und **Dorfschule**, Kräutergarten und Stallungen, **Landarbeiterwohnungen** und **Bauernhöfe** veranschaulichen alle Aspekte des ländlichen Lebens. Die Ausstellungen im Schloss aus dem 18. Jh. beschäftigen sich u. a. mit der Försterei und der Imkerei.

Sommer tgl. 9 – 18, Mitte Feb. – März u. Mitte Okt. – Mitte Nov. Di. – So. 9 – 17 Uhr | Eintritt: 7 € | www.deutsches-landwirtschaftsmuseum.de

Das geteilte Schloss

Schloss Glauchau

Das in Glauchau malerisch auf einer Anhöhe an der Zwickauer Mulde thronende Schloss besteht eigentlich aus zwei, durch einen Gra-

AUDI, HORCH UND DKW

Sachsen war einst ein wichtiges Zentrum der europäischen Automobilindustrie, und auch der DDR blieben immerhin Trabant und Wartburg. Schillernde Namen wie Horch, Wanderer, DKW und auch Audi – die zusammengeschlossen die spätere Auto Union bildeten – stehen für sächsische Industriegeschichte.

Horch

Einer der bekanntesten Protagonisten der deutschen Autoindustrie war **August Horch**. Der gelernte Schmied und Maschinenbauingenieur baute in Köln seinen ersten eigenen Motorwagen mit dem von ihm entwickelten »stoßfreien Motor«. Es fehlten ihm aber die finanziellen Mittel, um in größerem Maßstab zu produzieren. Wegen eines Geldgebers zog er 1902 nach Reichenbach und verlagerte schließlich 1904 die Fabrik nach Zwickau. Durch Innovationen wie die Entwicklung neuer Getriebe und vibrationsarmer Motoren machte er sich bald einen Namen, und seine Autos heimsten bei internationalen Langstreckenprüfungen wie der Herkomer-Fahrt, die älteste Tourenwagen-Rallye der Welt, viele Preise ein.

Audi

Nach nur fünf Jahren überwarf er sich mit seinen Geldgebern und verließ die Firma im Streit. Ein Jahr später besaß er direkt gegenüber seiner vorherigen Wirkungsstätte eine neue Autofirma: Audi (Imperativ von **»audire – horchen«**). Auch Audi wurde schnell erfolgreich. August Horch besaß nie einen Führerschein.

DKW

Während des Ersten Weltkriegs schraubte der gebürtige Däne **Jørgen Skafte Rasmussen** in seiner 1907 in Zschopau gegründeten Dampfkesselfabrik ein Fahrzeug zusammen, das kein Benzin benötigte – der **Dampf-Kessel-Wagen** (DKW) war geboren. In den 1920er-Jahren entwickelte die Firma Kleinwagen und einen Fahrradhilfsmotor, der sich gut verkaufte. Man erkannte die Chance, stieg ins Motorradgeschäft ein und DKW wurde rasend schnell zum weltgrößten Motorradproduzenten; 1928/1929 verließen mehr als 100 000 Maschinen das Werk.

Wanderer

Die **Fahrradfabrik Wanderer** in Chemnitz begann 1902 mit der Motorrad- und 1904 mit der Autoproduktion. Eines der erfolgreichsten Modelle war der Kleinwagen »Puppchen«.

Auto Union

Ende der 1920er- und Anfang der 1930er-Jahre geriet die deutsche Autoindustrie in Schwierigkeiten. Die Sächsische Staatsbank als einer der Hauptkreditgeber der vier sächsischen Betriebe entschied, dass ihr Zusammenschluss zur Auto Union die beste Lösung sei. Als Symbol wurden **vier verschlungenen Ringe** gewählt. Bis zum Kriegsbeginn 1939 gehörte man zu den Global Playern. Die **Silberpfeile** der Auto Union lieferten sich ab 1934 mit denen von Mercedes-Benz einen heftigen Wettkampf um Geschwindigkeitsweltrekorde.

IFA im Osten

Das Kriegsende bedeutete einen tiefen Einschnit. Auto Union wurde zerschlagen. Als Industrieverband Fahrzeugbau (IFA) nahm man die Produktion schnell wieder auf. Im nun Karl-Marx-Stadt genannten ▶ Chemnitz liefen in den **Barkas**-Werken Kleintransporter vom Band, in Zwickau kam aus dem Werk Sachsenring der **Trabant** und Zschopau mit seinen **MZ-Motorrädern** entwickelte sich wieder zu einem der größten Krad-Hersteller der Welt.

Der **Trabant** mit seiner Kunststoffkarosserie war bei Produktionsbeginn ein modernes, international konkurrenzfähiges Fahrzeug. Trotz fähigster Mitarbeiter, reichlich Knowhow und teils sogar fertig ausgearbeitete Pläne für neue Fahrzeuge litt Sachsens Autoindustrie bis zur Wende darunter, dass zugunsten höherer Produktionszahlen die Planwirtschaft nur minimalste Neuerungen und Innovationen zuließ.

DKW im Westen

Im Westen hielten sich die Namen Auto Union und DKW noch bis in die 1960er-Jahre. Das »Zentraldepot für Auto Union Ersatzteile« wurde in Ingolstadt gegründet und begann 1950 wieder DKW herzustellen. 1958 geriet man unter die Fittiche von Mercedes-Benz und 1966 zum Volkswagen-Konzern, der den Namen Auto Union für Zivilfahrzeuge aufgab, stattdessen den Namen **Audi** wiederbelebte und als erstes Fahrzeug dieser Marke den **DKW F102** auf den Markt brachte.

Nachwende

Heute produzieren **Porsche** und **BMW** bei Leipzig, **Volkswagen** in Zwickau, Chemnitz und Dresden, wo die Gläserne Manufaktur Elektroautos wie den ID. montiert. In der sächsischen Automobilindustrie arbeiten ca. 95 000 Menschen.

Im August-Horch-Museum: als Stickoxid- und Feinstaubgrenzwerte noch kein Thema waren ...

ben getrennte Bauten. Das hintere Schloss entstand im 15. Jh. an Stelle einer mittelalterlichen Burg als dreiflügelige Anlage, die Ernst II. von Schönburg zu Beginn des 16. Jh.s erweitert und umgebaut wurde. Er ließ auch ab 1527 im Bereich der weiter östlich gelegenen Vorburg das heutige Schloss Forderglauchau errichten. Zur Teilung des gesamten Gebäudekomplexes kam es 1681 infolge einer Erbteilung.
Beide Residenzen sind durch eine über den Graben führende Brücke verbunden. **Schloss Forderglauchau** beherbergt heute u. a. eine von der Stadt Glauchau unterhaltene Galerie für zeitgenössische Kunst, die »art gluchowe«.
In **Schloss Hinterglauchau** wartet die städtische Kunstsammlung mit Malern des 19. und 20. Jh.s und einer umfangreichen Grafiksammlung auf, das Museum Glauchau informiert über die Geschichte von Stadt und Schloss.

Forderglauchau: www.artgluchowe.de
Hinterglauchau: Mi. – So. 11 – 17 Uhr | Eintritt: 5 €
www.schloesserland-sachsen.de

Very British!

Waldenburg

Das Töpferstädtchen Waldenburg liegt 8 km nordöstlich von Glauchau über der Zwickauer Mulde. Von der Burg, die Hugo von Wartha errichten ließ und die 1378 in den Besitz der Herren von Schönburg gelangte, zeugen heute nur noch Mauerreste am Unterbau des jetzigen Schlosses. Otto Victor I. von Schönburg ließ es zwischen 1855 und 1859 im **englischen Tudorstil** errichten, nachdem aufständische Arbeiter den Vorgängerbau 1848 in Brand gesetzt hatten. Bei einer Führung sind die Festsäle im Rokoko- und Empirestil besonders beeindruckend.
Auch das 1670 von einer Leipziger Apothekerfamilie begründete **Waldenburger Naturalienkabinett** gegenüber lohnt einen Besuch. Allein das Herbarium umfasst 16 000 Pflanzen. In den Glasvitrinen lagern auch Mineralien, Versteinerungen, ausgestopfte Vögel, Monstrositäten und wissenschaftliche Instrumente.

Schloss: Di. – Fr. 10. – 16, Sa., So. 11 – 17 Uhr | Eintritt: 8 €
www.schloss-waldenburg.de
Naturalienkabinett: April – Sept. Di. – Fr. 10 – 16, Sa., So. bis 17, Okt. – März Di. – So. 10 – 16 Uhr | Eintritt: 6,50 €
www.museum-waldenburg.de

Einmal um die ganze Welt

Landschaftspark »Miniwelt«

In Liechtenstein 14 km nordöstlich von Zwickau lockt der Landschaftspark »Miniwelt« mit 100 bedeutenden Baudenkmälern aus aller Welt im Maßstab 1:25.

Chemitzer Str. 43 | April – Okt. tgl. 9 – 18 Uhr | Eintritt: 14,50 €, Kinder 10 € | www.miniwelt.de

Drei Burgen

Hartenstein

Das Städtchen an der Mulde 16 km südöstlich von Zwickau kann sich rühmen, gleich drei Schlösser bzw. Burgen zu besitzen. Neben den Ruinen des 1945 zerstörten Schlosses und der Isenburg lohnt in erster Linie Burg Stein im gleichnamigen Ortsteil einen Besuch. Die ursprünglich romanische Burg mit gut erhaltenen Wehranlagen teilt sich in eine Nieder- und eine Oberburg. Letztere beherbergt das **Heimatmuseum**, das u. a. Leben und Werk des in Hartenstein geborenen Barocklyrikers Paul Fleming (1609 – 1640) dokumentiert.

Führungen: Führung April – Okt. Mi. – So. 13, 14, 15 u. 16, Nov. – März 13, 14 u. 15 Uhr | Führung: 6 € | www.burg-stein.de

Unverfälschtes Mittelalter

Burg Schönfels

Die malerische Burg auf einer bewaldeten Anhöhe über dem Dorf Schönfels 10 km westlich von Zwickau konnte ihr spätgotisches Erscheinungsbild bewahren. Die ursprünglich wohl aus dem 13. Jh. stammende Anlage wurde zuletzt zwischen 1480 und 1505 erweitert und danach nicht mehr verändert. Einziges Zeugnis einer späteren Epoche ist der Renaissance-Flügelaltar in der Burgkapelle. Das Burgmuseum unterrichtet über die Geschichte der Anlage, der aus der Frühzeit der Burg stammende Bergfried bietet schöne Aussichten über das ganze Areal. Natürlich gibt es auch eine Burgschänke.

Mi. – So. 10 – 17 Uhr | Eintritt: 5 € | www.burg-schoenfels.de

H
HINTER-GRUND

Direkt, erstaunlich, fundiert

Unsere Hintergrundinformationen beantworten (fast) alle Ihre Fragen zu Sachsen.

Dresdens Zwinger, immer ein Gemälde wert ►

DAS LAND UND SEINE MENSCHEN

»Preise dein Glück, gesegnetes Sachsen ...« Zwar hatte Johann Sebastian Bach in seiner Kantate 215 August den Starken und dessen Sohn August III. als Adressaten derlei Lobes im Sinn, doch ohne Weiteres hätte man auch den beiden Barockfürsten zu ihrem Land gratulieren können: Sachsen hat wirklich etwas von einem gesegneten Landstrich.

Kernland der industriellen Revolution

Zunächst war es vor allem einmal gesegnet mit einem Reichtum, um den es die anderen deutschen Lande beneideten: dem **Silber** aus dem Erzgebirge, mit dem sich die Wettiner die Schatullen füllten und ihrem Land manches ansehnliche Schloss bescherten. Gleichwohl traf der Silberreichtum ein sehr umtriebiges Völkchen, das den Segen nicht verprasste, sondern in stolze Städte und vor allem in Handel, Wandel und Manufakturen investierte. So wurden die Sachsen zu den eigentlichen deutschen Musterknaben: Hier nahm die **industrielle Revolution** in Deutschland ihren Anfang, und hier schlug das industrielle Herz Vorkriegsdeutschlands. Auch zu DDR-Zeiten waren die drei sächsischen Bezirke in der Wirtschaft führend und wie selbstverständlich steht der wiedererwachte Freistaat Sachsen an der Spitze aller neuen Bundesländer. Was **Fleiß und Tüftlertum** anbelangt: Die Sachsen haben so wichtige Dinge erfunden wie die Spiegelreflexkamera und die erste deutsche Reiseschreibmaschine (»Erika Nummer 1«). Heute zählen sächsische Unternehmen in zukunftsträchtigen Bereichen wie Automobilindustrie, Maschinenbau und Mikroelektronik zur technologischen Weltspitze.

Mutterland der Reformation

Doch so gerne sie in die Welt ausschwärmen und begierig neue Eindrücke aufnehmen – die Sachsen sind **bodenständig**. »D'rheeme« ist es für sie am schönsten und wer wollte es ihnen verdenken angesichts solch atemberaubender Landschaften wie der Sächsischen Schweiz, der Flusstäler, des Erzgebirges oder der sanft geschwungenen Weiten des Vogtlands. Kunst und Kultur sind dank schöngeistiger Herrscher über Jahrhunderte gepflegt worden. Mit militärischem Imponiergehabe hatten die Fürsten weniger am Hut. Sie haben dafür auf andere Art Geschichte gemacht: als Mutterland der Reformation, in dem Friedrich der Weise seinem Untertan Martin Luther Schutz vor katholischer Verfolgung gewährte.

Mäzene und Idiome

Ihrem Luther sind die Sachsen treu geblieben, auch wenn August der Starke katholisch wurde – um sich König von Polen nennen zu dürfen. Sachsens bekanntester Herrscher legte den Grundstein zu **Kunst-**

OBEN: In einem weiten Bogen umfließt die Elbe den Lilienstein im Elbsandsteingebirge.

UNTEN: Sanfte Hügel im Vogtland

sammlungen von unschätzbarem Wert, u. a. zur Gemäldegalerie der Alten Meister in Dresden. Später förderten reiche Industrielle die zeitgenössische Kunst.
Auch ihren Mundarten bleiben die Sachsen treu, mag sich der Rest von Deutschland ruhig darüber amüsieren. **Sächsisch** ist vielseitig und schon gar nicht so, wie Unkundige es imitieren. Außer dem breiten Leipziger und Chemnitzer Sächsisch gibt es das feinere Idiom der Residenzstadt Dresden, das gerollte »r« in der Oberlausitz, das ins Fränkische übergehende Vogtländisch und den Erzgebirgsdialekt. Überdies pflegen die Sorben ihre eigene slawische Sprache und Kultur. Vor globalisierter Hektik ist man hier anscheinend genetisch bedingt geschützt. Die sprichwörtliche sächsische Gemütlichkeit manifestiert sich nicht nur im erheblichen Kaffee- und Kuchenkonsum, sondern auch in zahllosen Straßen- und Volksfesten. Immer nach dem Motto: Wer viel arbeitet, soll auch viel feiern.

Landschaften

Tiefland und Mittelgebirge

Sachsen hat Anteil an zwei geografischen Großlandschaften Europas. Teile Nordsachsens gehören zum **mitteleuropäischen Tiefland**, das in Flandern schmal ansetzt und sich nach Osten hin wesentlich verbreitert. Der südliche Teil Sachsens hingegen gehört zum nördlichen **zentraleuropäischen Mittelgebirgsland**. Die höchste Erhebung im Freistaat ist der Fichtelberg (1214 m ü. d. M.), den niedrigsten Punkt (74 m ü. d. M.) markiert die Elbe in Dommitzsch.

Leipziger Tieflandsbucht

Die weite und flache Leipziger Tieflandsbucht war im Tertiär von der Nordsee überschwemmt. Nach dem Rückzug des Meeres blieben Sümpfe und Moore zurück, aus denen **Braunkohlenflöze** hervorgingen. Eiszeitliche Ablagerungen und Flussauen sind charakteristisch. Die Auen sind teilweise noch mit Mischwald bestanden, ansonsten ist die Region waldarm. Der Tagebau der Braunkohle hat sich ebenfalls auf das Landschaftsbild ausgewirkt.

Erzgebirgsvorland

Im Gebiet südlich der Leipziger Tieflandsbucht bis hin zum Anstieg des Erzgebirges, etwa im Raum zwischen Zwickau im Westen und der Flöha im Osten, bestimmen die Höhen des Erzgebirgsvorlands die Landschaft. Hier schnitten sich die Zwickauer und die Freiberger Mulde, Flöha und Zschopau ein und bildeten reizvolle, bewaldete Täler. Die maximal 350 m hohe Ebene wird landwirtschaftlich genutzt und wirkt oft etwas eintönig.

Niederlausitz

Das Landschaftsbild der Niederlausitz ist wenig prägnant. Lokal ragen Härtlinge über die flache Umgebung heraus wie der **Schwarzenberg** (413 m ü. d. M.) sowie der **Hutberg** (293 m ü. d. M.) bei ▶

Kamenz und, weniger eindrucksvoll, Erhebungen bei Wittichenau. Zudem sind die Böden ausgewaschen und wenig fruchtbar, sodass Forste mit der anspruchslosen Kiefer das Bild der Landschaft bestimmen. Durch den Abbau der umfangreichen Braunkohlenvorkommen wurde die ursprüngliche Landschaft der Niederlausitz stark verändert, was besonders in der Gegend um Hoyerswerda ins Auge fällt.

Erzgebirge

Das Erzgebirge steigt im Westen ohne scharfe Grenze vom Vogtland auf und sinkt im Nordosten ebenso unauffällig zur Elbtalzone hinab. Es erscheint – vergleichbar dem Harz, dem Vogtland oder dem Thüringischen Schiefergebirge – als **tief zertalte Hochfläche**. Echten gebirgigen Charakter erhält es vor allem da, wo die Erosion zwischen benachbarten Tälern nur schmale Höhenrücken übrig ließ. Die Tallagen sind waldbestanden, während die Hochflächen, insbesondere im Osterzgebirge, noch landwirtschaftlich als Ackerfläche oder Grünland genutzt werden. Die höchste Erhebung des sächsischen Erzgebirges und damit höchster Punkt des Freistaats überhaupt ist der 1214 m ü. d. M. aufragende Fichtelberg.

Vogtländisches Schiefergebirge

Das Thüringisch-Vogtländische Schiefergebirge ist – ähnlich dem Erzgebirge – eine im Süden stärker angehobene Tafel, die flach nach Nordwest geneigt ist. Ohne geologische Grenze geht das Gebirge im Süden in den Frankenwald und das Fichtelgebirge und nach Osten in das Erzgebirge über. **Weiße Elster, Trieb** und **Göltzsch** haben tiefe Täler in die Hochfläche eingeschnitten.

Elbtalzone, Elbsandsteingebirge

Das sächsische Elbtal erstreckt sich von Riesa im Nordwesten über Meißen und Dresden nach Bad Schandau im Südosten. Der zweifellos interessanteste Abschnitt der Elbtalzone und die schönste Landschaft Sachsens ist das bei Pirna beginnende und bis nach Tschechien hineinragende Elbsandsteingebirge, auch **Sächsische Schweiz** genannt. In der 400 m mächtigen Schichtenfolge des Elbsandsteins entstand auf einer mehrere Hundert Quadratkilometer großen Fläche eine der faszinierendsten Landschaften Mitteleuropas.
Die Landschaftsform der Sächsischen Schweiz entstand vorwiegend durch die Arbeit der Elbe und ihrer tertiären Vorläuferin sowie ihrer Nebenflüsse. Tiefere, weiche Schichten boten der Erosion gute Angriffsmöglichkeiten. Darüberliegende feste Sandsteinbänke lösten sich an senkrechten Klüften und erzeugten die markanten steilen Felswände, die bei Kletterern so beliebt sind.

Oberlausitz

Weit geschwungene Höhenzüge bestimmen die Landschaft der zwischen Dresden, Görlitz und Zittau gelegenen Oberlausitz. Die niedrige Höhenlage und die dadurch bedingte geringe Zertalung haben zu einer starken Besiedlung der Oberlausitz geführt. Nur im Westen und auf den Bergrücken des inneren Berglands treten ge-

Die Sächsische Schweiz muss erwandert werden.

schlossene Fichtenbestände auf. Auf den vulkanischen Erhebungen hingegen finden sich Laubmischwälder.

Zittauer Gebirge Bei Zittau überragen Sandsteinberge und die höheren vulkanischen Phonolitberge (Klingstein) Lausche und Hochwald mauerartig das Vorland des Zittauer Beckens mit seinen mächtigen **Braunkohlenflözen**. Deren Abbau hat im letzten Jahrhundert die Oberflächengestalt der vorgelagerten Becken weithin verändert. Ansonsten gedeiht auf den flachgründigen Böden über dem Sandstein heute überwiegend ein artenarmer Fichten-Kiefern-Wald.

Pflanzen und Tiere

Typischer Bewuchs Im Erzgebirge, im Vogtland, im Elbsandsteingebirge, im Lausitzer Bergland und im Zittauer Gebirge ist der **Nadelwald** typisch. Besonders häufig trifft man auf Fichten- und Kiefernbestände. Charakterbaum des Erzgebirges ist jedoch die im Volksmund Vogelbeerbaum genannte Eberesche. Auf den Bergwiesen gedeihen noch etliche eher unscheinbare Orchideenarten. Leicht zu identifizieren ist die Waldhyazinthe mit ihren weißen Blüten. Auch die als Heilpflanze geschätzte Arnika wächst an manchen Stellen recht üppig.

In den Höhenlagen gibt es noch kiefernbestandene **Waldhochmoore** mit Wollgräsern, Binsen, Moosbeeren und dem Sonnentau.
In Höhen bis etwa 800 m ü. d. M. – auch im Sächsischen Hügelland – stehen noch einige alte **Tannen- und Buchenwälder**, die von bis zu 50 m hohen Weißtannen und mächtigen Rotbuchen beherrscht werden. Charakteristisch für ihren Unterbau sind Heidel- und Preiselbeere, Heidekraut, Labkraut, Wachtelweizen, Rippenfarn, Wildkirsche, Waldmeister und verschiedene Moose.
An den schattigen, nordwestlich bis östlich ausgerichteten Berghängen sowie in den Talschluchten wachsen Bergahorn, Esche, Eiche, Linde und Bergulme. Die hier besonders **üppige Krautschicht** bilden vor allem Christophskraut, Hirschzunge, Silberblatt, verschiedene Farne, Waldgeißbart, Waldmeister, Bingelkraut und Schaumkraut. Im Frühsommer blühen Aronstab, Türkenbund, Storchschnabel, Johannisblume und Veilchen.
Größere Kiefernbestände mit Heidekraut, Farnen, Heidel- und Preiselbeeren sind charakteristisch für die **Oberlausitzer Heide** und die **Düben-Dahlener Heide**. Hier sind Sandflächen mit Trockenrasen bedeckt, gedeihen Silbergras, Schillergras und Schafschwingel.

Tierwelt

In den letzten Jahrzehnten hat vor allem in den Bergwäldern das **Rot- und Rehwild** stark zugenommen. Häufig sieht man auch Füchse, Marder und Iltisse. Wildschweine kommen in den sächsischen Wäldern seltener vor.
Der früher in der gesamten Sächsischen Schweiz heimische **Luchs** ist vereinzelt wieder aus Böhmen herübergekommen. Rund **200 Wölfe** leben in Sachsen in freier Wildbahn, die meisten in Ostsachsen.

Vögel

In den Bergen und an Felshorsten kann man Turmfalken, Waldkäuzchen, verschiedene Spechtarten und Tauben beobachten. Mit etwas Glück kann man in den Tannen-Buchen-Wäldern sogar einen **Auerhahn** zu Gesicht bekommen. Die Hochmoore in den Bergwäldern sind als Brutgebiete von Kranichen bekannt. In den Feuchtgebieten Sachsens, beispielsweise in der von zahlreichen Teichen durchsetzten Lausitz, sind über 100 verschiedene Vogelarten heimisch. Für den Storch hat man vielerorts künstliche Horste angelegt.

Bevölkerung

Bevölkerungsentwicklung

Seit den 1950er-Jahren sinkt die Einwohnerzahl beständig. Grund dafür ist die starke Abwanderung in den 1950er- und 1980er-Jahren und vor allem Anfang der 1990er-Jahre. Auch wenn Städte wie Dresden und Leipzig wieder wachsen, die Abnahme der Bevölkerungszahl gleicht dies in keiner Weise aus. Obwohl Sachsen von 2011 – 2017 die höchste Geburtenrate in Deutschland aufwies, verheißen aktuelle

FREISTAAT SACHSEN

BAEDEKER WISSEN

Fläche:
18 449 km²

Bevölkerungsdichte:
221 Einwohner/km²

Einwohner:
4,07 Mio.

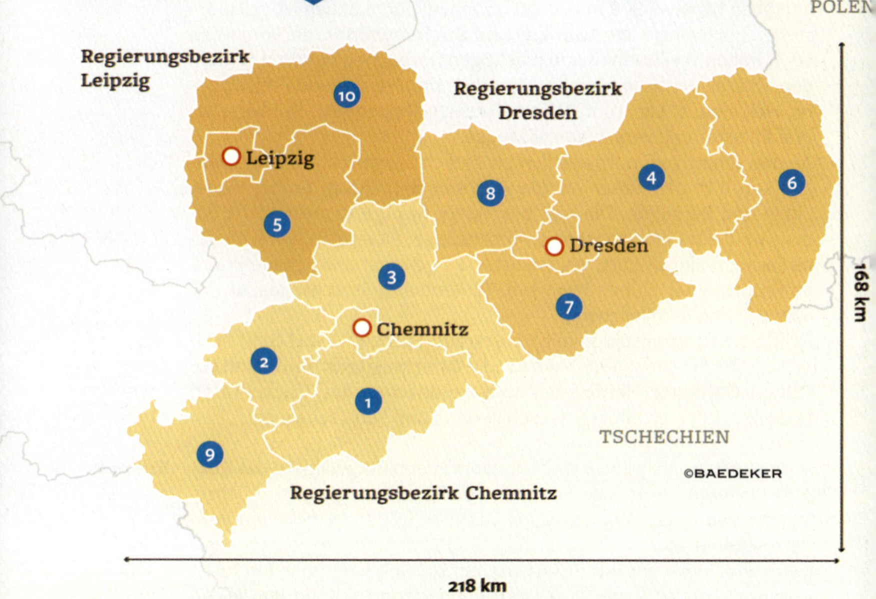

POLEN

Regierungsbezirk Leipzig

Regierungsbezirk Dresden

Leipzig

Dresden

Chemnitz

TSCHECHIEN

©BAEDEKER

Regierungsbezirk Chemnitz

168 km

218 km

▶ Verwaltung

Landeshauptstadt
Dresden

Der **Freistaat Sachsen** gliedert sich in die drei Regierungsbezirke Leipzig, Chemnitz und Dresden, die seit der Kreisreform im Sommer 2008 in insgesamt 10 Landkreise und drei kreisfreie Städte – die Amtssitze der Regierungspräsidien – unterteilt sind.

▶ Einwohnerzahlen der Landkreise

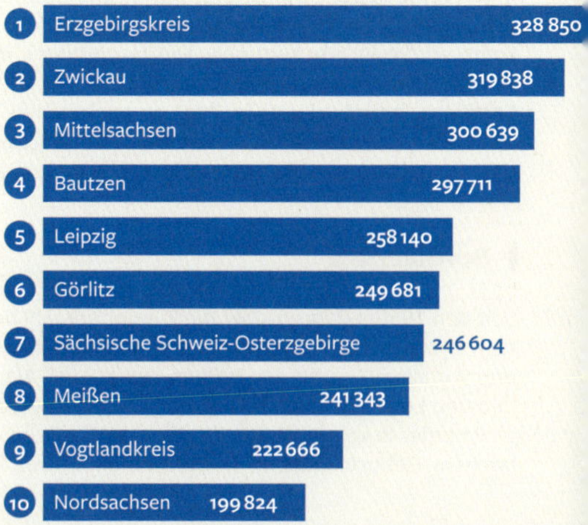

Nr.	Landkreis	Einwohner
1	Erzgebirgskreis	328 850
2	Zwickau	319 838
3	Mittelsachsen	300 639
4	Bautzen	297 711
5	Leipzig	258 140
6	Görlitz	249 681
7	Sächsische Schweiz-Osterzgebirge	246 604
8	Meißen	241 343
9	Vogtlandkreis	222 666
10	Nordsachsen	199 824

Wirtschaft

Beschäftigte nach Sektoren

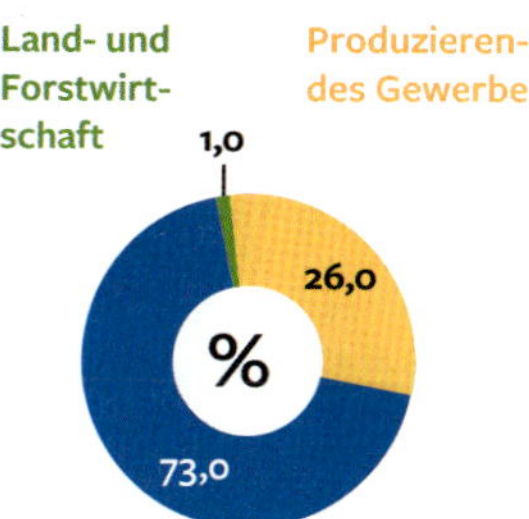

Arbeitslosenrate:
5,6 % (2022)

Deutschland zum Vergleich:
5,3 % (2022)

Religion

Evangelisch: 21,0 %
Römisch-katholisch: 4,0 %
konfessionslos: 75,0 %

▶ Klimastation Dresden

Durchschnittstemperaturen

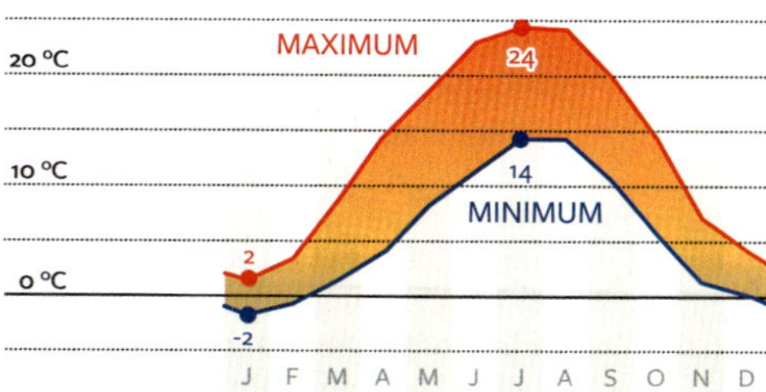

Niederschlag

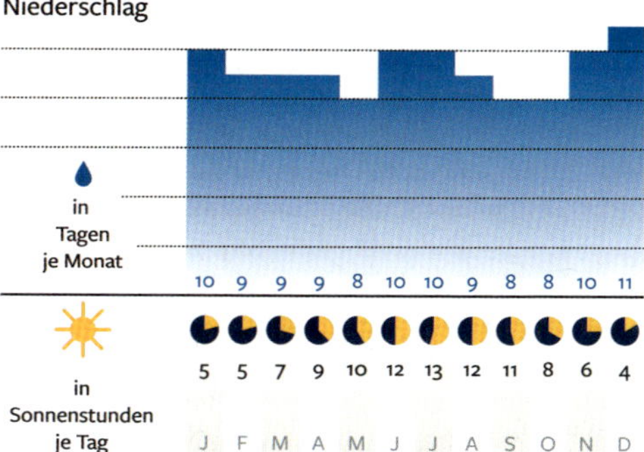

Zwei Jahrhunderthochwasser in elf Jahren

Extreme Regenmengen sorgten in den Jahren 2002 und 2013 für Jahrhundertfluten.

Überschwemmungsgebiete 12. – 26. August 2002

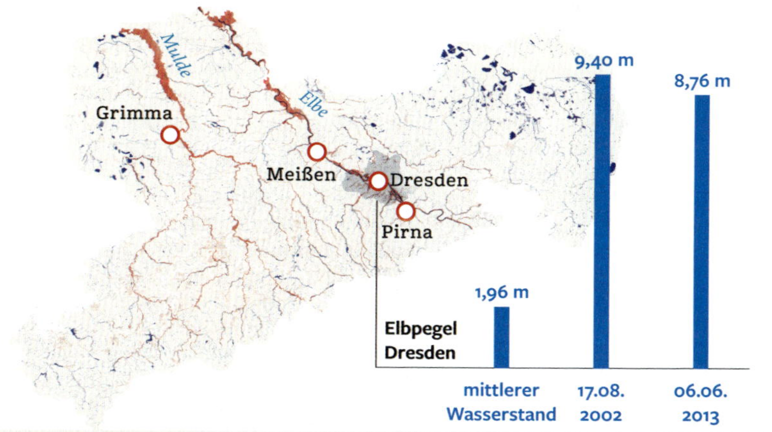

Prognosen einen weiteren Rückgang. Für das Jahr 2030 sagt das Statistische Landesamt ein Unterschreiten der Viermillionengrenze voraus.

Sorben

Im Nordosten Sachsens leben 40 000 der insgesamt 60 000 Mitglieder der westslawischen Minderheit der Sorben, die bereits im 6. Jh. in die Lausitz eingewandert waren. Im Lauf der Jahrhunderte teilte sich unter der deutschen Oberherrschaft ihr Siedlungsgebiet, weshalb heute **zwei kulturelle Zentren** existieren: **Bautzen** in Sachsen ist Mittelpunkt der 40 000 Oberlausitzer Sorben, während die 20 000 Niederlausitzer Sorben in Brandenburg um **Cottbus** leben. Auch sprachlich unterscheiden sie sich: Das Obersorbische ähnelt dem Tschechischen, das Niedersorbische dem Polnischen. Die Landesverfassungen von Sachsen und Brandenburg gewähren den Sorben Minderheitenschutz und garantieren u. a. kulturelle Autonomie, zweisprachige Straßenschilder, Schulen und Kindergärten sowie Zweisprachigkeit der Behörden. Im Alltag allerdings stößt vor allem Letzteres an Grenzen, denn kaum jemand spricht noch Sorbisch. Die Interessenvertretung der Sorben nimmt die 1912 gegründete **»Domowina«** (»Heimat«) wahr, die ihren Sitz in Bautzen hat. Die Sorben sind wie die Dänen in Südschleswig eine anerkannte ethnische Minderheit in Deutschland (▶ Baedeker Wissen, S. 76).

Wirtschaftliche Entwicklung

Wirtschaftsgeschichte

Dank des **Erzreichtums** war seit dem 12. Jh. Bergbau der herausragende Wirtschaftsfaktor in Sachsen. In seinem Gefolge stiegen Handwerk und **Handel** auf und machten etwa Leipzig im 15. Jh. zu einem Handelszentrum von europäischem Rang. Mit der Erschöpfung der Erzvorkommen besannen sich die Menschen auf **Handwerke**, die – insbesondere im Erzgebirge – heute noch eine große Tradition haben: Spielzeugproduktion, Spitzenklöppelei, Weberei und Musikinstrumentenherstellung.

Das 19. Jh. brachte die **Industrialisierung** im großen Stil. Vor allem Textilindustrie und Maschinenbau, später Feinmechanik und Elektrotechnik und das grafische Gewerbe in Leipzig boomten derart, dass Sachsen kurz vor dem Zweiten Weltkrieg die führende Industrieregion Deutschlands mit einem hohen Innovationsgrad war.

In der DDR änderte sich an der traditionellen Wirtschaftsstruktur wenig. Die drei sächsischen Bezirke erwirtschafteten ca. 40 Prozent der DDR-Industrieproduktion, wobei die **Textilindustrie** mit 85 Prozent alles überragte und auch der Maschinen- und Fahrzeugbau – der **»Trabi«** aus Zwickau und die **»MZ«** aus Zschopau – mit 40 Prozent eine dominierende Rolle spielten.

Strukturwandel

Nach dem Ende der DDR und vor allem nach der Währungsunion zeigte sich rasch, dass die sozialistisch organisierte Wirtschaft Sachsens nicht konkurrenzfähig war. Die Wirtschaft Sachsens wurde einem Strukturwandel unterworfen, der bis heute anhält. Die Anteile von Landwirtschaft und Industrie am Gesamtwirtschaftsaufkommen gingen enorm zurück, während der Dienstleistungsbereich wuchs. Gleichzeitig reduzierte sich im Zeitraum von 1989 – 2023 die Zahl der Erwerbstätigen von ca. 2,8 Mio. auf rund 2,1 Mio. – mit anderen Worten: Innerhalb von 35 Jahren sind etwa 25 Prozent der Arbeitsplätze weggefallen.

Die Situation heute

Sachsen hat heute hinsichtlich seiner Wirtschaftskraft und seines Wirtschaftswachstums eine Spitzenposition unter den neuen Bundesländern. Das Bruttoinlandsprodukt (BIP) hat sich von 1991 bis heute mehr als verdreifacht und erreichte 2022 146,5 Mrd. €. Das drängendste Problem der sächsischen Wirtschaftspolitik, die hohe Arbeitslosigkeit, hat sich in den vergangenen Jahren gebessert (▶ S. 323)

Die Neue Messe Leipzig steht für Sachsens wirtschaftliche Potenz.

GESCHICHTE

Völker kamen und gingen. Auf Zeiten der wirtschaftlichen Blüte folgten Krieg und Zerstörung. Aus dem Königreich Sachsen wurde ein Freistaat. Mit dem Dritten Reich und der DDR war es um die Freiheit geschehen. Durch die Wiedervereinigung wurde Sachsen Bundesland – und erneut ein »Freistaat«.

Vor- und Frühgeschichte

Erste Kulturen

Älteste Hinweise auf Menschen im Gebiet des heutigen Sachsen stammen aus der **Altsteinzeit** (vor 250 000 Jahren), wie Ausgrabungen in Markkleeberg bei Leipzig belegen. Auf vereinzelte Siedlungen der **Mittelsteinzeit** (vor ca. 10 000 Jahren) deuten Funde im Raum Rochlitz und Wurzen. Die ersten Ackerbausiedlungen lassen sich um 5000 v. Chr. im Dresdner Raum und südlich von Leipzig nachweisen. Bereits eine relativ dichte Besiedlung ist mit der **Lausitzer Kultur** (1400 – 400 v. Chr.) verbunden, die bis ins Vogtland hinein Holz- und Erdburgen hervorbringt.

Hermunduren und Slawen

Bis zur Zeitenwende zurück führen die Spuren der germanischen Hermunduren im mittelelbischen Raum, die in der **Völkerwanderungszeit** das Territorium verließen. In dieses Siedlungsvakuum stoßen von Böhmen her slawische Stämme (Daleminzier, Milzener, Lusitzen), die sich ab dem Ende des 6. bis ins 8. Jh. hinein in weiten Teilen des nördlichen und mittleren Sachsen niederlassen. Nicht allein die Namen von Dresden, Leipzig oder Chemnitz sind auf sie zurückzuführen, eine große Zahl heutiger Ortsnamen, die auf -witz oder -nitz enden, deuten auf **slawische Herkunft** hin.

Gegner der Franken

Im 5. Jh. erobern westgermanische Sachsen gemeinsam mit den Angeln und Jüten England. Die auf dem Festland Verbliebenen breiten sich in den folgenden Jahrhunderten im Raum Niedersachsen, am Niederrhein, in Hessen und Thüringen aus und widersetzen sich lange den Franken. Erst **Karl der Große** kann die Sachsen bezwingen und sie gewaltsam zum Christentum bekehren. Aus dem Stamm der Sachsen wird ein Herzogtum.

Markgrafschaft Meißen

Heinrich I. errichtet die Burg Meißen

Im Jahr 919 erhält der Sachsenherzog **Heinrich I.** die deutsche Königskrone. Zehn Jahre später gründet er mitten im slawischen Siedlungsgebiet die Burg Meißen und gibt damit das Signal zur Einwande-

CHRONOLOGIE

VOR- UND FRÜHGESCHICHTE

1400 – 400 v. Chr.	Lausitzer Kultur
6. – 8. Jh. n. Chr.	Slawen lassen sich in Sachsen nieder.
ab 772	Karl der Große unterwirft die Sachsen.

MARKGRAFSCHAFT MEISSEN

919	Der Sachsenherzog Heinrich I. wird deutscher König.
1089	Der Wettiner Heinrich von Eilenburg erhält die Markgrafschaft Meißen
1168	Beginn des Silberbergbaus
1180	Zerschlagung des sächsischen Stammherzogtums

KURFÜRSTENTUM SACHSEN

1423	Sachsen wird Kurfürstentum.
1485	Leipziger Teilung
1517	Beginn der Reformation
1547	Schlacht bei Mühlberg
1756 – 1763	Siebenjähriger Krieg

KÖNIGREICH SACHSEN

1806	Sachsen wird Königreich.
1863	Gründung des Allgemeinen Deutschen Arbeitervereins in Leipzig durch Ferdinand Lasalle

FREISTAAT SACHSEN

10. Nov. 1918	Ausrufung der Republik; Sachsen wird Freistaat.
1923	Reichsexekution

DAS ENDE DER FREIHEIT

ab 1943	Alliierte Luftangriffe auf sächsische Städte
25. April 1945	Treffen von Sowjets und US-Armee an der Elbe

SACHSEN IN DER DDR

Juli 1945	Sachsen wird Teil der sowjetischen Besatzungszone.
1952	Auflösung des Landes Sachsen und Unterteilung
ab Okt. 1989	Montagsdemonstrationen in Leipzig

WIEDER FREISTAAT

3. Okt. 1990	Sachsen wird Bundesland.
2002 u. 2013	»Jahrhundertfluten«
August 2018	Chemnitzer Ausschreitungen
2021	Die AfD wird bei den Bundestagswahlen in Sachsen mit 24,6 % stärkste Kraft.

rung deutscher Siedler. 965 erfolgt unter **Otto I.** die Gründung der Markgrafschaft Meißen und drei Jahre darauf der Bistümer Meißen, Zeitz und Merseburg. Mit der Unterwerfung der in der Gegend um Bautzen lebenden Milzener durch Markgraf Ekkehard im Jahr 1002 ist die erste Phase der Ostexpansion abgeschlossen.

Die Dynastie der Wettiner

1046 stirbt der letzte ekkehardinische Markgraf, erst 1089 wird ein neuer Markgraf bestimmt: **Heinrich von Eilenburg** aus dem Geschlecht der Wettiner, deren Stammburg nahe Halle liegt. Mit ihm beginnt die bis zur Abdankung des letzten sächsischen Königs 1918 dauernde Herrschaft des Fürstenhauses. Der erste bedeutende Wettiner ist **Markgraf Konrad** (1098 – 1157), dem der deutsche König 1125 die Erblichkeit des Titels zusichert. Unter ihm und seinem Sohn Otto (1130 – 1190) dringen deutsche Siedler weiter nach Osten in die Lausitz vor, doch werden die Slawen dieses Mal friedlich assimiliert.

Silberbergbau

Zur selben Zeit – im Jahr 1168 – beginnt bei Freiberg der systematische Silberbergbau im Erzgebirge. Dieser **Bergsegen** legt den Grundstein für den **Wohlstand Sachsens** (und der Wettiner) und beschleunigt dessen weitere Entwicklung immens. Markgraf Otto heißt fortan »Otto der Reiche«.

Heinrich der Erlauchte

Heinrich der Erlauchte (1215 – 1288) vergrößert die **wettinischen Besitzungen** noch einmal deutlich. Durch die Verheiratung seines Sohns Albrecht mit der Kaisertochter Margarethe erhält er das Pleißner Land um Chemnitz und Grimma sowie Anspruch auf die Landgrafschaft Thüringen.

Teilung des Stammherzogtums Sachsen

Gegen Ende des 12. Jh.s und im 13. Jh. kommt es außerhalb des wettinischen Herrschaftsbereichs zu Ereignissen, die sich über 200 Jahre später entscheidend auf das weitere Schicksal der Dynastie auswirken sollen. Nach dem **Sturz Heinrichs des Löwen** im Jahr 1180 wird das sächsische Stammherzogtum zerschlagen und unter dem Erzbistum Köln und den Askaniern aufgeteilt. Diese übernehmen die Herzogswürde, herrschen aber nur im Raum Wittenberg und Lauenburg. Ihr Gebiet wird 1260 noch einmal in Sachsen-Lauenburg und Sachsen-Wittenberg geteilt, Letzteres ist ab 1356 mit der Kurwürde verbunden.

Schlacht von Lucka

Nach dem Tod Heinrichs des Erlauchten sieht sich die Markgrafschaft den Begehrlichkeiten des Reichs ausgesetzt, doch König Albrecht I. handelt sich in der Schlacht von Lucka im Jahr 1307 eine Niederlage gegen Markgraf Friedrich den Freidigen (1257–1323) ein. Damit gewinnt dieser die zwischenzeitlich vom Königtum eingezogene Mark Meißen und Thüringen zurück und festigt die Macht seines Hauses wieder. Auch die **Gründung der Universität Leipzig** 1409 ist in diesem Zusammenhang zu sehen: Für viele Professoren und Studenten der Universität Prag ist die Markgrafschaft offenbar attraktiv.

Kurfürstentum Sachsen

Hussitenkriege

Die jenseits des Erzgebirges tobenden Hussitenkriege bedrohen auch die Markgrafschaft. **Friedrich der Streitbare** (1370 – 1428) ist ein treuer Gefolgsmann des böhmischen Königs Sigismund, der auch die deutsche Kaiserwürde trägt. Diese Treue wird am 6. Januar 1423 belohnt: In seiner Eigenschaft als Kaiser belehnt Sigismund Markgraf Friedrich mit dem Herzogtum Sachsen-Wittenberg, das nach dem Tod des letzten Askaniers Albrecht III. herrscherlos ist. Viel wichtiger als der Gebietszuwachs ist für die Wettiner aber die mit dem Herzogtum verbundene **Kurwürde**. Die Markgrafschaft Meißen und die Landgrafschaft Thüringen sind nun zum Kurfürstentum Sachsen geworden. Erst dadurch kommt der Name »Sachsen« in die Region um Elbe und Erzgebirge.

Leipziger Teilung

Die Enkel Friedrichs des Streitbaren, Kurfürst Ernst (1441 – 1486) und Herzog Albrecht (1443 – 1500), regieren von 1464 – 1485 gemeinsam. Dann aber beschließen sie, ihre **Herrschaft zu teilen**: Ernst erhält – zusammen mit der Kurwürde – Torgau, Wittenberg, Gotha, Jena, Coburg, das Vogtland und Weimar, das er zu seiner Residenz macht, Albrecht bekommt die Markgrafschaft Meißen und die Landgrafschaft Thüringen. Die Brüder vollziehen damit die wohl fol-

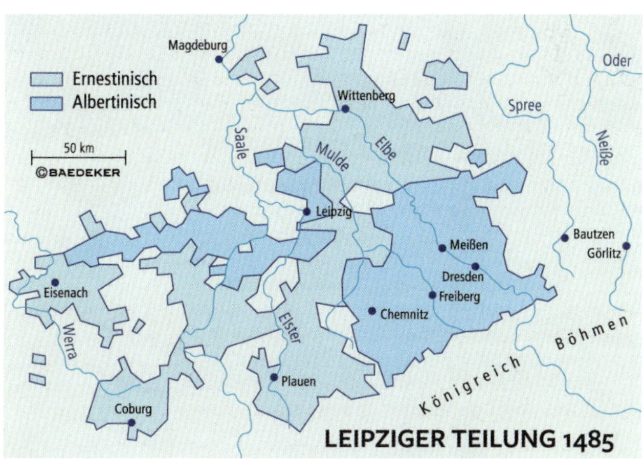

genschwerste Weichenstellung in der sächsischen Geschichte: Nicht nur ist das wettinische Haus nun in eine albertinische und eine ernestinische Linie gespalten, vor allem wird die Landesteilung nie wieder rückgängig gemacht. Während die ernestinischen Besitzungen nach und nach zerfallen, werden die **albertinischen Lande** dank eines die Unteilbarkeit verfügenden Hausgesetzes von 1499 nie mehr geteilt und bilden den **Kern des heutigen Freistaats Sachsen**.

Reiches Sachsen

Die Teilung der wettinischen Lande fällt Ernst und Albrecht umso leichter, als ein erneuter »Bergsegen« auch Segen für die fürstlichen Kassen bedeutet. Im Laufe des 15. Jh.s erschließt man im Erzgebirge neue Silber- und dazu Zinn- und Eisenerzvorkommen. Es entstehen **Schneeberg, Annaberg** und **Marienberg**. Auch die Textilwirtschaft kommt in Schwung. Leipzig erhält 1497 das kaiserliche Messeprivileg. Die beiden Teile Sachsens sind das reichste Land im Deutschen Reich.

Kernland der Reformation

Am Tag vor Allerheiligen 1517 schlägt **Martin Luther** angeblich seine 95 Thesen an die Tür der Schlosskirche zu Wittenberg. Sein Landesherr, der Ernestiner **Friedrich der Weise** (1463–1425), nimmt ihn von Anfang an in Schutz und ermöglicht ihm den Aufenthalt auf der Wartburg. Nur folgerichtig ist die Einführung der Reformation in den ernestinischen Landen 1527. Der Albertiner **Georg der Bärtige** dagegen hält nach dem Kirchenbann gegen Luther von 1521 dem Papst die Treue. Erst nach seinem Tod 1539 werden unter Heinrich dem Frommen (1473–1541) auch die albertinischen Lande protestantisch. Wer die neue Religion nicht annimmt, wird des Landes verwiesen oder in Haft genommen.

Moritz von Sachsen

1541 folgt Herzog Moritz (1521 – 1553) Heinrich dem Frommen nach. Im eigenen Land fördert er die Bildung, indem er die Leipziger Universität finanziell saniert und reformiert. Durch die Gründung der Fürstenschulen Meißen, Schulpforta und Grimma sichert er den Beamtennachwuchs. Zudem baut er Dresden und Leipzig aus. Nach außen hin verficht er die **Idee der Territorialgewalt**, die die Fürstentümer als tragendes Element des Deutschen Reichs sieht. Er scheut sich nicht, als Oberhaupt eines formell protestantischen Staats ein Bündnis mit den katholischen Kräften einzugehen und im Schmalkaldischen Krieg auf der Seite Kaiser Karls V. gegen die Protestanten zu ziehen. Diese erleiden 1547 in der **Schlacht bei Mühlberg** eine entscheidende Niederlage; der ernestinische Kurfürst Johann Friedrich, Bruder von Moritz, wird dabei gefangen genommen und verliert seine Kurwürde. Sein Nachfolger als Kurfürst wird binnen kürzester Zeit Moritz – schließlich hat er sich das vom Kaiser zusichern lassen. Zur Kurwürde gibt es einige ernestinische Gebiete hinzu.

Das Wappen der Albertiner

Wie kein anderer hat August der Starke Sachsen seinen Stempel aufgedrückt.

Kurz darauf vollzieht Moritz eine Wendung: Als Wortführer der deutschen Fürsten tritt er nun gegen Karl V. auf und handelt 1552 in Passau einen Vertrag aus, der den Augsburger Religionsfrieden von 1555 vorbereitet. Sachsen ist danach die **führende protestantische Macht im Reich**. Moritz' Bruder August setzt sein Werk fort. Mit dem Geheimen Rat führt er ein neues Regierungsinstrument ein, mit seinen **»Konventionen«** schafft er Rechtssicherheit. Er fördert **neue Techniken** in Bergbau und Hüttenwesen und errichtet landesherrliche Mustergüter. Den daraus fließenden Reichtum setzt er u. a. bei der Gründung der Kunstkammer, des späteren Grünen Gewölbes in Dresden, ein.

Dreißigjähriger Krieg

Sein Nachfolger Johann Georg I. (1585 – 1656) verspielt im Dreißigjährigen Krieg durch eine Politik des Lavierens jedoch Sachsens Stellung. Er schlägt sich zunächst auf die Seite der Schweden, wechselt nach deren Niederlage in der Schlacht von Nördlingen 1634 aber die Seite und wird dafür im Frieden von Prag ein Jahr später mit der Lausitz als Lehen belohnt. Der Preis dafür ist die Abhängigkeit vom Hause Habsburg und der Sturz in die politische Bedeutungslosigkeit. Kurfürst Johann Georg III. gelingt es allmählich, die wirtschaftlichen Folgen des Kriegs zu mildern. Er schafft 1682 ein stehendes Heer, mit dem er 1683 an der Seite des polnischen Königs Johann Sobieski die Belagerung Wiens durch die Türken sprengt.

August der Starke

Kurfürst August der Starke (1670 – 1733; offiziell Friedrich August I., ▶ Baedeker Wissen, S. 354) hat ein Auge auf die polnische Königskrone geworfen, die nach dem Tod Johann Sobieskis verwaist ist. Er hat, obwohl Schutzherr des deutschen Protestantismus, keine Probleme, dafür – wie von den Habsburgern gefordert – katholisch zu werden. 1697 wird er **als August II. zum König von Polen** gekrönt. Er übernimmt sich politisch allerdings gewaltig, denn die polnischen Verpflichtungen im Ostseeraum führen ihn in den Nordischen Krieg gegen Schweden, in den er fast ausschließlich sächsische Soldaten schickt und dem er nur durch das Eingreifen Russlands einigermaßen ungeschoren entrinnt. Auch mit seinem Plan, Polen zur Erbmonarchie zu machen, scheitert er. Dass August der Starke dennoch als einer der Barockfürsten schlechthin gilt, verdankt er seiner ausufernden Bautätigkeit, die ihren Höhepunkt im **Zwinger** in Dresden findet, in der Gründung der **Meißener Porzellan-Manufaktur** und einer verschwenderischen Hofhaltung.

Siebenjähriger Krieg

Was August der Starke begonnen hat, setzt sein Sohn Friedrich August II. fort. Sachsen erblüht als **Land der Wissenschaften und Künste**. Der kunstliebende Fürst baut die Gemälde- und Skulpturensammlung zu einer der ersten in Europa aus Die Politik überlässt er seinem Kanzler Heinrich Graf von Brühl. Dieser hat sich mit Preußen auseinanderzusetzen, das gegen Österreich opponiert und dazu auch dessen Bundesgenossen Sachsen provoziert. Die Preußen machen der Leipziger Messe Konkurrenz, behindern die freie Schifffahrt auf der Elbe und rücken mit der Besetzung Schlesiens 1740 dem sächsischen Kernland bedrohlich nahe. Als 1756 der Siebenjährige Krieg ausbricht, ist es nach wenigen Wochen bereits um Sachsens Heer geschehen. Kurfürst und Kanzler fliehen nach Warschau, und Preußen und Österreicher tragen einen großen Teil ihrer Schlachten auf sächsischem Boden aus. Am Ende des Kriegs 1763 ist **Sachsen politisch ohne Bedeutung** und Teile des Landes sind verwüstet.

Erholung von den Kriegsfolgen

Bis zum Beginn des 19. Jh.s erholt sich Sachsen jedoch verhältnismäßig rasch von den Folgen des Kriegs. Nach wie vor ist der Bergbau – 1765 wird in Freiberg die **erste Bergakademie der Welt** gegründet – ein Hauptstandbein der Wirtschaft.

Königreich Sachsen

Napoleonische Kriege Auch in den Napoleonischen Kriegen steht Sachsen meist auf der Seite der Verlierer. Nach der Niederlage in der **Doppelschlacht von Jena und Auerstedt** 1806 an der Seite Preußens schließt sich Sachsen dem Rheinbund an. Zur Belohnung macht Napoleon I. Kurfürst Friedrich August III. zum **König Friedrich August I. von Sachsen**. Dessen Untertanen marschieren nun in der Grande Armée durch halb Europa. Allein 20 000 Sachsen ziehen 1812 mit nach Moskau, nur 1000 sehen die Heimat wieder. In der **Völkerschlacht bei Leipzig** 1813 stehen sächsische Truppen immer noch unter französischem Befehl, doch wechseln viele Soldaten die Seite (▶ Baedeker Wissen, S. 208). Nach der Schlacht, die allein 84 000 Tote fordert, gerät der sächsische König in preußische Gefangenschaft; das Land durchlebt eine Hungersnot.

Wiener Kongress Zwar beteiligt sich das reorganisierte sächsische Heer aufseiten der Alliierten an der Schlacht von Waterloo, doch bewahrt dies Sachsen nicht davor, auf dem Wiener Kongress **erhebliche Gebietsverluste** hinnehmen zu müssen. Es verliert drei Fünftel seines Territoriums – allein die Hälfte davon fällt an Preußen – und wird damit auf die Grenzen zurückgedrängt, die der Freistaat im Wesentlichen heute noch hat.

Industrialisierung Erneut erweist sich in den Folgejahrzehnten Sachsens wirtschaftliche Stärke. 1829 wird in Mylau die erste Dampfmaschine in Betrieb genommen, 1830 gibt es schon 200 Textil- und Metallfabriken. 1837 wird der Dampfschiffverkehr auf der Elbe aufgenommen, und 1839 eröffnet man zwischen Dresden und Leipzig die **erste Fernbahnstrecke Deutschlands**. Bereits 1829 ist der sächsische Industriever-

SACHSEN NACH DEM WIENER KONGRESS 1815

ein gegründet worden, der erste deutsche Unternehmerverband. Das kleine Königreich gibt den Takt bei der Industrialisierung Deutschlands an, vollends mit der Forcierung des **Braun- und Steinkohlenabbaus** und mit ihm der **Eisenindustrie**. Das Gebiet um Riesa, Lauchhammer und Freital steigt im Verlauf des 19. Jh.s nach dem Ruhrgebiet und Oberschlesien zu Deutschlands drittgrößtem Eisen- und Stahlproduzenten auf.

Politischer Wandel

Erst 1831, unter dem Eindruck der Pariser Julirevolution, gibt sich Sachsen eine eher halbherzige demokratische Verfassung. So greifen die Revolutionen von **1848/1849** auch auf Sachsen und insbesondere auf Dresden über. Dort errichten Revolutionäre, unter ihnen Gottfried Semper und Richard Wagner, im Mai 1849 Barrikaden und rufen zum Widerstand gegen die preußischen Truppen der Reaktion auf. Sachsen wird von den Preußen besetzt, politisch kehrt man zu den Verhältnissen des Vormärz zurück.

Einbindung in das Kaiserreich

Im preußisch-österreichischen Krieg steht Sachsen wieder einmal auf der falschen Seite. Das **Schlachtfeld von Königgrätz** verlässt das sächsische Heer mit seinem österreichischen Bundesgenossen 1866 als Verlierer. Das Königreich wird nun **Mitglied im Norddeutschen Bund**. An Preußens Seite zieht es in den Deutsch-Französischen Krieg und tritt 1871 dem Deutschen Kaiserreich bei.

Hochburg der Arbeiterbewegung

Die herausragende Stellung Sachsens bei der **Industrialisierung** – 1895 arbeiten 58 Prozent aller sächsischen Erwerbstätigen in der Industrie (Reichsdurchschnitt: 39 Prozent) – lässt die damit heraufbeschworenen sozialen Probleme offen zutage treten. In Sachsen erlebt die deutsche Arbeiterbewegung ihre Geburtsstunde, als 1863 Ferdinand Lasalle in Leipzig den **Allgemeinen Deutschen Arbeiterverein** gründet. August Bebel, wie Wilhelm Liebknecht auch in Leipzig aktiv, ist 1867 in den konstituierenden Norddeutschen Reichstag als erster sozialistischer Abgeordneter gewählt worden. 1871 erscheint in Crimmitschau die erste sozialdemokratische Zeitung, 1876 wird in Leipzig **der »Vorwärts«**, das Zentralorgan der Sozialdemokratie, gegründet. Bis zur Machtübernahme durch die Nationalsozialisten hat die SPD in Sachsen ihr Stammland. So erobert sie bei den Reichstagswahlen von 1903 58,8 Prozent der Stimmen und 22 von 23 Wahlkreisen.

Freistaat Sachsen

Erster Weltkrieg und Revolution

Im Ersten Weltkrieg kämpft die sächsische Armee als 3. Armee an der Westfront und wird später unter preußisches Kommando gestellt. Die Revolution erfasst das Land am 8. November 1918, als in Leipzig, Chemnitz und Dresden **Arbeiter- und Soldatenräte** gegründet werden. Am 10. November wird in Dresden – im Zirkus Sarrasani – die Republik ausgerufen, zwei Tage später dankt **König Friedrich August III.** ab mit den Worten:

» Macht doch Euern Dreck alleene. «

»Rotes Sachsen«

Sachsen ist nun Freistaat, der 1919 zwar einige von der äußersten Linken angezettelte Unruhen erleben muss, sich aber am 1. November 1920 eine **republikanische Verfassung** geben kann. Die darauffolgenden Wahlen gewinnen knapp die Sozialdemokraten, die bis 1929 die Regierung stellen. Allerdings erlebt **Ministerpräsident Erich Zeigner** eine in der deutschen Verfassungsgeschichte einmalige Situation: Als er 1923 zwei kommunistische Minister in sein Kabinett aufnehmen will, setzt Reichspräsident Ebert die Regierung ab und lässt die Reichswehr nach Sachsen marschieren. Diese **Reichsexekution** führt zu einer Verfassungskrise und zum Rücktritt der Reichsregierung unter Reichskanzler Gustav Stresemann.

Weltwirtschaftskrise

Das hochindustrialisierte Sachsen hat unter der Weltwirtschaftskrise stärker zu leiden als andere Teile des Reichs. Fast ein Drittel aller Arbeitslosen in Deutschland lebt in Sachsen. Die Sozialdemokraten verlieren an Boden, bürgerliche Kräfte übernehmen die Regierung. Die **Nationalsozialisten legen zu**: 1930 können sie im Vogtland 30 Prozent der Stimmen gewinnen.

Das Ende der Freiheit

Sachsen wird Nazi-Gau

Mit der Freiheit ist es vorbei, als nach den Wahlen vom 5. März 1933 die Nationalsozialisten die Macht übernehmen. Rasch wandeln sie das Land zum Gau mit einem Reichsstatthalter an der Spitze um. Politische Gegner werden verfolgt und in die Zuchthäuser und Gefängnisse von Bautzen, Waldheim und Torgau verschleppt. Burg Sonnenstein in Pirna ist einer der Haupttatorte der **Euthanasie**.

Zweiter Weltkrieg

Den Krieg erleben die Sachsen seit 1943 in Gestalt von Luftangriffen, vor allem auf Leipzig, Zwickau, Chemnitz und Plauen. Die **Bombenangriffe auf Dresden** vom 13. bis 15. Februar 1945 legen die bis dahin verschonte, mit Flüchtlingen überfüllte Stadt in Schutt und Asche. Zu dieser Zeit nähern sich bereits US-Truppen von Westen und die Sowjetarmee von Osten. Ihre Vorhuten treffen sich am 25. April 1945 in **Torgau an der Elbe** und reichen sich auf der zerstörten

Blick vom Rathausturm auf das zerstörte Dresden

Elbbrücke die Hände – so die offizielle Lesart, denn das erste Treffen sowjetischer und amerikanischer Truppen ereignete sich bereits wenige Stunden zuvor etwas weiter südlich bei Strehla, nur hatte niemand eine Kamera dabei. Auch das berühmte Foto des Händedrucks von Torgau ist nicht ganz echt: Die Begegnung wird am nächsten Tag noch einmal nachgestellt und fotografiert.

Sachsen als Teil der DDR

Drei sächsische Bezirke

Im Juli 1945 ziehen sich die US-Truppen vereinbarungsgemäß aus den von ihnen besetzten Gebieten Westsachsens zurück. Ganz Sachsen gehört nun zur sowjetischen Besatzungszone, es ist sogar um die westlich der Lausitzer Neiße gelegenen schlesischen Gebiete um Görlitz und Hoyerswerda erweitert worden. Das Sagen hat die **Sowjetische Militäradministration in Deutschland** (SMAD). Daran ändern auch die Landtagswahlen im Oktober 1946 nichts, bei der die inzwischen durch den Zwangszusammenschluss von SPD und KPD gebildete SED die absolute Mehrheit knapp verfehlt und nur durch ein Bündnis mit der extrem kleinen Bauernhilfe die Regierung stellen kann. In Landwirtschaft und Industrie werden **alle Betriebe von Bedeutung verstaatlicht**. Dabei ist der Agrarsektor im Industrieland Sachsen weit weniger betroffen: Rund 50 Prozent aller in der Sowjetischen Besatzungszone enteigneten Betriebe liegen in Sachsen. Was die Sowjets selbst wichtig finden, wird entweder demontiert oder unter eigene Verwaltung gestellt.
Mit der **Gründung der Deutschen Demokratischen Republik** am 7. Oktober 1949 wird Sachsen ein Land des neuen Staats. Im Oktober wählt man sogar einen neuen Landtag, doch bereits im Juli 1952 löst die DDR-Regierung die Länder auf. Sachsen wird in die Bezirke Dresden, Leipzig und Chemnitz (ab 1953 Karl-Marx-Stadt) unterteilt.

Ende der DDR

Das Ende der DDR kündigt sich im Frühjahr und Sommer 1989 an, als immer mehr ihrer Bürger die Ausreise über Ungarn glückt. Die **Botschaftsbesetzer von Prag** ertrotzen ebenfalls ihre Ausreise, die sie im September und Oktober 1989 per Bahn von der tschechoslowakischen Hauptstadt über Dresden in die Bundesrepublik führt.
Am 2. Oktober gehen 20 000 Menschen in **Leipzig** zur **Montagsdemonstration** auf die Straße, um gegen das SED-Regime zu protestieren, am 16. Oktober zählt Leipzig 100 000 Demonstranten. Rasch greifen die Proteste von Leipzig auf die restliche DDR und vor allem nach Ostberlin über und halten bis 1990 hinein an. Am 18. Oktober 1989 löst **Egon Krenz** Erich Honecker als SED-Generalsekretär ab; am 8. November tritt das Politbüro zurück. Fünf Tage später wird **Hans Modrow**, SED-Bezirkschef von Dresden, neuer Ministerpräsident der DDR.

Wieder Freistaat

Ära Biedenkopf

Am 3. Oktober 1990 vereinigen sich die Bundesrepublik Deutschland und die Deutsche Demokratische Republik. Sachsen wird wieder Freistaat. Aus den Landtagswahlen von 1990 geht die CDU mit **Kurt Biedenkopf** als Sieger hervor. Bei den Wahlen 1994 und 1999 kann er seinen Erfolg wiederholen; 2002 übergibt er sein Amt an Georg Milbradt.

Rechts gewinnt

Bei der Landtagswahl 2004 verliert die CDU zum ersten Mal seit 1990 die absolute Mehrheit, die NPD gewinnt enorm an Stimmen hinzu. Ministerpräsident bleibt zunächst Georg Milbradt, ihm folgt 2008 der Sorbe Stanislaw Tillich. Nach den Landtagswahlen 2014 zieht erstmals und aus dem Stand die **AfD** mit 9,7 % in den Landtag. 2017 löst Michael Kretschmer Tillich ab.

Kein Welterbe mehr

Im Juni 2009 wird dem Dresdner Elbtal der von der UNESCO 2004 verliehene Titel **»Weltkulturerbe«** wegen der seit 2007 im Bau befindlichen Waldschlösschenbrücke wieder aberkannt.

Rechtes Sachsen?

Am 20. Oktober 2014 findet in Dresden die erste Pegida-Demonstration statt. Seitdem sorgt das rechtsgerichtete, islam- und fremdenfeindliche Bündnis immer wieder für Schlagzeilen, fordert aber auch Gegendemonstrationen heraus. So kam es in Dresden am 10. Januar 2015 zu einer ersten Großkundgebung für Weltoffenheit und Toleranz mit rund 35 000 Teilnehmern. Als am 20. August 2018 Daniel H. am Rande eines Stadtfests in **Chemnitz** von Flüchtlingen tödlich verletzt wird, kommt es zu mehrtägigen gewaltätigen Ausschreitungen. Am 3. September 2018 findet aus Protest gegen die Rechtsextremen ein Open-Air-Konzert mit 65 000 Besuchern statt. Die Chemnitzer Ausschreitungen bilden den vorläufigen Höhepunkt einer Serie von fremdenfeindlichen Gewalttaten im Freistaat und befeuern die Diskussion um die politische Situation in Sachsen. Bei den **Bundestagswahlen 2021** hatte die AfD mit 24,6 % die meisten Wähler, gefolgt von SPD (19,3 %), CDU (17,2 %) und FDP (11 %). Ministerpräsident ist seit 2017 Michael Kretschmer (CDU). Die nächsten Landtagswahlen finden 2024 statt.

KUNST UND KULTUR

Meist denkt man an August den Starken, wenn es um Sachsen und Kultur geht, oder an die »Brücke« oder die Neue Leipziger Schule. Dabei blühten auf der Basis der reichen Silbervorkommen bereits im späten Mittelalter im Land die Künste.

Romanik und Gotik

Historische Bedingungen

Das Slawenland zwischen Saale, Elbe und Erzgebirge wurde 929 von Kaiser Heinrich I. erobert. Es war nur dünn besiedelt, daher verlief die Einwanderung deutscher Bauern in den folgenden zwei Jahrhunderten ohne nennenswerte Konflikte. Dies bezeugen der Mix aus slawischen und deutschen Ortsnamen, viele Familiennamen, die Zischlaute in den sächsischen Dialekten sowie die Anlage von Dorfkernen. **Landnahme und Christianisierung** begannen, als westlich der Saale längst große Herzogtümer, Klöster und Städte bestanden.

Entdeckung des Silbers

Dieser Rückstand wurde aufgeholt, nachdem 1168 im mittleren Erzgebirge Silber entdeckt worden war. Sechzig Jahre danach standen dort die Stadt Freiberg und bei der Burg der Markgrafen ein spätromanischer Dom mit der **»Goldenen Pforte«**, Deutschlands reichstem Gewändeportal. Beim heutigen Nossen entstanden das **Kloster Altzella** als geistliches Zentrum mit markgräflicher Grablege und in Wechselburg an der Mulde eine Stifts- und Wallfahrtskirche, die zu den feinsten Schöpfungen der deutschen Spätromanik zählt. Ihr Lettner und das Freiberger Portal sind aber nur Vorläufer des Höhepunkts deutscher mittelalterlicher Plastik: der **Stifterfiguren im Westchor des Naumburger Doms**. Neun dieser zwölf überlebensgroßen Gestalten sind Wettiner.

Ausbau der Städte

Das Silber brachte zwar Schwung in die Kunstentwicklung, doch sächsisch waren die Baumeister und Bildhauer nicht. Die ersten kamen, wie die Bergleute, aus dem Harz, aber ihre Handschriften weisen auf Kenntnisse, die sie in Italien und Frankreich erworben haben müssen. Der **Naumburger Meister** hatte zuvor an der Kathedrale in Reims gearbeitet. Seine Schüler oder Mitarbeiter waren an der Dombauhütte in Meißen tätig, wo man ihre Arbeiten im Chor, am Lettner und in einer Seitenkapelle sehen kann.

Doch um die Mitte des 13. Jh.s versank das Land in wettinischen Bruderzwisten und in Auseinandersetzungen mit der kaiserlichen Zentralgewalt. Zugleich ging die **Ausbeute an Silber** zurück, denn mit der herkömmlichen Technologie war nur an Erz nahe an der Erdoberfläche heranzukommen. Die Erschließung vor allem von Zinn, aber auch Eisen und Kupfer, konnte den verringerten Ertrag der Silberminen nicht kompensieren. Wohl aber beförderte die Zunahme der **Montanwirtschaft** und der ihr nachfolgenden Gewerke die Neugründung und den Ausbau der Städte. Leipzig entwickelte sich zum **Fernhandelszentrum**, und sächsisches Zinn erschien auf den europäischen Märkten.

Mehrere Bauten aus dem 14. Jh. sind Zeugen dieser gegenläufigen Prozesse. Die Lausitz war an Böhmen verloren gegangen, und Kaiser Karl IV. errichtete von Prag aus auf dem Berg Oybin im Zittauer Ge-

birge eine Klosterkirche, an deren Ruine man das einzige Auftreten des **Parler-Stils** in Sachsen studieren kann.
Das bedeutendste Bauwerk der Gotik in der Markgrafschaft ist aber das **Langhaus des Meißener Doms**. Es gehört zu den klassischen Werken der deutschen **Hochgotik**, nicht monumental, aber von besonders feiner Formensprache und einheitlicher Erscheinung. Das figurenreiche Westportal, geschaffen kurz nach 1350 und bald darauf in den als Grablege der Kurfürsten erbauten Westchor integriert, deutet schon auf den Beginn einer eigenen mitteldeutsch-sächsischen Kunstsprache in der Architektur hin.

Dem Silber verdankt Freiberg sein gotisches Rathaus

Blüte im 15. Jh. Um die Mitte des 15. Jh.s setzte in Sachsen eine lang andauernde Blütezeit ein. Städte entstanden, neue Gewerke entwickelten sich und der Handel florierte. Grund dafür war die Anwendung neuer Technologien im **Freiberger Revier**, die tief liegende Silbergänge erschließen konnten. Neue Silberfunde im Westerzgebirge führten zur Gründung der Bergstädte Schneeberg und Annaberg.

Die **Hallenkirchen** in Schneeberg und Annaberg, errichtet in der Zeit um 1500, zählen zu den großartigsten Werken der deutschen Spätgotik und präsentieren in ihren prachtvollen Langhäusern zugleich Höhepunkte eines weit verbreiteten, ausgeprägt obersächsischen Bautypus. Zellen- oder netzgewölbte Hallen, saalartig breit, gelegentlich sogar mit quadratischem Grundriss, nehmen die Grundform der lutherischen Predigtkirche vorweg. Sie wurden fast gleichzeitig in allen Städten des Kurfürstentums errichtet.

Diese sächsische Bauschule war von **Meißen** ausgegangen. Hier errichtete der Baumeister Arnold von Westfalen (ca. 1430 – 1482) um 1470 die **Albrechtsburg**, eigentlich Deutschlands erster Schlossbau. Der damals einzigartige Aufwand von drei übereinandergetürmten gewölbten Geschossen war nur durch die reichen Erträge aus dem Bergbau möglich. Diese erste feste Residenz entstand in einem Land, in dem bereits ein Drittel der Einwohner in Städten wohnte. Hier waren schon im 14. Jh. Gymnasien gegründet worden, hier lebten die Adressaten der lutherischen Bibelübersetzung. Um die moderne – bereits der Renaissance gemäße – horizontale Gliederung der Fassaden zu erreichen, lagerte Arnold die Geschosswölbungen der Albrechtsburg auf nach innen gezogenen Strebepfeilern und mächtigen, von Geschoss zu Geschoss verstärkten Wandblöcken. Die Zwischenräume besetzen breite Maßwerkfenster, die in Vorhangbögen enden. Arnolds Meisterstück aber ist der große Treppenturm. Die gewaltige Tonnage des überwölbten steinernen Aufgangs wird von drei radial gestellten Strebepfeilern quasi gegen die Fassade gedrückt, denen im Inneren der Spindel drei schmale Streben Widerpart leisten. Zum ersten Mal tritt hier ein Grundmotiv der Kunst dieses frühindustriellen Landes auf: die demonstrativ vorgeführte **Lösung eines technischen Problems als Kunstform**.

Plastik Arnolds Schüler und deren Nachfolger bauten bis etwa 1540 im ganzen Land und auch in Böhmen und Brandenburg Hallenkirchen, Schlösser und Rathäuser. Viele sächsische Kirchen besitzen noch immer reiche Ausstattungen aus dieser Zeit. Selbst in Dörfern und Landstädtchen gibt es prachtvolle Schnitzaltäre und spätgotische Silberkelche. Manche kamen im Zuge der Reformation aus säkularisierten Klöstern an ihren heutigen Ort.

Andere verdanken sich dem Reichtum der Bergstädte, so der **Altar der Kirche St. Nikolai in Ehrenfriedersdorf** (1507), der bis an das Gewölbe reicht und den Chor der Stadtkirche wie einen Rahmen

Kunstvoll in Stein »gedrechselte« Säulen im Meißener Dom

erscheinen lässt. Er ist ein Frühwerk des großen Bildhauers **Hans Witten** (um 1475 – nach 1522), der auch die Tulpenkanzel des Freiberger Doms, die monumentale Geißelsäule der Chemnitzer Schlosskirche und die schöne Pforte der Annaberger Annenkirche schuf. Seine Arbeiten gehören zu den Meisterwerken der deutschen spätgotischen Plastik. Gleichbedeutend neben ihm steht der vom fränkischen Riemenschneider-Stil beeinflusste Zwickauer Bildschnitzer **Peter Breuer** (um 1472 – 1541). Seine Hauptwerke sind die **Pietà des Zwickauer Doms** (um 1502) und der Freiberger Christus in der Rast, beide geprägt von tiefem seelischen Ausdruck.

Malerei

Unter den Malern ragt **Hans Hesse** (um 1491 – um 1521) hervor. Sein Gemälde mit der Legende des Propheten Daniel, einem Patron des Bergbaus, auf der Rückseite des Bergmannsaltars in der Annaberger Annenkirche, ist eine Meisterleistung. Hesse gruppiert um die zentrale Gruppe mit Daniel und dem Engel in realistischer Detailtreue sämtliche **bergmännischen Arbeitsvorgänge** bis hin zur Verhüttung des Silbers.

Im nördlichen Sachsen dominierten in dieser Zeit gemalte Altäre. Kurfürst Friedrich der Weise gründete in seiner Residenzstadt Wittenberg eine Universität, an die er u. a. den Augustinermönch Martin Luther als Professor berief. 1504 ernannte er den in Wien tätigen **Lucas Cranach** zu seinem Hofmaler. Cranach und seine Werkstatt

führten nun die meisten Malereien für den Hof, die Patrizier und den Adel im gesamten nördlichen Mitteldeutschland bis nach Anhalt, Thüringen und Brandenburg aus. Nach Luthers Thesenanschlag von 1517 und den beginnenden Auseinandersetzungen um die Reformation galt es, lutherische Streitschriften und Flugblätter zu illustrieren und schließlich eine evangelische Ikonografie zu schaffen. Gleichzeitig waren angesichts des sich formierenden **Humanismus** an den Universitäten neue Themenkreise zu entwickeln und die Prachtbauten des Hofs mit modernen Repräsentationsgemälden auszustatten. Größe und Umfang dieser Aufgaben erklären die beträchtliche Größe der Cranach-Werkstatt, aber auch den gleichzeitigen Zusammenbruch der südsächsischen Bildschnitzerwerkstätten, deren Madonnen und Heiligenfiguren nicht mehr gebraucht wurden
Das wichtigste Denkmal dieser Vorgänge – zugleich ein Hauptwerk der deutschen Renaissancemalerei – ist Cranachs **Altar von 1539 in der St.-Wolfgang-Kirche zu Schneeberg**. Zweifellos war Luther selbst, der mit dem Maler befreundet war, am Bildprogramm dieses ersten monumentalen Reformationsaltars beteiligt. Die Heiligen sind aus seinen zwölf Tafeln verbannt, nur das biblische Heilsgeschehen selbst ist dargestellt, flankiert von den kurfürstlichen Stiftern.

Renaissance

Schloss Hartenfels in Torgau

Den Übergang von der Spätgotik zur Renaissance präsentiert am großartigsten das kurfürstliche Schloss Hartenfels in Torgau. Der Flügel zur Elbe hin, zwischen 1533 und 1536 erbaut, zeigt noch Vorhangbögen, und wie bei der Albrechtsburg in Meißen ist eine große steinerne Wendeltreppe mit schlanken Pfeilern und Brüstungen angebaut, ein **Wendelstein**. Die Schlosskirche wurde 1544 noch von Luther geweiht und ist somit **eine der ersten evangelischen Kirchen**. Ihre Grundkonstruktion in Gestalt eines mehrgeschossigen, in einen Schlossflügel integrierten Saals war Vorbild für lutherische Schlosskapellen bis in den skandinavischen Raum hinein.

Residenzschloss Dresden

Unweit von Torgau, bei Mühlberg an der Elbe, gewann 1547 Kaiser Karl V. die Schlacht gegen die protestantischen Fürsten des Schmalkaldischen Bundes. Die ernestinischen Wettiner verloren die Kurwürde an ihre albertinischen Vettern, die in Dresden residierten; deshalb verlagerte sich der Schwerpunkt der künstlerischen Entwicklung in Sachsen nun in den südlichen Elbraum. Moritz, der erste albertinische Kurfürst, ließ die alte Burg am Dresdner Elbbrückenkopf zu einem modernen Residenzschloss erweitern. Damit ist sie die **erste regelmäßige Vierflügelanlage** unter den deutschen Schlössern. Sämtliche Fassaden waren mit Sgraffiti bedeckt, eine italienisch inspirierte Form des Bauschmucks.

Schloss Augustusburg

Nach dem Tod seines Bruders Moritz 1553 setzte Kurfürst August dessen Bautätigkeit verstärkt fort mit Gebäuden, die in frühabsolutistischer Weise die fürstliche Herrschaft repräsentierten. In allen wichtigeren Städten entstanden vierflügelige Schlossanlagen. Sie wurden entweder neu errichtet, oder ältere Schlösser wurden entsprechend erweitert und umgebaut. Fast gleichzeitig wurde an etwa zwanzig Orten gebaut, die gewaltige Kapazität des spätgotischen Kirchenbaus quasi säkularisiert, für weltliche Zwecke genutzt.
Das bedeutendste dieser Schlösser ist das Jagdschloss Augustusburg, von 1567 – 1573 auf einem Gebirgsplateau unweit von Chemnitz landschaftsbeherrschend errichtet durch **Hieronymus Lotter** (1497/1498 – 1580). Neuesten Prinzipien der französischen und spanischen Schlossarchitektur entsprechend, ist es über einem Quadrat von 86 x 86 m Größe mit turmartig erhöhten Ecken konstruiert. Davor hatte Lotter, der auch Bürgermeister von Leipzig war, dort das alte Rathaus als Zeugnis kommunalen Reichtums und Stolz der Universitäts- und Messestadt erbauen lassen.

Gründung der kurfürstlichen Sammlungen

Kurfürst August gehörte zu den ersten großen Sammlern der deutschen Kulturgeschichte. Er gründete die **Rüstkammer**; seine Bibliothek – 1946 nach Moskau entführt – war eine der berühmtesten der deutschen Renaissance, und aus seiner **Kunstkammer** ging die Mehrzahl der heutigen Dresdner Museen hervor. Sachsens Zinngie-

Kein Schneckenhaus, sondern der Blick hinauf in den Wendelstein von Schloss Hartenfels in Torgau

ßer, Glasmacher, Gold- und Waffenschmiede, Tischler, Steinschleifer, Steinzeugtöpfer, Drucker und Buchbinder wurden gefördert.

Grablege im Freiberger Dom

Auf dieser Grundlage entwickelte der Kurstaat einen neuen politischen Anspruch als lutherische Hegemonialmacht. Dessen künstlerischer Ausdruck ist die Grablege der lutherischen Kurfürsten albertinischer Linie, die Christian I., Augusts Nachfolger, im Chor des Freiberger Doms errichten ließ. Um das 1564 aufgestellte monumentale Freigrab des Kurfürsten Moritz baute der italienische Architekt Giovanni Nosseni (1544 – 1620) ab 1585 eine Blendarchitektur aus sächsischem Stein vor die Wände des spätgotischen Chors, die Carlo de Cesare mit lebensgroßen Bronzefiguren der Kurfürsten und ihrer Frauen besetzte. Diese Grabkapelle, ein Hauptwerk des Manierismus, war **die erste große dynastische Selbstdarstellung in Deutschland** nach dem Grabmal Kaiser Maximilians in Innsbruck.

Barock

Neuer Schwung

Einen neuen Aufschwung im Zeichen des Hochbarock markierten 1678 in Dresden und Leipzig zwei Bauwerke. Nach Plänen des kurfürstlichen Oberlandbaumeisters Johann Georg Starcke errichtete Leipzig die **Alte Börse**. Sie entstand etwa gleichzeitig mit der in Frankfurt a. M. – die ersten Börsen in Deutschland.
In Dresden baute Starcke das **Palais im Großen Garten** nach italienischen und französischen Vorbildern, jedoch mit einem Reichtum an plastischen Architekturmotiven und Skulpturen, der schon im sächsischen Manierismus verbreitet gewesen war.

August der Starke baut Dresden aus

1694 kam **Kurfürst Friedrich August I.** an die Macht, bald August der Starke genannt. Dresden als eine der beiden Hauptstädte der Sächsisch-Polnischen Union wurde königliche Residenz, doch war die Stadt weitgehend in der Ausbauphase des Spätmanierismus stecken geblieben. So konnte sie diesem Anspruch nicht genügen. Nach der für August wenig ruhmreichen Beendigung des Nordischen Kriegs begann der König um 1710 mit dem Ausbau von Dresden.
Er zog Künstler aus ganz Deutschland, Italien und Frankreich an die Elbe: Johann Friedrich Böttger (1682 – 1719; ▶ Das ist ..., S. 20ff.) und Ehrenfried Walther von Tschirnhaus (1651 – 1708) erfanden das europäische Hartporzellan, das durch die Malerei und die Farben von Johann Gregor Höroldt (1696 – 1775) und die Modelle von Johann Joachim Kändler (1706 – 1775) in der 1710 gegründeten **Meißner Manufaktur** einen hohen künstlerischen Rang erhielt. **Matthäus Daniel Pöppelmann** (1662 – 1736) baute den Zwinger, **Balthasar Permoser** (1651 – 1732) schuf mit seinen Mitarbeitern Hunderte von Skulpturen und plastische Dekorationen. Der Goldschmid **Jo-**

BAEDEKER ÜBERRASCHENDES

6X DURCHATMEN

Entspannen, wohlfühlen, runterkommen

1. ENERGIEQUELLE

Im **Bad Muskauer Bergpark** ist es dank des reichen Baumbestandes auch an heißen Sommertagen schattig und kühl. Ein Spaziergang macht den Kopf frei und schafft neue Energie.
(▶ **S. 63**)

2. GEDENKEN

Der **Heidefriedhof** ist kein leichter Ort. Hier paart sich die Stille des Friedhofs mit dem stillen Gedenken an die Dresdner Bombenopfer und den Irrsinn des Kriegs. (▶ **S. 105**)

3. CANALETTO–BLICK

Von den Wiesen am nördlichen Elbufer westlich der Augustusbrücke zeigt sich **die Silhouette Dresdens** so wie Canaletto sie 1748 malte. Einfach traumhaft! Und schauen Sie auch den Spaziergängern und Radfahrern zu. ▶ **S. 130**)

4. UNTER PALMEN

Nikolaikirche in Leipzig: ein klassizistisches Kleinod in Rosé, Lindgrün und Weiß. Nehmen Sie Platz, lassen Sie den Blick nach oben schweifen, wo Säulenkapitelle wie Palmen ins Gewölbe wachsen. (▶ **S. 200**)

5. NATURERLEBEN

Der Naturerlebnispfad der **Oberlausitzer Heide- und Teichlandschaft** führt in fast unberührte Natur. Auf einem Spaziergang durch den Auenwald fällt schon nach wenigen Schritten alle Hektik ab.
(▶ **S. 168**)

6. HAUSKONZERT

Im Salon des **Wohnhauses von Felix Mendelssohn Bartholdy in Leipzig** finden jeden Sonntag um 11 Uhr feine kleine Konzerte statt. Ein Genuss! (▶ **S. 201**)

hann Melchior Dinglinger (1664 – 1731) schuf für den König herrliche Juwelen, von denen etliche im Grünen Gewölbe zu sehen sind. Die Architekten des Hofbauamts Pöppelmann, Zacharias Longuelune (1669 – 1748) und Jean de Bodt (1670 – 1745) bauten das **Jagdschloss Moritzburg** und mit **Schloss Pillnitz** und dem Japanischen Palais die ersten großen **Chinoiseriearchitekturen** des Kontinents.

Paläste und Bürgerhäuser

Gleichzeitig verschönerten neue Paläste der Aristokratie und kaum weniger prachtvolle Bürgerbauten die Stadt, die infolge der Regelungen einer königlichen Bauordnung zu einem künstlerisch gestalteten Raum zusammenwuchs. Sie wurde gleichsam bekrönt von der fast 100 m hohen Kuppel der evangelischen Frauenkirche des Ratszimmermeisters **George Bähr** (1666 – 1738), die einzige steinerne Kuppel in solch monumentaler Größe in Europa nach der Antike.

Im Schloss hatte August der Starke eine moderne Galerie mit den besten Gemälden und Kleinbronzen einrichten lassen und im Erdgeschoss mit dem **Grünen Gewölbe** das erste Schatzkammermuseum Europas, das öffentlich zugänglich war. Im Zwinger ließ er wissenschaftliche Sammlungen ausstellen, zu denen auch Bibliothek und Kupferstichkabinett gehörten, ein nach neuesten wissenschaftlichen Methoden gegliederter Komplex von Museen, etwas, was es in dieser Form bislang nicht gegeben hatte. Das **Japanische Palais** war als erstes Porzellanmuseum im Innenausbau begriffen, als der König 1733 starb.

Dresden als glanzvolle Residenz

August II., Sohn und Nachfolger, als König von Polen August III., ließ in Dresden am Elbbrückenkopf 1738 die katholische Hofkirche – heute Kathedrale – erbauen. Für diesen Repräsentationsbau im Stil des römischen Barock war der italienische Architekt **Gaetano Chiaveri** (1689 – 1770) geholt worden. Mit dem Statuenschmuck wurde der Italiener Lorenzo Mattielli beauftragt. Dieser verstärkte entschieden die im Ansatz bereits vorhandene klassizistische Richtung der sächsischen Plastik.

Ihr folgte auch der Dresdner Oberlandbaumeister **Johann Christoph Knöffel** (1682 – 1752). Sein Hauptwerk ist das Schloss Hubertusburg bei Oschatz, das größte Jagdschloss dieser Zeit, ein sächsisch-polnisches Versailles bis zur Plünderung durch die Preußen im Siebenjährigen Krieg.

Das Hauptwerk König Augusts III. ist die Dresdner Galerie. Er war ein besessener Gemäldesammler und trug eine Sammlung von Meisterwerken zusammen, darunter die **Sixtinische Madonna** von Raffael, die er 1754 erwarb.

Mit der Frauenkirche in Dresden schuf George Bähr ein ebenso monumentales wie prächtig ausgestattetes Bauwerk. Zu bewundern nach dem Wiederaufbau.

Ziel der Bildungseliten

Dass dies zugleich die Krönung der klassizistischen Entwicklung war, bezeugt **Johann Joachim Winckelmann**, der im gleichen Jahr in seiner Dresdner Erstlingsschrift »Gedanken über die Nachahmung der griechischen Malerei und Bildhauerkunst« Raffaels Bild als Schöpfung aus dem Geist der Antike feierte. Wie **Anton Raffael Mengs** (1728 – 1779), der Hofmaler Augusts III., ging auch Winckelmann zum Studium nach Rom. Beide formulierten dort in Theorie und Praxis die Grundlagen des kontinentalen Klassizismus.

Um die Mitte des 18. Jh.s war die sächsische Kapitale durch Polens Krone zur königlichen Residenz erhoben. Der Hofmaler Bernardo Bellotto (1720 – 1780) aus Venedig, genannt **Canaletto**, hat sie in seiner berühmten Serie von Gemälden verewigt, kurz bevor sie von den Preußen bombardiert und zu einem Drittel in Trümmer gelegt wurde.

Kunst im 19. Jahrhundert

Dresden bleibt Kunstzentrum

Obwohl Sachsen, seit 1806 Königreich, durch Beschluss des Wiener Kongresses 1815 über die Hälfte seines Territoriums verloren hatte und politisch bedeutungslos geworden war, blieb seine Hauptstadt ein kulturelles Zentrum. Hofkapelle, Bibliothek, Antikensammlung und Gemäldegalerie zählten zu den berühmtesten kulturellen Highlights in Europa und zogen Künstler, Gelehrte, Schriftsteller und Bildungsreisende an. Die Stadt wurde so zum **Mittelpunkt der deutschen Romantik**. Hier lebten und arbeiteten u. a. die Komponisten Carl Maria von Weber, Robert Schumann und Richard Wagner sowie der Schriftsteller Ludwig Tieck. Der Bildhauer **Ernst Rietschel** (1804 – 1861) schuf seine berühmten Standbilder: Goethe und Schiller in Weimar, Lessing in Braunschweig, Luther in Worms und Carl Maria von Weber in Dresden. Der wichtigste Maler dieser Epoche war **Caspar David Friedrich** (1774 – 1840). **Gottfried Semper** (1803 – 1879), Deutschlands bedeutendster Architekt jener Zeit, baute in Dresden u. a. das Opernhaus und die Galerie. Er und Richard Wagner mussten 1849 als steckbrieflich gesuchte Revolutionäre aus Dresden fliehen.

Das 20. Jahrhundert

Im Zeichen der Industrialisierung

Die Industrialisierungswelle im Sachsen der zweiten Hälfte des 19. Jh.s verursachte soziale Probleme, die um 1900 in einen heftigen Reformdruck umschlugen, auf den auch die Künste reagierten. Am deutlichsten ist dies in den Werken des Leipzigers **Max Klinger** (1857 – 1920) zu sehen. Seine Arbeiten reflektieren die Probleme der Epoche realistisch, symbolistisch, klassizistisch und impressionis-

Ein Geschenk der Sowjetunion: Lew Kerbels Karl-Marx-Kopf in Chemnitz

tisch. Seine sozialkritische Grafik beeinflusste u. a. Käthe Kollwitz, seine Expressivität Edvard Munch. Sein monumentaler Beethoven aus weißem Marmor, dunkler Bronze und farbigem Gestein im Leipziger Gewandhaus ist ein Hauptwerk der Plastik des Jugendstils.

Künstlergemeinschaft »Die Brücke«

Die künstlerische Revolte fand auch im konservativen Dresden statt. Vier autodidaktisch malende Architekturstudenten – Ernst Ludwig Kirchner (1880 – 1938), Karl Schmidt-Rottluff (1884 – 1976), Erich Heckel (1883 – 1970) und Fritz Bleyl – schlossen sich 1905 zur Künstlergemeinschaft »Brücke« zusammen, die mit ihrer spontan-wilden, provokativ ausgelegten Formensprache den **Dresdner Expressionismus** schuf. Sie löste sie sich allerdings bereits wieder auf, und die jungen Expressionisten gingen nach Berlin.

Gartenstadt Hellerau

Fast gleichzeitig, nämlich 1907, wurde in Hellerau bei Dresden die **erste deutsche Gartenstadt** (▶ S. 139) nach Plänen von Richard Riemerschmid (1868 – 1957) erbaut, vornehmlich für die Mitarbeiter der »Deutschen Werkstätten für Handwerkskunst«. Deren Möbel, hergestellt mit einem höheren Anteil an Maschinenarbeit als zuvor, gehören zu den klassischen Kunstprodukten dieser Zeit. 1910 – 1912 baute Heinrich Tessenow (1876 – 1950) dort das Festspielhaus, in dem erstmalig Bühne und Zuschauerraum vereint waren und der Lichtregie eine konstitutive Rolle zukam. Von hier gingen grundlegende Impulse für den **modernen Ausdruckstanz** aus, für den Mary Wigman und Gret Palucca stehen.

Oskar Kokoschka und Otto Dix

1916 kam Oskar Kokoschka (1886 – 1980) als österreichischer Offizier auf Genesungsurlaub nach Dresden. Hier malte er seine ersten Stadtansichten und erhielt 1919 als erster moderner Maler eine Akademieprofessur. Er beeinflusste v. a. jene sächsischen Maler in der späteren DDR, die auf eine eigenständige Moderne setzten und sich auf ihn, auf die Brücke-Maler und auf den in Leipzig geborenen Max Beckmann bezogen. 1923 verließ Kokoschka Dresden. 1927 kam Otto Dix (1891 – 1969), ein Vertreter der **Neuen Sachlichkeit**, in die Stadt. Vor allem Dix' Erbe prägte die Dresdner Malerei nach 1945.

Leipziger Schulen

In den 1960er-Jahren gründeten an der Hochschule für Graphik und Buchkunst Leipzig **Bernhard Heisig, Wolfgang Mattheuer** und **Werner Tübke** eine Gruppe, die als **»Leipziger Schule«** bekannt wurde. Besonders Tübke wurde weit über die Grenzen der DDR hinaus berühmt. Sein Monumentalwerk, das Panorama »Schlacht bei Frankenhausen«, war eines der wichtigsten Repräsentationskunstwerke des sozialistischen Staats.

Nach der Wende glückte ehemaligen Studenten unter dem Begriff **»Neue Leipziger Schule«** ein auch kommerziell beispielloser Siegeszug durch die Kunstgalerien der Welt. Ihr bekanntester Protagonist ist **Neo Rauch** (*1960). Ihr kreatives Zentrum haben diese Künstler in der alten Leipziger Baumwollspinnerei, wo außer Ateliers und Werkstätten auch Galerien und das Kunstzentrum Halle 14 entstanden sind. Der Stadtteil Plagwitz ist dadurch zum angesagten Szeneviertel geworden.

INTERESSANTE MENSCHEN

Mann mit vielen Leidenschaften: August der Starke

1603–1733 Kurfürst von Sachsen und König von Polen

Nachdem sein älterer Bruder mit 26 Jahren ohne Nachkommen verstorben war, trat der am 12. Mai 1670 geborene August im Alter von 24 Jahren als **Kurfürst Friedrich August I.** die Regentschaft an. Er trat zum Katholizismus über und konnte 1697 mithilfe immenser Bestechungsgelder die polnische Königskrone erringen, die er während des Nordischen Kriegs 1706 wieder verlor, 1709 mit russischer Hilfe aber zurückgewann. Es gelang ihm aber nicht, Polen in eine Erbmonarchie umzuwandeln. Während seiner Regentschaft wurde der prachtvolle Dresdner Hof zu einem Zentrum von Kunst und Kultur in

Europa. Dresden erhielt zahlreiche neue Bauwerke, allen voran den Zwinger. August der Starke verdankt seinen Beinamen seiner imposanten Gestalt und seinen Bärenkräften: Er konnte Hufeisen verbiegen. Mit zahlreichen Mätressen – 150 bis 300 – soll er eine ähnlich hohe Anzahl Nachkommen gezeugt haben. Er starb am 1. Februar 1733 in Warschau. Sein Körper ist im Dom zu Krakau beigesetzt, sein Herz ruht, seinem Wunsch entsprechend, in der Gruft der Hofkirche zu Dresden.

Musik für die Ewigkeit: Johann Sebastian Bach

1685–1750
Komponist

Als einer der letzten Vertreter einer Epoche, die Musik als öffentliche Aufgabe und nicht als bloße Kunstform betrachtete, schrieb Johann Sebastian Bach, am 21. März 1685 in Eisenach geboren, vor allem Orgelstücke, geistliche Vokalwerke wie das Weihnachtsoratorium, die Johannespassion und die Messe in h-Moll, aber auch weltliche Musik wie die berühmten Brandenburgischen Konzerte. Nach der Lateinschule in Ohrdruf war Bach Organist und Konzertmeister in verschiedenen Städten, bevor er 1723 **Thomaskantor in Leipzig** wurde, wo er bis an sein Lebensende am 18. Juli 1750 blieb. Aus zwei Ehen gingen 20 Kinder hervor, von denen vier Söhne – Wilhelm Friedemann, Carl Philipp Emmanuel, Johann Christoph Friedrich und Johann Christian – ebenfalls bedeutende Komponisten wurden.

Die »sächsische Pompadour: Anna Constantia Reichsgräfin von Cosel

1680–1765
Mätresse

Was es hieß, Mätresse Augusts des Starken zu sein und bei ihm in Ungnade zu fallen, erfuhr wohl kaum jemand härter als die Gräfin Cosel. Die am 17. Oktober 1680 in der Nähe von Plön geborene Tochter eines dänischen Offiziers, verheiratet mit dem sächsischen Minister von Hoym, ließ sich 1699 scheiden, um sich voll und ganz ihrem Liebhaber August widmen zu können. 1707 machte er sie zur Gräfin von Cosel. Die Pfeife rauchende »sächsische Pompadour« hielt neun Jahre lang den Dresdner Hof in Atem und ließ sich u. a. von August Schloss Pillnitz schenken und das Taschenbergpalais bauen. Als August jedoch ein Auge auf die polnische Gräfin Maria Dönhoff geworfen hatte, weigerte sie sich, ihren Platz zu räumen. August verbannte sie daraufhin aus Dresden, und sie floh ins Preußische. Von dort forderte sie die Anerkennung der gemeinsamen drei Kinder als Erben sowie die Einlösung eines Eheversprechens. August aber arrangierte sich flugs mit dem preußischen König Friedrich Wilhelm I.: Gegen eine Anzahl Gefangener wurde die Gräfin ausgetauscht und 1716 auf **Burg Stolpen** inhaftiert. Dort verbrachte sie 49 Jahre allein und starb 1765.

AUGUST DER STARKE

August trug seinen Beinamen offenbar zurecht. Der preußische Gesandte am Dresdener Hof wusste von der Feier zum 48. Geburtstag Augusts 1718 zu berichten: »Der ganze Garten war beleuchtet und hatte in den beiden Ecken zwei Kabinette zu stillen Vergnügungen. Am Ende großes Besäufnis. Der König, wacker in diesem Punkte, allen voraus.« Auch was die »stillen Vergnügungen« anbelangt war der oberste Sachse sehr aktiv. Dass er allerdings 354 Nachkommen produzie[rt] haben soll, ist Legende. Sicher weiß man von zehn »offiziellen« Mätressen.

Vater

Kurfürst Johann Georg III. von Sachsen (*1647 – †1691)

1666

Mutter

Anna Sophie von Dänemark und Norwegen *1647 – †1717

Bruder

Johann Georg IV. von Sachsen *1668 – †1694

1692

Eleonore von Sachsen-Eisenach *1662 – †1696

Wilhelmine Marie Friederike *1693, † nach 1729

Seine »offiziellen« Mätressen

©BAEDEKER

Friedrich August I. von Sachsen *1670 – †1733

Seine Ehefrau

1693

Christiane Eberhardine von Brandenburg-Bayreuth *1671 – †1727

Sohn aus seiner Ehe

Friedrich August II. von Sachsen *1696 – †1763

1719

Maria Josefa Benedikta Antonia Theresia Xaveria Philippine, Tochter Kaiser Josephs I. von Österreich *1699 – †1757

15 gemeinsame Kinder

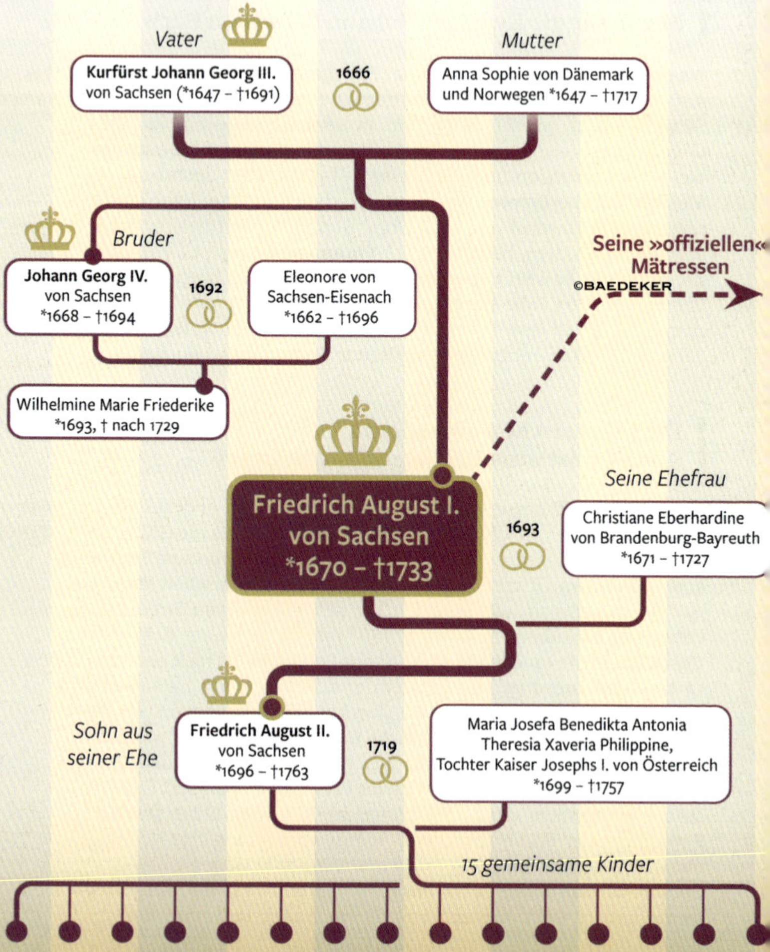

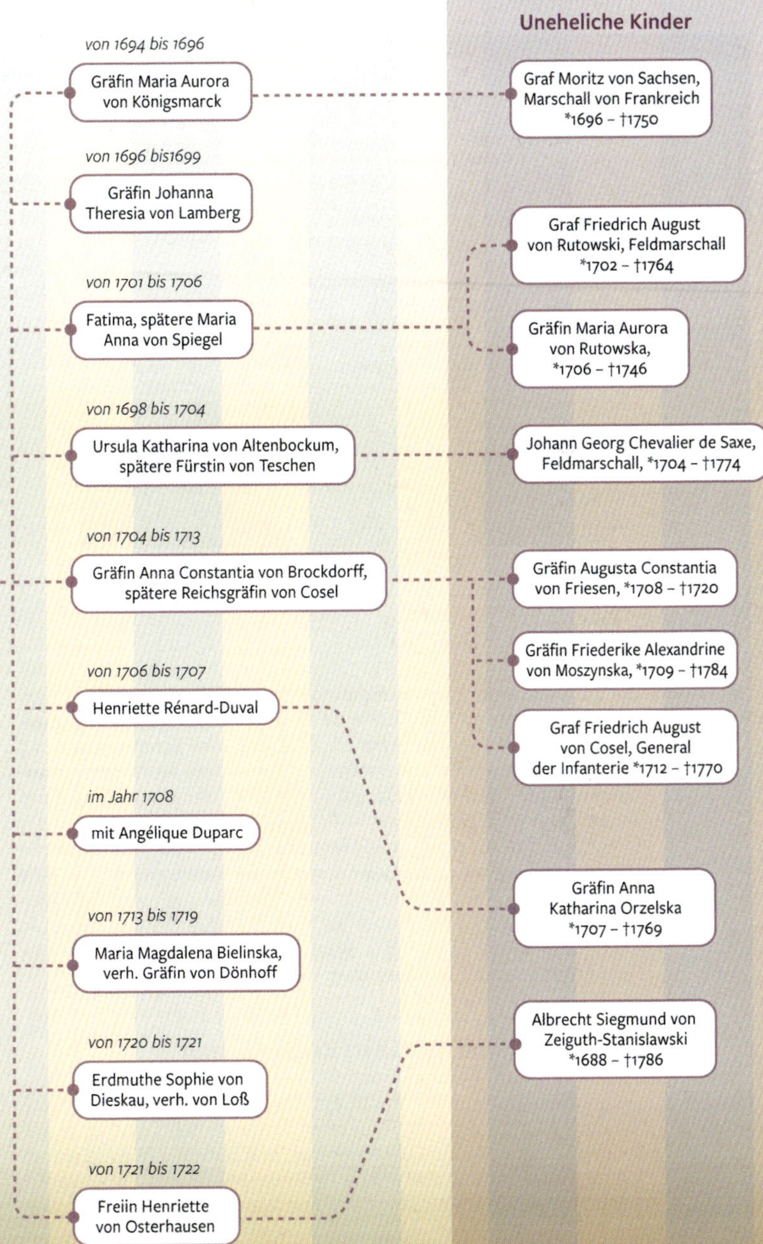

Uneheliche Kinder
von 1694 bis 1696
Gräfin Maria Aurora von Königsmarck
Graf Moritz von Sachsen, Marschall von Frankreich *1696 – †1750
von 1696 bis1699
Gräfin Johanna Theresia von Lamberg
von 1701 bis 1706
Fatima, spätere Maria Anna von Spiegel
Graf Friedrich August von Rutowski, Feldmarschall *1702 – †1764
Gräfin Maria Aurora von Rutowska, *1706 – †1746
von 1698 bis 1704
Ursula Katharina von Altenbockum, spätere Fürstin von Teschen
Johann Georg Chevalier de Saxe, Feldmarschall, *1704 – †1774
von 1704 bis 1713
Gräfin Anna Constantia von Brockdorff, spätere Reichsgräfin von Cosel
Gräfin Augusta Constantia von Friesen, *1708 – †1720
Gräfin Friederike Alexandrine von Moszynska, *1709 – †1784
Graf Friedrich August von Cosel, General der Infanterie *1712 – †1770
von 1706 bis 1707
Henriette Rénard-Duval
Gräfin Anna Katharina Orzelska *1707 – †1769
im Jahr 1708
mit Angélique Duparc
von 1713 bis 1719
Maria Magdalena Bielinska, verh. Gräfin von Dönhoff
von 1720 bis 1721
Erdmuthe Sophie von Dieskau, verh. von Loß
Albrecht Siegmund von Zeiguth-Stanislawski *1688 – †1786
von 1721 bis 1722
Freiin Henriette von Osterhausen

Gert Fröbe in »Es geschah am hellichten Tag«

Goldfinger: Gert Fröbe

1913–1988
Schauspieler

Gert Fröbe, einer der wenigen deutschen Filmschauspieler von Weltrang, wurde als Karl-Gerhard Fröber am 25. März 1913 in Oberplanitz im Kreis Zwickau geboren. Erst spät zum Schauspielerberuf gekommen, hatte er einen ersten Erfolg als **»Otto Normalverbraucher«** in der »Berliner Ballade« (1948). Mit der Darstellung eines Triebtäters in »Es geschah am hellichten Tag« (1958) gelang ihm der Durchbruch zu einer internationalen Karriere, in der er eine große Wandlungsfähigkeit unter Beweis stellte: als Familientyrann in »Via Mala« (1961), als Oberschuft »Goldfinger« im gleichnamigen James-Bond-Film (1965), aber auch als hinreißender Komödiant in der Titelrolle des Kinderfilms »Der Räuber Hotzenplotz« (1974). Gert Fröbe starb am 5. September 1988 in München.

Humorist und Moralist: Erich Kästner

1899–1974
Schriftsteller

Der in Dresden-Neustadt am 23. Februar 1899 geborene Schriftsteller Erich Kästner war der Sohn eines Sattlermeisters und einer Friseurin. Er besuchte ein Lehrerseminar, brach die Ausbildung jedoch kurz vor dem Ende ab und wurde 1917 zum Militärdienst eingezogen. Nach Tätigkeiten als Bankbeamter und Redakteur studierte Kästner

Germanistik, promovierte 1925 zum Dr. phil. und ging 1927 als freier Schriftsteller nach Berlin. Die Nationalsozialisten verboten und verbrannten seine Bücher. Erich Kästner schrieb eine Reihe ironisch-sarkastischer Gedichte gegen Spießermoral und Militarismus (»Herz auf Taille«, 1928), war erfolgreich mit entlarvenden Romanen wie »Fabian« (1931) und unterhaltsamen, aber nie seichten Büchern wie **»Drei Männer im Schnee«** (1934). Besonders beliebt waren und sind seine fantasievollen, spannenden Kinder- und Jugendbücher (**»Emil und die Detektive«**, 1929; »Pünktchen und Anton«, 1931; »Das fliegende Klassenzimmer«, 1933 und »Das doppelte Lottchen«, 1949). Unter Pseudonym war er ein durchaus erfolgreicher Drehbuchautor für die Filmindustrie des Dritten Reichs. Nach dem Zweiten Weltkrieg ließ er sich in München nieder, wo er am 29. Juli 1974 starb.

Großer Aufklärer: Gotthold Ephraim Lessing

1729–1781
Dichter

Gotthold Ephraim Lessing wurde am 22. Januar 1729 als Pfarrerssohn in Kamenz in der Oberlausitz geboren. Er besuchte die Fürstenschule St. Afra in Meißen und studierte in Leipzig Medizin und Theologie. Ab 1748 lebte er als Journalist und Autor in Berlin. In seinem bekanntesten Drama **»Nathan der Weise«** setzte er seinem Freund Moses Mendelssohn ein literarisches Denkmal. Seither gilt er als Autor des aufklärerischen Ideendramas schlechthin, außerdem als Begründer des bürgerlichen Trauerspiels (»Miss Sara Sampson«, »Emilia Galotti«) und mit »Minna von Barnhelm« auch des Charakterlustspiels. Lessing, der sich zudem als Ästhetiker und Fabelerzähler einen Namen machte, starb am 15. Februar 1781 in Braunschweig.

Winnetous Vater: Karl May

1842–1912
Schriftsteller

Karl May, am 25. Februar 1842 als fünftes von vierzehn Kindern einer Weberfamilie in Hohenstein-Ernstthal geboren, war zunächst Volksschullehrer und schlug sich eine Zeitlang auf recht zweifelhafte Weise, die ihm auch eine Haftstrafe eintrug, durchs Leben. Ab 1890 gehörte er mit seinen literarischen Helden Old Shatterhand, Old Surehand, Winnetou, Kara Ben Nemsi u. a. zu den meistgelesenen deutschen Schriftstellern. Im April 1883 siedelte Karl May nach Dresden über, 1896 baute er sich mit der **»Villa Shatterhand« in Radebeul** ein Heim. Zum Zeitpunkt des Entstehens kannte er die meisten seiner korrekt und präzise beschriebenen Romanschauplätze nur aus Reisebeschreibungen (u. a. Baedeker) und naturwissenschaftlichen Werken seiner Bibliothek. Zu Ruhm und Reichtum gelangt, holte er einige Reisen nach. Er starb am 30. März 1912.

Theaterpionierin: Friederike Caroline Neuber

1697–1760
Schauspielerin, Theaterprinzipalin

Mit 15 Jahren riss das gebildete Mädchen vom heimatlichen Reichenbach im Vogtland aus, um dem gewalttätigen Vater zu entkommen. Der, immerhin Jurist und Gerichtsdirektor, klagte sie des Ungehorsams und Diebstahls an, was ihr einige Monate Gefängnis einbrachte. Mit 20 floh sie wieder, diesmal mit Johann Neuber, den sie im Jahr darauf heiratete. Die beiden schlossen sich reisenden Theatertruppen an. 1727 erhielt Neuber vom Hof die Erlaubnis, in Leipzig ein festes Theater zu betreiben. Ihr größtes Verdienst ist, zur **Reform des Theaters** beigetragen zu haben, unterstützt von Johann Christoph Gottsched. Auf der Bühne wurde in jener Zeit viel improvisiert, eine zentrale Figur war der Hanswurst, den die Neuberin aus ihren Stücken verbannte. Stegreiftheater führte sie nur auf, um eine finanzielle Basis zu haben für die von ihr bevorzugten moralischen und aufklärerischen Stücke. 1733, nach dem Tod Augusts des Starken, ging Neuber wieder auf Tournee im gesamten deutschen Sprachraum. Letztlich konnte sie jedoch an ihre früheren Erfolge nicht mehr anknüpfen und starb verarmt am 30. November 1760 in der Nähe von Dresden.

Mächtigster Mann der DDR: Walter Ulbricht

1893 – 1973
Politiker

Der am 30. Juni 1893 in Leipzig geborene Walter Ulbricht erlernte den Beruf des Tischlers und engagierte sich früh in der KPD. Zunächst Abgeordneter im sächsischen Landtag, wurde er 1928 Mitglied des Reichstags, emigrierte 1933 nach Moskau, nahm von 1936 bis 1938 als Politkommissar am Spanischen Bürgerkrieg teil und war 1943 Mitbegründer des »Nationalkomitees Freies Deutschland«. Ende April 1945 kehrte er als Stalins Vertrauensmann an der Spitze der **»Gruppe Ulbricht«** nach Berlin zurück mit der Aufgabe, die Vereinigung von SPD und KPD mit dem Ziel eines sozialistischen deutschen Staats zu betreiben. In der DDR bekleidete er zunächst den Posten eines stellvertretenden Ministerpräsidenten, wurde 1950 Generalsekretär der SED und war 1953 – 1971 **Erster Sekretär des ZK der SED**. Nach dem Tod Wilhelm Piecks wurde er 1960 auch Staatsoberhaupt der DDR. In seine Amtszeit fällt der Bau der Berliner Mauer, aber auch der Aufstieg der DDR zum wirtschaftlich stärksten Land des Ostblocks. Das daraus erwachsene Selbstvertrauen suchte er zu einer von der UdSSR unabhängigeren Politik zu nutzen, was jedoch zu seinem u. a. von seinem Nachfolger Erich Honecker initiierten Sturz führte.

Ulbricht, genannt »der Spitzbart«, galt im Westen als der Typus des kommunistischen Apparatschiks schlechthin – immer das Fähnlein in den Wind hängend, Gegner gnadenlos ausschaltend, ohne größere intellektuelle Interessen. Seine hohe, monoton sächselnde Singsang-Stimme hat viel dazu beigetragen, die DDR als ein einziges Sachsen und Sachsen als »typisch DDR« zu karikieren. Er starb am 1. August 1973 in Ostberlin.

Frühe Unternehmerin: Barbara Uthmann

1514 – 1575
Unternehmerin

Die als viertes von neun Kindern in Annaberg in einer wohlhabenden Familie geborene Barbara vom Elterlein heiratete mit 15 Jahren den Bergwerks- und Hüttenbesitzer Christoph Uthmann. Nach dessen plötzlichem Tod 1553 führte sie zusammen mit ihren Söhnen die Saigerhütte Grünthal weiter. Sie warf einen erheblichen Gewinn ab, was das Interesse des Kurfürsten weckte. 1567 musste Barbara Uthmann die Hütte unter Wert an ihn verkaufen und sich nach einer anderen Einkommensquelle umsehen. Annaberg war damals eine blühende Stadt, der Bedarf an schöner Kleidung war vorhanden und Barbara Uthmann investierte in den Bortenhandel: Sie baute eine sogenannte **Verlagsproduktion** auf, was bedeutete, dass sie Heimarbeiterinnen das Bortenmaterial zur Verfügung stellte und die fertige Ware kaufte und vertrieb. In den besten Zeiten beschäftigte sie rund 900 Frauen und verschaffte ihnen so ein Einkommen. Barbara starb, hoch geehrt, am 14. Januar 1575 in Annaberg.

Der »Zuchtmeister«: Herbert Wehner

1906–1990
Politiker

Nicht nur beim politischen Gegner, auch in den eigenen Reihen war Herbert Wehner, **eine der zentralen Figuren der SPD** der Nachkriegszeit, als Kritiker, »Zuchtmeister« und Meister der treffenden Formulierung gefürchtet. Der Weg des am 11. Juli 1906 in Dresden geborenen Wehner zur SPD war weit. 1927 trat er in die KPD ein, wurde 1930 stellvertretender Parteisekretär in Sachsen und im selben Jahr Mitglied des Sächsischen Landtags. Nach der Machtergreifung der Nazis lebte er drei Jahre im Untergrund, bevor er 1937 in die UdSSR kam. Die Komintern schickte ihn 1941 nach Schweden, wo man ihn 1942 verhaftete und zu einem Jahr Gefängnis verurteilte. In der Emigration hatte sich Wehner vom Kommunismus abgewandt, doch Zeit seines politischen Lebens wurde ihm seine Vergangenheit vorgeworfen. 1946 wurde er Mitglied der SPD und 1949 in den ersten Bundestag gewählt, dem er bis 1983 angehörte. Er hatte entscheidenden Anteil am Godesberger Programm, das die SPD zur Volkspartei werden ließ und ihr letztlich den Weg zur Regierungsbeteiligung bereitete. Unter Kanzler Kiesinger war Wehner Minister für Gesamtdeutsche Fragen. Nach der Bildung der sozialliberalen Koalition 1969 übernahm er das Amt des Vorsitzenden der SPD-Fraktion. Im Deut-

Helmut Schmidt versucht Herbert Wehner zu überzeugen.

schen Bundestag war er eine der profiliertesten Persönlichkeiten, seine Zwischenrufe waren berühmt. Von schwerer Krankheit gezeichnet, starb er am 19. Januar 1990 in Bonn.

Pädagogin des modernen Ausdruckstanzes: Mary Wigman

1886 – 1973
Tänzerin und Choreografin

Die Tänzerin, Choreografin und **Pädagogin des modernen Ausdruckstanzes**, am 13. November 1886 in Hannover geboren, studierte von 1910 – 1913 an der Tanzschule von Emile Dalcroze im heutigen Dresden-Hellerau. In Dresden feierte sie auch ihre ersten großen Erfolge. 1920 gründete sie hier die Wigman-Schule, mit Zweigstellen in München, Berlin, Hamburg und New York, und 1924 die Wigman-Gruppe, in der auch ihre berühmteste Schülerin Gret Palucca (1902 – 1993) mitwirkte. Nachdem die Tanzschule Mary Wigman von den nationalsozialistischen Machthabern geschlossen worden war, verließ sie Deutschland. Nach dem Zweiten Weltkrieg wurden ihre Choreografien vor allem zu Werken von Gluck, Orff und Strawinsky weltweit gerühmt. Mary Wigman starb am 19. September 1973 in Westberlin.

Der Erfinder des Reiseführers: Karl Baedeker

1801 – 1859
Verleger

Als Buchhändler kommt Karl Baedeker viel herum, und überall ärgert er sich über die »Lohnbedienten«, die die Neuankömmlinge gegen Trinkgeld in den erstbesten Gasthof schleppen. Nur: Wie soll man sonst wissen, wo man übernachten kann und was es anzuschauen gibt? In seiner Buchhandlung hat er zwar Fahrpläne, Reiseberichte und gelehrte Abhandlungen über Kunstsammlungen. Aber will man das mit sich herumschleppen? Wie wäre es denn, wenn man all das zusammenfasst? Gedacht, getan: Zwar hat er sein erstes Reisebuch, die 1832 erschienene »Rheinreise«, nicht einmal selbst geschrieben. Aber er entwickelt es von Auflage zu Auflage weiter. Mit der Einteilung in »Allgemein Wissenswertes«, »Praktisches« und »Beschreibung der Merk-(Sehens-)würdigkeiten« findet er die klassische Gliederung des Reiseführers, die bis heute ihre Gültigkeit hat. Bald sind immer mehr Menschen unterwegs mit seinen **»Handbüchlein für Reisende, die sich selbst leicht und schnell zurechtfinden wollen«**. Die Reisenden haben sich befreit, und sie verdanken es bis heute Karl Baedeker. Sachsen beschreibt er erstmals im 1842 erschienen »Reisehandbuch für Deutschland und den Österreichischen Kaiserstaat«.

»
Aus allen LändernEuropa's, besonders aus den östlichen, strömen die Handelsleute hierher, Polnische Juden, Griechen, Perser, Armenier, Türken, meist in den buntesten orientalischen Trachten. Die Anzahl der Messfremden erreicht zur Jubilatemesse fast die der Bevölkerung Leipzigs.
«

Deutschland und der Österreichische Kaiserstaat, 1. Auflage 1842

E

ERLEBEN & GENIESSEN

Überraschend, stimulierend, bereichernd

Mit unseren Ideen erleben und genießen Sie Sachsen.

Die Sächsische Schweiz ist ein Wanderparadies. ▶

BEWEGEN UND ENTSPANNEN

Sachsen hat Aktivurlaubern eine Menge zu bieten. Erzgebirge, Vogtland, Sächsische Schweiz und Zittauer Gebirge laden zu Wanderungen, Klettern und Wintersport ein. Entlang der Elbe und der Mulde verlaufen gut ausgebaute Radwege, Seen und Flüsse locken Kanufahrer und zahlreiche Golfplätze beweisen, dass dieser Sport voll im Trend liegt.

Wandern

Zahlreiche Wanderwege durchziehen die waldreichen Mittelgebirgsregionen wie das Vogtland, die Sächsische Schweiz und das Erzgebirge. Im Nationalpark ▶Sächsische Schweiz leben bedrohte Tierarten wie Fischotter, Uhu oder Eisvogel, die man mit etwas Glück auch zu Gesicht bekommt. An etlichen Orten sind **Lehrpfade** eingerichtet, die Wissenswertes über Natur und die regionale Kultur vermitteln. Detaillierte **Routenvorschläge** erhält man bei den Touristeninformationen. Zwei europäische Wanderwege queren Sachsen: Der **Fernwanderweg E 3** verbindet über das Vogtland und das Erzgebirge Atlantik und Schwarzes Meer, der **Fernwanderweg E 10** führt von der Ostsee durch die Oberlausitz zum Mittelmeer. Wer mehr über die Landschaften, Flora und Fauna erfahren will, bucht eine von Fachleuten begleitete Tour. Auch hier helfen die Touristeninformationen weiter.

Klettern

In der **Sächsischen Schweiz** gibt es mehr als 1000 Felstürme mit rund 14 000 Kletterwegen verschiedenster Schwierigkeitsgrade. Der bedeutendste Kletterfelsen ist der Falkenstein mit mehr als 100 Anstiegen. Seine Erstbesteigung 1864 gilt als die Geburtsstunde des sächsischen Bergsteigens. Auch die Schrammsteine und die Affensteine bei Bad Schandau, das Gebiet um Wehlen und Rathen, die Felsen des Polenztals bei Hohnstein, das Wildensteiner Gebiet, das Zittauer Gebirge bei Oybin, das Bielatal oder die Jonsdorfer Felsenstadt sind beliebte Kletterziele. Ins **Erzgebirge** locken z. B. Wände im Steinicht bei Elsterberg, im Auersberggebiet bei Johanngeorgenstadt, im Gebiet der Greifensteine bei Ehrenfriedersdorf und im Katzensteingebiet bei Pobershau. **Im Norden** Sachsens bei Wurzen wird seit 1925 in den Hohburger Bergen geklettert, **in Zentralsachsen** u. a. bei den Kriebethaler Wänden in der Nähe von Burg Kriebstein.

Radfahren, Moutainbiking

Die reizvolle, abwechslungsreiche Landschaft ist ein Paradies für Radfahrer. Sachsen verfügt über ein ausgedehntes Netz regionaler und lokaler, in der Regel gut ausgeschilderter **Radwanderwege**. Sie führen oftmals durch Landschaftsschutzgebiete und unberührte Natur, die die Ausdauer mit herrlichen Ausblicken belohnt. Als besonders schön gilt der 360 km lange **Muldentalradweg** zwischen Erzgebirge und Elbe, denn er durchquert eine märchenhafte Natur- und Kulturlandschaft. Der 120 km lange **Musikantenradweg** führt auf einer Rundtour durch das ▶ Vogtland. Eine Beschreibung der Radwege in der Oberlausitz/Niederschlesien wie der Sächsischen Städteroute, der Niederlausitzer Bergbautour oder des Fürst-Pückler-Wegs liefert die Marketing-Gesellschaft Oberlausitz-Niederschlesien auf ihrer Homepage. Auch der Landesverband Sachsen des Allgemeinen Deutschen Fahrrad Clubs (ADFC) hat auf seiner Website Tourenvorschläge. Tourismusinformationen geben Hinweise zu den zahllosen möglichen Tagestouren. Wer sein Mountainbike dabei hat, downloadet die entsprechenden GPS-Daten.

Wassersport

Neben dem klassischen Wassersport wie Kanuwandern auf den Flüssen und Segeln auf den Seen und Talsperren Sachsens lockt das **Neuseenland** bei ▶Leipzig, ein ehemaliger Tagebau, mit Wassersportaktivitäten wie Segeln, Windsurfen, Rafting auf einer der modernsten Wildwasseranlagen Europas, Tauchen, Rudern und Kajak-Wandern. Man kann aber auch einfach nur baden und am Strand entspannen.

Zur Nachahmung nicht unbedingt empfohlen. Aber man sieht:
Die Sächsische Schweiz bietet viele Möglichkeiten.

Wintersport Wer zuschauen will, der besucht die nationalen und internationalen Wettbewerbe auf den **Sprungschanzen** in Klingenthal und Oberwiesenthal oder auf der **Bobbahn in Altenberg**. Wer selbst aktiv ist: Die **Skigebiete** des Ost- und Westerzgebirges sind abwechslungsreich und relativ schneesicher, überall gibt es Langlaufmöglichkeiten. Ein bekanntes Zentrum ist Oberwiesenthal am Fichtelberg mit präparierten Abfahrtspisten und gespurten Loipen, die in normalen Wintern von Dezember bis in den März hinein befahrbar sind.

NÜTZLICHE ADRESSEN

ÜBERBLICK

TOURISMUS MARKETING GESELLSCHAFT SACHSEN MBH
Bautzner Str. 45/47
01099 Dresden
Tel. 0351 49 17 00
www.sachsen-tourismus.de

GOLF

GOLFVERBAND SACHSEN UND THÜRINGEN
Bergstr. 76
01069 Dresden
Tel. 0351 8 10 55 14
www.golfverband-sachsen-und-thueringen.de

KLETTERN

DEUTSCHER ALPENVEREIN
Landesverband Sachsen
Freiberger Str. 11
01067 Dresden
Tel. 0351 27 80 09 91
www.alpenverein-sachsen.de

SÄCHSISCHER BERGSTEIGERBUND
Papiermühlengasse 10
01159 Dresden
Tel. 0351 4 81 83 00
www.bergsteigerbund.de

RADFAHREN/MTB

www.muldentalradweg.de
www.radwandern-oberlausitz.de

ADFC SACHSEN E.V.
Bischofsweg 38
01099 Dresden
Tel. 0351 5 01 39 17
https://sachsen.adfc.de

REITEN

LANDESVERBAND PFERDESPORT SACHSEN
Käthe-Kollwitz-Platz 2
01468 Moritzburg
Tel. 035207 8 96 10
www.pferdesport-sachsen.de

SEGEL- UND MOTORFLUG

LUFTSPORTVERBAND SACHSEN
Drohnaer Str. 152
01239 Dresden
Tel. 0351 2 75 40 21, www.lsvsn.de

WANDERN

www.wildganz.com/bundesland/sachsen

WASSERSPORT

LEIPZIGER NEUSEENLAND
www.leipzigerneuseenland.de
www.lausitzerseenland.de

WILDWASSERRAFTING
Kanupark Markkleeberg
Tel. 034297 14 12 91
www.kanupark-markkleeberg.com

SÄCHSISCHER KANU-VERBAND
Goyastr. 2d
04105 Leipzig
Tel. 0341 9 83 91 21
www.kanu-sachsen.de

WINTERSPORT

FICHTELBERG SCHWEBEBAHN
Vierenstr. 10
09484 Oberwiesenthal
Tel. 037348 1 27 61
www.fichtelberg-ski.de

SKILIFT RÖLZHANG
Carlsfelder Str. 12
08309 Wildenthal
Tel. 0172 1 99 04 73
www.skilift-roelzhang.de

TOURISTINFO SCHÖNECK
Hohe Reuth 9
08261 Schöneck
Tel. 037464 33 00 11
www.schoeneck.eu

TOURISTINFO KLINGENTHAL
Schlossstr. 3
08248 Klingenthal
Tel. 037467 6 48 32
www.klingenthal.de

TOURISTINFO JOHANNGEORGENSTADT
Eibenstocker Str. 67
08349 Johanngeorgenstadt
Tel. 03773 88 82 22
www.johanngeorgenstadt.de

ESSEN UND TRINKEN

Die sächsischen Köche werden nicht beleidigt sein, wenn man die Landesküche insgesamt als bodenständig und deftig bezeichnet. Einiges ist weit über die Landesgrenzen hinaus bekannt, etwa der weltberühmte Dresdner Stollen, eine beliebte Leckerei zu Weihnachten, oder das Leipziger Allerlei, eine Köstlichkeit aus frischem Gemüse und Flusskrebsen.

Die vier »Ks«

Die vier »Ks« der sächsischen Küche – **Kartoffeln, Klöße, Kaffee und Kuchen** – haben eine ausgesprochen lange Tradition. Daraus erklärt sich eine Eigentümlichkeit der Sachsen: Sie haben eine ausgesprochene Vorliebe für das »Offdiddschn«, das Auftunken von viel Soße mittels zerdrückter Kartoffeln oder Klöße. Kartoffeln gehören auch heute noch zu den Hauptnahrungsmitteln, oft fantasievoll zu Grünen oder Wickelklößen, zu Puffer oder Kartoffelhörnchen verarbeitet. Sächsische Quarkkeulchen aus einem Kartoffel-Quark-Teig sind mit Früchtekompott serviert eine beliebte Nachspeise, können aber auch als Hauptgericht vertilgt werden. Getzen sind ein in der Pfanne gebackenes, kräftig gewürztes Kartoffel- oder Mehlgericht aus dem Erzgebirge, das manchmal auch süß, mit Blaubeeren etwa, auf den Tisch kommen kann.

6X TYPISCH

Dafür fährt man nach Sachsen.

1. BURGEN

Der Krieg zwischen Preußen und Sachsen war mal kalt, mal heiß. Burgen sind Zeugen der bewegten Vergangenheit des Freistaates. Die schönsten sind **Gnandstein** und **Kriebstein**. (▶ S. 185, 228)

2. BERGBAU

Der frühe Wohlstand Sachsens verdankt sich den ertragreichen Silberminen des Erzgebirges. **»Herkules–Frisch-Glück«** ist das älteste Schaubergwerk des Landes und liegt in Waschleithe bei Schwarzenberg. (▶ S. 278)

3. KABARETT

Die sächsische Sprache changiert zwischen schleppendbreit und nadelspitz – ideal für die Bühne. Allein **Leipzig** besitzt vier feste Kabarettbühnen. Die »Pfeffermühle« ist über die Stadt hinaus bekannt. (▶ S. 108)

4. KIRCHEN

In Sachsens Kirchen ist seit jeher der Protest zuhause. In ihnen predigte Luther, in ihnen wuchs der Widerstand gegen das DDR-Regime. In der **Leipziger Nikolaikirche** versammelten sich bereits 1982 Friedensaktivisten und protestierten gegen das Wettrüsten. (▶ S. 200)

5. KLÖSSE

Natürlich lässt sich die sächsische Küche nicht auf Klöße reduzieren, aber kein knuspriger Gänse- oder leckerer Sauerbraten kommt ohne sie als Beilage aus. Probieren Sie mal **die aus dem Vogtland**.

6. BIERLAND

Das Kunst des Bierbrauens blickt in Sachsen auf eine lange Tradition zurück. Landauf und landab finden sich urige Kneipen und Wirtshäuser. Im Sommer haben allerorten **Biergärten** geöffnet; sehr schöne in Dresden (▶ S. 104)

Eintöpfe, Fisch und Fleisch

Ebenfalls beliebt sind kräftige Eintöpfe und Suppen, Süßwasserfische wie Karpfen, Hecht oder Forelle und herzhafte Fleischgerichte wie **sächsischer Sauerbraten** mit viel Soße. Das **Leipziger Allerlei** ist ein Eintopf, doch wird diese Bezeichnung ihm nicht gerecht. Erbsen und Karotten bilden die Basis, hinzu kommen Blumenkohl und Kohlrabi, schließlich Spargel (weshalb es ein reines Saisongericht ist), Morcheln und Flusskrebse (was die Sache exklusiv macht) – alles so gekocht, dass es bissfest ist, zum Schluss kommt noch ein Schuss Sahne und Krebsbutter dazu.

Kuchen und Gebäck

Sachsen ist berühmt für köstliches süßes Backwerk wie den **Dresdner Stollen** oder die Dresdner Eierschecke, ein Blechkuchen. Die **Leipziger Lerchen** sind mit Marzipan gefüllte Mürbteigstücke, die auf die Vogeljagd zurückgehen. Zu Hunderttausenden wurden früher alljährlich Lerchen gejagt, mit Füllung versehen, gebraten und verkauft, bis der König die Jagd auf die Singvögel verbot. Die einfallsreichen Bäcker der Messestadt komponierten kurzerhand das Gebäck und belegten es mit einem kreuzförmigen Teigstreifen, der an die Kreuzbänder erinnern sollte, mit denen man zuvor die gefüllten Vögel zuband. Auch der **Baumkuchen** ist eine sächsische Spezialität, wie die **Pfefferkuchen** aus der Oberlausitz.

Kaffeesachsen

Kaffee ist seit jeher ein hochgeschätztes Getränk. Das erste Kaffeehaus in Leipzig **»Zum arabischen Coffe Baum«** soll bereits 1685 eröffnet worden sein und gehört zu den ältesten Europas.

»

Heeß und siehse muss dorr Bohngaffee sein.

«

Und er wird am liebsten mit einem Stück Kuchen genossen. Nicht umsonst hat Johann Sebastian Bach eine Kaffeekantate geschrieben: »Ei! wie schmeckt der Coffee süße, Lieblicher als tausend Küsse«.

Bier

Bier kommt überwiegend in Gestalt **fein gehopfter Pilsener** wie dem Wernesgrüner, dem Radeberger oder dem Freiberger auf den Tisch. Eine Renaissance erleben die **Schwarzbiere**, eine böhmisch-sächsische Spezialität, sehr dunkel und herb. Beliebt sind das Freiberger, das Köstritzer aus Leipzig oder der Schwarze Steiger von Feldschlößchen aus Dresden. Leicht säuerlich kommt die obergärige **Gose** daher, ein Schankbier, das ursprünglich aus Goslar stammt und besonders in Leipzig getrunken wird. Dort braut sie die Gosebrauerei Bayerischer Bahnhof. Das dunkle Torgisch Bier aus Torgau ist süßlich-schwer und gehaltvoll und hat schon Luther geschmeckt, allerdings wird es derzeit nirgends mehr gebraut.
www.brauerbund-sachsen.de

TYPISCHE GERICHTE

Kartoffeln sind eine ebenso wichtige wie beliebte Grundlage für die sächsische Küche. Ob als gehaltvolle Suppe, als Kloß oder als »Gefäß« für das Fleisch, die Sachsen kennen jede Menge Variationen. Leckermäuler sind in Sachsen auf jeden Fall richtig: Zum Grundnahrungsmittel Kaffee werden Köstlichkeiten aus dem Backofen aufgetischt.

Sächsischer Sauerbraten darf in Lokalen mit »Sächsischer Küche« auf keinen Fall fehlen. 1 kg Rinderbraten wird zwei Tage lang in Butter- oder Sauermilch mit 1/2 Lorbeerblatt und Pfefferkörnern mariniert, abgetrocknet, gesalzen und mit Speckwürfeln und Zwiebeln angebraten. Die Marinade hinzufügen, nach 1 Stunde Schmorzeit 2 in Stücke geschnittene Möhren dazu, noch 1 Stunde schmoren lassen, 3 Pfefferkuchen mit etwas Wasser verrühren und beigeben, evtl. ein paar Rosinen hinzufügen. Dazu: Klöße und Rotkohl.

Meißner Wurzelkarpfen: Möhren, Sellerie und Lauch kleinschneiden, anbraten, Karpfenstücke darauflegen, salzen, pfeffern, Butterflöckchen dazu und mit Weißwein aufgießen. Nach 20 Minuten Karpfen und Gemüse herausnehmen, warmstellen und die Sauce reduzieren. Karpfen und Gemüse mit Kartöffelchen anrichten, Soße darübergießen und mit Petersilie bestreuen.

Glitscher: Für die sächsische Variante der Kartoffelpuffer werden 800 g rohe Kartoffeln gerieben und die Masse etwas ausgedrückt. Dazu kommen 400 g gekochte und geriebene Kartoffeln, 1/4 l Buttermilch und etwas Salz. Dann etwas Lein- oder Sonnenblumenöl erhitzen, mehrere Löffel Teig in die Pfanne geben und flachdrücken. Auf beiden Seiten schlißlich goldgelb braten und die knusprigen Glitscher sofort servieren, z. B. zu Fleisch, aber auch – für Schleckermäuler – zu Kompott.

Sächsische Kartoffelsuppe: Die echte erkennt man daran, dass sie von der Konsistenz fast an Kartoffelbrei heranreicht. Mit Majoran verfeinert, bekommt sie zur Krönung ein Wiener oder Frankfurter Würstchen. Eine andere Variante: Das Würstchen wird in Scheiben geschnitten und in der Suppe warmgemacht.

Oberlausitzer Deichelmauke: 1 kg Kartoffeln in Salzwasser weichkochen und mit warmer Milch oder Brühe zerstampfen. 1 Zwiebel, ca. 100 g Speckwürfel und etwas Majoran braten, unter den Kartoffelbrei heben. Den Brei auf den Teller geben und eine Mulde eindrücken, das ist die sogenannte Deichelmauke. Da hinein kommt ein guter Schöpflöffel kleingeschnittenes Rindfleisch in Brühe. Umlegt wird das Ganze mit Sauerkraut.

Eierschecke: Der berühmte Blechkuchen hat als Grundlage einen süßen Hefeteig. Der Belag besteht im Wesentlichen aus Butter, Zucker, vielen Eiern, Quark und Zitronenschale. Wer mag, hebt noch ein paar Rosinen unter. Erich Kästner war der Ansicht, die Eierschecke sei »eine sächsische Kuchensorte, die zum Schaden der Menschheit auf dem restlichen Globus unbekannt geblieben ist«.

NUR ECHT MIT DEM SIEGEL

Wenn die Sommerhitze richtig loslegt, dann sind die Dresdner Bäcker mitten in den Weihnachtsvorbereitungen. Schließlich soll pünktlich zum Weihnachtsfest auf der ganzen Welt das Backwerk bereitstehen, das die sächsische Landeshauptstadt kulinarisch international bekannt gemacht hat: der Dresdner Stollen©.

Weihnachten und Dresden, das gehört schon lange zusammen – immerhin ist der Dresdner **Striezelmarkt** der älteste beurkundete Weihnachtsmarkt Deutschlands. Schon am 19. Oktober 1434 bewilligten Kurfürst Friedrich II. und sein Bruder Herzog Sigismund der Stadt Dresden, einen wöchentlichen Fleischmarkt abzuhalten, einschließlich eines Marktes »am heiligen Christabend«. Aus dem Markttag vor Weihnachten entwickelt sich noch im 15. Jh. der »Striezelmontag«, veranstaltet am Montag vor dem Fest. Der »Striezel«, der dort feilgeboten wurde, war allerdings noch ein eher fades Gebäck aus Mehl, Hefe und Wasser. Der Grund: Im Advent war damals wie auch die 40 Tage vor Ostern Fastenzeit, und die katholische Kirche duldete weder die Verwendung von Butter noch von Milch. Weil das den sächsischen Herrschern im wahrsten Sinne des Wortes nicht schmeckte, wandten sich Kurfürst Ernst von Sachsen und sein Bruder Albrecht kurzerhand an den Papst. Innozenz VIII. erlaubte schließlich im Jahr 1491 mit seinem **»Butterbrief«** die gehaltvolleren Zutaten – im Gegenzug musste der Bau des Freiberger Doms und der Torgauer Elbbücke finanziert werden. Aus der Fastenspeise wurde über die Jahrhunderte ein leckeres Festgebäck, aus dem Striezel der Christstollen, dessen Form an das gewickelte Christkind erinnert.

Einen Riesenstollen, bitte!

Auch August der Starke hat natürlich seinen Beitrag zur Stollengeschichte geleistet. Mit seinem »Zeithainer Lustlager« – Truppenschau und mehrwöchiges Barockfest – sorgte der Kurfürst 1730 für Aufsehen. Ein Höhepunkt der Feierlichkeiten war der vom Dresdner Bäckermeister Johann Andreas Zacharias und 100 weiteren Bäckern in einem eigens errichteten Ofen gebackene und 1,8 t schwere Riesenstollen, der mit einem 1,60 m langen Stollenmesser angeschnitten und anschließend an die **mehr als 20 000 Gäste** verteilt wurde. 1994 griff man die Idee wieder auf. Seither feiert die Dresdner Bäckerzunft alljährlich am Samstag des zweiten Advents das Stollenfest: Mit einem großen Umzug wird ein tonnenschwerer Stollen durch die Innenstadt und ganz wie zu Augusts Zeiten mit einem Pferdewagen zum Striezelmarkt geleitet.

Tradition mit Geheimzutat

Der Dresdner Stollen© ist heute das kulinarische Aushängeschild der sächsischen Landeshauptstadt. Seit 1991 wacht der **»Schutzverband Dresdner Stollen«** darüber, dass nur die Stollen von Bäckern aus Dresden und den angrenzenden Gemeinden diese Bezeichnung tragen und verleiht für geprüfte Herkunft und Qualität das goldene »Stollensiegel«. Rund 130 Traditionsbäcker zählt der Verband inzwischen – und jeder davon backt nach eigenem Rezept und verwendet außer Weizenmehl, Hefe, Butter, Milch und Zucker, Mandeln, Marzipan, Zitronat und Rosinen so manch geheime Zutat.

In der Stollenbäckerei

Sie wollen wissen, wie denn jetzt ein richtiger Dresdner Stollen gemacht wird? In einer großen **Schaubackstube** am Eingang des Striezelmarktes zeigen das die Senioren des Stollenschutzverbands. Außerdem erlauben in der Vorweihnachtszeit auch einige Bäckereien einen Blick auf die Produktion:

BÄCKEREI EMIL REIMANN
Tradition verpflichtet. Die Müller und Weißbäcker der Familie arbeiten seit 1716 in Sachsen. Die Backstubenführung voller Witz und Humor ist äußerst lehrreich; und das Beste: Kaffeerösten ist das zweite Standbein.
Marie-Curie-Str. 11
Tel. 0351 27 28 80
www.emil-reimann.de

SCHAU-BÄCKEREI
THOMAS SCHEINERT
Die Heimat dieses kleinen Ladengeschäfts mit Café ist das Villenviertel Weißer Hirsch. Der junge Bäckermeister lässt kleine Besuchergruppen nach Voranmeldung in die Backstube schauen.
Bautzner Landstr. 64
Tel. 0351 268 38 74
www.stollensiegel.de

BÄCKEREI WIPPLER
Nahe Schloss Pillnitz und fast gegenüber der Dampferanlegestelle lädt die »Backwirtschaft« zu Kaffee und Kuchen ein. Ab Oktober kann man mit Anmeldung eine Tour durch die eigentliche Backstube mitmachen.
Söbrigener Str. 1
Tel. 0351 417 36 60
www.baeckerei-wippler.de

Wein Die Weine von den Hängen entlang der Elbe genießen schon lange einen guten Ruf (▶ Das ist ..., S. 24ff.). Das Sächsische **Staatsweingut Wackerbarth** bei Radebeul z. B. heimst immer wieder Medaillen ein, zuletzt für den »besten halbtrockenen Wein Deutschlands«. Doch auch die privaten Winzer haben zwischen Pirna und Meißen die Weinberge eines der kleinsten deutschen Anbaugebiete zu bekannten und auch anderswo sehr geschätzten Lagen entwickelt. **Vier Großlagen** werden unterschieden: Meißener Spaargebirge, Seußlitzer Schlossweinberg, Radebeuler Lößnitz und Dresdener Elbhänge. Die Winzer haben sich im Weinbauverband Sachsen zusammengeschlossen.

www.weinbauverband-sachsen.de | www.saechsische-weinstrasse.net
www.schloss-wackerbarth.de

FEIERN

Sachsen ist Kulturland – seit Jahrhunderten. Musiker wie Bach oder Mendelssohn, Dichter wie Goethe oder Schiller und Baumeister wie Pöppelmann schufen die Grundlage für so manches Festival. Hinzu kommen jede Menge Volksfeste, die einen bunten Strauß an Traditionen lebendig halten.

Annaberger Kät Das **größte Volksfest im Erzgebirge** findet im Juni in Annaberg statt. Neun Tage lang herrscht Ausnahmezustand, vom Faßbieranstich bei der Eröffnung bis zum Feuerwerk am Schluss. Dass es anfangs nur eine Wallfahrt zum Friedhof war, nach der Reformation dann ein sommerliches Totengedenkfest, merkt man der »Kät« heute nicht mehr an. Fahrgeschäfte von gewagt bis beschaulich und zahllose Schieß-, Los- und Essbuden halten Alt und Jung atemlos und bei Laune. Woher das Wort Kät kommt? Von Dreieinigkeit (Dreiaanigkät), dem Namen der Hospitalkirche von Annaberg.

Leipzig liest Die Frankfurter Buchmesse mag, was die Geschäftstermine betrifft, Leipzig übertreffen. Als Fest für die ganze Stadt ist die **Leipziger Buchmesse** aber einzigartig. An jeder Ecke, in jeder Gaststätte, jeder Buchhandlung, in Kinos und Schulen finden Lesungen statt. Eine Stadt lauscht den Autoren, die aus ihren Büchern lesen: »Leipzig liest« ist Europas größtes Lesefest mit heute fast 3000 Veranstaltungen an 365 verschiedenen Orten.

Dresdner Elbhangfest Drei Tage im Juni dauert das Elbhangfest zwischen Loschwitz und Pillnitz mit **Konzerten** von klassisch bis Rock, **Theater**, einem großen Sängerfest und **Umzügen**.

Wave Gotik

An vier Tagen im Juni hält die Wave-Gotik-Szene in Leipzig ihre weltgrößte Zusammenkunft ab – über 20 000 in Schwarz. Ein **Kulturprogramm** mit Musik, Lesungen, Mittelaltermarkt und romantischen Treffen unterhält die bestens aufgelegten Besucher.

Informationen

Große Städte wie Dresden, Chemnitz oder Leipzig informieren in monatlichen Stadtmagazinen über alle Veranstaltungen. Zusätzlich empfiehlt sich die Tagespresse. Genaue Termine der genannten Veranstaltungen erfährt man bei den Touristeninformationen (▶ Ziele von A bis Z).

BAEDEKER MAGISCHE MOMENTE

AUF, PREISET DIE TAGE!

Glockenklar und irgendwie nicht von dieser Welt: Wenn der vielstimmige Kreuzchor zum »Jauchzet, frohlocket!« ansetzt, bekommen selbst atheistische Klassikmuffel einen Kloß im Hals. Das Weihnachtsoratorium von Bach in der vorweihnachtlichen Kreuzkirche ist schon Monate vorher ausverkauft. Eines der Tickets zu ergattern lohnt sich – nichts bringt nachhaltiger in feierlich-frohlockende Weihnachtsstimmung. Und wer Weihnachten nicht kann: Oft singen die Knaben das Jahr über samstags um 18 Uhr. https://kreuzchor.de

BERGPARADEN

Bergparaden gibt es im Erzgebirge, seit die Berg- und Hüttenleute organisiert sind. Schließlich waren sie stolze Arbeiter, die einem gefährlichen Broterwerb nachgingen. Daher waren ihre Brüderschaften überaus respektiert.

Die Brüderschaften entstanden ursprünglich, um die religiösen und sozialen Interessen der Bergleute einer Grube oder eines Reviers und der Hüttenleute einer Hütte durchzusetzen. Als **Berggrabebrüderschaft** stand man zusammen, um das Begräbnis eines verunglückten Bergmanns auszurichten, das sich die Angehörigen nicht leisten konnten. Die Bergparaden, die Trachten- und Musikumzüge der Bergbrüderschaften, dienten der Präsentation einer Brüderschaft eines Bergwerks oder einer Hütte bei Feierlichkeiten oder Festen im Ort. Anfangs trugen die Teilnehmer Arbeitstracht, ab Mitte des 18. Jh.s wurde diese von einer Art Uniform abgelöst. Jede Hütte, jedes Bergwerk hatte nun eigene Farben, Kleidungsteile oder Kennzeichen. Die Uniformen wurden mit der Zeit immer prächtiger: Das Paradehabit unterschied auch nach Rängen. In der **Paradeordnung** ist detailliert festgelegt, wie eine Parade abzulaufen hat, wie mit dem **Gezähe**, dem bei den Aufzügen mitgeführten Arbeitsgerät der Bergmänner, und den Fahnen zu hantieren ist, welche Kommandos zu geben sind und mit welcher Musik die Kapellen aufzuspielen haben.

Politische Rolle

Nicht immer waren die Bergparaden ein fröhliches Ereignis. Gab es Probleme mit den adligen oder klösterlichen Grubeneignern wegen schlechter Bezahlung oder unsicheren Arbeitsbedingungen, kam es immer wieder zu **Unruhen** und **Streiks** wie 1444 in Freiberg oder 1498 in Schneeberg und Annaberg. Die Paraden spielten eine wichtige Rolle: Damit versuchten die Berg- und Hüttenleute, ihre Forderungen durchzusetzen und die Landesherrn dazu zu zwingen, die Bergbauordnung zu verbessern oder für Erleichterungen zu sorgen.

Bergrecht

Die erste Bergbauordnung Sachsens ist bereits für das Jahr 1233 verbürgt, das Freiberger Bergrecht. 1255 entstand im – 1186 als Bergwerkssiedlung gegründeten – Freiberg der erste **Bergschöppenstuhl**, ein dem Stadtrat zugeordnetes Gericht für Bergwerkssachen, »welches nicht nur ... mit Bergleuten von der Feder, sondern auch mit bergwerksverständigen Männern, oder mit Bergleuten vom Leder besetzt sein muss«, also mit Bergleuten, die in den Stollen arbeiteten und das »Arschleder« trugen, ein um die Hüfte gebundenes Schutzleder.

Silber, Kobalt, Uran

Fast 300 Jahre lang war das Erzgebirge einer der Hauptsilberlieferanten in Europa, bis die Spanier 1542 den Silberreichtum Südamerikas entdeckten. Doch die Erschließung neuer Gruben mit Erzen wie Kobalt (für die kobaltblaue Farbe) und die Vorreiterrolle bei der **Entwicklung bahnbrechender Techniken** in der Erzaufbereitung si-

Keine Bergparade ohne Bergmanns-/fraukapelle, auch in Freiberg

cherten dem Erzgebirge noch Jahrhunderte eine Vormachtstellung. Mit der Schließung der 1946 für Uranerzabbau gegründeten Wismut AG endete 1991 vorerst die wirtschaftlich bedeutende Rolle Sachsens im Bergbau. Wie es mit dem Abbau der Fundstätten Seltener Erden weitergeht, wird man sehen.

Traditionspflege

Heute sind die Bergbrüderschaften mit ihren Bergparaden Sachwalter einer pittoresken Traditionspflege, übernehmen als Träger, Mitarbeiter und Verwalter der zahlreichen Schaubergwerke im Erzgebirge aber auch eine wichtige Rolle bei der **Bewahrung industrieller Denkmäler**. Traditionellerweise finden die Großen Bergparaden des Erzgebirges in der Advents- und Weihnachtszeit statt – ab 500 Teilnehmer erhält eine Parade das Attribut »groß«. Seiffen beginnt am Vormittag des ersten Adventssamstags, die eigentliche Auftaktparade des sächsischen Landesverbandes findet nachmittags in Chemnitz statt. 1200 Trachtenträger aus Sachsen und ganz Deutschland versammeln sich am vierten Adventssonntag in Annaberg-Buchholz und bilden die prachtvolle Große Abschluss-Bergparade der Sächsischen Bergknapp- und Brüderschaften. Zehntausende Besucher kommen zu dieser festlichen Veranstaltung. Nur die Orte Altmarkt, Ehrenfriedersdorf und Jöhstadt schließen dann noch mit drei kleineren Bergaufzügen an und das Paradenjahr ab. Einige Städte veranstalten aber auch im Sommer Bergparaden, z. B. Freiberg anlässlich des Bergstadtfests am letzten Sonntag im Juni.

VERANSTALTUNGSKALENDER

JANUAR

KAMENZ
Lessingtage/Lessingakzente
Während der Lessingtage (in ungeraden Jahren) und den Lessingakzenten (in geraden Jahren) zwischen Mitte Januar und Mitte Februar ehrt Kamenz den großen Aufklärer und berühmtesten Sohn der Stadt durch eine Reihe von Theateraufführungen, Lesungen und Vorträgen.
www.lessingmuseum.de

FEBRUAR

CHEMNITZ
Tage der jüdischen Kultur
Theater, Musik und Diskussionen
www.tdjk.de

MÄRZ

LEIPZIG
Leipziger Buchmesse
Lesungen in der ganzen Stadt
www.leipziger-buch messe.de

MAI

DRESDEN
Internationales Dixielandfestival
Konzerte, große Dixieparade durch die Stadt und Riverboat-Shuffle der Dampferflotte auf der Elbe
www.dixieland.de
Dresdner Musikfestspiele
Uraufführungen und internationale Gastensembles
Dampferparade der Weißen Flotte
Vornehmlich klassische Musik
www.musikfestspiele.com

MARKNEUKIRCHEN
Internationaler Instrumentalwettbewerb
www.instrumental-competition.de

MAI/JUNI

RADEBEUL
Karl-May-Fest
Zu Himmelfahrt wird das Lößnitztal zum Wilden Westen.
www.radebeul.de/karlmay

JUNI

LEIPZIG
Wave-Gothik-Treffen
Weltweit einziges Festival für Gothic-Fans
www.wave-gotik-treffen.de

ANNABERG-BUCHHOLZ
»Annaberger Kät«
Das am 2. Samstag nach Pfingsten beginnende, neuntägige Volksfest ist die größte Kirmes Sachsens.
www.facebook.com/Annaberger.Kaet

DRESDEN
Elbhangfest
Konzerte, Puppenspiel, Markttreiben und ein Drachenbootfestival auf der Elbe am letzten Juniwochenende
www.elbhangfest.de

LEIPZIG
Bachfest
Barockmusik in Kirchen und Konzertsälen
www.bachfestleipzig.de

AUGUST

CHEMNITZ
Stadtfest
www.chemnitz.de
»Begehungen«
Ein Wochenende im Jahr nimmt die Kultur leerstehende Räume in Besitz.
www.facebook.com/begehungen.festival

MORITZBURG
Moritzburg-Festival
Kammermusik der Spitzenklasse
www.moritzburgfestival.de

SEPTEMBER

BAD ELSTER
Chursächsischen Festspiele
Zwei Wochen Konzerte, Lesungen, Ballett mit internationalen Gästen
www.chursaechsische.de

CHEMNITZ
Jazzfest
Livemusik in Kneipen, Kirchen und Konzertsälen
www.chemnitzer-jazzclub.de

MEISSEN, RADEBEUL, DIESBAR-SEUSSLITZ
Weinfeste
www.meissner-weinfest.de, www.radebeul.de/weinfest

OKTOBER

DRESDEN
Dresdner Tage der zeitgenössischen Musik
Konzerte und Performances in diversen Locations
www.hellerau.org

LEIPZIG
DOK-Filmwochen
Filmemacher aus aller Welt beim Internationalen Festival für Dokumentar- und Animationsfilm
www.dok-leipzig.de

Jazztage
Musikstars und Newcomer
www.jazzclub-leipzig.de

Völkerschlacht
Traditionsvereine stellen die Völkerschlacht bei Leipzig nach.
www.leipzig1813.com

MORITZBURG
Abfischen der Moritzburger Teiche
Das Spektakel findet am letzten Oktoberwochenende direkt am Schloss statt.Auch in der Lausitz feiert man die »Fisch-Ernte«.
www.teichwirtschaft-moritzburg.de

NOVEMBER

LEIPZIG
Festival »euro-scene Leipzig«
Gastspiele zeitgenössischer, avantgardistischer Theatergruppen aus verschiedenen Ländern
www.euro-scene.de

DEZEMBER

ERZGEBIRGE
Bergparaden
Im Erzgebirge und in Chemnitz (▶ Baedeker Wissen, S. 376).

Weihnachtsmärkte
Stimmungsvolle Märkte u. a. in Schneeberg, Schwarzenberg, Marienberg und Annaberg-Buchholz, aber auch Leipzig, Chemnitz und Bautzen lohnen einen Besuch (▶ S. 8).

Dresdner Striezelmarkt
Der größte und bekannteste Weihnachtsmarkt Sachsens
www.striezelmarkt.dresden.de

SHOPPEN

Von Naschwerk wie Dresdner Stollen und Leipziger Lerchen als vergängliche Urlaubserinnerung über handfeste Holzschnitz- und Töpferkunst bis zu feiner Spitze oder kostbaren Chronometern – die Auswahl an Souvenirs ist groß.

Schnitzkunst aus dem Erzgebirge

Teils als Ausgleich für die Arbeit in den dunklen und engen Stollen, teils als Zubrot und um Zeiten der Arbeitslosigkeit zu überbrücken, schnitzten die Bergleute Weihnachtspyramiden, Lichterengel, Nussknacker, Räuchermännchen, Spieldosen und Schwibbögen. Letztere sind Rundbögen mit aufgesteckten Kerzen, die man aufs Fensterbrett stellt. Frauen und Kinder klöppelten Spitzen und stellten Posamenten (Borten, Quasten, Troddeln, Fransen ...) her. Aus der Schnitzerei hatte sich bald eine eigenständige Industrie entwickelt, deren Produkte sich in alle Welt außerordentlich gut verkauften und auch heute noch verkaufen. Allerorten im Erzgebirge bieten Läden die Volkskunst aus Holz an.

Eine ganz spezielle Technik hat sich in ▶ Seiffen entwickelt, das **Reifendrehen** (▶ Baedeker Wissen, S. 280).

Porzellan und Keramik

Beliebt ist auch das weiße Gold aus ▶ Meißen. Jedes Porzellanteil trägt am Boden den berühmten Stempel der Staatlichen Porzellan-Manufaktur Meißen: zwei gekreuzte blaue Schwerter – **die sächsischen Kurschwerter**. Auch wenn das edle Porzellan in Fach- und Exklusivgeschäften auf der ganzen Welt vertrieben wird, am spannendsten ist sicherlich der Fabrikverkauf vor Ort. Gegen Meißen kommt die Sächsische Porzellanmanufaktur Dresden einfach nicht

Porzellan aus Meißen, nur echt mit den Schwertern

an, obwohl auch sie auf luxuriöses Zierporzellan spezialisiert ist. In den Töpfereien Ostsachsens wird noch die im 19. Jh. in der heutigen polnischen Stadt Bunzlau entwickelte **Schwämmeltechnik**, der Farbauftragung per Schwamm, gepflegt.

Klöppelei

Die Anfänge der Klöppelei im ▶ Vogtland gehen auf das 18. Jh. zurück. Erst mit Baumwollgeweben, dann auch mit aus Asien importierten feinen Tüchern entstand in **Plauen** das **Zentrum der deutschen Stickerei-Industrie**, getragen von der Arbeit unzähliger Frauen. Ab Mitte des 19. Jh.s wurde die Produktion zunehmend automatisiert, und 1912 produzierten 16 000 Stickmaschinen Plauener Spitze für den Weltmarkt. Damals lebten 120 000 Menschen in Plauen, fast doppelt so viele wie heute. Die städtische Schaustickerei in Plauen pflegt heute noch die handwerklichen Traditionen.

Uhren

Dass das Land Sachsen einmal wieder der Schweizer Uhrenindustrie Paroli bieten kann, konnte man in der Wendezeit nicht voraussehen. Doch in **Glashütte** begann eine der Erfolgsgeschichten der jungen Bundesländer. Angefangen hatte alles 1845 als Ergebnis königlicher Industriepolitik. Sachsen wollte eine eigene Uhrenindustrie, und der König gewährte dem Uhrmachermeister Ferdinand **Adolph Lange** einen Kredit von 7000 Talern für die Eröffnung einer Uhrenmanufaktur. Bis 1945 entwickelte sich Glashütte zum Zentrum für Präzisionsuhren mit mehreren weltweit bekannten Markennamen. Dann wurde alles enteignet und zusammengefasst; als nun volkseigener Betrieb verlegte man sich zunehmend auf die Billigproduktion.
Nach der Wende knüpfte man wieder an die **Tradition der großen Namen** und des Manufakturgedankens an. Heute lassen Betriebe wie A. Lange & Söhne, Glashütte Original, Nautische Instrumente Mühle, Nomos Glashütte oder Union Glashütte die Augen von Kennern aufleuchten.
Nicht alle Uhren aus Glashütte entspringen dem hochpreisigen Sortiment oder pflegen die reine Idee der Mechanik, u. a. produziert das Uhrenatelier Bruno Söhnle Quartzuhren im mittleren Preissegment. Einen Werksverkauf wird man in Glashütte vergebens suchen. Zu exklusiv ist das Produkt, ein Aus- und Abverkauf wäre da nur schädlich. Allerdings führen zwei Juweliergeschäfte die Uhren aus Glashütte. Wer sich nur informieren möchte, kann das Uhrenmuseum besuchen.

Lebensmittel

Weniger haltbar, aber sehr lecker sind die Dresdner **Christstollen** (▶ Baedeker Wissen, S. 72). In der Oberlausitz ist die **Pfefferkuchenbäckerei** (▶ S. 74) zu Hause. Was die Getränke betrifft, so sind nicht nur sächsische Weine einen Einkaufsbummel wert, sondern beispielsweise auch ein Altenberger Kräuterlikör (▶ S. 48). Bautzens Spezialität ist **Senf**.

ÜBERNACHTEN

Vor der Wende waren die Unterkünfte für Touristen recht spärlich gesät, dann überzog eine regelrechte Gründungswelle ganz Sachsen mit Hotels und Pensionen.

Für jeden Anspruch und Geldbeutel

Heute wartet das Land mit einer sehr **breiten Palette an Unterkünften** auf. Hotels jeder Kategorie finden sich zuhauf vor allem in der Messestadt Leipzig und im und um das Touristenziel Nr. 1 Dresden. Hier bündeln sich die Angebote in der Luxusklasse. Aber auch auf dem Land kann man auf Schlössern, Burgen und in ehemaligen Gutshöfen stilvoll übernachten und speisen. Fast überall lassen sich kleine Familienhotels, Pensionen oder zumindest ein Gasthof mit Zimmervermietung finden.

Hotels

Bei **Hotels** sind die Prunkbauten der Fünf-Sterne-Kategorie bis auf wenige Ausnahmen fest in den Händen großer Ketten wie Kempinski, Radisson oder Steigenberger. Da ihre Zielgruppe hauptsächlich aus Geschäftsleuten besteht, haben sie in Zeiten ohne Messen und Großtagungen **Vergünstigungen** im Angebot. Auf der anderen Seite erhöhen Häuser der mittleren Kategorie ihre Preise bei Veranstaltungen beträchtlich.

Pensionen

Eine Frühstückspension bzw. ein Hotel garni ist eine preiswerte Alternative zu Hotels. Etwaige Abstriche bei Komfort und Service werden in der Regel wettgemacht durch persönlichen Kontakt. **Gute Tipps** für Ausflüge und Aktivitäten sind meist selbstverständlich.

Jugendherbergen, Hostels

In den letzten Jahren haben die Jugendherbergen den Muff der Vergangenheit abgestreift. Zahlreiche Häuser wurden hervorragend saniert. Familien finden auf ihre Bedürfnisse abgestimmte Räumlichkeiten, das gilt bei Vakanz auch für ältere Einzelreisende (teils in Einzelzimmern). In zwei der 23 Jugendherbergen Sachsens logieren sie erstaunlich exklusiv hinter historischen Mauern: in der Bautzener Gerberbastei und in Schloss Colditz. Privat geführte Hostels bieten ebenfalls günstige Übernachtungen.
www.jugendherberge.de/sachsen

Camping

Sachsens Campingplätze wandeln sich zunehmend zur **Freizeitanlage mit allem Komfort** und Apartmentangebot. Etliche gehören inzwischen zur gehobenen Kategorie. Der Platz LuxOase bei Kleinröhrsdorf/Dresden besitzt einen luxuriösen Wellnessbereich, zum Campingpark Knappensee gehört z. B. ein Rutschenpark und in der Oberlausitz lockt der Trixi Park Familien mit Saunalandschaft, Klet-

terwald und Animation. Eine Liste von **32 Plätzen** gibt es beim Verband der Camping- und Wohnmobilwirtschaft in Sachsen e. V.
www.camping-in-sachsen.de | www.luxoase.de
www.ferienparkknappensee.de | www.trixi-park.de

Ferien auf dem Bauernhof

Nach langen Jahren des Sozialismus ist die sächsische Landwirtschaft fast gänzlich in Großbetrieben organisiert. Kleine Bauernhöfe sind deshalb **äußerst rar**, aber dennoch zu finden. Zu empfehlen ist z. B. der Bio-Bauernhof Mühlenhof bei Löbau.
www.sachsen-landurlaub.de | www.muehlenhof-hirche.de

Dorfurlaub

Dörfer gibt es – im Gegensatz zu Bauerhöfen – genug in Sachsen, und so hat man sich ein neues, sehr spannendes Konzept erdacht. **Jedes Dorf ist zertifiziert** und hat sich ein eigenes Thema gewählt: etwa Romantik, Elbe und Wein, Köhlerei, Schloss und Philosoph, Umgebindehäuser oder Mühlen und Wege.
www.sachsensdoerfer.de

Das Taschenbergpalais gehört zu den feinen Übernachtungsadressen in Dresden.

P

PRAKTISCHE INFOS

Wichtig, hilfreich präzise

Unsere Praktischen Infos helfen in allen Situationen in Sachsen weiter.

Die schönste Art, um von Dresden in die Sächsische Schweiz zu kommen: mit der Sächsischen Dampfschiffahrt ►

LEIPZIG
DRESDEN
D

ANREISE · REISEPLANUNG

Mit der Bahn — Leipzig, Plauen, Zwickau, Chemnitz, Freiberg, Dresden und Bad Schandau sind an das EC/IC- bzw. ICE-Netz der DB angeschlossen.

Mit dem Auto — **Von Süden:** A 9 bis Leipzig oder ab Autobahndreieck Bayerisches Vogtland A 72 nach Plauen-Zwickau-Chemnitz.
Von Südwesten: via Autobahnkreuz Würzburg bzw. über das Autobahndreieck Werneck/Schweinfurt auf A 71 und ab Autobahnkreuz Erfurt auf der A 4 weiter ostwärts.
Von Westen: via Kassel oder von Gießen bis zum Kirchheimer Dreieck, dann A 4 ostwärts.
Von Norden: A 7 bis Kreuz Hannover Ost, dann A 2 nach Magdeburg, von dort A 14 nach Dresden. Von Berlin auf A 13 nach Dresden oder A 9 nach Leipzig.

Mit dem Flugzeug — Die beiden Flughäfen **Dresden** und **Leipzig-Halle** sind gut in das deutsche und mitteleuropäische Luftliniennetz eingebunden. Täglich gibt es Direkt- oder bequeme Umsteigeverbindungen mit Düsseldorf, Frankfurt am Main, Hamburg, Hannover, Köln, München, Münster-Osnabrück, Nürnberg, Paderborn, Saarbrücken und Stuttgart sowie mit Salzburg, Wien, Basel und Zürich.

AUSKUNFT

NÜTZLICHE ADRESSEN

BAHNAUSKUNFT

DEUTSCHE BAHN AG
Servicenummer der Bahn:
Tel. 030 29 70
www.bahn.de

Servicecenter Fahrgastrechte:
Tel. 030 5 86 02 09 20

FLUGHÄFEN

DRESDEN
Auskunft:
Tel. 0351 8 8 13 360
www.mdf-ag.com

LEIPZIG-HALLE
Auskunft:
Tel. 0341 2 24-1155
www.mdf-ag.com

TOURISMUS MARKETING GESELLSCHAFT SACHSEN MBH
Bautzener Str. 45/47
01099 Dresden
Tel. 0351 49 17 00
www.sachsen-tourismus.de

TOURISMUSVERBAND ERZGEBIRGE
Adam-Ries-Str. 16
09456 Annaberg-Buchholz
Tel. 03733 1 88 00 0
www.erzgebirge-tourismus.de

MARKETINGGESELLSCHAFT OBERLAUSITZ/NIEDERSCHLESIEN MBH
Humboldtstraße 25
02625 Bautzen
Tel. 03591 4 87 70
www.oberlausitz.com

TOURISMUSVERBAND SÄCHSISCHE SCHWEIZ E. V.
Bahnhofstr. 21
01796 Pirna
Tel. 03501 47 01 47
www.saechsische-schweiz.de

TOURISMUSVERBAND LEIPZIG REGION E. V.
Niedermarkt 1
04736 Waldheim
Tel. 034327 9 66 14
www.regionleipzig.de

TOURISMUSVERBAND SÄCHSISCHES ELBLAND E. V.
Fabrikstr. 16
01662 Meißen
Tel. 03521 7 63 50
www.dresden-elbland.de

TOURISMUSVERBAND VOGTLAND
Göltzschtalstr. 16
08209 Auerbach
Tel. 03744 18 88 60
www.vogtland-tourismus.de

SCHLÖSSER, BURGEN UND GÄRTEN
Stauffenbergallee 2a
01099 Dresden
Tel. 0351 5 63 91 10 01
www.schloesserland-sachsen.de

LESETIPPS

Belletristik

Sabine Ebert: »Das Geheimnis der Hebamme« (Droemer Knaur 2006). Erster Band der fünfteiligen Geschichte über die Hebamme Martha, deren Schicksal eng mit Freibergs und Sachsens im 12. Jahrhundert verbunden ist (▶ S. 146).

Ralf Günther: »Der Dieb von Dresden« (List 2009). Hofrat Block, um 1800 Direktor der Kunstsammlung im Grünen Gewölbe, soll seinen Stellvertreter ermordet haben. Seine Tochter Ariane und deren Klavierlehrer – kein Geringerer als E. T. A. Hoffmann wollen helfen.

Erich Kästner: »Als ich ein kleiner Junge war« (dtv 2003). Beinahe als Liebeserklärung an seine Heimatstadt Dresden kann man die Kindheitserinnerungen des Schriftstellers Erich Kästner bezeichnen.

Józef Ignacy Kraszewski: Der polnische Schriftsteller (1812 bis 1887) hat in »August der Starke«, »Gräfin Cosel«, »Flemmings List«, »Graf Brühl«, »Aus dem Siebenjährigen Krieg«, »Der Gouverneur von Warschau« das barocke Sachsen gezeichnet (Aufbau Verlag).

Uwe Tellkamp: »Der Turm« (Suhrkamp 2008). Preisgekrönter 1000-Seiten-Wälzer über die letzten sieben Jahre der DDR aus der Sicht dreier Bildungsbürger des Villenviertels Weißer Hirsch.

Bildbände

Dumont Bildatlas: »Dresden · Sächsische Schweiz« (Dumont Verlag Ostfildern, 5. Aufl. 2021). Fotograf Ernst Wrba zeigt Sachsens Hauptstadt und ihre Umgebung von der schönsten Seite. Autorin Astrid Pawasser gibt unter anderem spannende Aktivtipps und stellt ihre Lieblingscafés, -clubs und -bars vor.

Dumont Bildatlas: »Sachsen« (Dumont Verlag Ostfildern, 1. Aufl. 2021). Zu beeindruckenden Bildern von Peter Hirth liefern Daniela Schetar-Köthe und Friedrich Köthe fundierte Hintergrundtexte.

Dumont Bildatlas: »Leipzig, Halle, Magdeburg: Metropolen mit Zukunft« (Dumont Verlag Ostfildern, 3. Aufl. 2020). Auch hier zeigt Peter Hirth die Städte von ihren schönsten Seiten und Daniela Schetar-Köthe und Friedrich Köthe führen textlich durch die Metropolen.

PREISE · VERGÜNSTIGUNGEN

Angebote

Mit der **Schlösserlandkarte** hat man freien Eintritt in Schlösser und Burgen der Staatlichen Schlösser, Burgen und Gärten Sachsen. Angeboten wird sie mit 10 Tagen oder einem Jahr Gültigkeit für 30 € bzw. 60 € (www.schloesserland-sachsen.de)
Die **Gästekarte Erzgebirge** erhält man kostenlos beim Einchecken in Hotels in vielen Erzgerbirge-Gemeinden. Für die Dauer des Aufenthalts bietet sie Ermäßigungen oder freien Eintritt in zahlreichen Freizeiteinrichtungen der Region (www.erzgebirge-tourismus.de).
Die **Leipzig Card** gibt es als Tages- oder Dreitageskarte für eine Person (13,40 bzw. 26,90 €) und. Drei-Tages-Gruppenkarte (51,90 €, zwei Erwachsene, bis zu drei Kinder unter 14 Jahre) und bietet freie Fahrt im Nahverkehr sowie Rabatte bei Stadtrundfahrten, dem Besuch von Museen und Theatern und bei Einkäufen und Restaurantbesuchen in beteiligten Unternehmen (www.leipzig.de).

Die **Dresden City-Card** ist als Einzel- oder Familienkarte mit ein, zwei oder drei Tage Gültigkeit erhältlich (15 € bis 29 €) und gewährt freie Fahrt mit Bussen, Straßen- und S-Bahnen sowie Ermäßigung oder sogar freien Eintritt bei Museen und anderen touristischen Angeboten (www.dresden.de).

VERKEHR

Bahnverkehr

Der Regionalverkehr bedient alle wichtigen Orte. Außerdem bietet die Bahn Vergünstigungen wie das **»Sachsen-Ticket«** und das **»Sachsen-Böhmen-Ticket«** an.
Im Verkehrsverbund EgroNet gelten die Fahrscheine des Nahverkehrs in den umliegenden Regionen Bayerns, Thüringens und Böhmens. Fahrräder werden kostenlos transportiert, und viele Einrichtungen bieten Preisnachlässe bei Eintrittsgeldern, Einkäufen bzw. Übernachtungen an.
www.bahn.de, www.egronet.de

Sächsische Dampfschifffahrt

Seit 1836 besteht die sächsische Personendampfschifffahrt. Mit neun historisch detailgenau renovierten und als technische Denkmäler geschützten Seitenraddampfern ist sie die älteste und größte Raddampferflotte der Welt. Sieben Raddampfer stammen noch aus dem 19. Jh. und sind nach Städten an der Elbe benannt: »Stadt Wehlen« (1879), »Diesbar« (1884), »Krippen« (1882), »Meissen« (1885), »Pillnitz« (1886), »Kurort Rathen« (1896) und »Pirna« (1898). Die Raddampferflotte wird ergänzt durch moderne Motorschiffe. An jedem 1. Mai geht die große **Dampferparade** von Dresden nach Pillnitz.
Von Ende April bis Ende Oktober bietet die Sächsische Dampfschifffahrt Linien- und Sonderfahrten elbaufwärts nach Bad Schandau und elbabwärts bis Diesbar-Seußlitz an. An Schlössern und Weinbergen entlangzufahren und auf der Schiffsbrücke vorbeizuschauen ist ein besonderes Erlebnis. An Sommerwochenenden werden Jazz-, Dixieland- und **Sommernachtstanzfahrten** veranstaltet. Auch Trauungen an Bord sind möglich. Im Winter finden nur wenige Fahrten statt, in der Regel zu speziellen Anlässen, so etwa am Nikolaustag oder an Silvester. In der Adventszeit werden jedoch täglich weihnachtliche Rund- und abendliche Lichterfahrten angeboten.
Fahrkarten erhält man an der Hauptanlegestelle am Terrassenufer unterhalb der Brühlschen Terrasse in Dresden, bei den Anlegestellen, u .a. in Meißen, Pillnitz, Königstein, Bad Schandau und Stadt Wehlen, Kurzentschlossene bekommen sie aber auch an Bord des Schiffs.
www.saechsische-dampfschiffahrt.de

REGISTER

A

B

C

D

I

J

K

L

M

S

T

U

VERZEICHNIS DER KARTEN UND GRAFIKEN

BILDNACHWEIS

Adobe Stock/fotolia: 24/25, Amaro 372, OlegD 371 r., pureschot 8/9, silencefoto 371 o., simsi 293, stylefoto24/Frank Günther 211
akg-images: Florian Monheim 272
Baedeker-Archiv: 155
Dumont Bildarchiv/Thomas Härtrich: 96, 257, 325, 332, 365
Dumont Bildarchiv/Peter Hirth: 2, 3, 7, 12/13, 15, 23, 29, 45, 53, 60/61, 70/71, 90, 98/99, 136, 151 u., 162, 165, 179, 181, 193, 195, 199, 203, 207, 215, 223, 229 o., 236, 245, 252, 262, 267, 281, 286, 294, 308, 311, 315, 320, 330, 341, 345, 351, 368, 377, 385
Dumont Bildarchiv/Martin Kirchner: 126
Dumont Bildarchiv/Johann Scheibner: 151 o., 240, 305, 317 u., 370 l.
Dumont Bildarchiv/Ernst Wrba: 5, 26, 42, 111, 114, 117, 129, 141, 250, 317 o., 343, 383, U7
huber-images: Jürgen Busse 20/21
laif: Paul Hahn 11, 201, Peter Hirth 277, 282, 303, Martin Jehnichen 16/17, 18/19, Thomas Rötting 363, Dorothea Schmid 220
lookphotos: Tobias Richter 259, Heinz Wohner 64
mauritius images: Alamy/Bildagentur-online/McPhoto/ADR 47, imagebroker/Uwe Kraft 348, imagebroker/Kevin Prönnecke 169
picture-alliance: akg-images 337, 356, dpa/Heinrich Sanden 360, ZB/Matthias Hiekel 76, 121, ZB/Sebastian Kahnert 375
Reincke 347, 380
Staatl. Schlösser, Burgen und Gärten Sachsen, Burg Kriebstein: 229 u.
Stockfood: Eising 371 u.

Titelbild: Moritzburg (DuMont Bildarchiv/Peter Hirth)

IMPRESSUM

Ausstattung
103 Abbildungen, 45 Karten und grafische Darstellungen, eine große Reisekarte

Text
Friedrich Köthe mit Beiträgen von Daniela Schetar, Isolde Bacher und Astrid Pawassar

Bearbeitung
red.sign, Stuttgart (Lisa Spägele, Katrin Schmelzle, Anja Schlatterer)

Kartografie
Christoph Gallus, Hohberg
Franz Huber, München
Klaus-Peter Lawall, Unterensingen
KOMPASS-Karten GmbH, A-6020 Innsbruck; MAIRDUMONT, D-73751 Ostfildern (Reisekarte)

3D-Illustrationen
jangled nerves, Stuttgart

Infografiken
Golden Section Graphics GmbH, Berlin

Gestalterisches Konzept
RUPA GbR, München

12., aktualisierte Auflage 2024

Printed in China

Trotz aller Sorgfalt von Redaktion und Autoren zeigt die Erfahrung, dass Fehler und Änderungen nach Drucklegung nicht ausgeschlossen werden können. Dafür kann der Verlag leider keine Haftung übernehmen. Infolge der Corona-Pandemie kann es darüber hinaus zu kurzfristigen Geschäftsschließungen und anderen Änderungen vor Ort gekommen sein.
Kritik, Berichtigungen und Verbesserungsvorschläge sind jederzeit willkommen. Schreiben Sie uns, mailen Sie oder rufen Sie an:

Baedeker-Redaktion
Postfach 3162, D-73751 Ostfildern
Tel. 0711 4502-262, www.baedeker.com
baedeker@mairdumont.com

BAEDEKER VERLAGSPROGRAMM

Viele Baedeker-Titel sind als E-Book erhältlich.

A
Ägypten
Algarve
Allgäu
Amsterdam
Andalusien
Australien

B
Bali
Baltikum
Barcelona
Belgien
Berlin · Potsdam
Bodensee
Böhmen
Bretagne
Brüssel
Budapest
Burgund

C
China

D
Dänemark
Deutsche Nordseeküste
Deutschland
Dresden
Dubai · VAE

E
Elba
Elsass · Vogesen
England

F
Finnland
Florenz
Florida
Frankreich
Fuerteventura

G
Gardasee
Golf von Neapel
Gomera
Gran Canaria
Griechenland

H
Hamburg
Harz
Hongkong · Macao

I
Indien
Irland
Island
Israel · Palästina
Istanbul
Istrien · Kvarner Bucht
Italien

J
Japan

K
Kalifornien
Kanada · Osten
Kanada · Westen
Kanalinseln
Kapstadt · Garden Route
Kopenhagen
Korfu · Ionische Inseln
Korsika
Kreta
Kroatische Adriaküste · Dalmatien
Kuba

L
La Palma
Lanzarote
Lissabon
London

M
Madeira
Madrid
Mallorca
Malta · Gozo · Comino
Marrokko
Mecklenburg-Vorpommern
Menorca
Mexiko
München

N
Namibia
Neuseeland
New York
Niederlande
Norwegen

O
Oberbayern
Österreich

P
Paris
Polen
Polnische Ostseeküste ·Danzing · Masuren
Portugal
Prag
Provence · Côte d'Azur

R
Rhodos
Rom
Rügen · Hiddensee
Rumänien

S
Sachsen
Salzburger Land
Sankt Petersburg
Sardinien
Schottland
Schwarzwald
Schweden
Schweiz
Sizilien
Skandinavien
Slowenien
Spanien
Sri Lanka
Südafrika
Südengland
Südschweden · Stockholm
Südtirol
Sylt

T
Teneriffa
Thailand
Thüringen
Toskana

U
USA · Nordosten
USA · Südwesten
Usedom

V
Venedig
Vietnam

W
Wien

Z
Zypern

Meine persönlichen Notizen

Meine persönlichen Notizen

Köthen
Tornau v.d. Heide
Gräfen-hainichen
Trebitz
Borken
Kolochau
Trebbus
Bran
Sachsen-
Jeßnitz
Schköna
Dübener Heide
Pretzsch
Annaburg
Prettin
Herzberg
-Kirchhain
Wolfen
Zürbig
Sanders-dorf
Bitterfeld
Bad Düben
Falkenberg (Elster)
Schwarze Elster
Doberlug
Petersberg
Torgau
Bad Lieben-werda
Delitzsch
Mockrehna
Elbe
Halle
Eilenburg
Schildau
Belgern
Rackwitz
Mulde
Gröditz
Gröbers
Taucha
Wurzen
Dahlen
Schkeuditz
Strehla
Merse-burg
Leipzig
Brandis
Riesa
Saale
Wermsdorf
Oschatz
Lützen
Groß-pösna
Grimma
Mügeln
Stauchitz
Weißenfels
Zwenkau
Meila
Meißen
Hohen-mölsen
Pegau
Bad Lausick
Colditz
Döbeln
Anhalt
Borna
Waldheim
Rade
Pleiße
Geithain
Rochlitz
Nossen
Wilsdruff
Zeitz
Meuselwitz
Frohburg
Kloster Wechsel-burg
Burg Kriebstein
Mohorn
Meine-weh
Kohren-Sahlis
Hainichen
20 km
Altenburg
Penig
Mittweida
Freiberg
© BAEDEKER
Eisenberg
Burgstädt
Schmölln
Frankenberg
Thüringen
Gera
Meerane
Limbach-Oberfrohna
Brand-Erbisdorf
Oederan
Ronne-burg
Chemnitz
Eppendf.
Fraue-ste
Großebers-dorf
Crimmit-schau
Glauchau
Augustus-burg
Weida
Zschopau
Sayda
Lichten-stein
Werdau
Zwickau
Stollberg
Marienberg
Seiffen
Greiz
Reichen-bach
Zwönitz
Olbern-hau
Zeulenroda
Annaberg-Buchholz
Schnee-berg
Aue
Reitzen-hain
923
Medved
Schwarzen-berg
Erzgebirge
Chomutov (Komotau)
Rodewisch
Talsperre Eibenstock
Vejprty (Weipert)
Plauen
Fichtelberg
1215
Falkenstein
Johann-georgenstadt
Klášterec (Klösterle)
Kadaň (Kaaden)
Oelsnitz
Ober-wiesenthal
Klínovec
1244
Vogtland
Schöneck
Klingenthal
Nejdek (Neudek)
Posseck
Adorf
Kraslice (Graslitz)
Doupovské Hory
Hof
Ostrov (Schlacken-werth)
Pšov (Schaa)
Hranice (Roßbach)
Markneu-kirchen
Luby
Hradiště
934
Podbořany (Podersam)
Rehau
Aš (Asch)
Bad Brambach
Chodov (Chodau)
Karlovy Vary (Karlsbad)
Lubenec (Lubenz)
Bayern
Selb
Schönberg
Sokolov (Falkenau)
Bochov (Buchau)
Eger